教育部人文社会科学重点研究基地——湖南师范大学道德文化研究中心

湖南省2011协同创新中心——中国特色社会主义道德文化协同创新中心资助成果

中国道德状况报告

2016年

王泽应　向玉乔◎主编

中国社会科学出版社

图书在版编目(CIP)数据

中国道德状况报告.2016年/王泽应,向玉乔主编.—北京:中国社会科学出版社,2016.12

ISBN 978-7-5161-9530-7

Ⅰ.①中… Ⅱ.①王…②向… Ⅲ.①公民教育—社会公德教育—研究报告—中国—2016 Ⅳ.①D648.3

中国版本图书馆CIP数据核字(2016)第324992号

出 版 人 赵剑英
责任编辑 冯春凤
责任校对 张爱华
责任印制 张雪娇

出　　版 中国社会科学出版社
社　　址 北京鼓楼西大街甲158号
邮　　编 100720
网　　址 http://www.csspw.cn
发 行 部 010-84083685
门 市 部 010-84029450
经　　销 新华书店及其他书店

印　　刷 北京君升印刷有限公司
装　　订 廊坊市广阳区广增装订厂
版　　次 2016年12月第1版
印　　次 2016年12月第1次印刷

开　　本 710×1000 1/16
印　　张 28
插　　页 2
字　　数 457千字
定　　价 118.00元

目　　录

社会主义核心价值观

爱国主义精神

发展理念的伦理意蕴

中国传统伦理思想

文化自信

国家治理的伦理维度

导论　道德何以兴国立人?

习近平总书记近期在山东考察时语重心长地谈道，“国无德不兴，人无德不立”。这不仅是对两千多年前孔子等先贤以德治国、以德兴业、以德立人等传统政治伦理理念的现实回应，也是针对当今中国社会，具有现实关切和文化战略意义的深远洞见，它直接而积极地回答了两个相互关联且具有根本意义的社会问题：人类社会为什么需要道德？人为什么要有道德地生活？

以社会而文明的方式生活，是人类的必然选择，也是其超拔于其他生命种类，在“万类霜天竞自由”的生物世界脱颖而出且赖以兴盛赓续的根本。然而，人类社会何以形成、发展？人类自身何以获得其自身文明与社会文明？工具的制造和运用，创造性的劳作，以及由此逐渐发展起来的人类的自觉意识、智慧，基于语言文字发明所创造的文化，继而基于法律、道德、宗教信仰体系所建立起来的社会基本制度、秩序和精神价值，是人类社会得以逐渐形成、分化、成长的基本因素，也是人类自身在改造客观世界的同时不断改造主观世界，从而不断获得文明进步的根本原因或条件。这其中，法律与道德无疑是两个最具基础意义和恒久作用的主要因素。

然而古往今来，人们对于立法建国、依法治国并无异议，可是，人们对于以德治国、以德兴国、以德立人的认识却多存分歧，有些人甚至不以为然，尤其是在人类社会从传统跨入现代门槛之后。一种常见的看法认为，随着现代社会日趋开放、公共化，公共生活领域与私人生活领域的分界也日趋明显。在公共生活领域里，起基本规范作用的只能是法律或者法制化的制度体系，而道德则只能限定在私人生活领域，隶属于私人事务，而且在人们生活的公共化程度不断提高的情况下，私人化的道德及其效用越来越取决于个人的主观意愿而不必附加过高的人为要求或客观强制。其实，这是一种误判，至少是把问题简单化了。

法律或法制当然是立国之基、治国之本，现代国家更是具有法治国家的特点，这是毋庸置疑的。问题是，对立国、治国和兴国来说，仅仅依靠法律或法制是否足够？历史的经验教训告诉我们，纯粹的律法主义远不足以解释人类社会文明甚至政治文明本身，现代国家的合法正当性不仅需要健全的法律或法制，而且也需要健全而高尚的道德伦理和文化精神。也就是说，法制是建国立国的必要条件，而道德伦理和文化是建国立国和兴国的充分必要条件。《汉谟拉比法典》和《秦律》堪称两千多年前的法律典范，可终究无法确保古巴比伦文明和秦王朝千秋万代。更重要的是，治国还只是人类社会政治的起码要求或底线期待，兴国、强国才是国家和国人的高度期待和政治理想。诚如社会与个人休戚相关、不可分割一样，治国与成人、兴国与立人也是息息相关、不可分离的。

以德兴国、以德立人不单是对道德伦理的积极理解，也是对国家和人自身的积极理解，是一种人类精神理想的确认与确信，一种积极的人类文化价值追求。那么，究竟道德何以兴国立人？要很好地回答这个问题，不仅需要把握国家和人的本质，而且也需要把握道德伦理的本质。

约略而论，道德既具体体现为人类社会风俗、礼仪、习惯的总和，也是人类把握世界意义和自身价值的精神方式。它一般内含三个基本层次或价值向度，即作为人类理想信念的道德（境界），与之相应的是所谓“信念伦理”；作为人类行为普遍规范的道德（原则、规范或准则、范畴），与之相应的是所谓“规范伦理”；作为个人品格德性的美德，与之相应的是所谓“美德伦理”。在这三个层面中，信念伦理具有社会意识形态的构成性特征，规范伦理属于社会隐性制度或“软制度”和社会基本秩序的范畴，而美德伦理则集中体现为文明个人的道德卓越和美德成就。道德的三个层面指明三个不同而又相辅相成的价值向度，即：理想信念—伦理精神、行为规范—伦理秩序、个人美德—人格完善。

理想信念—伦理精神是统摄社会和个人的价值目标或目的性价值体系，表达着民族国家和人类社会对社会理想目标的价值认同和每个人对幸福人生的至善追求。

因此，无论对于民族、国家和社会，还是对于人类个体，它都具有终极目的性，是社会理想和个体人生的精神支柱，没有这种精神信念的支撑，民族国家和人类社会不仅难以获得不断进取和持续发展的精神动力，而且连基本的社会团结和集体行动也不可能，因之其生存发展便不可持续。历史反复证明，理想信念和伦理精神是一个民族、一个国家的精神能量之所在，是社会文化软实力的灵魂与核心，简言之，是社会核心价值观或核心价值体系的根基和支柱。对个人而言，信念伦理同样具有生命根基和理想支柱的意义，没有理想和精神追求的人生不可能优雅幸福。古希腊哲人德谟克里特说过，如果物质欲望的满足代表幸福，那么猪才是最幸福的。这说明，人的生命意义和高尚价值与其精神理想的高度成正比，崇高理想和高尚精神的支撑是人得以顶天立地的根本力量所在。因此可以说，虽然信念理想和伦理精神是隐性的、无形的，但它却是支撑性、超越性和终极性的。如果说精神、心力和意志是国之强大和人之建立的根本，那么，理想信念或伦理精神无疑是国之心力和人之精神品格的内在源泉。此乃德可兴国、德可立人之解答的积极理解之一。

行为规范—伦理秩序是维系人类社会生活秩序的基本维度之一。它既是现代社会法制秩序的主要支援体系，又具有刚性的法制秩序所不及的独特作用和内在力量，还具有诸种宗教信仰体系所难以企及的公共普遍化效用，在中国传统社会里，它甚至同时具有法理和伦理的双重功能。微观来看，它内至道德个体的自律，外至家庭伦理秩序、邻里和社区或社群交往规范，都具有不可或缺的地位；宏观来看，它自下可至广阔的社会公共生活领域，向上可达国家政治之上层建筑和意识形态，发挥着不可替代的价值引领和行为规导作用。正是道德规范或规范伦理所具有的这种几乎无所不及的普遍广泛的行为规导作用，才使得道德成为与法律或法制相提并论、相辅相成的两大社会秩序规约体系之一。如果说秩序和稳定是社会生存、发展和繁荣的基本前提，那么，道德作为行为规范所创造和维护的社会伦理秩序就是这一基本前提中的主要构成部分，也是最具积极意义的部分，因而也是社会繁荣发展的主要资源和条件。同理，如果说道德自律是人的道德主体性的集中体现，那么，规范伦理的真正力量和最高目标正在于引导和培植人们的道德自律，而非仅仅约束人们的行为。从积极的意义上说，道德自律才是规范伦理所追求的最高境界，也是个人道德自觉、自律和自为的最高表现。此乃德可兴国、德可立人之解答的积极理解之二。

个人美德—人格完善是美德伦理的核心主题。所谓美德，即人的德行的卓越成就和德性的完善。它与每一个人的身份角色、生活目的和主体努力相关，同时也与个人所处的社会情境密切关联，如社群或社区一类的道德共同体、人的社会关系、职业工作及其技艺技能。易言之，美德既是个人德性和德行在社会生活世界的完美实现，也通过社会个体美德的卓越成就而体现其所在社会或道德共同体之道德文化和社会文明的发展高度。因此，作为一种强道德目的论意义上的价值追求和实践，美德及其实现不仅表现了美德者的卓越挺立和人生高度，同时也反映了社会国家所能达到的文化或文明高度。美德伦理并不排斥和否定人类的平凡道德和公共底线伦理，但它拒绝平庸、媚俗和堕落。这是德可兴国、德可立人之解答的积极理解之三。

总之，关于道德能够兴国立人的上述三种积极理解，集中而较为充分地解答了道德何以兴国立人的问题。需要指出的是，这三种积极理解并不是答案的全部，它们之间也不是截然分离的。恰恰相反，三种积极理解是相互支撑、相互攀缘、相互助生的。信念伦理是建构和确立规范伦理的价值依据和终极目的，同样也是美德伦理的目的论基础；反过来说，美德伦理在某种意义上也是规范伦理的内化和自律之主体性证明，更为信念伦理提供了道德实践潜能和可能的人格化明证，三者共同支撑着文明社会的不断进步和文明人自身完善的不断追求。这其实是一个无须反复宣扬和复杂证明的真理，只是因为我们正处在社会急剧转型的过程之中，因为我们自觉或不自觉地、或多或少地忽视了这一最切近我们人生和我们生活世界的道理，因为我们和我们的社会已然面临一些道德问题。所以，习近平总书记强调“国无德不兴，人无德不立”便有如大吕洪钟，振聋发聩，回荡于神州大地和国人心中。斯人斯语，与命与仁，善莫大焉！

社会调查报告

插柳村村民对社会主义核心价值观认知状况的调查报告

党中央提出培育和践行社会主义核心价值观的三个“倡导”之后，我国社会各界反响强烈。为了获取反响的具体信息，我们在湖南省邵阳市绥宁县关峡乡插柳村的村民中间开展了一次关于社会主义核心价值观认知状况的社会调查，并撰写了此份调查报告。

一 调查实施情况

此次社会调查由湖南师范大学中国特色社会主义道德文化协同创新中心、道德文化研究院和社会主义核心价值观研究院在 2015 年 9 月联合组织开展，调查区域是湖南师范大学的定点扶贫村——插柳村。调查组在该村共发放调查问卷 814 份，实际回收 810 份，回收率为 99.5%。问卷样本情况如下：性别方面：男性占 55.7%，女性占 44.3%；年龄方面：25 岁及其以下占 33.8%，26—55 岁占 59.9%，55 岁以上占 6.3%；文化程度方面：高中以下者占 40.9%，高中及其以上者占 59.1%；信仰方面：马克思主义信仰者占 25.2%，非马克思主义信仰者占 74.8%；政治面貌方面：党团员占 34.5%，非党团员占 65.5%；外出经历方面：未有外出经历者占 48.5%，曾有外出经历者占 51.5%。为了保证调查质量，我们委托湖南师范大学驻插柳村扶贫工作小组主要成员会同插柳村村委会主要成员负责问卷的发放、指导填写和回收。全部调查结束后，湖南师范大学道德文化研究院组织 6 名社会学和伦理学专业的研究生将调查数据录入中国特色社会主义道德文化协同创新中心的道德状况测评网络平台，进行数据整理、校检和分析。调查报告由湖南师范大学道德文化研究院副院长、教授、博士生导师向玉乔和在读博士黄泰轲共同完成。

二 调查数据分析

第一，总体来看，插柳村村民对社会主义核心价值观有较高的关注热情，但他们对社会主义核心价值观的了解尚处于初步阶段，对社会主义核心价值观具体内容的知晓并不全面。

数据显示，近七成（66.3%）村民表示关注过社会主义核心价值观；仅有四成五（45.4%）的村民表示了解社会主义核心价值观；六成左右（61%）的村民表示自己对社会主义核心价值观处于初步接触或初步印象阶段；对社会主义核心价值观具体内容的明确知晓（“肯定有”）也只有六成（62.5%）左右。

第二，插柳村村民了解社会主义核心价值观的方式具有多样性特征，网络等新兴媒介所起的作用越来越重要。

在了解社会主义核心价值观的方式上，插柳村村民的选择依次是：网络（60.3%）、电视（15.9%）、报纸（5.7%）。相比较而言，45 岁及其以下年龄的村民更趋于选择通过网络（66.2%）来了解社会主义核心价值观，45 岁以上年龄的村民更趋于选择通过电视、报纸等（42.3%）来了解社会主义核心价值观。这表明，随着插柳村经济、社会的整体发展以及党和政府对插柳村信息基础设施建设的重视，插柳村村民获取信息的途径变得多样，获取信息的能力得到提高。

第三，引导插柳村村民确立社会主义核心价值观的途径多样。在多种多样的途径中，插柳村村民最为认可的是身边道德榜样的示范和带动作用，其次是社会道德环境治理和文化娱乐活动。

在“引导农村居民确立社会主义核心价值观的有效途径”问题上，插柳村村民的选择依次是：树立道德模范（14.9%）、加强社会环境建设（14.2%）、看电影（13.6%）。此外，插柳村村民还对观看农民教育专题片（12.7%）、组织文化娱乐活动（12.1%）等方式有较大兴趣。这表明道德榜样的带动和文化娱乐活动的开展等在农村居民确立社会主义核心价值观中发挥着重要作用。

第四，社会主义核心价值观与插柳村村民的传统价值观、现实生活和发展要求具有较高的吻合度，多数村民能够接受和认可社会主义核心价值观，但他们接受和认可社会主义核心价值观的人数比例还有较大的提升空间。

数据显示，八成稍多（82.9%）的插柳村村民认为社会主义核心价值观与自身的价值观差异程度一般或较小，为数一半（50.6%）的村民认为社会主义核心价值观与自身的日常生活有联系，约六成五（64.9%）的村民表示社会主义核心价值观的全部内容或大部分内容是应该追求的，近六成（57.7%）的村民对践行社会主义核心价值观有较强意愿。这表明，社会主义核心价值观与插柳村村民的价值传统和日常生活的联系较为紧密，符合插柳村村民的发展期待和要求，因而绝大多数村民能够接受并愿意践行社会主义核心价值观。但我们也注意到，村民接受和认可社会主义核心价值观的比例尚有较大幅度的提升空间，这说明我们在农民中培育和践行社会主义核心价值观的工作任务仍然很重。

第五，插柳村村民非常重视社会主义核心价值观对自身生活的实际影响和作用，但他们同时认为培育和践行社会主义核心价值观工作的实际成果与插柳村村民的期待之间尚有一定的差距，这在一定程度上影响了他们对社会主义核心价值观的接受、践行意愿。

近五成（46.5%）的插柳村村民认为社会主义核心价值观对自身日常生活有较高程度的影响，两成稍多（22.5%）的村民表示社会主义核心价值观对自身的日常生活作用很大。

超过七成（73.7%）的村民认为党和政府倡导社会主义核心价值观有较高的必要性，超过八成（80.9%）的村民认为培育和践行社会主义核心价值观的受益者是全国人民或大部分人，近七成（66.3%）的村民认为培育和践行社会主义核心价值观的前景光明。

针对培育和践行社会主义核心价值观的现状，插柳村村民能以主人翁的姿态积极地发表看法或献言献策。他们认为党政机关干部、青少年学生和社会公众人物是践行社会主义核心价值观的重点群体，认为社会整体的道德风尚、个人的切身利益考虑、多元价值观的冲击是影响农村居民践行社会主义核心价值观的主要因素。

第六，插柳村村民对社会主义核心价值观认知的群体差异较为明显。

仅从培育和践行社会主义核心价值观的较强意愿性（“非常愿意”或“比较愿意”）来看，高中及其以上文化程度者（60.5%）比高中以下文化程度者（53.8%）、马克思主义信仰者（79.8%）比非马克思主义信仰者（50.3%）、党团员（63.2%）比非党团员（54.6%）分别高出 6.7、29.5、8.6 个百分点。这表明，高中及其以上文化程度者、马克思主义信仰者、党团员是该村培育和践行社会主义核心价值观的重要基础和中坚力量。

三　对策与建议

第一，进一步加强在我国农村宣传社会主义核心价值观的力度、广度和密度。

充分发挥电视、广播、报刊等作为农村居民接受信息的主要媒介的作用，充分发挥乡村学校、乡镇文化站、农家书屋、农村道德讲堂等基层文化阵地的作用，充分利用节假日、风俗日、赶集日、农民宴会日等有利时机，充分运用横幅、标语、小品、歌曲、顺口溜、地方戏曲等方便形式，大力推进社会主义核心价值观的传播和普及工作，让我国农村居民深切感受到社会主义核心价值观的实际影响和作用，从而推动他们更加积极地关注和践行社会主义核心价值观。

要让我国村民熟悉社会主义价值观的内容，并对其内容有比较深入的理解。要用通俗易懂的语言深入浅出地向广大村民讲清楚社会主义核心价值观的具体内含，讲清楚社会主义核心价值观三个层面之间的关系，讲清楚社会主义核心价值观与传统、现实、未来的关联性，以加深村民对社会主义核心价值观的理性认识。

要用正面声音和先进文化占领农村的网络阵地，切实增强社会主义核心价值观对45岁以下农村居民的吸引力。另外，我们也要关注到农村地区留守老人、留守儿童的信息获取方式和信息需求愿望，借助于电视、报纸、图书、广播等传统媒介在这一部分人中间有效传播社会主义核心价值观。

第二，应该充分发挥道德榜样的引领作用和建设好农村文化活动的阵地。

插柳村村民有学习道德模范的优良传统。道德模范是道德实践的榜样，因此，要把道德模范的榜样力量转化为广大农民的生动实践，在我国农村形成崇德向善、见贤思齐、德行天下的浓厚道德文化氛围。还应该重视发挥“乡贤文化”的引领作用。要宣传乡贤的嘉言懿行，使之垂范乡里，涵育文明乡风，影响广大农村居民的道德生活。

文化活动是农村居民接触、了解、学习和践行社会主义核心价值观的重要阵地。在继承传统和生产生活实践中，广大农村居民具有热爱传统节日、民间文艺等文化活动。我们要充分利用这些乡风民俗活动，营造良好的文化氛围，增强农民的道德意识，为社会主义核心价值观在农村地区的生根发芽、开花结果培好肥沃的道德土壤。

第三，应该进一步增强在我国农村居民中宣传和培育社会主义核心价值观的自信心。

尽管还有相当比例的插柳村村民尚未深刻理解社会主义核心价值观的内含和意义，但是他们相信社会主义核心价值观与自身价值观、日常生活的联系较为密切，并且能感受到社会主义核心价值观对国家、社会、个人的影响和作用。这表明，绝大多数插柳村村民能够接受和认可社会主义核心价值观。针对这一客观事实，我们建议我国社会各界增强理论自信、制度自信、道路自信和文化自信，要理直气壮而充满信心地在我国广大农村中把社会主义核心价值观宣传好、培育好、践行好，切实展现当代中华民族的价值观自信。

第四，应该加强对党政干部等重点人群的核心价值观教育，加强社会道德环境的建设和治理。

“村看村，户看户，群众看干部。”践行社会主义核心价值观，群众是动力，干部是关键，有什么样的领导干部就会有什么样的社会风气。农村地区的党政干部与农村居民联系密切，在群众中影响广泛，一定要有先进意识、大局意识，要时时规范自己的言行，不断地提升自身的道德境界，在践行社会主义核心价值观中做好表率。

在培育和践行社会主义核心价值观上，要进一步加大社会道德环境的建设和治理。对广大农村而言，要坚决制止、打击封建迷信、铺张浪费、贪污受贿等活动，努力遏制不正之风的蔓延。对农村不正之风和腐败的打击要出重拳狠招，要常抓不懈，只有这样，农村才能风清气正，农村居民才能对培育和践行社会主义核心价值观怀有更大的信心。

第五，应该发挥高中及以上文化程度者、马克思主义信仰者、党员、团员在农村培育和践行社会主义核心价值观方面的模范带头作用。

在插柳村村民中，高中及以上文化程度者、马克思主义信仰者、党员、团员等群体对社会主义核心价值观的关注度、了解度和知晓度比较高，这说明他们是在我国农村培育和践行社会主义核心价值观的先进分子；因此，在我国农村培育和践行社会主义核心价值观的过程中，我们应该充分发挥他们的模范带头作用。

第六，应该加强我国高校、企业、城市居民与农村居民在培育和践行社会主义核心价值观方面的合作。

我国目前正处于各项事业快速发展时期，但发展的城乡差别、地区差别、行业差别等十分明显。尤其需要关注的是，改革开放 30 多年，我国农村发生了巨大变化，但它与城市之间的差距并没有因此而缩小。导致这种差距的原因有经济、技术等方面的因素，但更多的是观念、思想的因素。要从根本上改变我国农村落后于城市的状况，必须推动农民在思想观念上发生深刻变革。要做到这一点，仅仅依靠广大农民自身的努力是不够的，它需要我国高校、企业、城市居民等施与援手。湖南师范大学在帮助插柳村脱贫致富方面积累的成功经验说明，对一个贫困村的帮扶不能仅仅停留在物质层面，更应该体现在思想帮扶、精神帮扶上。在党中央大力倡导培育和践行社会主义核心价值观的新时代背景下，城市里的高等院校、企业、城市居民等兼有从物质和精神上帮扶农村的道德责任。鼓励高校教师、企业员工、城市居民等走进农村是我国目前在广大农村培育和践行社会主义核心价值观的一个有效途径。

长株潭地区居民的绿色素养状况调查报告

在推进生态文明建设的进程中，“绿色发展”被认为是最贴近这一文明形式的人类社会发展方式。绿色发展强调将生态环境资源视为经济社会发展的内在要素，并把经济、社会、环境的全面、协调、可持续发展作为根本目标，以及把人类的生产、生活过程与结果的“绿色化”作为主要内容和途径。而无论如何“人”始终是实现“绿色化”、推进生态文明建设的主体。人的绿色化实际上就是人的绿色素养的培育和养成。培育居民的绿色素养，是推进长株潭地区的“两型社会”建设和推进“绿色湖南”建设，实现绿色发展的重要举措。

一　长株潭地区居民的绿色素养调查数据分析与现状描述

2014 年 11 月到 2015 年 1 月，本课题调查组设计了《长株潭地区居民绿色素养调查问卷》，在长沙市、株洲市、湘潭市三座城市，采用分层抽样的方式，对长株潭等地的部分居民进行了问卷调查。调查对象基本涵盖长株潭三市各个年龄段的居民，男女比例适中，职业归属包括公务员、企事业单位管理者及普通职工、农民及进城务工人员、个体户及自由职业者、专业技术人员、学生和其他人员。调查采用现场发放与回收的方式进行。问卷设计是根据绿色素养的基本内含，并为了突出“绿色”作为一种价值观的重要性，特别将“绿色价值观”作为一个单独的维度从“绿色意识”中分离出来进行考察，从绿色知识、生态伦理情怀、绿色意识、绿色价值观、绿色行为五个层面，设计了 24 个题目。课题组共计发放问卷 700 份，回收问卷 690 份，回收率 98.57%。回收问卷中有效问卷 668 份，有效率为 96.81%。调查数据采用 SPSS 20.0 统计软件处理，最终形成了有668个样本和139个变量的数据库。

（一）长株潭地区居民的绿色知识现状描述

在本次调查中，课题组将绿色知识主要分成两个大的部分来考察：一是关于绿色的理论性知识，主要通过一些关键的绿色概念来对长株潭地区居民进行摸底调查；二是关于绿色的法律法规，主要通过居民对目前国内的相关绿色法律法规的了解程度来展开调查。调查数据显示，长株潭地区居民对绿色知识的掌握具有这样三个特点。

一是在相关绿色概念上呈现出较高知晓度和较低熟悉度并存的局面。从调查数据来看，绝大部分长株潭地区居民对酸雨、PM2.5、沙漠化、富营养化、温室效应、重金属污染和生态失衡等关于环境污染的概念具有较高的知晓度，其中“酸雨”和“温室效应”的知晓度最高；对绿色设计、绿色产品、垃圾分类、绿色食品、资源回收、循环经济和能效标志等关于绿色环保的概念也具有较高知晓度，其中“绿色产品”和“绿色食品”的知晓度最高，“绿色设计”和“能效标志”的知晓度最低。但是，还有超过半数以上的居民对“PM2.5”、“重金属污染”、“生态失衡”、“绿色设计”、“循环经济”和“能效标志”等核心概念熟悉度较低。

二是对国家的绿色法律法规的了解和掌握有待加强。从调查数据可以发现，长株潭地区居民总体对绿色法律法规的掌握程度并不高，其中最为熟悉的绿色法律法规是《中华人民共和国环境保护法》、《关于禁止或有偿使用塑料袋的规定》，分别仅有35.45%、31.7%的被调查居民表示熟悉。大部分人对于国家设立了哪些绿色法律法规并不太了解，甚至有超过半数的人从未听说过有《中华人民共和国循环经济促进法》、《中华人民共和国清洁生产促进法》、《粉煤灰综合利用管理办法》等绿色法律法规的存在。

三是获得绿色知识的渠道多元，但以广播电视、纸媒和互联网获取为主。对于绿色知识的获取，90.10%的居民表示是通过“电视广播、公益广告”，72.4%的居民是通过“阅读报纸、杂志和书籍”，62.7%的居民是通过“浏览互联网”，53.3%的居民则是通过“亲友、同事之间的交谈”。除此之外，“政府部门的环境保护宣传活动”、“学校有关环境知识的教育”、“民间环保组织的宣传活动”、“单位的培训、讲座等教育活动”、“企业生产的绿色产品”以及其他一些途径，也都是居民获取绿色知识的有效渠道，只是这些渠道对居民的影响较前几种渠道要小一些。

（二）长株潭地区居民的生态伦理情怀现状描述

结合上文长株潭地区居民获取绿色知识的渠道，通过“电视广播、公益广告”、“阅读报纸、杂志和书籍”、“浏览互联网”等潜移默化的宣传教育，他（她）们的生态伦理情怀有较大的提高，尤其是在对生态环境保护的重要性方面。具体而言，长株潭地区居民的生态伦理情怀表现在这样两个方面。

一是很清楚地认识到了适度开发和保护自然生态的重要性。调查发现，几乎所有被调查者都认为适度开发和利用自然资源、保护野生动植物以维护生态平衡、进行垃圾分类是重要的，而且半数以上的被调查者还认为是非常重要的。这充分说明长株潭地区居民对“节约资源”、“环境友好”等理念的伦理意义有了清晰的认识，人与自然和谐相处的道德价值观基本已经成为普遍共识。

二是对生态伦理主体的认识比较接近生态中心主义。生态伦理学理论向来有人类中心主义和非人类中心主义之分，前者强调人类在人与自然关系中的中心地位，后者强调人类与动物或生态系统的其他成员具有平等地位，人类只是生态系统的一部分。调查显示，92.7%的被调查者认为人与人之间的发展权和生存权是平等的，首先肯定了人作为伦理主体的权利平等、无差别性；而且，还有 97.5%的被调查者赞成“人类是自然的一部分，应该与自然和谐相处”的说法。长株潭地区居民能平等地审视人与人的关系，并能从整个生态系统的角度来看待人与自然的关系，这对培育绿色素养是非常有利的。

（三）长株潭地区居民的绿色意识现状描述

本次调查重点是针对绿色意识中居民对人与自然关系的现状、绿色价值、责任主体等方面的认知，其中绿色价值部分的调查数据留待下文讨论。通过数据分析，我们发现长株潭地区居民的绿色意识呈现这样几个显著特征。

一是对当前紧张的人与自然关系有十分准确的认知。34.7%的接受调查的长株潭地区居民认为当前环境污染和生态破坏很严重，58.5%的居民认为比较严重，共计93.2%；仅有4.3%的居民认为不严重，0.9%的居民认为没有问题，1.6%的居民表示不知道环境污染和生态破坏的状况。很显然，生态环境被严重污染和破坏是当前长株潭地区居民的共识。

二是意识到了导致环境污染与生态破坏的多元因素。在课题组列示的多个环境污染的原因中，长株潭地区居民认为最主要的是“企业、公众、政府对环境问题的重视不足”、“环保法规缺失或执法不严”和“宣传不足、环保意识不强”，分别有70.0%、59.2%、55.2%的居民持有这种观点；其次的原因有“不合理的消费方式”、“粗放型经济发展方式”、“人口增长速度过快”，分别有45.5%、40.8%、40.2%的居民这样认为。绿色意识问题是环境问题的深层原因，长株潭地区居民将意识问题作为导致环境污染和生态破坏的主要原因，足以说明绿色意识已经在大部分居民头脑中生成。

三是能清楚界定环境问题的责任主体，且大部分居民能意识到自身应具有的责任感。调查显示，在长株潭地区居民看来，地方政府、企业、中央政府和普通消费者是解决环境问题的最重要责任主体，分别有83.83%、59.58%、53.59%、51.5%的被调查居民有这样的认识。有超过半数的普通消费者，也即居民自己，能够认识到自身对维护良好生态环境的责任，这是长株潭地区居民已经具备的难能可贵的绿色素养因子。同时，还有10.18%和10.08%的居民认为，民间环保组织和新闻媒体也应在保护生态环境中履行一定的责任。

四是长株潭地区居民对环境问题的关注和参与意愿相对滞后于对环境污染严重性的认识。调查数据显示，共计有93.2%的长株潭地区居民认为当前的环境污染和生态破坏已经比较严重，甚至认为是很严重。但遗憾的是，只有24.9%的居民经常关注环境问题，24.6%的居民非常愿意参加环保活动；70.5%的居民偶尔关注环境问题，71.6%的居民对于参加环保活动的态度是视情况而定，说明大部分居民对环境问题的关注度和参与度，并不能和他们所认知的环境污染严重性相匹配。不过，从不关注环境问题，也从不参加环保活动的居民还是很少的。

（四）长株潭地区居民的绿色价值观现状描述

此次调查主要是针对长株潭地区居民对经济发展与环境的取舍、环境治理、可持续发展等重要问题的态度，来考量其绿色价值观。具体情况如下。

一是长株潭地区居民基本认可科学发展观。科学发展观强调经济、社会、环境的全面、协调、可持续发展，不赞成以牺牲环境来换取经济发展的掠夺式发展方式。调查数据显示，83.1% 的长株潭地区居民是反对牺牲环境来发展经济的，只有不到 10% 的居民对环境持不重视的态度。从价值观的生成来看，它是以主体的内在需要为基础，以利益追求为驱动。因此，难免有部分居民为了追求经济利益而不顾生产、生活过程对环境的破坏性影响。

二是长株潭地区居民对于治理环境污染的态度坚决。调查数据显示，88.8% 的居民反对“先污染后治理”的错误环境治理理念，仅有 6.4% 的居民在利益驱动之下赞成“先污染后治理”。而且，有 81.9% 的居民赞成或非常赞成政府强制关停有污染的企业，仅有 4.0% 的居民对于关停有污染的企业的治理方法表示反对。总的来说，长株潭地区居民对于治理环境污染的基本理念是科学的，态度是坚决的。

三是长株潭地区居民将保护生态环境上升到了可持续发展的高度。一般来说，可持续发展就是既满足当代人的需要，又不损害后代人满足其需要的发展方式。在调查中我们发现，51.9% 的长株潭地区居民非常赞成为了后代人的生存而保护环境和节约资源，还有 39.5% 的居民则是表示赞成，仅有 3.7% 的居民表示反对。可见，绝大部分居民都是赞成可持续发展的。

（五）长株潭地区居民的绿色行为现状描述

课题组主要是从两个方面来考察长株潭地区居民的绿色行为。

一是日常生活中已养成各种各样的绿色行为习惯。对于调查组提供的“节约用水、用电、用气”、“优先使用公共交通工具”、“购物时尽量自带购物袋”、“在外就餐时特意不使用一次性餐具”、“使用节能产品”、“使用环保洗涤剂”、“装修时使用环保家具或建材”、“将废旧电池投入专门的回收桶或回收站”、“购车时关注油耗指标”、“购电器时关注能效指标”、“尽量选购绿色食品”等日常绿色行为选项都有居民表示与其日常生活相符，其中超过半数以上居民选择的有“节约用水、用电、用气”、

“优先使用公共交通工具”、“购物时尽量自带购物袋”、“使用节能产品”和“尽量选购绿色食品”。而且，从调查数据来看，对于绿色产品的价格问题，长株潭地区居民基本可以接受绿色产品价格比普通产品要高的问题，大部分居民可以接受绿色产品比普通产品价格高出10%以下，还有30.4%的居民能承受11%—20%的价格差，超过20%甚至40%以上能够接受的居民就比较少。

对于调查组提供的“收集废品和卖废品”、“将废旧纽扣、螺丝、拉链等收集起来备以后使用”、“修补损坏物品并继续使用”、“参与企业以旧换新活动”、“将使用完的包装盒作其他用途”、“将不用的废弃物品改造为有用物品”等再回收、再利用资源的行为选项也都有较多居民表示与其日常生活相符，其中超过半数以上的居民日常生活中有过“收集废品和卖废品”、“修补损坏物品并继续使用”和“参与企业以旧换新活动”。可见，节约利用资源、循环使用资源已经成为大多数长株潭地区居民的良好绿色行为习惯。

二是长株潭地区居民大多会偶尔参与社会性绿色行为，但尚未形成稳定的行为习惯。调查数据告诉我们，有56.0%的长株潭地区居民会偶尔参加节约资源或环境保护的公益活动，60.0%的居民会偶尔向他人宣传环保意识，57.8%的居民看到有人乱扔垃圾会偶尔加以制止和批评，但是能够经常这么做的居民比较少。而且，还有37.9%的居民从不参与节约资源或环境保护的公益活动，27.7%的居民从不向他人宣传环保意识，26.6%的居民从不制止别人乱扔垃圾的行为。这说明还是有相当一部分居民并没有形成参与社会性绿色行为的良好习惯。

二 长株潭地区居民绿色素养存在的问题

通过对数据的深入研究，本课题组发现长株潭地区居民在绿色素养上还存在四个主要问题。

（一）对绿色知识的掌握缺乏系统性和深度

虽然被调查居民对一些重要绿色概念和法律法规有所了解，但许多居民对绿色知识的了解基本停留在道听途说的层面，并未掌握相关绿色知识的真实内含。因为大部分居民获取绿色知识是通过电视广播、阅读报纸杂志、浏览互联网，也就是通过自我学习、自我信息积累获得了一些零碎的、片段性的绿色知识，缺少系统的绿色知识教育和训练，大大制约了他们对相关问题的理解深度。在对绿色法律法规的认识上更是如此，很少有居民熟悉国家层面的绿色法律法规，甚至对于一些十分重要的绿色法律，大部分居民从未听说过。这种接近“法盲”的尴尬状况，使许多居民无法主动地运用绿色法律法规来维护自己的正当权益，也就更无法积极地运用这些法律来自觉遏制污染环境、破坏生态的行为，自然就难以成为有能力的绿色化的推动者。我们知道，知识的合理性与正当性，不仅体现于得到经验的证实，而且还体现于它们对自然世界和生活世界作出的有效改造①。绿色知识的使命就是要推动已被破坏的自然世界重归绿色，同时也使我们的生活世界绿色化。长株潭地区居民绿色知识上的缺陷将是推进绿色化、有效完成长株潭的自然世界和生活世界的绿色改造的重要阻力。因此，如何提高长株潭地区居民的绿色知识水平，将是长株潭实现绿色发展的一项重要前置任务。

（二）绿色素养的培育主体发育不充分

居民绿色素养的培育是一项系统工程，单靠中央政府、地方政府、企业、普通消费者中的任何一方都无法顺利完成。对于环境问题的责任主体，绝大部分长株潭地区居民认为应该是中央政府、地方政府、企业以及普通消费者。这反映出这些居民将保绿、造绿的主要责任交给了政府、企业和居民自己。但是，推进绿色发展，提升人的绿色素养，是一项全社会共同参与的行动。较少有长株潭地区居民肯定绿色环保组织、新闻媒体在解决环境问题方面的责任与能力，一方面说明绿色环保组织和新闻媒体在环境问题上的影响力还相当有限；另一方面也说明它们在培养居民绿色素养方面下的功夫不多或者效果不太理想。随着社会组织在全球范围内的兴

① 郝苑、孟建伟：《从知识理性到实践理性——论技性科学的根源、本质和意义》，《哲学动态》2014 年第 12 期。

起以及大数据时代的到来，绿色环保组织和新闻媒体尤其掌握信息监控能力的网络媒体将成为培育居民绿色素养的中坚力量。长株潭地区在实现绿色发展的过程中必须十分清醒地意识到这一点。

（三）对破坏绿色的根源性因素认识不足

上文已经指出，长株潭地区居民认为导致环境污染和生态破坏的最主要原因是“企业、公众、政府对环境问题的重视不足”、“环保法规缺失或执法不严”和“宣传不足、环保意识不强”等。这些原因是重要的，但却不是根本性的。社会意识是对社会存在的反映。这里之所以会存在“不足”、“不严”、“不强”的问题，根本原因在于背后的利益诉求，即粗放型经济发展方式带来的短期功利以及不合理的消费方式对不断膨胀的私欲的满足。因此说，长期以来的粗放型经济发展方式与不合理的消费方式才是环境污染和生态破坏的根本原因。意识到这个根本原因的居民比意识到“企业、公众、政府对环境问题的重视不足”、“环保法规缺失或执法不严”和“宣传不足、环保意识不强”等原因的居民要少很多，表明长株潭很多居民的绿色意识只触及到了环境污染和生态破坏的表层，而未深入其根源。这为长株潭地区转变经济发展方式和居民消费方式、实现绿色发展增添了难度。

（四）社会性绿色行为与生态伦理情怀和绿色价值观脱节

调查发现，长株潭地区居民参与社会性绿色行为频率普遍偏低，甚至有近 1/3 的居民从不参与社会性绿色行为。这种低参与度与长株潭地区居民热切的生态伦理情怀以及基本成型的绿色价值观不相匹配，导致“知”与“行”出现严重脱节。从原因上来看，长株潭地区居民的绿色知行脱节，与前文提到的居民对环境问题的关注和参与意愿相对滞后于对环境污染严重性的认识、部分居民并未抓住环境污染和生态破坏的根本原因有着密切联系。这也就是说明：一方面，相当一部分居民仍将关注环境问题、参与社会性绿色行为作为一种外在的解决环境污染和生态破坏的手段，而未将其视为是自身作为人的全面发展的重要内含；另一方面，相当一部分居民的绿色素养仍然停留在知识理性层面，而未上升到实践理性层面。

三　培养长株潭地区居民绿色素养的对策建议

基于经济社会发展的特点和居民绿色素养的实际情况，课题组建议从以下几方面来开展长株潭地区居民的绿色素养培育工作。

（一）进行有组织、有计划的绿色素养的宣传和教育

首先就应该为绿色素养教育立法，使接受绿色素养教育成为一种法律义务。从生态文明的发展态势来看，绿色素养将是未来社会成员的一种基本素养，是生态公民的必备素养。因此，可以在《环境保护法》中设置公民绿色素养教育制度的相关章节，或者与环境教育结合设立专门的法律，把学习和接受绿色素养教育作为一项公民的法律义务，强制全体社会成员有组织、有计划地接受绿色素养的学习和培训。曾经有学者建言，为了进一步增强环境意识，国家层面应该尽快制定隶属于宪法的、独立的《中华人民共和国环境教育法》[①]。完善的绿色法律法规可以为绿色素养教育走上规范化、制度化道路提供法律保障，也是保证绿色素养教育实效的必然途径。

其次是要构建“主体—师资—课程”三位一体的绿色素养教育体系。以美国为例，美国早在 1969 年就通过了《环境政策法案》，在美国环境保护署下设了主管环境教育的环境教育办公室、国家环境教育与培训基金等机构，并在各级学校建立起了环境教育课程、绿色学校和教职工环境教育培训等为一体的学校环境教育体系[②]。一个完整的教育体系，除了前面所提到的教育法律法规之外，主要包括教育主体、受教育主体、师资力量和课程体系。绿色素养教育体系也不例外。绿色素养教育主体，既包括教育者，也包括受教育者。绿色素养教育是一种主体间教育。虽然传播绿色知识、宣传绿色意识的主体包括政府基层的社区、村委、学校、企业、社

① 何向东：《关于制定〈中华人民共和国环境教育法〉的思考》，《西南大学学报》（社会科学版）2007 年第 4 期。

② National Environmental Education Advisory Council, Setting the Standard, Measuring Results, Celebrating Successes—A Report to Congress on the Status of Environmental Education in the United States, 2005.

会组织、全体社会成员，但同时他们也是绿色知识、绿色价值观念的汲取者。从居民绿色素养培育的角度来看，居民更多是处于一种受教育者的角色，然而他（她）们和政府、学校、企业、社会组织所扮演的教育者角色是一种平等的交互关系。绿色素养教育不是教育者对受教育者的灌输式教育，而是一种交互式学习方式。而且，绿色素养教育事关人的全面发展，因而是一项长期性的教育工作，必须有稳定的师资队伍，尤其是各级学校进行绿色素养教育必须有优良绿色素养的师资力量作保障。就绿色素养教育是一种社会性教育而言，绿色知识、绿色意识的传播者以及绿色行为的示范者本身也应具备优良的绿色素养。绿色素养教育的课程体系主要是针对学校的绿色素养教育以及针对其他社会成员的系统性绿色素养培训的，主要任务就是要打造具备知识性和实践性的绿色素养精品课程。

（二）促成政府、学校、企业、社会组织和媒体对居民绿色素养的多元示范

在长株潭地区居民的绿色素养培育过程中，虽然普通居民是培育对象，政府、学校、企业、社会组织和媒体扮演了培育主体的角色，但这种角色定位也不是绝对的。政府、学校、企业、社会组织和媒体既是绿色知识的生产者、传播者，也是绿色知识的学习者；既是绿色价值观的倡导者，也是绿色价值观的践行者。因此，这些培育主体在培育和塑造居民的绿色素养的同时，必须先用优良的绿色素养武装自己，从而对居民产生“绿色化”的示范效应。如果把普通居民作为一个整体放在绿色素养培育工程的中心，政府、学校、企业、社会组织和媒体便是围绕这个中心而形成的培育环境。学习在某种程度上就是学习者接受学习环境影响的过程。美国教育学家威尔森认为，学习环境乃是一种这样的场所：学习者在此相互合作、相互支持，而且运用多种工具与信息资源相互支持，通过参与解决问题的活动而达成学习目标①。在居民与政府、学校、企业、社会组织、媒体围绕“绿色”展开的相互合作、相互支持的交互过程中，培育主体和培育对象双方学习效果的改善也就意味着绿色素养的提升。

---

① Wilson, B. Metaphors for Instruction: Why We Talk about Learning Environments [J]. Educational Technology, 1995, Vol. 35, No. 9.

具体来说，政府是整个学习环境的主导者，负责为这个学习环境提供制度框架，包括各种绿色法律法规、政策制度。同时，政府对经济社会的发展方式具有最高权威的调控能力，能将绿色 GDP 引入政绩考核与经济社会发展评价机制，这是政府绿色素养示范的最直接方式。各级学校应发挥教学育人的真功夫，为培育学生绿色素养营造一个“润物细无声”的绿色校园环境。这个校园环境便是指学校的绿色文化生态——由绿色物质文化、绿色精神文化、绿色制度文化和绿色行为文化构成的文化体系。在这样一种绿色文化生态中，学生自然容易产生一种身心与自然和谐、人与人和谐的良好状态，进而自觉发育出生态伦理情怀及绿色价值观，在潜移默化中提升绿色素养。企业的示范作用主要体现在两个方面：一是生产过程的“绿色化”；二是产品与服务的“绿色化”。社会组织尤其是各种绿色公益组织是民间绿色行动的发起者，也是各种生态环境事件的公益代言人。因此，绿色公益组织一方面应在政府、企业及社会各界的扶持下，积极开展各种绿色公益行动，向居民宣传绿色理念、引导居民参与绿色行动；另一方面针对现实生活中的各种生态环境事件，积极参与和监督政府决策，充当公众代言人的角色，承担精英引领者责任，充当环境维权人的角色①。媒体（包括传统纸媒和电视广播、网络媒体以及自媒体）的示范效应是不言而喻的，尤其是网络媒体、自媒体等新媒体彻底改变了纸媒的抽象、线性、分裂肢解、受时空局限等弊端，整合听觉和视觉并突破了时空的局限，将信息快速传递给受众。因此，新媒体在当前自然而然地成为传播绿色知识、绿色意识与倡导绿色行为的先锋，应自觉承担好这份神圣使命。

（三）加快推进长株潭地区社会生产和生活方式的绿色化转型

从整个长株潭地区来讲，培育居民绿色素养首先必须彻底改变粗放型的经济社会发展方式，而发展方式转变的核心则是产业结构调整。根据国家绿色发展的战略要求以及国际产业发展新趋势，长株潭地区“产业结构调整优化的基本形态特征是经济服务化、工业新型化、发展低碳化”，

① 张萍、丁倩倩：《环保组织在我国环境事件中的介入模式及角色定位——近 10 年来的典型案例分析》，《思想战线》2014 年第 4 期。

“不但要在产业选择、产业结构调整方面，向低碳产业转变，也要求在生产、流通、消费和产品回收处理全过程和全领域向低碳发展转变，建立起‘高效益、低排放’的可持续、低碳化发展模式”[①]。产业的低碳化、绿色化是建构绿色素养生成的经济社会大环境。

在实现产业结构优化的同时，还要引导广大居民生活方式尤其是不合理消费方式的转变。受粗放型发展方式的影响，许多居民仍没有真正树立起绿色、低碳、节约、生态的生活方式，存在不少奢侈消费、浪费消费、炫富性消费、面子消费、破坏性消费等不合理行为。在发展生态文明的时代背景下，长株潭地区居民的消费方式应该朝这样三个方面转变：一是物质消费的简约化；二是精神消费的丰富化；三是个体消费需求满足方式的社会化[②]。特别要强调的是，简约化不等于压缩消费和禁止消费，而是意味着一种理智的、成熟的、绿色的消费态度，它倡导的是物质消费的减量化、再利用以及资源化。更重要的是，绿色消费在抵制破坏生态环境行为的同时，还促使放弃粗放型生产模式，减少对环境的污染和资源的浪费，逐步形成可持续生产模式。也就是说，绿色消费与绿色生产是相互促进的。总之，这种消费态度在资源日益趋紧、生态日益趋恶的时代背景下，将成为一种普遍的消费态度。长株潭地区居民的绿色素养当然不能缺少这种简约化的消费态度。

（四）提升长株潭地区居民绿色素养的实践理性特征

在绿色素养的构成要素中，绿色行为是最具价值的。脱离绿色行为而高谈阔论绿色素养，只能培养出虚伪的绿色居民或者绿色空想主义者。从长株潭地区居民绿色行为的现状来看，绝大部分居民在日常生活中都有节约资源、循环使用资源及其他与生活息息相关的绿色行为。对于这一部分绿色行为，绿色素养教育者尤其是政府应该通过进一步的宣传、评优奖励等措施加以巩固夯实，并使日常绿色行为成为长株潭地区居民的一种普遍的常态。提升长株潭地区居民绿色素养实践理性特征的重点在于增加居民

① 王岳平：《追求更高增长质量和效益的产业结构调整》，《宏观经济管理》2014 年第 10 期。

② 张美君：《论生态文明理念下消费方式的发展趋势》，《生产力研究》2013 年第 12 期。

的社会性绿色行为，让绿色行为突破个体行为的片面成为一种集体行动。具体来说，可以采取以下三个方面的措施：一是鼓励居民积极参与公益环保行动、可持续发展行动。这需要各级政府、企业、社会公益组织将环保行动和可持续发展项目与居民自身的发展或切身利益联结起来，培养居民参与社会性绿色行为的积极性。二是为居民搭建绿色行为的参与平台。居民绿色素养培育的各主体可以用绿色项目或活动的方式，如“100 公里绿色义跑”、“青少年环保夏令营”、“亲子绿色公益活动”等，吸引广大长株潭地区居民参与社会性绿色行动。三是树立绿色行为榜样。榜样教育法指的是教育者通过运用先进人物的思想观念、政治观点、道德实践为示范，教育受教育者向先进人物看齐，以形成符合社会所需要的思想品德的一种思想政治教育方法[①]。“绿色”已然成为一种品德的代名词，在居民绿色素养培育过程中培育主体应该不断发现或塑造践行绿色价值观、绿色行为表现突出的普通人，让他（她）们成为贴近居民现实生活的“绿色榜样”。广大居民通过学习和模仿这些“绿色榜样”，完成自身的“绿色化”。

① 黄静：《论思想政治教育的主要实施方法——榜样教育法》，《毛泽东思想研究》2013 年第 6 期。

道德建设纪实

中山市用社会主义核心价值观引领全民修身行动纪实

社会主义核心价值观是社会主义核心价值体系的内核，体现社会主义核心价值体系的根本性质和基本特征，反映社会主义核心价值体系的丰富内含和实践要求，是社会主义核心价值体系的高度凝练和集中表达。培育和践行社会主义核心价值观，是推进中国特色社会主义伟大事业、实现中华民族伟大复兴中国梦的战略任务。党的十八大提出，倡导富强、民主、文明、和谐，倡导自由、平等、公正、法治，倡导爱国、敬业、诚信、友善，积极培育和践行社会主义核心价值观。这与中国特色社会主义发展要求相契合，与中华优秀传统文化和人类文明优秀成果相承接，是我们党凝聚全党全社会价值共识作出的重要论断。面对世界范围思想文化交流交融交锋形势下价值观较量的新态势，面对改革开放和发展社会主义市场经济条件下思想意识多元多样多变的新特点，积极培育和践行社会主义核心价值观，对于巩固马克思主义在意识形态领域的指导地位、巩固全党全国人民团结奋斗的共同思想基础，对于促进人的全面发展、引领社会全面进步，对于集聚全面建成小康社会、实现中华民族伟大复兴中国梦的强大正能量，具有重要现实意义和深远历史意义。

中山市立足于长期的思想文化建设经验，弘扬社会主义核心价值观，引领全民修身行动实践创新。2011 年 9 月以来，作为广东省全民修身行动唯一试点市，中山市在全国率先开展为期五年的全民修身行动，在市内设立 1100 多间各类“修身学堂”。中山市市委市政府提出了“以德润市”，用社会主义核心价值观引领社会道德建设，通过合理引导带动全民参与，全方位整合道德治理环境，将提升市民文化素养和道德素质作为社会治理新方向，从家庭、职业、社区等多方面一以贯之，打造城市的道德名片，增进开放多元的现代城市的社会共识，使广大市民生活得有尊严、有荣誉感。中山市自觉在社会治理的实践中“以文化人”，为市民素质的不断提升创造良好氛围，努力实现市民思想的“最大公约数”，极大地激发了广大市民合力建设中山市，实现幸福生活的力量。

一 中山市全民修身行动的形成及特色

全民修身行动作为依法治市、以德立市、以文强市“三管齐下”促进社会和谐善治的抓手，是建设幸福和美中山的德治保障，行动开展几年来，内含上坚持传承传统文化与弘扬时代精神相结合，策略上坚持政府引导与民间驱动相结合，手段上坚持软环境和硬措施相结合，保障上坚持内省自律和制度规约相结合，呈现出良好的工作态势。

（一）中山市全民修身行动的由来及发展

2011 年，正值《公民道德建设实施纲要》颁布十周年纪念和第九个公民道德宣传日之机，中山市市委市政府召开动员大会，正式启动“全民修身行动”。这是全国首批文明城市、伟人故里中山市，适应时代要求，以创新的精神，为培育适应经济政治社会发展新要求的现代公民，加强精神文明建设，深入推进文明城市创建而推出的一项创新性举措。

这是一项顶层设计、科学决策的集体工程。早在 2011 年年初，中山市市委领导班子拜会中宣部常务副部长、中央文明办主任雒树刚，中宣部副部长孙志军，中央文明办专职副主任王世明等领导，在座谈中首次提出中山要通过引导市民修身，提升文明素养，以提升整个城市文明程度和品位形象。4 月至 6 月，中山市就全民修身课题开展调查研究和全民大讨论。7 月 8 日，中山市市委召开常委扩大会议，决定在“十二五”期间在全市范围内集中开展“全民修身行动”。7 月 28 日，广东省文明办正式对中山市文明委报送的《关于确立中山市为“全民修身行动”全省试点市的请示》作出批复，同意将中山市确立为全省“全民修身行动”试点市。9 月 9 日，中山市市委市政府印发《关于开展全民修身行动的意见》（中委办〔2011〕49 号）。9 月 20 日，中山市召开全民修身行动动员大会，正式启动全民修身行动。

这是一项统筹全局、科学规划的系统工程。全民修身行动从“启动—普及—巩固—深化—规范”等方面对中山市“十二五”期间公民道德建设作出了全面的规划。2011 年为全民修身行动启动年。主要目标是加强调查研究，制定全市性指导意见和实施方案。全市各镇区、部门、学校、企事业单位、社会团体全面启动此项工作；2012 年为全民修身行动普及年。主要目标是加强社会宣传，使全体市民明确修身的重要意义，自觉投身行动，培育和推广各类典型，各项配套细则有效部署推进，并取得初步成效；2013 年为全民修身行动巩固年。主要目标是巩固阶段性成果，继续推进落实工作部署，形成畅顺有序的工作机制，市民修身积极性增强，综合素质明显提高，社会文明程度进一步提升；2014 年为全民修身行动深化年。主要目标是基本完成五年目标，培育现代公民意识成效显著，市民广泛受益，各种新做法、新经验不断涌现，在全省、全国具有一定的影响力；2015 年为全民修身行动规范年。主要目标是进一步巩固完善全民修身行动的长效工作机制，市民素质和城市文明程度有根本性提升，培育现代公民的各项措施常态化，形成具有全国推广价值的新模式。

这是一项配套齐全、措施得当的精品工程。中山市强调全民修身行动的主体是市民个体，市民自觉提高思想道德、民主法制、公共文明、身心健康等方面的素质是全民修身行动的基础和动力。各级党委政府要致力于搭建服务平台、健全育人机制、优化人文生态，激励市民修身的主动性和积极性。为此，中山市出台了《关于开展全民修身行动的意见》，推出十大配套行动：（一）公民意识培育行动。提高公民“主人翁”意识，引导公民增强法律意识，培育公民参与公共事务管理的意识。（二）城市精神光大行动。弘扬新时期中山人精神，扩大“慈善万人行”的品牌效应，普及全民志愿服务理念。（三）优良品德倡导行动。深化全民践行“四德”活动，提倡积极向上的价值观念，营造诚实守信的和谐关系。（四）公共文明实践行动。提高全民的公共文明意识，改善公共场所的文明秩序，加大群众性文明创建力度。（五）传统文化弘扬行动。积极开展优秀经典诵读，发挥文化载体的潜移默化作用，推进全民终身教育工作。（六）幸福能力提升行动。切实提升市民的幸福创造力，切实提升市民的幸福感受力，切实提升市民的幸福保养力。（七）新中山人融合行动。培育适应现代文明的新型农民，提升外来务工人员基本素质，着力破解两个

“二元结构”。（八）阳光少年自强行动。着力推进青少年素质教育，强化“三结合”德育网络，促进青少年思想和心理健康成长。（九）领导干部尚德行动。发挥领导干部修身表率作用，完善任人唯贤的领导干部选拔机制，强化对领导干部的监督和制约。（十）和美环境营造行动。扎实推进城乡绿化美化工程，发挥公益广告的教化功能，优化社会文化环境。这些配套活动为“全民修身行动”深入细致地开展提供了强有力的保障。

2013年，中共中央办公厅印发《关于培育和践行社会主义核心价值观的意见》（中办发〔2013〕24号）。该《意见》从培育和践行社会主义核心价值观的重要意义和指导思想、把培育和践行社会主义核心价值观融入国民教育全过程、把培育和践行社会主义核心价值观落实到经济发展实践和社会治理中、加强社会主义核心价值观宣传教育、开展涵养社会主义核心价值观的实践活动、加强对培育和践行社会主义核心价值观的组织领导六大方面全面规划了新时期社会主义核心价值观的培育和践行问题。

中山市深入领会、全面贯彻《意见》指导精神，在此基础上开展了一系列活动。2014年1月9日，中山市“网络修身学堂”正式开通。“网络修身学堂”以课件、互动、动漫、视频、图片等形式，打造立体的无边界网络虚拟修身学堂。1月10日，联通你我——“帮你回家　等你回来”2014年中山关爱异地务工人员大型公益活动正式启动。1月12日，“2013广东最美街坊”致敬典礼在广州举行。1月25日，“中山好人群英谱”登上市道路指示牌、公交车站候车厅宣传橱窗等户外广告媒体。2月份，中山市举办“博爱文化月”，开展的系列活动包括“博爱文化大讲堂”、“大爱三献生命接力”、“大爱雅藏——艺术品拍卖”、“送文艺下基层”、“民生银行杯2014首届中山慈善摄影征文大赛”等，内容丰富，形式多样。

“全民修身行动”开展以来，得到了国家、省市等的高度关注。在全省文化改革发展工作会议上，中共中央政治局委员、国务院副总理汪洋同志在听取了中山市关于全民修身行动的交流发言后，指出：“中山搞全民修身行动，我看是一个重要、积极的探索。虽然才刚刚开始，需要一个过程，但方向是对的。”中央宣传部副部长王世明同志先后对全民修身行动作出重要批示，省委宣传部副部长、省文明办主任顾作义同志亲自出席中山市动员大会并作重要指示。新华社、中新社、《人民日报》、《光明日报》、《中国文化报》、《南方日报》等主流媒体及港澳媒体分别对中山市全民修身行动进行了专题报道。在第九届中国公民道德论坛上，中山市市委书记薛晓峰作为广东省唯一代表，作了全民修身行动的专题发言。

中山市始终坚持“全民参与、分类指导”，将修身的主体覆盖到全市户籍人口和常住外来人口，针对城市居民、农村居民、机关工作人员、企业员工、未成年人等各种人群的不同特点，采取相应措施，分类别、分群体、分层面、分阶段统筹协调推进，通过“全民共建”，实现“全民共享”。最大程度促使“全民共建”是活动的关键所在。全民修身行动立足于公民个体，针对各种人群，采取相应措施，分类别、分层面、分阶段协调推进。在全面落实十大配套行动的前提下，鼓励百花齐放，努力打造“一镇区一品牌、一部门一特色”。从总体上看，全民修身的主体实现了最广泛覆盖；从具体上看，全民修身又聚焦不同个体，具有很强的针对性，激发了个体的积极性、创造性，从而在宏观和微观两个方面全方位地推动了社会道德治理。

“全民共建”的目的就是最大程度地实现“全民共享”的问题。全民修身行动，旨在实现社会个体幸福与社会整体幸福的互促共进，让民众通过自治的方式达到自我满足，实现全民共享。在全民修身行动中，中山市努力贯彻“人人是创造幸福的主体，个个是享受幸福的对象”思想，既着力解决全社会的基础性、普遍性、根本性问题，又帮助市民个体解决思想、认知、发展上的切身问题，切实惠及全体市民，让民众在为了自己、依靠自己的过程中实现自我。只有通过这种主体自治型的修身行动，公民的道德素质的提升才是真实有效的，城市的文明繁荣进步才可能是持久稳定的。

（二）中山市全民修身行动的特色

1. 坚持用社会主义核心价值观引领全民修身行动

中山市正处在改革发展的关键时期，社会思想活跃，面对多元、多样、多变的社会思潮以及一定程度上存在着的理想与信念的缺失与偏差，如果没有共同的社会价值观引领，就无法凝聚社会共识，难以培育共同的理想信念、广泛接受的基本道德规范和良好的社会心态，中山市的幸福建设就无从谈起。开展全民修身行动，就是要搭建一个平台和载体，就是要在倡导社会主义核心价值观，大力弘扬共产主义理想与中国特色社会主义信念的同时，进一步强化优秀传统文化和时代精神“以文化人”的教化功能，增强党的理想信念对社会主流价值观的感染、影响与引领作用，通过人民群众喜闻乐见的多种形式、多种渠道，推动全社会公民道德建设活动深入开展；努力以思想观念上积极健康的“最大公约数”，寻求全社会最广泛认同的主流价值取向，以此夯实共同精神家园的思想文化基础。如果说整个社会价值观体系是个金字塔，那么社会主义核心价值观就是塔尖，优秀的民族传统文化就是这个塔的基座，全民修身行动由此成为了建设社会主义核心价值体系的强基固本工程。

2. 着力使以人为本的现代育人理念和传统文化相结合

中山市的全民修身行动，始终坚持以人为本的现代理念，紧密联系优良的中国传统文化，以传统道德修养的核心概念“修身”为切入点，通过各种主题活动和系列举措，潜移默化地影响着人的品德的形成。积极开展优秀经典诵读。倡导市民重读《论语》等中华优秀传统经典，了解优秀的中华文化和民族精神，增强民族自豪感和爱国主义情感。继续办好中山读书月、中山书展、社科普及周等活动，促进全社会快乐阅读、舒心阅读，使读书成为一种生活方式和社会风尚。发挥文化载体的潜移默化作用。通过文化解读、文物展览、人文景观、文艺作品、民俗活动等形式，使广大市民在悦耳悦目、悦情悦性、悦志悦神中接受优秀传统文化的陶冶。深入开展“我们的节日”主题活动，展现优秀民族、民间传统文化艺术和风俗习惯的特色魅力。保障市民的宗教信仰自由，保护合法宗教活动，引导市民正确区分宗教信仰和封建迷信，发挥优秀宗教文化在涤净心境、导人向善方面的积极作用。推进全民终身教育工作。完善全民教育机制，加大全市教育资源的整合和共享力度，依靠图书馆、市民学校、网络课堂等媒介，让更多资源为市民的学习提供帮助和支持。开展学习型家庭、学习型社区、学习型单位、学习型城市创建活动。

3. 善于把鲜明的时代特色与地域文化结合起来

谈起中山市，人们最熟悉的是“孙中山思想文化”。中山市主打“孙中山思想文化牌”和“华侨文化牌”，将之作为建设文化名城的重要抓手。中山更是将持续了多年的“孙中山纪念周”上升为“孙中山文化节”，把纪念活动和文化活动、旅游活动、经贸活动有机结合起来。中山是博爱、礼仪之邦、文明城市，开展全民修身行动既是城市发展的需要，也是中山不屈不挠、坚持不懈深化文明城市创建的体现，又是提高城市文明的根本。开展全民修身，把弘扬包括孙中山精神在内的优秀传统文化及全人类的精神财富融入现代公民教育当中，寓社会管理于教育引导之中，寓社会建设于服务和呵护之中，聘请新时代的“孔子”、“孟子”指导修身行动，在修身中分享城市改革发展成果，提升全体中山人的文化认同和心灵归属。

中山市不断扩大文化活动的社会受惠面，近年来先后成功承办了博鳌亚洲论坛、中国合唱节、“中山杯”华侨华人文学奖、社会主义新农村合唱大赛、第十五届群星奖、第二届流行音乐年会等大型文化活动，涌现出慈善万人行、中山读书月、中山大讲堂、香山讲坛、文化消费节、中山书展等一系列群众性文化品牌。

中山正努力构建“普惠型”公共文化服务体系。据统计，“十一五”以来，中山市公共文化服务体系建设的财政投入增长幅度明显高于同期财政收入增长幅度，如2014年公共文化财政投入已近2.5亿元。中山市镇区村三级建设文化广场389个，数字电影和广播电视村村通工程实现全覆盖；实现村村有书屋，全市农家书屋304个，平均每个面积超过90平方米，是广东省要求标准的4.5倍。全市有图书借阅点80多个，流动图书馆、流动演出大巴经常深入全市多个镇区和企业服务。漫画馆建设使用良好，新图书馆完成选址、设计和招投标工作。

中山还高度重视外来务工群体的精神文化需求，在广东省率先进行“爱心电影卡”试点工程，解决外来务工人员看电影难的问题。“三乡镇打工者艺术团”成立于打工者、为打工者服务，九年演出400多场。

4. 始终把官德官风当作全民修身行动的重点对象

官德与民德是社会道德建设中相辅相成、不可偏废的两个方面。自古以来，官德隆，民德昌；官德毁，民德降。官德影响民德，“官风”决定民风，“官”是民的表率。我们党历来重视党员干部的道德修养，强调“德才兼备、以德为先”的选人育人用人标准。党员领导干部作为带领市民建设幸福和美家园的“领头羊”，必须成为全民修身的模范和榜样，必须成为全民修身行动的重点对象。

群众要幸福、干部先吃苦；全民要修身，干部也要先行。配套开展领导干部尚德养廉行动，就是要引导各级领导干部以社会主义核心价值观为引领，自觉加强党性锻炼，坚持执政为民理念，满腔热忱、殚精竭虑地为老百姓谋利益、谋福祉。始终保持共产党人的高尚品格和革命气节，真正做到一身正气、一尘不染。带头倡导爱国、敬业、诚信、友善的道德规范，以自身的模范行为感染和影响广大群众，努力形成党员修党性，官员修政德，各行各业讲职业道德，全社会讲诚信、讲互助、讲正气的良好局面。

二 中山市全民修身行动的经验与意义

中山市始终把社会道德发展作为城市发展的重要方面，把道德建设融入城市发展各领域，把“全民修身”这项系统工程作为城市社会道德治理的重要抓手，抓住了社会道德建设的根本。中山市通过制度安排和长效机制规范和引导市民的日常行为，强调日常行为要与维护维系社会生活秩序有机结合起来，坚持在日常生活中养成良好的行为习惯，做到知行合一。在引导市民把中国梦作为社会理想价值目标的同时，强调个人对幸福生活的至善追求，在理想信念层面把社会发展价值与个体发展价值有机结合起来。从中山市一系列社会道德治理举措的实施效果来看，道德环境的改善极大地净化了社会风气，无形的、看不见的精神财富终将给中山市社会发展带来难以估量的有形的、看得见的物质财富。

（一）中山市全民修身行动的经验

1. 党政主导带动全民参与，建立上下联动的组织领导方式

现代社会治理理念要求治理主体的多元化，区别于以往仅仅通过政府权威管理社会的方式，讲求政府、各种社会组织、社区以及公民之间的自愿合作和共同参与。以往，社会道德建设的主体多半是政府一家，基本方式是通过思想宣传、道德说教和群众活动自上而下地进行。在这种“我讲你听”、“我说你做”的工作思路的指导下，道德建设往往不能调动公民参与的积极性，许多举措最终不仅流于形式，还造成了公民在思想上的抵触，达不到预期的效果。从道德发展心理学的角度来说，个体道德意识的发展与社会习俗之间有一个相互契合的过程。在这个过程中，自主意识

是道德人格确立的关键，也是道德自律的基础。所以，如果只是通过灌输和说教的方式带有强制性地开展道德建设，实际上是政府在“帮助”公民确立自己的道德人格，而不是公民在道德发展过程中的自主选择。由于自主意识和责任心理是道德行为不可分割的两面，因此，如果道德意识不是出于自主，责任也就无从谈起。其结果往往是：“你讲你的，我信我的；你说你的，我做我的。”中山市的全民修身行动虽然是政府倡导的治理行为，但却是“政府搭台，群众唱戏”的互动合作。通过各种主题活动、制度安排以及基础设施建设，政府为全民参与的修身活动搭建了宽广的平台体系，创造了丰富的修身方式，营造了良好的修身氛围，让市民切身体会到修身是自己的事，应当把自己的事情做好。这样一来，全民参与不仅提高了市民修身的积极性，也很好地把国家治理要求与市民自身发展有机地结合了起来。政府不再是以往的教导者形象，而是作为参与者、合作者和主导者的形象，调控和治理城市道德发展的方向。

2. 典型宣传助力思想教育，营造立体多元的宣传教化环境

在全民修身行动中，中山市注重通过挖掘各类典型事迹或人物来开展宣传教育，同时又积极发挥媒体的作用，以各式各样的传播媒体为平台，为市民修身营造立体多元的宣传教化环境。

一是挖掘青春典型，弘扬青年突击队“四最”精神。1955年，毛泽东为中山青年突击队题写“四最”评价，称赞他们“最积极、最有生气、最肯学习、最少保守思想”。这是毛主席在社会主义建设时期，对广东青年工作者写下的唯一的一篇短文。中山深入挖掘这一历史文化资源，并以纪念五四运动95周年为契机，推出特别策划“致永不消逝的青春”系列报道，寻找这支曾名扬全国的青年突击队。举办纪念五四运动95周年暨弘扬中山青年突击队精神座谈会，组织市领导与社会各界青年代表探讨当代中山青年的精神特质。通过微信、微博等平台发布中山青年突击队珍藏图文资料、《当代中山青年宣言》，引领全市各界青年团员在传承中山青年突击队“四最”精神的同时，不断丰富和发展爱国爱乡、励志追梦、理性务实、博爱包容的当代中山青年四大青春版图，为实现中国梦奉献青春正能量。

二是引入“美德典型”，开展道德模范现场交流会。举办以“道德力量托举中国梦”为主题的现场交流会，邀请赵广军、李国武等5名全国

道德模范分享好人背后的故事。并与 20 名中山道德模范、身边好人一起组成宣讲小组，到多个镇区进行演讲，更广泛地弘扬道德美德，参加各场活动的总人数达一万多人。通过这些看得见、学得到的“平民英雄”和“凡人善举”感染人、教育人，让群众切身感受道德的力量，在全市上下营造学习模范、争当好人的浓厚氛围，推动公民道德建设深入开展。

三是引入“公仆典型”，举办焦裕禄精神报告会。结合党的群众路线教育实践活动主题，邀请来自焦裕禄家乡的宣讲团，面向全市 3600 多名党员干部代表宣讲，重温这位共产党人平凡而伟大的事迹。报告会感人肺腑、催人奋进，使与会的党员干部受到了极大的心灵涤荡和深刻的思想教育，进一步推动全市党员干部学习弘扬焦裕禄精神，自觉践行“三严三实”，以更加务实的作风，谱写中山改革发展新篇章。

四是引入“好人典型”，开展雷锋精神交流会。邀请沈阳军区雷锋精神报告团在中山市开展系列交流活动。走进中学、高校和武警支队，从不同侧面讲述了“雷锋团”一代又一代官兵坚持 50 年传承弘扬雷锋精神的感人事迹，逾 3000 人聆听了报告，并以互动参与的形式将报告会“搬”到互联网，数以万计网友收看收听了报告会。报告团一行走进社区、学校、志愿者中间，与街坊、学生、志愿者和网民交流创新学雷锋活动的方式方法，并为“邻里守望雷锋永驻”2014 年中山市邻里文化节揭幕，激励广大市民踊跃参与到“学雷锋、齐修身、做好人”活动中来。

3. 效应发挥引领精神时尚，拓展道德模范的带动与示范作用

一是发挥集群效应，挖掘培育“好人方阵”。从 2010 年 6 月开始，每月开展“我推荐、我评议身边好人”活动，发动媒体和市民积极推荐“身边好人”，寻找在助人为乐、见义勇为、诚实守信、敬业奉献、孝老爱亲等方面有突出表现的个人。四年来挖掘出 19 年如一日奋战在一线、生前 6 小时仍坚守岗位的“最美警察”麦振伟、70 多年不离不弃照顾两名智残儿子的“大爱妈妈”麦容欢、徒手接住六岁坠楼女童而手臂骨折的“过路哥”邓加天等“中山好人”201 名，其中 12 人获评“广东好人”，30 人获评“中国好人”，发挥了道德楷模的“集群效应”。

二是发挥放大效应，创新载体宣传典型。在市主要媒体开设“身边好人”专栏，在人群较集中的场所设立“好人榜”户外宣传栏，宣传“好人”感人事迹。举办道德模范和身边好人系列网络访谈，举办“学雷

锋、齐修身、做好人”主题座谈会，组织中山道德模范及身边好人参加广东省道德模范和身边好人现场交流活动。组织道德模范和身边好人、艺术团组成的巡讲巡演报告团，深入社区、机关、企业、学校、村镇、军营等基层单位开展巡讲巡演活动，通过艺术的形式演绎身边好人的感人事迹。策划“中山好人”媒体推介活动，如在人民网、《法制日报》、《南方日报》等主流媒体大篇幅、滚动式报道麦振伟先进事迹，在中央、首都新闻媒体和商业网站推出“最美警察”媒体推介活动，将道德模范的先进事迹更好地传播给广大群众，并利用“中山发布”、中山青年、国学促进会等微信平台，推送麦容欢、邝国平、杜国香、莫雪丽等好人事迹，取得了良好效果。

三是发挥示范效应，完善机制激励典型。制定《中山市帮扶生活困难道德模范（身边好人）实施办法（试行）》，对生活困难的市级、省级、国家级道德模范和提名奖获得者，以及中山好人、广东好人、中国好人获得者进行帮扶。其中，对生活困难的道德模范、道德模范提名奖获得者（身边好人），给予一次性1000—5000元专项资助；对生活特别困难、生活无法自理或急需志愿援助的道德模范（身边好人），由市文明办协调有关志愿者组织或通过社会征集的方式招募志愿者，以结对形式为其提供志愿服务。出台《中山市流动人员积分制管理规定》，对流动人口中获各类荣誉称号的道德模范给予相应分数的积分，积分达到标准的可申请入户中山，若取得入户指标但暂不想入户的流动人员，3年内可凭有效的《广东省居住证》和积分入户通知书在居住地享受其子女可享受户籍居民子女同等的义务教育待遇、在本市创业可享受户籍居民同等扶持政策、按规定申请住房保障待遇、按规定办理乘车优待证等权益和公共服务。中山市通过建立关爱道德模范（身边好人）的长效机制，弘扬了社会正气，有效发挥了道德模范（身边好人）的社会示范引领效应。

4. 法治规范辅以道德教化，强化法治与德治的相互作用功能

中国近五千年的文明史中，道德始终是调整人们关系的主要行为规范，所谓“以德配天”、“德主刑辅”，无论是治国还是修身，都主张“德治”、“养德”。党的十八届四中全会《决定》更是明确提出，应坚持依法治国和以德治国相结合，并把其作为实现全面推进依法治国总目标必须坚持的重要原则。中山市如今寻求社会和谐善治，就是要在加强法治“硬

约束”的同时，强化道德的“软约束”，真正做到“法以诛恶，德以劝善”。一手抓法治、一手抓德治，既重视发挥法律的规范作用，又重视发挥道德的教化作用，实现法治和德治相得益彰。

法治是德治的重要依托，全面推进依法治理才能够确保道德治理特别是社会主义核心价值观的落实。中山市通过把社会主义核心价值观贯彻到依法治国、依法执政、依法行政实践中，落实到立法、执法、司法、普法和依法治理各个方面，用法律的权威来增强人们培育和践行社会主义核心价值观的自觉性。厉行法治，严格执法，公正司法，捍卫宪法和法律尊严，维护社会公平正义。加强法制宣传教育，培育社会主义法治文化，弘扬社会主义法治精神，增强全社会学法遵法守法用法意识。注重把社会主义核心价值观相关要求上升为具体法律规定，充分发挥法律的规范、引导、保障、促进作用，形成有利于培育和践行社会主义核心价值观的良好法治环境。

为此，中山市深入开展法治城市创建活动和“阳光法治、法治惠民”主题实践活动，扎实推进“六五”法制宣传教育，引导全体社会成员自觉学法知法守法用法，依法维护自己和他人的权利，承担法律义务和社会责任。市公安局开展“齐修身、励警志”活动，全体民警参与“五进五建”爱民实践，并结合文明城市创建实施“文明交通行动计划”。坚持把人民当家做主与依法管理有效统一，运用民主方式、群众工作方式、说服教育方式，通过平等沟通、协商、协调、引导等办法化解社会矛盾。

德治是法治的重要支撑，全面深化道德观念才能够确保依法治国顺利有序地进行和取得良好的效果。开展全民修身，在坚定不移地推进依法治市的同时，强化道德的教化功能，不仅注重加强培育市民的法律信仰和法治理念的基础，而且着力推进社会公德、职业道德、家庭美德和个人品德为内容的“四德”建设，全面提高公民道德素质，以道德滋养法治精神、强化了道德对法治文化的支撑作用。中山全民修身坚持以“行动”为落脚点，以奠定社会善治的思想道德基础为重要目标，将全民修身行动作为依法治市、以德立市、以文强市三管齐下加强社会治理的重要切入点和着力点，融入依法化解社会矛盾、加强社会管理的全过程，取得了良好的成效。

通过推进公共文明实践行动，交通违章明显减少，目前行人和非机动车遵章率达到95%以上，比全民修身行动启动之前提高20个百分点。社会道德舆论环境日渐向好，国家与省级道德模范在我市不断涌现，做好人、做善事蔚然成风，刑满释放人员见义勇为抓小偷、大涌镇三位村民勇救落水儿童“小鑫鑫”等事迹在全社会传为佳话。

5. 顶层设计协同制度安排，打造“顶天立地”的道德治理格局

中山市把“全民修身”作为城市社会道德治理的重要抓手，抓住了社会道德建设的根本。修身是儒家提倡的通达大学之道的八目之一，也是八目之中的关键环节。一般而言，修身指修养身心，讲求在日常生活中择善从之，既要博学于文，也要约之以礼，做到知行合一。修身关键在“修”字，也就是要突出“修什么”和“怎么修”的问题。要处理好这两个问题，需要从三个基本层次着手：从理想信念的道德（境界）着手，明确对社会理想的价值认同和对个人幸福的至善追求，倡导“信念伦理”建设；从行为规范的道德（原则、规范或准则、范畴）着手，约束和引导人的道德行为，坚持知行合一，倡导“规范伦理”建设；从个人品质品德的道德着手，追求人的德行的卓越和道德人格的完善，倡导“美德伦理”建设。在这三个层面中，信念伦理建设具有社会意识形态的特征，规范伦理属于社会隐性制度或“软制度”的社会基本秩序范畴，而美德伦理则集中体现了道德人格的全面发展和美德成就。道德的三个层面是三个不同而又相辅相成的价值向度，即：理想信念—伦理精神、行为规范—伦理秩序、个人美德—人格完善。

中山市的全民修身行动很好地契合了这三个层面的价值向度。在“信念伦理”建设方面，中山市始终把社会主义核心价值观作为凝聚市民理想信念共识的基础，在引导市民把中国梦作为社会理想价值目标的同时，强调个人对幸福生活的至善追求，很好地在理想信念层面把社会发展价值与个体发展价值有机地结合了起来。不仅如此，全民修身行动中开设的修身学堂和名家论坛，从知识层面深化了对理想信念的认识和理解，有力地支撑了价值观念的说服力和可信度。在“规范伦理”建设方面，中山市始终通过制度安排和长效机制规范和引导市民的日常生活行为，强调日常行为要与维护维系社会生活秩序有机结合起来，坚持在日常生活中养成良好的行为习惯，做到知行合一。在“美德伦理”建设方面，中山市始终坚持“四德”建设，强调把社会公德建设、职业道德建设、家庭美

德建设和个人品德建设有机结合起来，不断追求市民品德品质的卓越发展。

“修什么”和“怎么修”的问题，是中山市开展全民修身行动始终关注的问题。通过对信念伦理、规范伦理、美德伦理的顶层设计，中山市始终把全民修身的目的（社会主义核心价值观）、规范（制度建设）、行动（修身）三个方面结合起来，做到知行合一。制度建设，作为上承社会主义核心价值观、下接公民个体道德的中间环节，一直是中山市开展全民修身行动的重要抓手。

从他律向自律的转化是公民道德发展的基本方式。在这个转化过程中，靠制度建设搭建的社会规则体系起着举足轻重的作用。所以，从社会道德治理的角度来看，要突出社会规则在公民道德发展中的功能和作用，就要把制度建设当作奠基石。近年来，中山市在开展城市社会道德治理的过程中，始终突出、围绕、紧扣制度建设环节，抓住了道德治理的根本，取得了良好的治理效果。与传统的熟人社会不同，现代社会是一个靠社会规则相互联系的生人社会，如果没有相应的制度设计和制度安排，就不可能在社会范围内规范众人的行为。正如绝大多数技艺都从模仿开始一样，人类的道德习惯也是从模仿开始的，而模仿的内容，就是各式各样的制度规范。道德初习者一开始或许并不理解制度的社会含义，他们只能直接地按照制度规范的要求去做。制度就是他们与这个世界沟通的桥梁和渠道。随着社会化程度的提高和道德意识的不断进步，人们渐渐能够领会制度设计的目的和意义，并能对这个制度是否可以实现原初的目的和意义产生自己的想法。在这种情况下，当人能够在依靠制度的同时驾驭制度的时候，人就获得了真正意义上的自由全面发展。这就是自由即自律的基本含义。

中山市在通过制度建设抓社会道德治理的过程中，始终把建立制度规范和长效机制作为工作的重点，坚持通过制度去规约、规范和引导社会道德治理全过程，为社会道德的长期发展打下了良好的基础。全民修身行动、慈善万人行、“博爱 100”等社会道德治理举措，之所以能长期有效地发挥作用，关键就得益于扎实的制度建设。

6. 道德建设融入城市发展，开拓互助共赢的社会实践途径

作为社会道德建设的重要举措，中山市通过修身立人的方式使全民修身活动融入到城市发展的方方面面，全面开启了道德建设融入经济生活、

民主法制生活、文化生活以及社会生活的实践途径。通过把道德建设融入城市发展，城市治理建立了以强调声誉、信任、互惠和相互依存的社会协调网络。作为一种协调方式，自组织治理以反思的理性为基础，坚持持续不断地通过对话和协商的方式，产生和交换更多的信息；将参加治理的单位锁定在涉及短期、中期和长期并存运作、相互依赖的一系列决定之中，减少机会主义危害；通过鼓励各方的团结，建立相互依赖的关系、共同承担风险。

自组织借助制度化的谈判达成共识，彼此建立互信，补充市场和政府在调控上的不足之处。政府部分地放弃依靠权威自上而下的决策权力，换取对众多治理主体施加影响，以在社会治理方面取得更好的成效。从社会道德治理的角度来说，道德建设应当是全体市民自己的事。政府在社会道德治理方面应当“更少地划桨，更多地掌舵”。道德治理并不仅仅靠政府权威发挥作用，而是要在社会范围内形成依靠声誉和互信建立起来的社会网络发挥作用，最终建立起由市民共同参与、共同管理、民主协商、自主决策的网络治理方式。

中山市的各项社会道德治理举措都十分重视政府、社会和市民的三方互动、联动。政府在道德治理过程中，把道德建设的一部分主动权交给市民自己，培养市民的主人翁意识，让市民意识到修身是自己的分内事，不仅有助于社会发展，也有益于个人幸福。通过一系列社区活动和主题活动，社会自组织网络的建立在政府的引导下得到了不同程度的加强，声誉成了行动的责任，信任和互惠成了人际关系发展的纽带，这不仅节约了政府在社会道德治理上的成本，也提高了社会道德治理的实际效果。

现代治理理念强调在社会治理过程中结合市场激励机制和私人部门的管理手段，广泛地调动社会各方资源有规划、按计划、按步骤地形成治理合力，实施社会治理。中山市“博爱100”的公益创设举措，积极有效地引导社会资源进入社会公益慈善事业，把政府搭建平台、市民和企业参与公益项目、社会组织策划竞投实施公益有机地结合了起来，在实现了城市道德治理要求的同时，也推动了政府、社会组织和个人的三方共建共赢。

在公益创投活动中，中山市始终把“市民点的菜”作为竞投的重点，鼓励企业和个人申报与社会民生紧密关联的项目，通过投放种子基金、引入带动基金和加强配套基金的方式，有效地吸纳各方社会资源投入社会道德治理。实际上是以项目为基础，通过市场激励的方式把社会道德治理和企业效益结合了起来。不仅如此，在项目申报、实施和管理的全过程中，都有相应的制度设计和监管措施，做到了公平公正公开，极大地推动了社会道德治理的多元共治。

7. 核心价值引领文化整合，发展共建共享的城市治理文明

用社会主义核心价值观引领城市发展，中山市一直在创建共建共享的城市治理文明。所谓社会道德治理，就是从社会治理的角度开展社会道德建设。治理社会道德，首先需要弄清三个问题：(1)为什么要进行社会道德治理？(2)谁来进行社会道德治理？(3)如何进行社会道德治理？问题(1)指向社会道德治理的目的和意义。对社会来说，道德治理的目的在于促进社会经济、政治、文化和社会的发展，最终带来社会和谐。对个人来说，道德治理有助于个体道德素质的提升，有助于丰富人生价值，最终成就个人幸福。没有良好的社会道德环境，个体道德发展就会举步维艰。没有个体道德素质的支撑，社会道德环境就无从谈起。两者相辅相成，不可分割。问题(2)指向社会道德治理的主体。一般说来，道德治理的主体可分为个体和各种组织两大类。各种组织包括政府、企事业单位、社会团体、社区等。社会道德治理应当妥善处理好治理主体之间的关系，形成治理合力，全方位推动社会道德建设。问题(3)指向社会道德治理的方式方法。区别于以往仅靠政治宣传、道德说教、群众运动的方式方法，现代社会的道德治理应当依靠制度安排，包括正式制度和非正式制度。只有不断健全、优化、创新制度安排，才可能把抽象的道德观念落实为具体的道德要求，才可能通过“看得见的手”引导和约束人的行为，才可能从社会治理的角度调控社会道德发展的方向、领域和进度。

长期以来，在理解城市发展与社会道德治理的关系问题上，一直有这样几个误区：(1)“道德万能论”认为，单纯凭借道德治理就可以一劳永逸地处理所有社会难题。其结果往往是，城市道德发展呈现“虚高”态势，不但不能从实质上提高社会道德水平，当各种社会问题积重难返的时候，社会道德有可能下滑或倒退。(2)“道德无用论”认为，城市道德治理是虚的东西，搞不搞都是一回事，可有可无。其结果往往是，不良的城市道德发展状况久而久之成了城市全面发展的瓶颈，其他社会领域的发展反过来受制于道德发展。(3)“道德代价论”认为，可以通过牺牲道德发

展为代价换取其他社会领域的发展，或者等到其他社会领域发展完备后再回过头来搞道德治理。其结果往往是，道德治理在后期会花费巨大的矫正成本，有时不仅收效甚微，在一定程度上还提高了城市发展的系统风险。

可见，城市发展要讲求全面性、协调性和可持续性。从社会道德发展的特性来看，由于道德关乎人的素质，是人的自由全面发展的根基，而城市各项发展最终都离不开人的发展，所以，要把社会道德治理有机地融入城市的社会治理体系，也就是要把社会道德治理和城市各方面发展有机地结合起来，尤其要注重协调发展和可持续发展。一直以来，中山市都致力于建设“经济发达城市中最和谐善治的城市，和谐善治城市中经济最发达的城市，改革开放先行城市中最平安有序的城市，平安有序城市中最具活力和创新能力的城市”，始终把社会道德发展作为城市发展的重要方面，把道德建设融入城市各领域建设的方方面面。特别是中山市在城市发展实践中贯彻的“两手抓”思路，紧扣城市发展的关键环节，很好地处理了道德发展与城市综合发展的协调关系。从中山市一系列社会道德治理举措的实施效果来看，道德环境的改善极大地净化了社会风气，为公民素质的不断提升创造了良好的氛围和条件。随着中山市社会道德治理的不断持续深入，城市发展终将受益于社会道德治理。无形的、看不见的精神财富终将给城市发展带来难以估量的有形的、看得见的物质财富。实际上，中山市迄今为止所取得的一些社会事业成就看似与道德无关，其实，它们在很大程度上都得益于长期不懈的城市社会道德治理。

经过三年的努力，中山市全民修身行动取得了良好的社会效应，积累了不少成功的经验，走出了一条新颖的城市道德综合治理之路。我们可以把这条路概括为“和治”，其一，就是治理的目的在于社会和谐，符合社会主义和谐社会的要求；其二，就是治理的效果要达到善治的水平，社会安定、太平；其三，就是治理方式讲究兼容并包，和谐有序。要实现“和治”，就要处理好众治、化治、通治、规（制）治四个方面的关系。

众治语出顾炎武的《日知录》：“人君之于天下不能以独治也，独治之而刑繁矣，众治之而刑措矣。”意思是人治难免独断，独断则刑法繁复，只有众人治理，才能刑措不用。众治解决的是社会治理主体的问题，实际上讲求的是众人自治。中山市全民修身行动就是众治的典型。区别于以往的灌输型宣传方法。众治是引导民众通过修身的方式达到自治的水平。从道德修养的角度讲，道德关键在于自律，而自律就是自己管好自己，就是道德自治。

化治语出《汉书·循吏传》："时少能以化治称者，惟江都相董仲舒，内史公孙弘、儿宽，居官可纪。"意思是用德化的方式治理民众。所谓德化，也就是道德教化，是道德教育的基本方式。化治的关键在于"化"，即通过潜移默化的方式使对象发生变化。从道德心理发展的角度来看，道德素质的提高、道德境界的提升不是一蹴而就的，不是靠强制灌输就能解决问题的，而是需要通过各种方法，内化于心，外化于行，达到循序渐进的效果。中山市在开展全民修身行动的过程中，善于构建立体多元的宣传教化环境，把宣传教育和思想引导有机结合起来，有计划、按步骤地实施社会道德治理，达到了很好的效果。

通治是中医里的概念，在这里指社会道德治理应当和各方面城市治理结合起来，起到相互融通的效果。社会道德治理切忌就道德谈道德，而是要融入社会治理的方方面面。在现实生活中，不存在与现实无关的道德问题，道德问题总是面向实际，泛泛地说道德问题只能是空谈。这意味着，道德治理应当融入城市经济发展、政治发展、文化发展、社会发展乃至环境发展的方方面面。一方面，社会综合发展给人的道德素质的提升创造了良好的条件和基础；另一方面，人的道德素质的提升会助力社会综合发展，两者是相辅相成的关系。中山市的全民修身行动就善于在社会生活的方方面面凸显道德的作用，真正做到了把道德治理融入到城市的全面发展中去。

规治就是规范治理的意思。规治的核心思想就是通过制度建设开展社会道德治理。这里的制度既包括像法律规范一样的正式制度，也包括像道德规范一样的非正式制度。中山市善于把全民修身行动落实在制度建设的基石上，既强调法律规范的作用，也强调道德规范的作用，善于把法治和德治结合起来，合力推进城市综合发展。制度建设与制度执行是社会治理体系和治理能力现代化的核心要义。紧紧拿稳规治这个抓手，才能更加完备、更加稳定、更加管用地强化、优化社会治理体系，提升治理能力。

中山市"和治型社会道德治理"包含的众治、化治、通治、规治四个方面，从根本上解决了社会道德综合治理谁在治、怎么治、治什么、靠什么治的问题。这四个方面相辅相成、不可分割，构成了一套中山社会道德和治体系。

（二）中山市全民修身行动的现实意义

习近平在省部级领导干部学习贯彻党的十八届三中全会精神全面深化改革专题研讨班开班式上指出，改革开放以来，我们党开始以全新的角度思考国家治理体系问题，强调领导制度、组织制度问题带有根本性、全局性、稳定性和长期性。今天，摆在我们面前的一项重大历史任务，就是推动中国特色社会主义制度更加成熟更加定型，为党和国家事业发展、为人民幸福安康、为社会和谐稳定、为国家长治久安提供一整套更完备、更稳定、更管用的制度体系。国家治理体系和治理能力是一个国家的制度和制度执行能力的集中体现。推进国家治理体系和治理能力现代化，要大力培育和弘扬社会主义核心价值体系和核心价值观，加快构建充分反映中国特色、民族特性、时代特征的价值体系。坚守我们的价值体系，坚守我们的核心价值观，必须发挥文化的作用。

治理体系和治理能力现代化，关键在于制度建设，在于建设完备、稳定、管用的中国特色社会主义制度体系。社会主义核心价值体系和核心价值观就是这个制度体系的灵魂和方向。只有坚持社会主义核心价值观的引领，制度建设才可能走的是中国特色社会主义道路，只有建设中国特色社会主义制度体系，才可能保障和支撑社会主义核心价值观。这两者相辅相成、不可分割，共同构成了并维系着中国特色社会主义文化的发展。所以，坚持用社会主义核心价值观引领制度体系建设，强化制度执行能力，也就抓住了治理体系和治理能力现代化的根本。

中山市的全民修身行动紧紧围绕着价值观引领和制度体系建设两个环节，对社会治理体系和治理能力现代化具有重要的价值和意义。首先，治理体系和治理能力归根结底都是人的治理体系和人的治理能力的现代化。没有高素质的人群就不可能有完备的治理体系和优良的治理能力。没有社会主义核心价值观的引领，就不可能保障治理体系和治理能力朝着中国特色社会主义的方向发展。其次，道德意义上的修身是一种由他律向自律转化的过程，是一种把外在的制度规范转化为内在的自我要求的过程。这意味着，修身是一种维系和保障制度建设的方式方法。只有长期不懈地坚持修身行为，才可能养成按章办事的习惯和涵养，才可能切实地保障和落实制度建设。最后，治理体系和治理能力的现代化关键要落在制度执行能力上，而制度执行能力的养成关键就在道德。只有通过不断的修身行为，才能确保稳定持久的制度执行力度和强度。

1. 开展全民修身，是加强社会主义核心价值观建设的一项根本举措

中山市正处在改革发展的关键时期，社会思想空前活跃，面对多元、多样、多变的社会思潮以及一定程度上存在着的理想与信念的缺失与偏差，如果没有共同的社会价值观引领，就无法凝聚社会共识，难以培育共同的理想信念、广泛接受的基本道德规范和良好的社会心态，中山市的幸福建设就无从谈起。开展全民修身行动，就是要搭建一个平台和载体，就是要在倡导社会主义核心价值观，大力弘扬共产主义理想与中国特色社会主义信念的同时，进一步强化优秀传统文化和时代精神“以文化人”的教化功能，增强党的理想信念对社会主流价值观的感染、影响与引领作用，通过人民群众喜闻乐见的多种形式、多种渠道，推动全社会公民道德建设活动深入开展；努力以思想观念上积极健康的“最大公约数”，寻求全社会最广泛认同的主流价值取向，以此夯实共同精神家园的思想文化基础。如果说整个社会价值观体系是个金字塔，那么社会主义核心价值观就是塔尖，中山市优秀的民族传统文化就是这个塔的基座，全民修身行动由此成为了建设社会主义核心价值体系的强基固本工程。

2. 开展全民修身行动，是解决思想道德文化建设两大倾向性问题的重要抓手

当今思想道德文化建设存在两大倾向性问题：一是“大而无当、落不了地”，采取居高临下的说教方式，空谈理论，措施不实，脱离群众，缺乏针对性；二是“放任自流、无所作为”，即放弃主流价值观的引导，对理想和道德的沦丧视而不见，甚至用经济指标衡量一切，“一切向钱看”。历经改革开放三十多年，中山市经济发展和人民生活逐步达到富裕小康水平。“仓廪实而知礼节。”物质生活水平提高了，精神生活水平更要得到相应提高。同时，在推动和谐社会、幸福和美家园建设的过程中，许多不能单靠经济增长来解决的深层次问题，需要通过进一步提高人的道德素质来化解，许多不能依赖外界“舶来”的内生性动力，需要通过进一步提升民族传统中固有的精气神来凝聚。在当今提倡修身，有利于克服以往思想文化建设中存在的“居高临下”姿态，使思想文化建设的主体

真正落实到公民个体。在全民修身行动中，广大群众真正成为了思想文化建设的主体和基本着力点，从“被灌输”者、“被建设”者转化为行动者和建设者，变“要我做”为“我要做、我想做、我能做”，全民参与幸福建设的意识和能力得到全面的提高。

3. 开展全民修身，是寻求社会和谐善治三个维度的重要契合点

推进社会和谐善治，中山市提出了“依法治市、以德立市、以文润市”三个维度，这三个维度三位一体、水乳交融，在全民修身行动中得到很好的交汇和拓展。第一，要实现依法治市，就必须以现代公民意识的提高为基础，这也是全民修身行动的基本着力点。通过全民修身，实施公民意识培育行动，提高公民“主人翁”意识，增强公民法律意识，为依法治市提供了强大保障。第二，人无德不立，城市也是如此。中国自古就有“以德配天”、“德主刑辅”的传统，无论治国还是修身，中山市都主张“德治”、“养德”。当前开展全民修身，就是要强化道德的教化功能，引导市民自觉以德正本清源，以德提升涵养，以德规范言行，推进社会公德、职业道德、家庭美德和个人品德为内容的“四德”建设，寓全民修身于教育引导之中，寓社会管理于修身养德之中。第三，中山市强调以文润市，推进中山从“文化名城”向“文化强市”迈进，就需要用文化温润人的心灵，切实以先进文化感召人、凝聚人、造福人、培养人、提升人，帮助人民群众培育理性平和、开放包容的社会心态，形成合理的“幸福期望值”。这也是中山市开展全民修身的出发点和落脚点。

4. 开展全民修身行动，是实现全民共建共享幸福和美家园四大愿景的重要手段

“身修、家齐、市治、一方平”，是新形势下中山市对儒家传统施政信条的创新发展，也是现阶段中山市共建共享幸福和美家园的四大美好愿景。“身修”。通过全民修身行动，传承中华“讲信修睦”、“以和为贵”的传统道德文化，挖掘与利用香山文化中的积极因素，弘扬孙中山先生“天下为公、平等博爱”思想，紧密结合弘扬新时期中山人精神，并不断赋予其新的时代内含，使得优秀的文化能够上接千载、横贯中西、润物无声、落地生根、入心入脑，全面提升每一个市民的素质。“家齐”。家庭是构成社会的最基础单元，也是个体修身成效转化为社会成效的第一媒介。通过强调自我改造和自我完善，进而影响、带动和提升其他社会成

员，使家族成员能够齐心协力、和睦相处，从而达到促进社会稳定和谐的目的。“市治”。全民修身行动要求各级党委政府施政指导思想从“以物为本”转向“以人为本”。通过全民修身，立足于争取市民支持、发动市民参与、提升市民素质，从人民群众的根本利益出发谋发展、促发展，让发展的成果惠及全体市民，从而为创新社会建设管理、推动社会和谐善治提供强劲的精神动力和坚实的人文保障，不断适应经济和社会“双转型”的客观需要。“一方平”。建设和美中山，要实现人与自然、人与社会、人与人、人与内心世界的和谐，要弘扬中山特有的自然美、文化美、人文美、人性美、和谐美，全民修身行动就是重要的载体。通过全民修身，可以有效解决社会建设和发展的各种机制性、根本性问题，把科学发展的和谐社会美好蓝图变成活生生的现实。开展全民修身行动，通过人的素质的全面提高，可以充分发挥中山市人民共建共享幸福和美中山的积极性、主动性和创造性，充分激发中山市人民的归属感、荣誉感与使命感，加快形成干部群众都是平等人，新老中山人都是一家人，经济社会建设没有局外人的强大合力和良好社会局面。

三 进一步推进全民修身行动的建议

全民修身行动旨在吸取中华优秀传统文化和现代文明精髓，促进公民个体的完善，培育现代公民意识。开展全民修身行动，是提高公民思想道德素质和精神文明水平的有效途径，是率先加快转型升级、建设幸福和美中山的有力抓手，是破解当今社会管理各种机制性难题的新路子。各级各部门要进一步明确建设方向，明晰建设思路，精准活动重点，探索有效路径，强化保障措施。以扎实有力的行动为率先加快转型升级、建设幸福和美中山作出更大贡献。

（一）结合先行先试的实践经验，深入理解社会主义核心价值观的内含及其实践方式，进一步完善全民修身行动

深入理解社会主义核心价值观的内含，通过灵活多样的实践活动实现社会主义核心价值观，需要注意下列四个方面：

一是建设社会主义核心价值观要坚持正确导向，强化价值引领和道德

感召。全民修身行动要积极回应群众的道德关切，既充分发扬优秀传统文化，又赋予修身行动新的时代内含，注重主流价值引领和道德感召。用社会主义核心价值观，引领社会思潮，凝聚社会共识，潜移默化地把社会主义核心价值观要求转化为全社会的群体意识和自觉行动，形成奋发向上的精神力量和团结和睦的精神纽带。中山市全民修身行动实践说明，只有加强价值引领和道德感召，社会主义核心价值观建设才能扎实推进，取得实效。

二是建设社会主义核心价值观要注重群众自我教育，自我提升，突出群众主体作用。全民修身行动应突出群众的主体作用，着眼群众自我教育和自我提升，贴近群众需求，内容丰富，载体多样，渠道广泛，最大限度地激发了广大群众的参与热情，使修身行动真正融入到人们的工作生活当中，提升了公民的道德素质和思想境界。中山市全民修身行动实践说明，只有充分发挥群众主体作用，动员群众广泛参与，社会主义核心价值观建设才能蓬勃开展，富有生机活力。

三是建设社会主义核心价值观要注重舆论引导和典型示范，有效凝聚社会共识。全民修身行动十分重视舆论引导和典型示范，要积极组织媒体进行广泛宣传发动，注重设置议题引导公众深入讨论，广泛开展修身主题公益宣传，印发修身读本，发布修身格言，大力宣传先进典型和好人好事，充分发挥党员干部的示范引领作用，多渠道凝聚社会共识，有效引领社会风尚。中山市全民修身行动实践说明，只有注重舆论引导和榜样示范，社会主义核心价值观建设才能辐射面更广，影响力更大。

四是建设社会主义核心价值观要注重顶层设计，探索建立长效机制。中山市将全民修身行动作为一把手工程，大力强化机制保障，制定了五年行动规划，出台了一系列操作性强的具体实施方案和科学测评考核体系，使修身行动成为各行各业的硬责任，有效推动活动常态化开展。中山市全民修身行动实践说明，注重长效机制建设是社会主义核心价值观建设取得扎实成效的根本保障。

（二）坚持以制度安排为枢纽，结合公民道德发展规律，建立全民修身行动的长效机制，做到常态化、实体化、群众化、长效化

一是进一步加大组织推动，实现全民修身行动的常态化。充分发挥组

织的力量，开展创建修身型组织活动，组织评比修身型机关、修身型企业、修身型社区、修身型家庭、修身型党组织，培育全民修身的组织载体。发展壮大修身志愿者组织，推广“全民修身辅导志愿者”经验，加强对各类社会群体修身活动的指导。支持与修身有关的社会组织，比如国学促进会等组织，将修身行动推向组织化、常态化。

二是进一步夯实修身平台，实现全民修身行动实体化。修身学堂是全民修身行动虚功实做的落脚点。接下来，中山市要在市一级探索建设“修身体验馆”，将“一镇区一品牌、一部门一特色”的修身品牌浓缩其中。依托镇区的职业教育资源，建立镇区“修身学院”，依托村（居）社区的家庭教育和社区教育资源，实现“修身学堂”与家庭、学校教育资源的有机整合。构建以社区“修身学堂”为站点、镇“修身学院”为中心、以市级“修身体验馆”为基地的三级实体网络，搭建“从基地到中心再到站点”的立体修身平台。

三是进一步丰富活动载体，实现全民修身行动群众化。今年中山市举办的“学雷锋、齐修身、做好人”活动，起步早、影响大、效果好。今后将继续沿着这条思路，策划举办包括“修身高端论坛”、“全民修身博览会”、“修身达人榜”等活动，借力节庆活动进一步擦亮全民修身品牌。充分利用现代信息技术倡导“微学堂、微修身”。探索开通中山市全民修身行动官方微博，发布格言、修身段子、哲理故事、家庭教育常识、修身新闻等内容，积累“修身粉丝”，大力策划草根性强的修身活动。

四是进一步建立健全机制，实现全民修身行动长效化。推进全民修身行动必须相信基层，相信群众；必须动员基层、动员群众，这一切都要依靠机制建设，即要建立健全全民修身行动的动员机制、激励机制、考核机制和约束机制。探索建立全民修身积分制，开发“修身积分卡”电子系统，将市民参与修身活动、服务他人和社会进行加分，对损害社会的行为进行扣分，将积分情况与评优评先、干部晋升、外来人口入户入学等挂钩，充分调动市民参与修身行动的积极性。尽快出台《全民修身测评指标体系》，将全民修身行动的开展作为各级党政领导班子绩效考核的重要内容和文明社区、文明单位、文明村镇等文明创建考评的重要指标，实现全民修身行动的指标化、数字化、精细化管理。

（三）建立健全立体化的城市道德综合治理体系，结合地方特色和地域文化，发展中山市特有的现代城市文明

建立健全社会道德综合治理体系，需要四个系统，即道德评价系统—道德对话体系—道德管理系统—道德培训系统的协同推进。

道德评价系统就是建立道德标准。可以根据城市发展的方向和要求，建立各种指标评价体系。评价体系的指标设计既要科学合理，也要符合城市发展的实际状况。通过指标评价体系的设立与推行，政府可以在宏观层面了解社会的道德发展动态，收集全面的、符合实情的道德活动信息，为进一步的社会道德治理提供政策依据。与此同时，道德评价体系会在社会范围内形成道德舆论氛围和社会成就评价环境，会对人的道德行为产生很大的引导和规范作用。

道德对话体系是要更多地建立政府、社会和公民之间的互动。光是确立道德标准还不够，还需要对道德标准进行评论和研讨，在不断对话与协商中深化对道德观念的认识，通过不断学习加强对道德价值的理解。通过各种主题活动、系列活动，加强政府、社会组织和市民之间的彼此沟通，有助于在相互理解和关怀中建立互信互利的道德共同体。

道德管理系统就是要加强制度建设。在社会道德治理的方方面面都要引入制度规范。制度不仅可以约束和引导人的行为，遵守制度本身也会培养人的规则意识。通过建立各种规范制度，把市民的日常生活行为与社会公共生活秩序有机结合起来，形成社会道德治理的长效机制，保障社会道德治理的健康实施。

道德培训系统就是要通过培训的方式培养人的知行合一能力。世界上大多数公民道德建设比较成功的国家、地区和社会都有比较完备的道德培训系统。通过各种形式多样的道德培训，市民才可能切身体会到道德是实践理性的真谛，才可能真正做到知行合一。

（四）坚持文化立人的方式，整合价值观、规范体制、榜样模范和文化符号四个文化要素，全面丰富全民修身行动的实践途径

一是修身内含上，既要继承传统，又要与时俱进。

弘扬传统。修身要抓住根本，用社会主义核心价值体系来引领道德建设，其中重点是弘扬伟大民族精神和时代精神，包括光大传统文化精华，增强文化认同和文化自信，同时，还要大力弘扬共产党人的先进文化。修身内含要注重传承中华传统优秀道德文化，又要深入挖掘本土香山文化中的积极因素，大力弘扬孙中山先生“天下为公、平等博爱”思想。中华传统美德内含丰富，能为提高群众道德水平和文化素质提供重要的导向，“孝悌忠信”等应是修身标准规范的重要内容。

与时俱进。无论是道德建设还是全民修身，都必须认清道德的历史演变规律，把握文化特点，既要传承优秀传统文化，又要系统梳理现代文化，解决思路和出路的问题。全民修身行动要成为中山软实力的文化载体，必须注重现代文明和时代精神建设相结合，全民修身决不能搞简单的复古。全民修身行动必须与改革开放的时代精神相结合，特别是结合新时期的广东精神。要大力培育与社会主义市场经济相适应的社会道德精神，形成法律和道德、权利和义务、真善美相结合的新时期精神。修身内含上要把握现代文化强调“诚信”的特点，还要明晰公民教育和道德教育的关系，多做学理研究，提供理论指导。全民修身行动要考虑目标、措施是否与经济社会发展相吻合，当前可寻找的基本抓手包括重塑信任关系和强化职业道德等。

二是修身形式上，既要典型引路，又要另辟蹊径。

树立典型。只有依托固定的载体，采取群众喜闻乐见的方式，全民修身行动才能深入人心。中山市“修身学堂”是全民修身行动虚功实做的有效落脚点，容易让市民接受，有一定的示范作用，值得肯定和推广。既要典型引路，树立中山人身边的平民榜样，把握不同人群道德建设特点，又要规范载体，使“修身学堂”具有浓厚的道德文化氛围，庄重、肃穆的环境，统一规范的流程，把“修身学堂”建成明德修身的课堂，洗涤心灵的平台。“修身学堂”在环境布置、氛围渲染、主持人培训上要多下功夫，对于经典除了要诵读，还要注意讲解，且不宜由道德模范自述事迹，不能有表演意味。

开拓新路。全民修身要成为中山软实力的文化载体，必须注重培育社会组织，发挥市民主体作用、推动市民自我管理、自我教育。培养一批传统文化的爱好者、普及者、引领者，让他们在各个“修身学堂”中传播文化精髓，引领百姓认同和实践全民修身。将全民修身行动和广东省人文社科普及基地和科普周活动相结合，以提高修身活动的影响力。

三是修身机制上，既要领导表率，又要个人内修。

注重领导表率。全民修身行动要求各级官员加强道德自律，发挥模范带头作用，做好表率。领导者要自觉实践修身做法，通过身体力行影响百姓，如领导可每天用半小时时间阅读传统文化经典著作，用其中的精髓指导工作实践。官员的自律形象对群众具有极强的道德感染力，官员修身的直接体现就是全心全意为人民服务，做到自重、自省、自警、自励，处理公共事务时采取耐心疏导、民主讨论、平等交流的方法，广泛争取人民群众的认同和支持。

调动个人积极性。修身行动应以实现社会自治为目标，政府只需要搭建平台，做好宣传引导，不需太多的制度干预，以道德为主要调节机制，更多地依托社会组织去推动，促使修身向良性发展。当前全民修身行动的最大问题是基层百姓参与不足，尤其是外来务工人员，要设法增强他们的归属感，激发他们内在的道德热情，从践行微小的道德行为做起，坚守自己的良知与道德底线。全民修身行动，关键是引导群众自觉内省，即实现个人精神层面的和谐，处理好“人我”（个人与个人）、“物我”（人与自然）、“群己”（个人与社会、局部与全局）、“今明”（现在与未来）、“吾我”（自我和谐）五对关系，以每个人的心灵和谐促进全社会的和谐与进步。

中山市坚持以德治市和依法治市相结合的社会治理模式纪实

完善和发展中国特色社会主义制度，推进国家治理体系和治理能力现代化，是全面深化改革的总目标。作为国家治理体系的重要内容之一，社会治理现代化是当前中国社会建设的重大任务，实现从传统社会管理向现代社会治理转变，调整改革发展进程中的结构性张力，形成科学有效、充满活力的社会治理体制，已成为未来中国社会发展转型的关键节点。中山同全国一样处于改革攻坚期和深水区、社会稳定的风险期，面对新情况新问题，中山市立足市情、结合实际，大胆探索，稳步推进，创新社会治理体制，改进社会治理方式，逐步形成了社会治理的中山经验。

从总体上看，维护市民根本利益，促进社会和谐稳定，增强社会发展活力，推进平安中山建设，确保人民群众安居乐业，是中山市提高社会治理水平的着力点。党委政府主导，社会各界参与，法治德治并重，上下协调互动，是中山市社会治理模式的重要因素。在推进治理体系和治理能力现代化背景下，总结中山市社会治理的经验，对贯彻落实全面深化改革的顶层设计，具有重要的理论价值与现实意义。

一 中山市社会治理创新的经验解读

中山市根据自身情况探索治理模式，针对改革开放进程中遇到的实际问题，制定并落实社会善治的理念与政策安排，形成了社会治理创新的中山经验，其主要特色可概括为："党政主导，多元共治，惠民为基，德法并重"，重要内容是"以德润市"、"依法治市"、"民生惠民"和"社会善治"。正如习近平总书记所言："治理和管理一字之差，体现的是系统治理、依法治理、源头治理、综合施策。”考察中山经验可见，社会治理的系统性、合法性、科学性和综合性得到了充分反映，具体而言，可从四个方面进行解读。

（一）“以德润市”：以全民修身行动建设市民共有精神家园

中山始终把社会道德发展作为城市发展的重要方面，把道德建设融入城市发展各领域，把全民修身行动作为城市道德治理的重要抓手。通过制度安排规范和引导市民的日常行为，强调日常行为要与维护维系社会生活秩序有机结合起来，坚持在日常生活中养成良好的行为习惯，实现知行合一。在引导市民将中国梦作为社会理想价值目标的同时，强调个人对幸福生活的至善追求，在理想信念层面把社会发展价值与个体发展价值有机结合起来。从效果来看，道德环境的改善净化了社会风气，无形的、看不见的精神财富终将给社会发展带来难以估量的有形的、看得见的物质财富。

“以德润市”的实质是社会道德治理。通过各种主题实践活动、制度安排以及基础设施建设，党委和政府为全民参与修身搭建了宽广平台，创造了丰富的修身方式，营造了良好的修身氛围。在全民修身行动中，多方合作、全民参与、“政府搭台，群众唱戏”，凝聚了全民共识，促进了全民共建，实现了全民共享。尤其值得注意的是，这种治理举措重视政府、社会和市民之间的互动：政府在整合各种治理资源的同时把道德建设的主动权交给市民，培养市民的主人翁意识，让市民意识到修身是分内事，修身就是修共识，修文明，修共同理念，修文化共同体，这样一来，修身同时就是参与社会道德治理，修身即是共治。通过一系列主题实践活动，社会自组织网络在政府引导下得到不同程度的加强，政府既节约了社会道德治理的成本，又提高了社会道德治理的实效。

此外，将市场激励机制和私人部门的管理手段引入社会道德治理，广泛调动社会各方资源，有规划、按步骤地形成治理合力。积极有效地引导社会资源进入公益慈善事业，把政府搭建平台、市民和企业参与公益项目、社会组织策划竞投实施公益有机结合起来，在实现社会道德治理的同时，推动政府、社会组织和个人三方共赢。通过市场激励的方式把社会道德治理和企业效益结合起来，“以文化人”，培养广大市民的文化自觉和文化自信，不断凝聚社会共识，形成市民共享的价值观，为进一步推动社会治理能力的现代化提供精神动力。

（二）“依法治市”：实现法治政府和法治社会一体化建设

将依法治市提升到社会治理的战略高度，不仅将它作为社会治理手段，还将它作为社会治理目标及愿景。近年来，中山依法治理已从单一走向多元，从平面走向立体，从内部拓展于外部，彰显了全面、立体、动态、过程化的系统治理思维。特别值得注意的是，提出“安全细胞”概念，注重全民参与，由点及面，由个体到群体，由群体到整个社会，极大地促进了社会的长治久安，在实践中逐步将“犯罪少、治安好”的“小平安”拓展到涵盖政治、经济、社会、文化、生态等领域的“大平安”，并连续五届20年荣获“全国社会管理综合治理优秀市”称号。

中山依法治市的经验具有协调性和长远性特征。在依法治市过程中注意协调、整合不同机构和不同部门的资源与职能，在社会治理的结合部、交叉点打破界限与壁垒，相互配合整体协调。促进警民协调、官民协调，实施诉前联调预立案制度，使诉讼与仲裁、人民调解、商事调解、行业调解、行政调解及其他非诉手段得到总体协调，追求社会效益最大化，体现了整体性、协调性、系统性的改革原则与思路。

中山依法治市重要创新之处在于：政府主导，主动出击，积极作为，政府出面协调冲突各方有着不言而喻的权威及优势；建立联席会议，通畅信息通道及沟通渠道，让各方共享信息并充分沟通；公安适时提前介入，将危机消灭于萌芽，防患于未然。在此过程中，积极建立调解大格局，激活社会自愈能力，减少社会资源浪费，节约个人诉讼成本和社会运行成本，定纷止争，化解矛盾，减少激烈对抗，有效地缓解个人本位与社会本位的张力，实现了个体利益与社会效益的平衡。此外，中山市行政复议“统一受理、集中审查、分别决定”的模式提高了政府的公信力，优化了政府形象，彰显了依法行政；追求程序公正，完善了政府及复议机构自我纠错、自我监督功能：行政复议人员专业化、职业化的观点与做法极具前瞻性，有利于使行政复议更加独立、居中、公正。

（三）“民生惠民”：让改革创新的成果惠及广大市民

以提升市民的生活水平、维护市民的基本权益、确保市民的生命财产安全作为社会治理的出发点，加强民生工程和平安中山建设，真正做到创新发展为了广大市民、创新发展成果由广大市民共享。通过一系列的制度创新，切实保障广大市民的经济、政治、文化、社会的基本权益，妥善协调好各方面的利益关系，切实维护社会公平正义，从而获得了广大市民对社会治理制度创新的支持与拥护。这些做法凝聚了民心，降低了社会治理成本，使社会治理相关制度创新有序展开。

中山市社会治理充分尊重民意，在推进社会治理现代化建设进程中，充分体现民主参与精神，将广大市民视为重要制度制定的参与者，各领域专家、普通公民与政府形成了多元决策主体，市民的力量和智慧在新政策制定及贯彻实施过程中得到充分尊重和发挥，广大市民的意志得到有效体现。这种政府和市民自上而下和自下而上相结合的政策制定模式，获得了社会广泛支持和深刻认同。与此同时，中山市坚持政务公开，将涉及公民的权利、义务、利益等各方面的信息通过各种渠道及时发布，充分利用现代信息平台为公民提供满意服务。公开、透明的“阳光政府”与“阳光政策”可以促进政府与公民之间的理解和交流，有助于公共政策的实施与执行，有利于提升政府公权力的合法性和公信力。

逐步完善社会保险管理体系，构建均等化医疗保障公共服务体系，构建惠及城乡千家万户的全民医保，不断完善社会救助制度，构建多样化的社会救助网络，不断扩大社会救助范围，逐步推进社会福利社会化，不断推进户籍制度改革，极大地便利了广大市民的日常生活，切实保障了广大市民的基本权益。这些惠民举措坚持以人为本，坚持与时俱进、改革创新，坚持公平与效率相结合、权利与义务相对应，坚持处理好改革发展稳定的关系，从而恰当协调了政府、企业与个人的关系，合理协调了政府与市场、政府各部门之间的关系以及城乡社保制度建设的关系。同时，确定民生工程建设的目标，抓准民生工程建设的时机，明确定位政府在民生工程建设中的角色，发挥协商民主的优势，顺应民意，办好“民生实事”，从而获得广大市民的高度认同。

（四）“社会善治”：践行符合实际的现代社会治理理念

中山市的公共管理和社会服务从原有自上而下的政府管制转向自上而下与自下而上相结合的党政主导、社会协同，充分调动了基层组织协同参与社会治理的积极性。城市管理理念的转变将对中山市社会治理产生持续良性的影响，也将极大提升中山市建设的现代化水平，反映了一个城市的管理者和建设者的思想政治素质、科学文化素质、工作本领，反映了党政机关、企事业单位、人民团体、社会组织等的工作能力和协调能力，对政府内部及外部的多元主体、机制、资源进行了整合。这种跨越党政组织边界的整合机制，使政府能够在发挥主导作用的前提下带动、激励、整合多种治理资源，超越行政机制，顺畅地进入并引领市场和社会，自如地运用市场机制和社会机制实现目标。为了保证整合型社会治理成功运行，中山市加强了制度建设，如设立正式的组织体系，通过制度构建草根组织。在整合型社会治理中，党委政府的角色与社会主体的角色存在明显差别，党委和政府不仅是跨界治理的参与者，还是跨界治理的主导者，而社会主体只是作为党委和政府的整合对象而存在。政府承担了所有的角色，从发起者、策划者、决策者到执行者无一遗漏。但是，既然是多元整合，就不是党委和政府包揽一切，跨界整合的目的是充分利用社会资源，更好地实现单纯依靠党政力量难以实现的目标，党委和政府也希望社会主体积极参与进来，只要它们愿意在政府搭建的统一框架下开展活动。社会组织有想法与建议，会向党委和政府提出相应的建议与要求，但一切想法、建议和要求，只有成为党委和政府的意志之后，才可能转变为跨界行动。中山市党委和政府将自身资源嵌入社会组织中，也邀请社会组织和市民参与集体议事，发挥各自优势。

中山的社会治理之所以被视为一种善治，不仅在于将德治与法治有效地结合起来，而且使政府、市场、社会等多元主体共同发挥作用，资源投入也呈现出多渠道的特性。不同主体之间存在一种整合机制，以实现优势互补，完成单一主体无法独自完成的任务。党委和政府在跨界行动中居于主导地位，不仅是发起者和决策者，也是策划者和执行者，通过行政命令、利益交换等整合机制，动员各类社会组织和广大市民参与社会治理，提供丰富的社会服务。并在一元化惯性与多元化趋势之间寻求一种平衡，在推动和利用多元化的同时尽可能地维护自己的主导地位，中山市为社会治理创新提供一种富有成效的解决方案，较为成功地回应了多元化的挑战。

中山市的社会治理经验独具特色，借用中国传统文化中的概念，我们可以将其归结为“和治”。《穆天子传》中有：“予归东土，和治诸夏。”这个“和治”是“和平治理”的意思。《淮南子·本经训》中有“天下和治，人得其愿”。这个“和治”是“太平安定”的意思。“和”是中国传统文化的核心概念之一。在甲骨文中，它指一种类似“笙”的调音乐器，可以调和众音，使旋律和谐悦耳。“和”讲究协调，强调“和而有序”，即在一定秩序内讲求和谐，这个秩序在古代社会是“礼”，在今天就是“社会规则”，包括正式规则和非正式规则。从现代社会治理的角度理解“和治”，在目的层面，社会治理就是要实现人与人、人与社会、人与自我、人与自然彼此和谐的“和治”目标；在方法层面，“和治”就是共治，既依靠制度规则确立秩序，也依靠多元主体共同治理；在状态层面，“和治”指的是和平稳定、安定有序的治理局面，所以，“和治”就是善治。不难看出，“和治”概念整合了信念体系、制度创新、和谐善治的含义，从另一个层面而言，它其实就是一种“整合共治型”的治理模式。

二 “整合共治型”模式的基础与内含

我们认为，中山市委市政府近年来有效整合了社会发展的多元主体、多种机制和多方资源的“和治”模式的实质是“整合共治型治理”。这种模式既不同于计划经济时期的社会管理模式，也不同于西方国家公共治理模式，而是洋溢着中国特色社会主义道路自信、制度自信和文化自信的特色模式，是实现法治德治并举，促进中山市社会和谐有序发展的中山模式。这种模式可被归结为“整合共治型”社会治理模式。

（一）“整合共治型”模式的经验基础

“整合共治型社会治理”模式是中山在全面深化改革、不断推进社会体制建设的过程中逐步形成，其经验基础主要来自于以下四个方面：

（1）开展全民修身行动。2011 年 9 月以来，中山市在全国率先开展为期五年的全民修身行动，在市内设立 1100 多间各类“修身学堂”。中山市市委市政府提出了“以德润市”，用社会主义核心价值观引领社会道德建设，通过合理引导带动全民参与，全方位营造道德治理环境，将提升市民文化素养和道德素质作为社会治理新方向，从家庭、职业、社区等多方面一以贯之，打造城市的道德名片，增进开放多元的现代城市的社会共识，使广大市民生活得有尊严、有荣誉感。中山市自觉在社会治理的实践中“以文化人”，为市民素质的不断提升创造良好氛围，努力实现市民思想的“最大公约数”。不仅成功开展党的十八大报告和中国梦、十八届三中全会等学习宣讲活动，而且通过百名幸福和美中山建设者的励志故事，燃亮全体中山市民的生活梦想，进一步焕发广大市民合力建设中山市、实现幸福生活的力量。

（2）构建矛盾化解平台。2011 年 8 月以来，中山市出台有关社会建设和加强社会管理的若干文件，率先出台《社会建设规划纲要（2013—2020 年）》，成立中山市社会工作委员会。2012 年，在全国率先创建“无医闹城市”，成立行政复议委员会，“统一受理、集中审查、分别决定”，使医疗领域 95% 的纠纷“定纷止争，案结事了”，有效维护了广大人民群众的根本利益与医疗秩序。近年来，市委市政府在整合多方资源的基础上建立了有效的矛盾化解平台，做到了信访积案老户清零、新户随清、市镇两清，进一步建立健全了人民调解、社团调解、仲裁调解、行政调解、司法调解的“横向调解网络”和市、区、镇、社区、村与楼门院（小组）的“纵向调解网络”，形成了“纵横贯通”的“大调解”格局。实施“全民治安”、“平安细胞”工程，打造经济发达的平安城市。2010 年以来，中山市建立 300 多间党代表工作室，接待 2 万多名党员群众，绝大多数问题得到解决。

（3）推进城乡社会保障一体化。近年来，中山市财政用于基本公共服务的支出比重连年上升，2013 年上升到 68%，增加额九成以上用于民生保障。中山市关注“底线民生”，完善和落实城乡一体的最低生活保障制度，有效实现助医、助学、助房、助老、助残，使养老保险和基本医疗报销全覆盖，切实解决了广大人民群众关心的日常生活中的实际问题。近年来，中山市通过民生一体化的方式全面整合社会保障体系，积极推动城乡发展规划、基础设施、经济布局、公共服务、创业就业、社会治理一体化，全面实现全市低保、养老保险、医保城乡一体化，极大缩小了城乡差距。同时，实施外来人口积分制入户政策，积极探索建立外来人口子女有序入读公办中小学校制度，逐步实现外来人口享受与当地居民同等的公共服务待遇，并促进文化心理融合。

(4) 培育社会组织。近年来，中山市经过六轮审批制度改革，审批事项减幅近八成，逐步将14项政府职能移交给中介组织，极大地调动了社会组织介入社会治理的积极性，最大限度地发挥了它们参与城市共治的社会效用。除了支持枢纽型社会组织建设外，中山市“2+8+N”社区建设制度、慈善万人行、“博爱100”、“三工”联动机制、村（居）委会特别委员制度等都实现了对社区组织和社会力量的整合。中山市79家3A级以上社会组织、各级慈善事业团体、10余万个体劳动者都在中山市社会发展过程中发挥应有的作用。通过开展“我心目中的十件民生实事评选活动”，广大市民充分参与民生工程，使民生决策真正听从市民的心声，使民生工作做实做好，从而真正成为令市民满意的民心工程。此外，中山市官方微博“中山发布”有21万人次粉丝，中山市网络问政平台注册了8000多个网友，绝大多数话题得到有效解决。

（二）“整合共治型”模式的理论内含

中山市创新社会治理模式，形成了以“德润市”、“依法治市”、“保障民生”、“社会善治”的联动机制，成为经济发达城市中推行社会治理现代化的先行者。在德治与法治、维权与维稳、党政指导与社会协同、破解城乡二元结构与破解城市二元结构、正面舆论引导与畅通诉求渠道五个方面做到了“两手抓”，使政府、社会和市民的关系和谐有序，从而在社会生活中实现了善治。

中山市的社会治理现代化思路既不同于单一政府主导的“强制型制度变迁”，即政府通过出台并执行相关政策法规推行自上而下的制度变革，也非个人或群体推动的“诱致型制度变迁”，即个人或群体为谋求自身利益由理性计算推动的自下而上的制度变革，而是结合了自上而下的“党政主导”和自下而上的由市民参与的“社会协同”。这种社会治理策略有效地依托了政府的主导地位，全面整合了社会中的多元主体、机制和资源，可以最大限度地利用社会资源实现单纯依靠政府力量难以达到的治理目标。所谓“整合”即整合多元主体、整合多种机制、整合多方资源；所谓“共治”即党政主导下全面参与的共同治理。“整合共治型”模式的内含可概括为以下三个方面：

（1）主体整合共治。中山市对企业、社会组织进行整合，以实现优势互补，完成单一主体无法独自完成的任务。主体整合的重要手段是将党政组织体系嵌入企业和社区之中，如在企业建立党的组织体系，政府支持枢纽型社会组织建设，由枢纽型社会组织联系协调一般社会组织发展。以社区建设为例，中山市在社区组建工作机构，成立社区公益事业服务站、环境卫生监督站、志愿者服务站、农技服务站、文体活动室、计生卫生室、治安警务室、法律服务室8个服务组织。这种主体整合使政府能够超越行政机制，顺畅地进入市场和社会领域，自如地运用市场机制和社会机制实现自己的治理目标。

（2）机制整合共治。经过30多年的经济发展，中山市的民营企业快速成长，社会力量也不断壮大。为应对改革开放带来的多元化挑战，中山市通过创新制度安排，强化企业、社区和市民的社会责任意识，形成政府治理、市场化治理、自主治理等多元化的共治机制。中山市社会治理创新探索具有多维度、多层次特性，既有政府管制和直接提供公共服务的运作机制，也有市场机制、公众参与、社会协作和自主治理的运作机制。

（3）资源整合共治。市场化改革导致政府之外的经济社会资源越来越多，相对而言，政府手中掌握的资源比例会有所下降，但政府承担的责任并没有减少。面对政府责任的无限性和能力的有限性，为提升社会治理能力，中山市通过整合利用体制外的资源，明显提升了公共部门的治理能力，在带动多方资源积极参与社会治理的同时，有效地维护了自身的权威。

中山市通过大力加强民生保障和平安中山的建设，让发展和改革的成果惠及广大市民，使广大市民切身感受到改革和创新带来的收益，从而奠定了制度创新的激励基础。“内在约束”和“外部激励”的双重作用，实现了自上而下和自下而上的良性互动，既发挥了政府主导的高效率，又充分表达和尊重了民意，还得到了广大市民深切的认同、支持、拥护和参与，从而极大降低了新制度的实施成本。概言之，中山市社会治理模式由一套共享的信念体系支撑，在不断丰富和优化共同愿景、行政理念和群众认知的同时，激励并带动社会治理制度创新，让正式规则和非正式规则同时发挥作用，通过完善实施机制达成社会善治，实现个人发展、经济发展和社会发展的有机统一。这就是中山市“整合共治型”社会治理模式的最大特色，信念体系、制度创新、和谐善治共同构建了这个模式，其中，信念体系是社会治理的逻辑起点和精神支撑，制度创新是社会治理的关键环节和约束保证，和谐善治是社会治理的最终目标。(见图1)

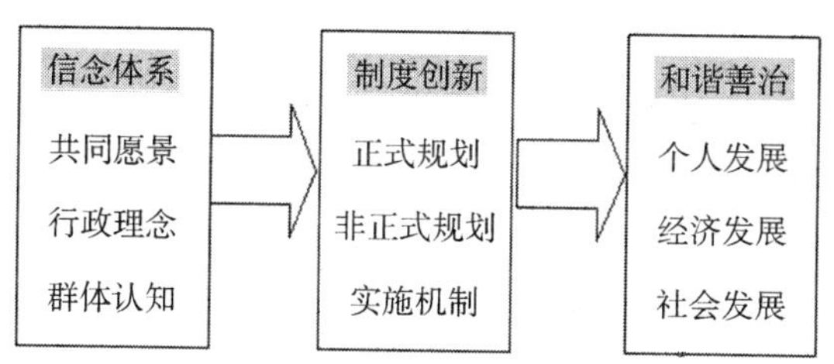

图1　中山市社会治理分析框架

信念体系是社会治理的基础，因为信念决定人们的选择，选择影响行为的变化。中山市深入开展的全民修身行动，体现了中山人“敢为人先、开放创新”的精神气质，既传承了优良的中华传统文化，又弘扬了新锐进取的时代精神，得到了全社会的广泛认同，形成了“干部群众都是建设者、新老中山人都是一家人、经济社会建设没有局外人”的良好社会局面，开启了由管制型政府向治理型政府的转型。在实践中更加注重个人及社会组织参与社会公共事务的治理和商谈，使决策进一步民主化，更加注重用法律手段和方法解决公共问题和社会冲突，让民众享有更多的知情权，充分利用服务的理念治理公共事务。与此同时，在最大程度地凝聚社会共识的基础上，中山市初步形成了市民共享和认同的价值体系和中山独特的文化基因，在传播公民意识与城市精神、推广健康生活态度与行为、塑造城市文明、提升公民文明素质、建设和谐善治城市等方面均积累了很多成功经验。

制度创新是社会治理的关键，在现代化的社会治理过程中，靠制度建设搭建的社会规则体系起着举足轻重的作用。中山市始终突出、围绕、紧扣制度建设环节，创新社会治理的模式，解决政府如何与社会实现良好互动的问题。中山市针对具体问题，广泛听取社会各界意见，制定了一系列社会治理的正式规则，将社会治理纳入法制化、规范化的轨道，在平安中山、全民禁毒、“无医闹”城市建设、行政复议改革、矛盾化解平台建设等方面取得了一系列成绩。与此同时，通过全民修身行动，中山市构建了“传输快速、覆盖广泛、视听交融，强势引导、生动易识”的立体传播网络，运用各种宣传资料、主题活动、公益广告、典型事件、标杆人物等形式，逐步形成了广大市民普遍认同和遵循的行为方式，发挥了非正式规则的重要作用。制定规则的关键在于落实，中山市最大限度地依靠广大市民推进社会治理，动员中山市各方面的力量与资源，走出了一条全民参与、全民共享的社会治理新路，从而优化了制度创新的实施机制。

和谐善治是社会治理的目标，必须营造平安有序的社会环境，使人们的合法权益和公共福祉得到充分保障。近年来，中山市通过各方面努力和一系列制度创新，进一步彰显了社会公平正义，使市民彼此诚信友爱，使社会充满活力，在促进市民个人发展、民生建设、社会和谐等方面取得了长足进步。与此同时，中山市不断加大公共文化服务投入，进一步完善公共文化设施，进一步推广各项文化惠民工作，满足了广大市民日益增长的文化需要。中山市还提出“既要金山银山，也要绿水青山”，坚持在发展经济的同时加强城市环境保护，成为广东省第一个全国生态城市。旧城改造和安居工程的实施，使人居环境得到前所未有的改善，花园式城市建设使中山市的工业化、城市化、信息化走上了不竭的可持续发展之路。

中山市立足市情和社会发展实际，经过富有成效的多方探索，形成了“党政主导，多元共治，惠民为基，德法并重”的整合共治型社会治理模式，具有鲜明的地域特色和时代特色。通过推动积极有效的公众参与，中山市以最小的代价处理各种社会冲突，切实解决市民关心的实际问题，使市民共享改革创新的成果。通过确定法治化的、层次分明的、领域明确的权力机制，中山市完善公共权力的运行模式，增强了社会自组织能力，从而有效化解社会矛盾，实现了法治与德治的结合、社会管理与社会服务的结合、党政主导与社会参与的结合、基层实践与制度创新的结合。尽管中山模式尚处于进一步丰富和定型阶段，但这种模式蕴含的宝贵经验具有重要的借鉴意义，特别是中山市在“以德润市”、“依法治市”、“民生惠民”、“社会善治”等方面“先行先试”的实践探索为我们改进治理经验、完善社会治理体系和治理能力现代化提供了理想样本，值得我们进一步研究与思考。

三 促进社会治理创新的若干建议

近年来，中山市在社会治理现代化进程中“先行先试”，调动社会多方面资源实现社会治理目标，有效支配各种社会组织，取得了具有借鉴意义的成功经验。这些经验逐渐形成当代中国城市社会治理的“中山模式”，对一些发达城市建构平安和谐的社会发展氛围提供多方面的实践启示。当然，随着当代中国社会转型加速，人们的利益关系与社会结构越来越趋于复杂多元，影响乃至危及社会安全与稳定的矛盾风险增多，对创新社会治理、提高治理能力和推进社会治理现代化提出了更为严峻的挑战。中山市还需要结合地域文化特色与市情、民情，继续推进社会治理现代化。基于全面深化改革的顶层设计，着眼于中国社会发展的远景，进一步促进中山市社会治理创新，我们提出如下政策性建议，谨供参考。

（一）进一步深化对中山市社会治理的认识，更明确地认识在中山市为什么进行社会治理，治理什么，如何治理等问题，进一步做好顶层设计，进一步获得社会认同

改革开放30多年来，我们党创造性地探索和回答了什么是马克思主义、怎样对待马克思主义，什么是社会主义、怎样建设社会主义，建设什么样的党、怎样建设党，实现什么样的发展、怎样发展等重大问题。全面深化改革，加强改革的顶层设计，还需要进一步回答什么是国家治理、怎样提高国家治理能力、怎样实现国家治理现代化等重大理论与实践问题。近年来，中山市以敢闯敢干的劲头，在社会治理领域“先行先试”，将社会善治的现代治理理念付诸改革创新的实践中，汇集全社会的力量整合共治，形成了丰富且具有启发意义的中山经验，其中蕴含着深刻的理论价值。但是，作为国家治理的重要内容，社会治理的动因和对象还需要进一步深入理解，如何在改革开放实践中进一步归纳总结中山市社会治理现代化的方法和经验，尚须作进一步探索。

回答什么是作为国家治理重要内容的社会治理，怎样提高社会治理能力，怎样实现社会治理现代化等重要问题，旨在进一步做好顶层设计，进一步获得社会认同。中山市多年来社会治理的成功实践是“摸着石头过

河”，一步步探索的结果，今后提升中山市社会治理现代化程度，还需要进一步深化对中山市社会治理的认识，更明确地认识在中山市为什么进行社会治理，即回答多年来中山市社会治理模式形成与发展的根本原因。可以说，答案已经蕴含在近年来中山市社会治理的多种有效实践中，但答案并非是自明的，关键在于研究和总结，从而得出对一些经济发达城市普遍有效的经验启示，同时引导中山市今后社会治理的创新探索。

推进国家治理体系和治理能力现代化，是坚持和发展中国特色社会主义的必然要求，是实现社会主义现代化的应有之义。提升社会治理能力及其现代化程度，必须完整理解和把握全面深化改革的总目标，使改革的顶层设计与政策分层对接相结合，使整体政策安排和具体政策落实相结合，使政策统一性与政策差异性相结合，使长期性政策和阶段性政策相结合。中山市在深刻领会和全面贯彻十八大以来党的重要方针政策方面做出了较为突出的实绩，应归纳总结如何在实践中结出社会治理的“土特产”，如何将这些宝贵的实践经验上升到理论高度，也就是要回答如何结合中山市的文化传统与经济社会发展的实情，以具体有效的实践回应全面深化改革的顶层设计，促进中国特色社会主义事业的发展。

（二）进一步培育和践行社会主义核心价值观，以之作为社会治理的精神纽带，提升社会凝聚力，夯实社会治理的思想基础，使社会治理更具有亲和力

一个时代的核心价值观直接影响社会凝聚力和影响力，关系到国家的前途和民族的命运，关系到文化软实力、文化形象和文化认同问题。社会主义核心价值观是对当代中国社会发展理念的高度凝练和集中表达，反映了当代中国人价值追求的最大公约数，塑造了我们时代的精神气质。富强、民主、文明、和谐，自由、平等、公正、法治，爱国、敬业、诚信、友善，这些价值观念在中山市社会治理现代化实践中已经得到不同程度的反映，但目前还缺乏有针对性的总结和归纳。即尚未将中山人改革创新的励志故事和中山市社会发展的文化传统提升到价值观的高度，应进一步挖掘和阐发中山市的优秀传统文化，在“以德润市”的实践中努力实现中华传统美德的创造性转化、创新性发展，弘扬具有永恒魅力和当代价值的文化精神，进一步增强中山市社会治理的文化底蕴。

一个时代的核心价值观体现了社会共识和社会活力，反映了全面建成小康社会和构建社会主义和谐社会的价值目的，体现了社会进步的精神文化向度。正如习近平总书记所指出的：“推进国家治理体系和治理能力现代化，要大力培育和弘扬社会主义核心价值观，加快构建充分反映中国特色、民族特性、时代特征的价值体系。坚守我们的价值体系，坚守我们的核心价值观，必须发挥文化的作用。”中山市应以高品质的文化基础贯彻落实社会主义核心价值观的要求，使广大市民进一步理解社会主义核心价值观社会层面的规定，研究如何在城市精神中体现社会主义核心价值观的精神内核，如何进一步凝聚指引社会前进的精神力量，如何更好地将改革发展成果更多更好更快地惠及全体市民。

一个时代的核心价值观体现了公民个人的道德修养和文化素质，反映了培养理想公民的内在要求，是立德树人的重要途径。中山市“以德润市”、“以文化人”的务实探索使全民修身行动深入人心，应进一步在社会治理中自觉将社会主义核心价值观蕴含在市民个人素质养成的过程中。公民个人层面的规定体现了践行社会主义核心价值观的坚实基础，反映了社会主义核心价值观的具体可行性，实乃在社会生活中对人们起驱动、导向和制约作用的精神要素。应进一步提炼中山市的文化名城建设、“慈善万人行”、“博爱100”等活动中体现的社会主义核心价值观，进一步构建和美家园。进一步提高中山市社会治理能力，促进社会治理现时代，需要积极培育和践行社会主义核心价值观，在社会治理中反映社会主义核心价值观的要求，使之在社会治理过程中发挥引领作用。

（三）进一步增强社会活力，创新社会治理体制，进一步培育和扶持社会组织的发展，提升社会自组织能力，在政府与社会之间构建协商决策机制，完善协商民主的制度安排

党的十八届三中全会通过的《关于全面深化改革若干重大问题的决议》提出，正确处理政府和社会关系，加快实施政社分开，推进社会组织依法自治，创新社会治理方式，激发社会组织活力。社会治理与社会管理的区别在于，前者注重多元共治，主张发挥多元主体的作用，后者更强调政府的作用和自上而下的运作机制。为提升社会活力，政府需要在管理模式上进行创新，摒弃旧的管理理念，形成一种自上而下和自下而上相结合的治理模式。

当前，中山市在促进公众参与方面做了很多工作，已经形成了全民治安、全民防火、全民禁毒等治理机制。社会治理不仅需要激发公众参与，还需要形成组织化的参与机制。社会组织作为政府同公众之间的中介，其组织的各种活动具有贴近基层、贴近公众、贴近生活的优势，更容易为公众所接受。政府有必要支持和发展志愿服务组织，培育和优先发展行业协会商会类、科技类、公益慈善类、城乡社区服务类社会组织，适合由社会组织提供的公共服务和解决的事项，交由社会组织承担。

动员公众参与社会事务，不仅需要推进全民修身行动，提升市民的公共意识和道德修养，还需要建立组织化、制度化的参与平台。为了推进民主决策和协商民主，社会治理需要构建多层次的集体议事制度，将利益相关者纳入集体论坛之中，通过协商、讨论积累共识，在共识的基础上进行行政决策。

（四）建立健全中山市社会道德综合治理体系，建立科学有效的道德评价体系、道德对话体系、道德管理体系和道德培训体系

继续推进中山市社会道德治理进程，需要在总结成功经验的基础上深化理论认识，进一步从制度创新的角度拓展道德治理理念、治理思路和治理办法，力求在新一轮社会道德建设中取得更大进步。道德治理并不仅仅靠政府权威发挥作用，而是要在社会范围内形成依靠声誉和互信建立起来的社会网络发挥作用，最终建立起由市民共同参与、共同管理、民主协商、自主决策的网络治理方式。即政府应“更少地划桨，更多地掌舵”。进一步促进中山市社会治理能力现代化，应建立健全中山市社会道德综合治理体系，丰富和明晰社会道德综合治理体系的内容和层次，更好地为中山市社会治理现代化提供坚实的文化基础，使中山市社会治理体系和现代化实践彰显更加深远绵长的道德力量。

应根据中山市发展的总体规划，建立道德治理指标评价体系。评价体系的指标设计既要科学合理，也要符合中山市发展的实际状况。通过指标评价体系的设立与推行，党委和政府可以在宏观层面了解社会道德发展动态，收集全面的、符合实情的道德活动信息，为进一步进行社会道德治理提供政策依据。与此同时，进一步凝聚中山市民的社会理想和价值认同，

构建市民共同心理契约与共享的信念体系，建立道德对话体系，更好地促进政府、社会和公民在道德共识方面的互动。在不断的对话与协商中深化对道德观念的认识，通过不断学习，加强对道德价值的理解。通过各种主题活动、系列活动，加强政府、社会组织和市民之间的沟通，在相互理解、关怀中建立互信互利的道德共同体。

加强道德管理体系建设，引入制度规范，用以约束和引导人的行为，培养市民的规则意识，进一步促进道德治理领域的制度创新。通过建立各种道德规范制度，把广大市民的日常生活行为与社会公共生活秩序有机结合起来，形成社会道德治理的长效机制，保障社会道德治理的健康实施。

与此同时，进一步加强道德培训体系建设，通过道德培训的方式，培养市民修身的知行合一能力，进一步激发广大市民的荣誉感、归属感和使命感，进一步增强城市的凝聚力和向心力，使建设和美中山成为广大市民的共同愿景。可以说，世界上大多数公民道德建设比较成功的国家、地区和社会都有比较完备的道德培训体系。通过各种形式多样的道德培训，市民才可能切身体会到道德是实践理性的真谛，才可能建立稳固的心理契约和共享的信念体系，才可能真正做到知行合一。

（五）进一步推动社会治理综合创新，进一步总结和归纳社会治理现代化制度创新的中山模式，构建中山社会治理现代化建设的思想助推器

提高社会治理能力的关键在于制度创新，制度创新是促进社会治理现代化的基础，为此应进一步实现社会治理的综合创新。正如习近平总书记所指出的，“强调领导制度、组织制度问题更带有根本性、全局性、稳定性和长期性”。中山市在社会治理方面提出了五个“两手抓”的治理方案，在“以德润市”、“民生惠民”、“依法治市”、“社会善治”四个方面积累了宝贵经验，中山市社会治理现代化进程就是一套全新的制度安排与现代社会治理理念实践，但这些经验尚且缺乏一个整合性的理论分析框架，对其内在的要素构成、作用机制、逻辑体系没有从公共管理和制度创新的角度进行系统的挖掘和总结，更好地构建中山社会治理现代化建设的思想助推器，这将妨碍中山市社会治理制度创新经验的有效推广和进一步改进。

在坚持历史唯物主义思想方法的同时，我们应更好地引入中西方制度

创新思想分析框架，在深入研究中探究社会治理创新的提升之路。例如，新制度经济学派认为，制度是一种稀缺性的资源，国家及政府因其界定和明确产权、降低交易费用、规范行为人行动边界的独特职能而在制度形成的过程中发挥了不可替代的作用。制度是社会博弈的规则，是限制人们相互交往行为的框架，制度创新的主体包括个人、团体和政府。研究制度创新，必须探究驱动人们努力的深层动力。以新制度经济学理论分析中山市社会治理实践，不难发现，这种整合共治型社会治理模式不仅吸纳了传统制度创新所强调的“成本—收益”计算模式，同时还引入了“群体共同心理契约”的逻辑前提。

行为科学告诉我们，行为模式得以形成，源于个体认知之间共识的形成，即针对特定行为的群体认知所具有的某种共享的意义和知识，该类知识带有明显的可交流、可传播的特征，并借助语言和文字能够被群体内部的成员明确掌握，并加以利用。以群体认知为基础的核心价值观和行为准则体系将主宰特定文化语境中社会行动者的实际行为，并固化为某种行为模式。由此理解中山市的全民修身活动，可见其凝聚群体行为和促进群体认知的价值，此举提升市民的幸福创造力、感受力和保养力，培育理性平和的社会心态，优化社会文化环境。近年来，中山市公共政策理念不断适应现代社会发展的趋势和以人为本的理念，使决策民主化、法制化、科学化以及有限政府、多中心治理和服务理念生动地体现到公共政策的具体贯彻落实中，有必要从制度经济学等理论视角对此作深入阐释。因而，系统借鉴东西方制度创新思想的精华，以历史唯物主义思想方法更好地解释中山市社会治理的实际经验，对其他发达城市社会治理才能产生更好的示范效应。

湖南省东安县推进师德师风建设纪实

“师德师风就是教育软实力。”

长期基层教育工作的实践，让我们深深体会并认识到，加强师德师风建设不仅是铸造一流教师队伍的根本举措，更是促进教育科学发展的精魂所在。特别是对于东安这类经济欠发达、教育硬件设施相对落后的县区来说，师德师风作为一种高端软件配置显得尤为重要。

2011 年以来，东安农村基础教育发展进入快车道，先后荣获湖南省基础教育综合改革试点县、湖南省平安校园建设先进县、湖南省督学责任区示范县等 21 项省市级荣誉和奖励。2015 年东安县被评为“全国师德建设实践与创新基地”。

营造大氛围——教育优先发展，党委政府与全县教师背靠背

东安地处湘江源头，千年以降，民情民俗久浸湖湘文化，尊师重教的道统绵延不绝。历届县委、县政府重视教育，一以贯之，久久为功。

党委的方向就是全社会的方向。

教育优先发展，教育早莺占据向阳枝——

“十二五”以来，县委常委会、县政府常务会议每年议教 3 次以上，重点研究农村学校和乡村教师发展工作，积极改善全县办学条件。

2016 年教师节前夕，新一届县委常委班子第一次常委会专题议教，响亮推出“扩容、安心、提质”教育工程，吹响全县建设教育强县、基本实现教育现代化集结号。

实施教育优先战略，最直接的体现就是实施财力教育倾斜。2011 年，县财政预算内安排教育经费支出达 3.8 亿元，占预算内财政总支出的 28.5%，且实现逐年增长。2015 年，我县投入教育发展经费共计 5.7 亿元，超过 GDP 4% 的标准。在全市教育优先考核中，2014 年、2015 年东安县分别位居永州市第二位、第一位。

投入真金白银改善教师工作生活条件——

“十二五”以来，全县共投入建设资金 2.26 亿元，建设合格学校、标准化学校 51 所，所有农村学校面貌焕然一新。通过招商引资、财政投入等多种渠道筹资 4 亿元新建学校 2 所、改扩建 1 所，增加学位 8 千个。每年投入 1000 万元修缮农村学校办学设施，基本做到全县最美的建筑是学校，最好的环境在学校。投入 200 万元，奖励全县优秀乡村教师笔记本电脑 629 台。修建教师周转房 200 套、公租房 840 套，基本实现乡村教师“居者有其屋”。

大力实施《乡村教师支持计划》——

“仓廪实而知礼节。”“十二五”以来，全县一线教师工资年增长 6.6% 以上，超过同期居民消费价格指数增长幅度。对乡村教师住房公积金和各项社会保险实行全额兜底，并根据乡村学校的偏远程度给予乡村教师每人每月 50—1000 元的生活补助，提升教师岗位含金量，让吃苦者不吃亏。县委、县政府正在研究推出乡村教师终身荣誉制度，落实乡村教师定期免费体检制度，建立健全乡村教师成长激励机制，让广大一线乡村教师经济上实惠、精神上富足，提高职业成就感和获得感。

打造大平台——兼顾共性载体设计和个性化实践，让师德在阳光下起舞

没有规矩，不成方圆。制度化是规范化的前提。

把师德师风建设摆在工作首位，离不开教育管理层的理性思考、统筹推进。2011 年，县教育局制定了《进一步加强教师职业道德建设实施方案》等系列文件，做好师德师风建设制度设计和载体建设。建立健全师

德师风建设基本制度。修订完善了《东安县中小学师德师风考核方案》，完善机制体制，注重激励，奖罚分明；制定师德师风建设中长期工作规划及年度工作计划（方案）；建立健全师德师风建设宣传学习教育制度、教师考勤制度、谈心制度、考评奖罚制度、民主监督机制以及经费保障等制度，把师德表现作为教师绩效考核、职称评审、岗位聘用、进修深造和评优奖励的首要内容，强化年度师德考核工作，实行一票否决。

2016 年，以全市“师德师风建设年”活动启动仪式在东安县举行为契机，制定了《师德师风建设年活动实施方案》，从厚植传统道德文化之“根”、铸牢核心价值观之“魂”、扎紧规章制度之“笼”三个维度，全面部署，全员参与，扎实推进。县教育局专门拿出 20 万元用于重奖师德模范，打造东安师德师风建设加强版，营造厚德载物、爱岗敬业好氛围好导向。

实践层面，规定动作规范高效，自选动作精彩纷呈。

“四明星一功臣”评选活动——

2007 年伊始，县财政每年安排资金 50 万元对全县明星学校、明星校长、明星教师、明星学生和重教功臣进行奖励。自 2011 年以来，全县共评选出明星学校 17 所、明星校长 22 人、明星教师 56 人、明星学生 81 人、重教功臣 30 人，进一步在全社会营造了尊师重教的热情和氛围，累计筹集社会资金 1000 多万元支持教育发展。

“爱职业、爱学校、爱学生”、“三爱”教育活动——

通过“三爱”教育活动，评选杏坛孺子牛、弘扬爱岗敬业精神，评选身边的典型，涌现出全国优秀教师、“湖南省最可爱乡村教师”吴才有、全省最美乡村教师兰旭霞等 20 名先进典型。将优秀乡村教师的优秀事迹和照片印制成新年挂历或编撰成书，赠发全县教职工，组建模范教师宣讲团，讲好师德模范好故事，传播师德正能量。

个体性、个性化师德实践百花齐放——

大江口中心小学在关爱留守儿童上独辟蹊径，创设爱心超市，留守儿童攒足爱心颗数即可换取相应学习用品，助力留守儿童性格健康成长；县体校在留守儿童生日之际，组织全班捐一个生日蛋糕，合唱一曲生日快乐歌。

文凤娇老师在一个离县城 100 多公里的农村学校工作，她在简陋的居室里用菲薄的工资收留过数十名留守儿童，善行感动乡邻，偏远农村学校也出现了超大班额现象。

全国优秀教师吴才有因公致残，垫尿不湿坚守农村讲台，十年如一日，换得桃李芬芳。

实施大关怀——立师本理念，管理层与一线教师心连心，优化师德生长微环境

青青子衿，悠悠我心。

教育大计，教师为本。以待遇留人、以情感留人、以尊严留人，始终是县教育行政管理层的黄金法则。

教师专业成长是最深沉的牵挂——

2014 年，投入 1.8 亿元在全省率先建成县级教师发展中心，走研训一体化、理论与实践一体化道路，为全县教师大规模直接深入教学一线观摩研讨、学习实践创设了优质平台。疏通了教师培训大渠道。近年来，先后邀请魏书生等国内教育专家、教坛名师 86 人到东安讲学、传经送宝，组织 2800 多人次分期分批到长沙、广东、上海、成都和北京等地名校参观学习，汲取先进经验。2012 年至 2015 年，县财政教师培训经费支出分别达到 310 万元、320 万元、360 万元、420 万元。

质量崛起是最迫切的追求——

县委、县政府专门设立高中教育质量奖，表彰高中教育取得突出成果的优秀教师，1 名学生考取清华大学或北京大学，班主任奖励 10 万元，另外，对校长、分管副校长、年级组长、科任教师等团队予以 20 万元之内的捆绑式奖励。对考取其他重点名校的班主任奖励 1 万—2 万元，对培养团队予以 10 万元奖励。让优秀教师年薪达到 10 万—15 万元。对考取清华北大的学生奖励 10 万元，考取其他重点名校的学生奖励 2 万元。

今年东安高考全市理科状元花落东安，考取清华大学，尽管县财政相当吃紧，奖励班主任15万元、该生10万元，树立立德树人、质量崛起导向。

“一碗水”端平是最真实的初心——

“公生明，廉生威。”城乡教师对公平公正有着高度的敏感和热切的盼望。通过抓实人才交流制度改革，推进师资配置公平公正。校长在同一学校任职超过6年的，原则上必须交流；有计划地从优质学校、薄弱学校选派有培养潜力的副职互相挂职锻炼。申请评选县级以上优秀教师、学科带头人、师德模范、申报高一级职称、拟调县城学校的教师，原则上必须近5年内在偏远山区学校任教1年以上。通过高一级职称评定的教师一律到偏远农村学校至少支教1年。教师进城一律通过公开招考择优录取，考前还要进行资质审核，教学质量不达标不准参考，破解请托难、人情累的庸俗关系学，呵护教师人格尊严、思想独立，净化教育用人环境。

扶危济困是最真诚的情怀——

成功举办了教师节爱心助学晚会，募集善款340万元。成立了教育基金会，每年由教育基金会出资80万元，对因重大疾病和重大灾害返贫的教师每人资助1万—2万元，把教育界的集体温暖精准传导到最需要的家庭。

准时抵达的祝福是最温馨的挂念——

全县每个一线教职员工生日时，都会得到学校赠送的一束鲜花和一个生日蛋糕；校长生日时，教育局的祝福将会准时速递。来自集体的惦记和祝福，要让每一个一线教师内心的某个角落洋溢暖暖的感动。

“你幸福、我快乐”是最朴实的心愿——

2013年以来，县教育局每年组织一次全县青年教师联谊会，为农村青年教师搭建交流教育教学经验、事业爱情比翼齐飞的平台。目前已有61对教师牵手走进婚姻殿堂。

抓住关键环节——牵牛鼻子，注重党建引领，厚培“四有”教师成长土壤

师德师风建设，校长是关键。“用一贤人，则群贤毕至。”

师德师风建设，党建是保障。教育党建搞好了，才能占据方向正确、价值高端的制高点。

注重校长德能——

为提高校长以德治校境界和水平，2016 年，县教育局特别创设了“校长论坛”平台，每月举办一次，全县所有校长在论坛交流管理智慧，共享职业经验，提高管理水平。各项活动都明确校长第一责任人制度，坐实校长责任主体，倡导和培育校长队伍的担当精神、标杆精神，树立以德治校导向。

抓校园文化夯实师德建设人文底蕴——

突出抓好特色学校创建工作，根据学校的优势资源、地域文化背景、办学特点，制定课程纲要，细化课程计划，开发具有课程价值、操作性强，能够促进教师专业发展和学生全面发展的课程，确保特色学校创建工作真正凸显时代特色、文化内含、学生所需。各校提炼出个性化、特色化的校训，推出了异彩纷呈的校园文化墙，既有物化的载体，又有无形的力量，确保师德师风建设从细节开始，与心灵对话，春风化雨，润物无声。全省首批 34 所非物质文化遗产传承基地学校中我县占了两所。

亮出队伍管理“组合拳”——

探索师德师风建设预警机制。打造教育阳光服务中心，行使政策咨询、心理疏导、信访维稳、名师辅导、办事指引、投诉受理、舆情回应、师生帮扶八大职能。每年发放教育连心卡 5 万张，架起连心桥，充分发挥教育阳光服务中心、教育连心卡、互联网等渠道的作用，完善学校、教师、家长、学生、网络“五位一体”监督机制，及时收集来自学生及家长、网络舆情、领导批示等渠道的批评建议，建立台账，明确责任主体，

找准病灶病根，及时预警和处置，运用法治思维，努力把各种师德失范现象消灭在萌芽状态。

健全师德师风测评体系。打破“唯分数论”评价方式，将师德师风建设情况纳入对教师和学校行政领导的评价，采取教师互评、学生评教、家长参评的方式对教师进行民主测评、科学测评。

坐实师德师风责任追究制。实行校长师德师风建设第一责任人制度，根据师德师风建设情况考核结果坐实责任追究。五年来，因师德师风建设渎职撤换校长 6 人，处分涉及教育“三乱”教师 35 人次，通过教育督导通报批评 154 名老师，通报表扬 236 名教师。

抓教育党建，把准价值导向方向盘——

在全县教育系统精心谋划党建工作，坚持党的教育方针政策，落实党要治党、从严治党，发挥学校党支部、优秀党员的先锋模范作用，把好社会主义核心价值观方向盘，铸牢新常态新时期师德师风之“魂”。

开展教育系统“双星同创”活动。2012 年以来，在全县各学校开展星级党组织、星级党员评选建活动，激活学校党支部战斗力、凝聚力，促使教育党建与学校各项工作深度融合。评出五星级党组织 10 个，四星级党组织 18 个，得到了市县组织部门的好评。在教师党员中开展星级党员评定，量化考核 95 分以上才可以定级为“五星”党员。教师党员必需“五星”级才有资格进入名师工作室、参选明星教师和明星校长。目前全县已有 17 名“五星级”党员教师领衔名师工作室，党员先锋模范作用进一步凸显。

实施“立德树人一校一品”党建工程。从 2015 年开始，全县各学校结合自身实际，充分发掘本校党建资源，努力开展学校党建工作个性化、特色化创新，在关爱留守儿童、创建党员明星教师工作室、评选党员示范岗、创新“互联网 + 教育党建”模式等方面着力打造教育党建工作品牌，形成百花齐放、生动活泼的教育党建工作格局，激励和带领广大一线教师以习近平同志系列教育工作重要讲话精神武装头脑、指导实践、推进工作，争做有理想信念、有道德情操、有扎实学识、有仁爱之心的“四有”老师。

案例与伦理反思

家庭生活案例及其伦理反思

1949年新中国成立以来，中国的家庭开始发生急剧的变革，尤其是20世纪80年代以来，“中国社会市场经济的发展，有力地冲击了传统家庭式的社会组织结构，打破了传统的上下隶属关系，建构了市场主体之间的横向联系”[①]。因而，中国传统的家庭伦理道德观念已无法适应新型的家庭生活及其中的人与人的关系，而新型的家庭伦理又尚未形成，人们对家庭伦理缺乏共识性的理解。所以，如何吸纳传统家庭伦理的精髓，树立适应新形势的社会主义的家庭伦理道德观，构建新型的家庭伦理，这已成为迫在眉睫的理论和实践议题。

本文选取3个家庭生活的典型案例[②]，呈现了现代化过程中家庭生活所遭遇的重大问题，并从理论上对其进行了深入的剖析，揭示其对重建新型的家庭伦理的启发，以期为构建社会主义家庭价值观、伦理道德观贡献绵薄之力。

一　家庭生活案例及其分析

案例1：赡养纠纷

1.1　案例简介

90岁的何秀莲老人是某国企的退休人员，有一继子和一养女。继子刘军是当地身家近千万的民营企业家，养女刘群芳是国企职工。按理说，

---

① 李桂梅：《现代中国的社会伦理与家庭伦理》，《湖南师范大学社会科学学报》2004年第2期。

② 本文中的案例均由湖南经视频道《寻情记》栏目组提供，特此感谢。为保护个人隐私，栏目组在节目播出时对主人公多采用化名。

子女都出人头地，老人应该可以幸福、美满地安享晚年。但事实是，何秀莲面临着无人赡养的困境。

继子刘军，4 个月时父母离异，吃百家饭长大。9 岁时，他跟随父亲来到继母何秀莲家。由于没有生育能力，多年来，何秀莲一直将继子刘军视如己出，对其关怀备至，并全力培养。然而，付出越多，何秀莲对刘军的要求也就越多且愈加苛刻。最为突出的是，何秀莲明确地向刘军提出，希望他不要与亲生母亲来往。可在刘军姐姐结婚的当天，刘军还是让爱人去参加了姐姐的婚礼。这让何秀莲难以接受。何秀莲认为，儿媳妇去参加刘军姐姐的婚礼并与刘军生母见面是对其的背叛，于是，她提出，希望刘军与儿媳妇离婚。这一次，刘军没有如往常一样向继母妥协。于是，这就使得这对特殊母子间的感情出现了裂痕，也加重了何秀莲心中的隐忧——继子有一天会离自己而去，回到生母身边。最后，何秀莲将继子刘军和怀有身孕的儿媳妇强行赶出了家门。

之后不久，何秀莲收养了亲侄女刘群芳。养女刘群芳逐渐代替了继子刘军的位置，何秀莲对养女刘群芳疼爱有加，而与刘军夫妇却越来越疏远。退休时，何秀莲在未与刘军商量的情况下，将她在国企唯一的顶职指标给了养女刘群芳。而此时，刘军正为生计四处奔波。这让刘军气愤不已，导致母子间的关系降到了冰点。后来，在刘群芳女儿出嫁时，何秀莲赠予养女 10 万元作为婚礼筹备资。这进一步加深了何秀莲与刘军之间的嫌隙，并使得刘军与刘群芳之间的矛盾愈加激化。

几十年以来，养女刘群芳一直在照料老人的饮食起居。据周围邻居和何秀莲单位的工作人员反映，刘群芳对何秀莲也算得上尽心尽力。但近些年来，何秀莲与养女的争吵日渐频繁，何秀莲逐渐产生了投奔继子的想法。2013 年，何秀莲带着所有积蓄——14 万元找到继子刘军，希望刘军承担起赡养她的责任。刘军原本不打算接过这一摊子，他认为，妹妹在继母那里获得了更多的好处，因此，给继母养老理应以妹妹为主，自己只是辅助。但顾念到老父亲的情义，刘军最后还是同意了照顾继母何秀莲。但是，生活上的摩擦和争吵让刘军逐渐失去了耐心。在 2015 年年底，刘军向妹妹刘群芳提出，要其分担照顾母亲的义务。养女刘群芳当即表示，养母当初不顾她的感受将所有积蓄都给了哥哥刘军，如果要她再接管母亲的生活，刘军必须将母亲的 14 万元养老金给她。刘军则说，何秀莲的 14 万元早已在两年内花完了。双方针锋相对、僵持不下。对继母无法容忍、与妹妹又无法协调，刘军在小年那天将母亲留在单位后就离开了。一同留下的，还有何秀莲 14 万元养老金的纷争。

1.2 案例分析

本案例涉及现代家庭所面临的第一大难题——赡养。我国第六次人口普查结果表明，60 岁及以上的老年人已经达到 1.78 亿之多。城市人口尤为明显，预计到 2020 年，北京每 5 个人中就有 1 名老人。而围绕赡养所形成的纠纷事件也越来越多，据统计，赡养纠纷已经成了农村地区的主要纠纷事件。以吉林省松原市乾安县为例，2012 年，全县各类调解组织共接纳 220 件赡养纠纷，占所有矛盾纠纷的 30.3%。[①]

但这个案例又有自己的独特性。在某种意义上，它是一种“非常态”家庭，而且，这种再婚、收养子女的家庭也越来越多。一般而言，中国的传统家庭以血缘纽带为核心，亲子关系大都建立在自然血亲基础之上，具有血浓于水的属性。“这种血缘性，使得家庭成员之间的关系，成为一切社会关系中最真实无遮、最为紧密的关系，以此为基础而建立起来的家庭伦理道德，也就必然地具有浓厚的人情味，它充分地认定家庭成员之间固有的醇厚、浓郁的亲情关系和持久、深刻的心理情感关系等等。”[②] 家庭是满足个体情感的重要场所，“爱亲”成为家庭伦理中最基本的规范，父（母）慈、子（女）孝皆是题中之意，父母对子女的抚育以及子女对父母的赡养也就成了自然而言、显而易见的责任和义务。[③] 在此案例中，何秀莲与继子刘军、养女刘群芳都没有直系的血缘关系，继子 9 岁时随生父来到杨秀莲家，而养女则是年纪更大时才被杨秀莲收养，因而，那种因血缘而自发地去赡养母亲的爱亲之心不起作用。这可以从刘军对生父的态度中得到佐证。案例中谈到赡养问题时并没有提到刘军生父，而且，一个显见的细节是，刘军提到，他在 2013 年同意照顾继母是因为顾念到老父亲的情义。因而，我们可以大胆推测，如果刘军的生父健在（赡养问题没有提及生父，一种可能是生父已过世），刘军会出于亲情履行赡养义务。

① 邓晓禹：《如何调解农村赡养纠纷》，《人民调解》2013 年第 11 期。

② 唐凯麟：《家庭伦理三题散论》，《道德与文明》2002 年第 6 期。

③ 本文将“责任”和“义务”视作同义词，在文中交替使用。

那如何从伦理角度来理解本案例中所涉及的赡养义务呢？费孝通先生曾将中国的代际关系概括为“反馈模式”，即“甲代抚养乙代，乙代赡养甲代，乙代抚育丙代，丙代又赡养乙代，下一代对上一代都要反馈”。这与西方的“接力模式”不同，在西方，父母对子女负有抚育义务，而成年子女则只需继续抚育自己的下一代而无须承担对老年父母的赡养义务。[①]“羊有跪乳之恩，鸦有反哺之义”，儿女对父母的赡养就是对父母养育之恩的报答。孔子有言：“子生三年然后免于父母之怀。夫三年之丧，天下之通丧也。予也有三年之爱于其父母乎？”（《论语·阳货》）以守三年之丧而报答父母的三年之抱。这种代际之间的交换在某种意义上构成了中国传统家庭伦理关于赡养义务的基础。案例中没有谈及何秀莲对刘群芳的抚育，但明确地提到，刘军自9岁来到何秀莲家后，何秀莲对其关怀备至、视若己出，并对其进行悉心培养。因而，在家庭伦理框架中，刘军理应对继母何秀莲负有赡养义务，这点也得到法律的承认。

然而，在现代社会中，至少在本案例中，代际交换越来越被狭义化和单一化。按照郭于华的总结，传统的家庭伦理中，代际交换有5种形式，分别是经济和物质性的交换、仪式性的交换、情感性的交换、文化资本的交换和象征性的交换。[②] 经济和物质性的交换是亲子间最基本的交换形式，父母抚养年幼的子女长大成人、为其嫁娶并传其家业，成年子女[③]则赡养父母，为其养老送终。仪式性的交换，是指在婚礼和丧礼的规模和档次之间的对应。情感性的交换，体现为慈爱和孝敬之间的相互给予和获得。文化资本的交换可从“封妻荫子”、“光宗耀祖”等成语中窥见一斑。象征性的交换则关联于中国特有的生死观，是先人的福佑和后代香火之间的交换，在特定节日祭拜亡故的父母、并为其上香烧纸以换取父母对其以

---

① 费孝通：《家庭结构变动中的老年赡养问题——再论中国家庭结构的变化》，《天津社会科学》1982年第3期。当然，关于西方的赡养问题，费孝通先生也指出情况更为复杂，成年子女与老年父母间有着千丝万缕的联系。

② 郭于华：《代际关系中的公平逻辑及其变迁——对河北农村养老事件的分析》，《中国学术》2001年第4期。

③ 这里涉及性别与赡养的关系，尤其是中国传统社会注重“香火绵延”，对儿子往往有特殊对待。由于篇幅有限，本文不予以讨论，而采取无性别的视角。有兴趣的读者可以参考唐灿、马春华、石金群：《女儿赡养的伦理与公平——浙东农村家庭代际关系的性别考察》，《社会学研究》2009年第6期。

及后人的庇护。随着社会的不断转型，代际间的交换逐渐被简化为经济和物质的交换。在本案例中，这一点表现得尤为突出。刘军不愿意赡养继母，很重要的原因在于，妹妹在继母那里获得了更多的“好处”——妹妹顶替了继母在国企的工作岗位，妹妹获得了继母10万元的馈赠。而刘群芳答应重新接管继母的条件是，哥哥将继母离开时带走的14万元积蓄交出来。

上述两种对传统家庭伦理中赡养义务的解释进路，可以借助珍妮特·芬奇对“累积性责任”（cumulative commitments）和“协商性责任”（negotiated commitments）① 的区分得到进一步理解。“累积性责任”是指关系双方在共同生活中不断累积和建立起来的责任关系。这是一种非功利的责任关系，双方的感情因素有着不可替代的重要性。在某种意义上，累积性的责任之所以能够建立，是因为感情的不断积淀。这种责任并不特指亲属之间的责任，但可以适用于亲属之间的责任，比如抚养和赡养。在赡养问题上，基于血缘亲情产生的亲子关系更容易形成融洽、至少容忍的关系类型，因而，相对而言，子女有更多的自然动机去承担赡养父母的义务，久而久之，对父母的支持和照顾就逐渐变成了一种“习惯”，变成了践行者（agent）“显而易见”的责任和义务。“协商性责任”则是指亲属关系中通过协商和互惠而建立的信任和责任关系。这种责任被限定在亲属关系之间，直接关涉家庭责任和义务。它具有一定功利性特征，建立在一系列互惠的行为和承诺之上。中国传统伦理中反馈式的代际关系基于交换所带来的赡养义务可以被看作广义的“协商性责任”。然而，在我们从传统走向现代化的过程中，“协商”被渐渐地实意化了，不再将父母的抚育和子女的赡养看作一种广义的“协商”，而是将父母能带来的直接物质利益当作协商和子女赡养的必要条件。

案例2：家庭暴力

2.1 案例简介

刘小芳，28岁，是一位全职太太。刘小芳夫家是当地赫赫有名的千

---

① J. Finch, Family Obligations and Social Change, Cambridge: Polity Press, pp. 190—211. 转引自唐灿、马春华、石金群：《女儿赡养的伦理与公平——浙东农村家庭代际关系的性别考察》，《社会学研究》2009年第6期。

万富豪，丈夫经营家族的一家汽车销售公司，而她则在家照顾3个年幼的儿子。节目播出前几天，刘小芳跟丈夫发生争吵后独自驾车离开，与家人失去联系。后经寻找，在停靠于村口高速公路桥墩底下的小车内发现了刘小芳，此时，她已因液化气中毒身亡。种种迹象表明，刘小芳系自杀身亡，但其遗体上确有多处瘀青。

据刘母介绍，刘小芳18岁与女婿姚文海相恋，至今已有10年。姚家家境殷实，有好几家公司和多处地产，在老家还建有豪华别墅。但是，女儿的豪门生活却并不幸福。女儿在家庭生活中毫无自主权，她连购买一袋面粉、多买一点小菜都会招致公婆的不满和指责。女儿曾多次提出离婚，但女婿都不同意。就在一个月前，刘小芳也曾自杀过一次，不过被及时发现、送医，才保住了性命。刘小芳的妹妹刘小红称，姐姐一直生活得战战兢兢、身心憔悴，她惧怕公婆的权威，害怕丈夫的指责、甚至拳打脚踢，但还得照顾3个年幼的儿子。在姚家，姐姐更像待遇不佳的保姆。刘小芳的姑婆也指出，刘小芳姚文海夫妻矛盾由来已久，她还曾多次调解过。侄孙女之所以在如此富有的姚家待不下去，是因为她遭到公婆的挑剔，还时不时遭受丈夫的家暴。所以，刘家人一致认为，刘小芳在婆家受到的不公待遇、尤其是丈夫姚文海的家庭暴力是致使其自杀的最重要的原因。

面对刘家人的指责，姚文海坚称夫妻感情一直很好。妻子在离家前，他们也只不过发生了几句争吵而已，他也无法理解妻子为何如此极端。据邻居反映，夫妻俩的感情平常看起来是不错的，但刘小芳出走当天，刘小芳因姚文海打牌时出错牌而当众发脾气，姚文海觉得很没面子，于是，动手打了妻子。据刘小芳的闺蜜称，刘小芳曾向她倾诉，丈夫姚文海对她偶有虐待行为，有时还会在深夜将她赶出家门。但碍于姚家的脸面，刘小芳并没有让太多人知晓姚文海的行为。

2.2 案例分析

家庭暴力（domestic violence）已日益得到各个领域学者的关注和重视，它不仅是医学问题、公共卫生问题、法学问题，更是家庭伦理问题。在我国，家庭暴力有日趋严重之势。据北京民意调查所2000年对哈尔滨、北京、上海、济南、杭州、武汉、昆明等10个城市的走访发现，2500个家庭中有800多个存在不同程度的家庭暴力行为，占比33.3%。[①] 国务院发表的《中国妇女的状况白皮书》显示，全国2.67亿个家庭因离婚而破裂的约有40万个，占比1.54%，其中1/4起因于家庭暴力。[②]

我国最高人民法院于2001年12月25日公布的《关于适用〈中华人民共和国婚姻法〉若干问题的解释（一）》中提到，婚姻法中所称的“家庭暴力”是指“行为人以殴打、捆绑、残害、强行限制人身自由或者其他手段，给其家庭成员的身体、精神等方面造成一定伤害后果的行为”。根据这一定义，家庭暴力包括夫妻间的暴力、对儿童的暴力、对老人的暴力以及兄弟姐妹间的暴力，而本案例主要涉及夫妻间的暴力。需要指出的是，虽然本案例中的暴力对象是妻子，但夫妻间的暴力却不单指妻子受虐的现象，也包括丈夫受虐的现象。另外，虽然婚姻法解释（一）出于司法的考量将家庭暴力限制在肢体暴力范围内，但在伦理学领域，家庭暴力实际上包括“强制性控制”、“情感虐待”和“肢体暴力”[③]。在本案例中，通过各方的叙述，我们基本上可以断定，刘小芳在以上三个方面都受到了丈夫姚文海甚至公婆的暴力对待：刘小芳在家中的生活没有自主权，连日常购买生活必需品都可能被指责，这是典型的“强制性控制”；刘小芳与姚文海时常争吵，还曾被姚文海深夜赶出家门，从刘小芳最后的自杀行为可以推测，这些无疑都对刘小芳造成了严重的心理和情感伤害，构成了对刘小芳的“情感虐待”；刘小芳被姚文海施以“肢体暴力”是显见的事实，这一点无论从多方的证词还是从刘小芳遗体上的瘀青都可以得到佐证。

夫妻间的暴力产生原因有很多。[④] 有学者指出，夫妻间的暴力冲突甚至暴力犯罪在于现代平行的夫妻关系缺乏“保持夫妻感情稳定和发展的内在调适机制，对情感的高期待与对婚姻的低满意度并存所造成的张

① 叶文振：《女性文化学导论》，厦门大学出版社2006年版，第290页。

② 赵颖：《警察干预家庭暴力的理论与实践》，中国社会科学出版社2005年版。

③ 马春华：《中国夫妻间暴力的“性别对称性”》，《河北学刊》，2013年。

④ 在《家庭暴力的理论研讨》一文中，黄列对家庭暴力的成因有较为系统的梳理，从个人取向、家庭取向和文化与社会结构等角度归纳了多种理论。本文是案例分析，又着重于伦理反思，因而只选择了几种极其相关的原因。感兴趣的读者可以参考黄列：《家庭暴力的理论研讨》，《妇女研究论丛》2002年第3期。

力”，而且，“夫妻双方对家庭平权与家事分工的观念认同不一”。[①] 而另一些学者则认为，中国传统的“家文化”为家庭暴力提供了繁衍滋生的土壤：“从家庭观念上看，‘长幼有序’、‘男主女从’的家庭伦理宽容了家庭暴力”；“从家庭制度上看，父权制的家庭权力结构和侵犯人权的家法族规纵容了家庭暴力”；“从家庭治理上看，家长一人之治的家庭自治方式默许了家庭暴力”。[②] 这些分析一定程度上都适用于本案例，但又不全然如是。本案例中，刘小芳与姚文海是自由恋爱、结婚，在邻居看来，两人感情也算好，而且，两人分工明确，丈夫姚文海赚钱养家、妻子刘小芳照顾孩子和一家人生活，并没有因对家事分工的观念不同而造成冲突。当然，本案例中也不存在家法、族规对人权侵犯所造成的影响。然而，不得不说，传统家庭伦理中存留的糟粕确实潜在地发挥着作用。首先，男尊女卑、夫权至上的传统不平等性别结构的影响根深蒂固。在刘小芳和姚文海的婚姻关系中，姚文海明显起着主导作用，拥有着至高的决策权，刘小芳则处于从属、容忍的地位。姚文海是不是有“娶来的妻，买来的马，任我骑，任我打”、“媳妇不打，上房揭瓦”的想法，我们无从得知。但是，他无疑把打老婆、随意对待老婆当成了自己的权利，他将老婆深夜赶出家门，他也因为老婆和他当众吵架而打老婆。有学者指出，此种行为实际上具有表意性符号的意义，施暴实际上被看作夫权、父权的象征。“施暴者坚信男人应是一家之主，因此当他的自尊和男性至上的观念、地位受到怀疑和伤害的时候，他自然地要通过暴力行为在肉体上统治自己的妻子。”[③] 其次，深受“家丑不能外扬”的传统观念所害。刘小芳因顾及姚家的脸面，并没有跟太多人说起她在家庭中所面临的苦楚，更不敢寻求社会咨询机构、国家司法机构的帮助。这使得原本可以通过正常途径、合理合法方式解决的矛盾包裹、掩饰起来，使之不断地恶化，小小伤口终变成深入骨髓的脓疮，造成致命的危害。

---

① 刘晓梅：《伦理学视域下的家庭暴力犯罪》，《道德与文明》2006年第1期。

② 欧阳艳文、林少菊：《传统“家文化”与家庭暴力》，《江西社会科学》2012年第12期。

③ 佟新：《不平等性别关系的生产与再生产——对中国家庭暴力的分析》，《社会学研究》2000年第1期。

案例3：婚外情

3.1 案例简介

王刚，60岁，是一家机械厂的退休职工。他与妻子李美娟结婚35年，生养了两个女儿王晴、王婷。大女儿王晴在长沙工作，小女儿王婷在老家生活，现今都已成家生子。本来，这是世人眼中和睦美满的家庭。但在节目播出两个月前，王刚突然拒绝继续替大女儿看孩子，以外出打工挣钱为由离家出走，在妻子李美娟发现“隐情”后，提出要与妻子离婚。

2016年年初，因王婷要生孩子，李美娟赶回老家照顾女儿，王刚则留在长沙照顾王晴的孩子。在小区的乒乓球活动中，王刚认识了在小区做家政工作的赵慧。赵慧曾有过一段失败的婚姻，20多年来，她依靠做家政抚养一对儿女长大。赵慧性格开朗、健谈，王刚在打球之余，也偶尔向赵慧倾诉家庭苦恼，一来二去，两人便成了无话不谈的朋友，赵慧教王刚打乒乓球，王刚则教赵慧写毛笔字。

两个月前，李美娟发现了丈夫与赵慧交往过密，便阻止王刚继续练球，并对赵慧有所指责。赵慧也顾忌王刚的家庭，于是，辞掉了小区的家政工作，回到了老家。可是，王刚毅然决然地带着行李追随赵慧来到了老家。赵慧被王刚感动，决定与王刚一起生活。当李美娟赶到赵慧老家时，王刚提出要与李美娟离婚。

李美娟倍感委屈，无法接受王刚的离婚要求。她说，结婚30多年，她承担了家里所有的家务，无微不至地照顾老公的生活起居，两个女儿也非常孝顺。但王刚则坦言，他早已厌倦了与李美娟的共同生活。李美娟对他的行为总是指手画脚，他在家中毫无地位可言，36年来，他从未领取过自己的工资，刚提出要回工资卡，工资卡就被李美娟折断了。而且，他与李美娟没有共同话题和兴趣爱好，李美娟完全不了解他也从未做过如此尝试。而赵慧则温柔体贴、善解人意，对他又崇拜有加。他现在要离婚去追求自己的幸福了。赵慧也表示，她从未想过这么大年纪还能遇到如此情谊，她不会放手的。

3.2 案例分析

实现爱情与婚姻的统一、建立和谐幸福的家庭，一直是历代进步人士所追求的理想。然而，在现实生活中，已婚的两性之间，由于各种原因容易产生矛盾和隔阂，使得其中一方甚至双方都与非配偶的异性产生情感关系、甚至性关系。此种现象，我们统称为“婚外情”。随着我国改革开放和商品经济的深入发展，人们的社会交往日渐频繁，社会需求包括感情需要和性需求不断扩大和祛魔化，婚外恋情也呈上升趋势。据统计，已婚者在没有结束现有婚姻时与非配偶的异性有确定暧昧关系的人数占总调查人数的37.04%。[①] 婚外情从持续时间的长短来看，有短期（如一夜情）、中期（如第三者）和长期（如包二奶）之分。而本案例则属于婚外情的一种特殊类型——“第三者”现象，即存在“力图同某一特定已婚异性缔结新的婚姻关系或客观上导致原有婚姻关系破裂的人”。[②] 赵慧虽然曾因顾忌王刚家庭而主动离开，但她客观上导致了王刚与李美娟的婚姻关系濒临破裂，而且，后来，在王刚与李美娟的婚姻存续期内，她便决定且事实上与王刚生活在一起，已成为“第三者”。

大体而言，“第三者”现象的出现有三种可能性。第一，婚姻关系中双方本来就毫无感情可言，因“父母之命、媒妁之言”结为夫妻，婚后又因种种原因未培养出感情，以致后来一方或双方另有所爱。第二，婚姻关系中的双方有一定的感情基础，然而，婚后由于各种原因出现矛盾而未及时解决，双方感情或者单方感情变淡，导致一方另有所爱。第三，婚姻中的双方原本感情融洽，但因第三者的出现，一方感情发生变异，导致夫妻感情破裂。本案例中，王刚与李美娟各执一词：在王刚看来，双方本就毫无感情可言，他在两人的婚姻生活中极为不幸；但在李美娟看来，双方婚姻生活美满，是赵慧的出现才导致两人感情破裂。然而，客观地看，本案例应属第二种情况，王刚和李美娟的婚姻是有一定的感情基础的，但因为李美娟在两者关系中较为强势、只关注老公的物质需求和忽略了他的精神需求造成了王刚对其的不满，这种不满的情绪又没有采取正常的途径抒发并得以调整，赵慧的出现正好填补了王刚在婚姻关系中的精神生活空缺。

---

① 《关于婚姻中出轨现象的调查问卷》，http://www.sojump.com/report/845572.aspx，2011－06－16。转引自闫玉：《性别文化视域下我国婚姻伦理的失范与重建》，《武汉大学学报》（哲学社会科学版）2013年第1期。

② 唐凯麟：《家庭伦理三题散论》，《道德与文明》2002年第6期。

如何看待“第三者”现象？现有对婚外情的讨论中，大多谈及其可能产生的后果：对婚姻造成的危害甚至直接导致婚姻关系破裂；对家庭成员心理造成的危害，尤其是对青少年造成的不利影响；对社会带来的负面影响。“第三者”属于婚外恋的特殊类型，自然也可能产生类似的危害和后果。然而，也有少数人认为婚外情是人性的进一步解放，是自由的体现。关于此，我们可以从对《婚姻法》是否应该包含惩罚夫妻间不忠行为的争论中窥见一斑。建议者认为立法可以为打击夫妻间的不忠行为提供法律依据，甚至扭转道德滑坡的局面。但据姚洋归纳，反对者则从三个角度提出异议，即：第一，认为惩罚婚外情是道德泛化的表现；第二，认为惩罚婚外情侵犯了个人自由；第三，认为惩罚婚外情是历史的倒退。① 本案例中，王刚就明确表示他要去追求自己的幸福。虽然他没有使用“自由”一词，但王刚的表述实际上关联于伦理学中对于自由的探讨——人们自由地追求幸福或良善生活的限度在哪里？

在现代社会中，人们普遍地享有追求幸福或良善生活的自由，这一点已成为共识。然而，但凡自由就有边界——个体自由应以他人的自由为边界，换言之，一个人的自由行动不应该伤害他人的自由。“自由就是从事一切对别人没有害处的活动的权利，每个人所能进行的对别人没有害处的活动的界限是由传统规定的，正像地界是由界标确定的一样。”② 在现代社会里，婚姻是男女两性实现结合取得社会认可从而获得合法性的一种方式，它是夫妻关系合法性的证明。同时，婚姻也是一种承诺，婚姻中的双方彼此承诺在婚姻关系中承担相应的责任和义务。我国《婚姻法》第 4 条就规定，“夫妻应当互相忠实，互相尊重”。虽然，在法律上，夫妻间的忠实义务指夫妻间性行为的专一性；但在伦理道德上，夫妻间的忠实义务应包括夫妻不得为第三者的利益损害配偶的利益、不得恶意遗弃配偶。在本案例中，王刚单方面提出跟李美娟离婚而决定去跟赵慧生活，他在追求自己幸福的同时严重地伤害了李美娟追求良善生活的自由，而对李美娟此种自由的尊重实际上内在于他的婚姻承诺中。

① 姚洋：《法律能惩罚婚外情吗?》，《读书》2001 年第 1 期。

② 《马克思恩格斯全集》第 1 卷，人民出版社 1956 年版，第 438 页。

二　对构建社会主义新型家庭伦理的启示

通过第一部分的案例分析，我们对家庭生活在社会转型期所面临的重大问题有了一个大致的了解。从上述案例中获得启示，吸取中国传统家庭伦理以及西方现代文化的精华，抛弃传统家庭伦理中的封建残余之糟粕，规避西方现代文化可能产生的不良影响，构建社会主义新型家庭伦理，便是我们这部分的任务。

（一）价值导向

1. 自由与责任并重的原则

随着改革开放和市场经济的发展，中国社会不断走向法治化，为个性的自由发展创造了条件。每个人都是自由的个体，在家庭生活中，享有一系列的自由，比如有结婚自由、离婚自由、选择不生育的自由、按照自己意愿生活的自由等。然而，“个人必须而且只能在与他人和群体之关系的考量中来确定自由意志行使的限度，而协调个人与他人、群体之间的社会规范，就体现了个人对他人和社会所应负有的道德责任。一个人只有真正履行了自己的义务和责任，才能在道德活动中达到自由”。① 自由与责任的并重，既超越了中国传统家庭伦理中以家庭为本位的价值观，也超越了西方家庭伦理中以个体为本位的价值观。

案例 1 中，刘军认为妹妹刘群芳从继母那里获得了更多的物质利益，因而他不应该承担、至少不应该主要承担赡养继母的责任。这实际上就是将自己、妹妹和继母都看作独立的个体，将一切家庭生活中的行为都市场化，正如第一部分案例分析时所表明的，赡养继母必须以继母所提供的物质利益为交换条件，家庭成为缺乏亲情依靠的、冷漠分裂的冰冷空间。

案例 3 中，王刚的行为在某种意义上也是个体主义膨胀的产物（虽然王刚本人可能并不自知），他一味地强调自己的感受和对自由的追求，却忘却了自己所应该承担的家庭责任。

① 李桂梅：《现代家庭伦理精神构建的思考——兼论自由与责任》，《道德与文明》2004 年第 2 期。

在家庭生活中，每个个体都应该享有一定的自由，也应该承担一定的责任。在构建社会主义新型家庭伦理道德时，我们既要尊重个体的自由，又要严格要求个体履行相应的义务。

2. 平等、互重的原则

每个人都有平等的生命权、自由权和追求幸福的权利，因而，也应该被作为权利的主体而得到平等对待和尊重。“平等”也是我国社会主义核心价值观体系中不可或缺的价值。个体在家庭生活中被平等对待，这对于构建社会主义新型家庭伦理至关重要。在传统的家庭伦理中，家庭成员因性别、年龄、关系等不同而具有不同的伦理地位，具有等级性的特征。而社会主义的新型家庭伦理则以平等、相互尊重为原则，尽量保持夫妻间的平等和代际间的平等，家庭成员彼此相互尊重、相互理解，以形成健康、和谐的现代家庭为目标。

案例 2 中，刘小芳的悲剧在一定意义上是中国传统家庭伦理的封建残余所导致的。中国的传统婚姻有“门当户对”的说法，强调夫妻双方的家世、背景、地位、财富的对等性，认为这是夫妻关系建立的物质前提，也是夫妻关系融洽的物质保证。刘小芳、姚文海夫妻在结合之前家境悬殊，属于“灰姑娘”与“王子”的典型组合，因而，在婚后，姚文海甚至公婆对刘小芳要求较为苛刻，刘小芳在家庭生活中完全丧失了自主性。现代的婚姻观念则强调夫妻双方的人格平等性，不管一切外在条件，夫妻双方都应在家庭生活中具有平等的地位。然而，姚文海并没有将刘小芳当作有平等权利的个体来对待，甚至刘小芳自己都没有这种意识，他们仍守着“夫权至上”、“家丑不可外扬”的观念生活着。夫妻本来是社会上两个独立的人格，他们因为爱而放弃个体的独立达到双方人格的同一化，以婚姻的法律形式结合成为家庭，从而“使得自己在其中不是一个独立的人，而成为一个成员”。[①] 在这对夫妻关系中，两人并没有实现人格的同一化：刘小芳放弃了独立的个体人格，将自己视作“成员”，却“无家可归”；而姚文海则处于完全自我的状态，从未寻求在同一化中成员化。在夫妻关系中，夫妻双方都应该摒弃传统“夫权至上”、“男主女从”观念，

① ［德］黑格尔：《法哲学原理》，范杨、张企泰译，商务印书馆 1961 年版，第 173—177 页。

平等地对待彼此、尊重彼此的独立人格，形成和谐、平等的良性夫妻关系。

案例1中，何秀莲年老的悲凉处境一方面跟刘军忽视道德责任有直接的关系；另一方面也是其守旧的观念造成的。“代际伦理关系深深地受着政治、经济和文化等各种社会关系的影响和制约，决不能将代际伦理关系从政治、经济、文化等社会关系中剥离出来，认为代际伦理关系是一种完全独立的、游离于其他社会伦理关系之外的一种伦理关系。”① 由于在农业社会中，财富和名声的积累极其不易，代际间的传承就相当重要，因而，正如第一部分案例分析所言，传统的代际关系具有鲜明的交换性。随之而来的，子女（无论成年与否）在父母面前都不被视作独立、平等的个体，而要求其按照父母的意愿行事。这一点在何秀莲身上表现得相当明显：她要求继子不与生母来往；在儿媳妇参加继子姐姐的婚礼后，她要求继子与儿媳妇离婚；在儿子没有满足她的要求时，她将儿子、儿媳赶出门外。“对代际公平问题，一是要立足于代内解决，更重要的是要尊重后代的权利，对后代有强烈的道德关怀意识和公平对待意识。”② 父母不能将子女当成自己的附属品，而应该将子女视为人格独立的平等个体，尊重其人格和个性，形成和谐、平等的良性代际关系。

3. 情、法兼容的原则

“家庭的最大职能是让人沐浴在爱的阳光下。”③ 黑格尔也认为作为精神实体的家庭，爱是其规定性。在新型的家庭伦理中，我们应积极宣扬家庭的情感属性，让家庭责任更多地以“累积性责任”、而不是“协商性责任”呈现出来，保障家庭实现其成员情感需要之功能。恩格斯曾说道：“婚姻的充分自由，只有在消灭了资本主义生产和它所造成的财产关系，从而把今日对选择配偶还有巨大影响的一切附加的经济考虑消除以后，才能普遍实现。到那时，除了相互的爱慕以外，就再也不会有别的动机了。”④ 现实的家庭生活因有太多的影响因素，而不可能完全消除经济考虑对其的影响，但我们也要尽量让其价值多元化，不能让代际关系如案例

① 廖小平：《代际伦理：一个新的伦理维度》，《伦理学研究》2003年第3期。

② 同上。

③ ［美］劳拉·斯马特：《家庭——人伦之爱》，延边大学出版社1988年版，第1页。

④ 《马克思恩格斯全集》第36卷，人民出版社1956年版，第340页。

1 中那样完全地沦为经济物质交换，也不能让夫妻关系、婆/公媳关系如案例 2 中那样因经济差异而造成难以调和的矛盾。

但另一方面，我们又不能让现代家庭生活完全被感情所左右而陷入到传统家庭伦理的泥潭中无法自拔。法律是最低限的道德。在构建社会主义新型家庭伦理时，我们要积极地推进与家庭相关的法律的完善，加强普法宣传，让法律深入人心，让人们能够也善于用法律手段来维护自己的独立人格和自由权利。本文中的 3 个案例，虽然关涉家庭生活的不同侧面，但它们有一个共同点，即案例中的各方都在人情、伦理角度论短长，几乎无人诉诸法律手段维护自己的权益、改变现有的状况。当然，他们向《寻情记》栏目的求助，可以被视作是家庭伦理借助法律手段的一个过渡。

（二）构建路径

在上述价值原则的引领下，我们可以从以下几个方面努力。

1. 加强关于家庭伦理的调查和学理研究，将研究成果上报相关部门，为立法提供依据和理性支撑。

2. 积极完善与家庭生活、家庭关系相关的法律条文，用完善的法律法规以保障现代家庭伦理规范的实施。

3. 建立或完善社会帮扶、法律援助和心理咨询机构，加强其对家庭生活的良性介入。

食品安全问题案例及其伦理反思

一 导言

“民以食为天，食以安为先。”食品是为个体生命提供能量和营养的基本来源，是保证个体从事社会活动，创造社会财富的基本前提。食品是否安全既直接关系到每个人的生命健康，也间接影响到政治的稳定与经济的发展。保障食品安全，不仅是保障我们每个人的身体健康和生命安全，也是维护社会的长期稳定和保障国家经济的持续发展。中国进行了 30 余年经济建设，取得了举世瞩目的成就，解决了老百姓基本的吃饭问题，人民物质生活水平得到了显著提升。然而，与此同时，随着中国社会主义市场经济的不断发展和日益繁荣，中国社会也出现了各种各样的食品安全问题，如地沟油、毒奶粉、毒生姜等。这些行为不仅直接损害了受害群体的生命健康，更重要的是引起了整个社会对食品安全的高度恐慌。由此，食品安全问题日益成为社会媒体、国家政府所关注的焦点。

当今时代正处于一个技术迅猛发展的时代，技术的发展已经渗透到人类生活的方方面面，大到国家政治决策和社会治理，小到个人的衣食住行，人类对技术的依赖日益紧密和全面。以食品为例，现代社会的大量食品都不是传统的自然食品，而是通过技术处理的食品。人类通过技术进行食品的生产，尽管极大地丰富了食品种类，提高了食品供给的数量，满足了人们日益增长的食物需要。但是因对技术的过度使用引发了一系列与食品相关的问题，如食品存储技术、保鲜技术、添加剂等问题。这些问题汇集到一点，就是通过复杂技术处理的食品是否会对人的生命健康造成不良影响？传统自然生长的食品除了本身无害外，基本不会对人类造成伤害。但是高度发达的现代文明生产的食品却引发了种种问题。本文尝试用几个具体食品安全问题案例来说明，现代社会食品安全生产的诸多问题，揭示当前社会的基本道德情况。

二 食品安全问题案例

案例一：永得利食品有限公司销售病、死畜肉的骇人新闻[①]

2015 年 12 月 4 日，备受关注的眉山市建市以来最大的一起生产销售病死畜肉案，在眉山市中级人民法院公开开庭宣判。据法院审理查明，从 2012 年起，眉山市永得利食品有限公司向牛肉制品中添加大量病死猪牛肉，以“阿川”牌牛肉干销往成都、重庆等地，涉案金额达 900 余万元。

2014 年 9 月 11 日，眉山市公安民警在永得利食品有限公司生产车间查扣了病死畜肉 18350 公斤、猪肉 2697 公斤和牛肉制品 2159.92 公斤。随后，当地公安机关将涉案的杨守东、陈跃、谢荣祥、陈光礼等人控制，并进行了详细询问。据被告人杨守东供述：永得利食品有限公司于 2010 年 11 月 22 日在眉山市工商局登记注册，杨守东为法人代表，陈跃、谢荣祥、陈光礼等人为公司职员。从 2012 年 1 月起，杨守东开始瞄准牛肉制品生产加工、销售生意，主营牛肉干、手撕牛肉和牛肉丸。由于 2012 年，鲜牛肉价格一路上涨，每斤在 22—25 元，这样的价格用于制作牛肉制品成本太高。杨守东为了能赚取更多利润，利用食品厂作掩护，在牛肉制品中掺杂一定比例的病死牛、猪、马肉。其中，正规的鲜牛肉从成都进货，有问题的则从四川省西昌地区购买。为了遮掩有问题的牛肉，杨守东一般会在西昌当地就将牛肉煮熟再运回食品厂。为了减少成本，保证利益最大化，杨守东会亲自带着陈跃等人到西昌煮肉。因为杨守东带人到西昌本地直接煮肉，一斤（0.5kg）鲜肉能煮成 4 两多（0.2kg）熟肉，如果由西昌地区的供货人直接供货，一斤（0.5kg）鲜肉会煮成 6 两多（0.3kg）熟肉。这样算下来，熟肉成本就可以少许多（0.1kg）。加之，杨守东跟着西昌的周老板和王老板到处去收购一些摔死、病死的牛、猪肉。这样算下来，购买的肉折合成鲜肉，只有七八元一斤，比市场价 22—25 元一斤

① 《华西都市报》，《眉山：牛肉干添加病死猪牛肉　老板获刑 15 年罚 500 万》，[2015－12－06]. http://scnews.newssc.org/system/20151206/000626497.html。

便宜了很多。据被告人陈跃称，杨守东在西昌煮肉最长曾待过两个月。当时他就发现肉的色泽有些问题，但并未点破，直到几个月后，杨守东才透露在西昌煮的肉里掺杂了一些坏肉。

杨守东将从西昌煮好的熟肉和从成都购买的好肉运回彭山食品厂生产车间，进行生产加工。从永得利生产车间员工供词中显示，买回来的肉没有进行分类就直接放进车间解冻池，通常是哪个车间需要就放哪里，好肉和问题肉也是混合放置的。这些解冻池的水都是臭的。据被告人谢荣祥称，他们用“肉眼观察和经验”来对采购的肉类好坏进行筛选、分割，实在不能用的一般都会作销毁处理。有些边角肉、烂肉因为臭味十分难闻，则需要及时焚烧处理。为了方便起见，员工就在工厂附近的青龙垃圾场焚烧烂肉，因为气味太臭遭到工厂附近居民多次反映，让其回工厂内部焚烧。可用的肉类经过简单分类，将成都购来的好肉做成手撕牛肉，以便不被发现。至于牛肉干、牛肉丸，员工按照杨守东制定的好坏肉按6:4比例进行勾兑。然后在经过辐射、杀菌、统一包装后，流入市场。据检方透露，该类产品主要流向成都、重庆等地食品批发市场、小型超市、商场等。根据犯罪事实和对社会危害程度，眉山市中院依法作出判决：被告人杨守东（公司法定代表人）犯生产、销售伪劣产品罪，判处有期徒刑十五年，并处罚金人民币500万元；该公司员工陈跃、谢荣祥犯生产、销售伪劣产品罪，判处有期徒刑八年，各处罚金50万元；员工陈光礼犯生产、销售伪劣产品罪，判处有期徒刑七年，处罚金30万元。

案例二：“饿了么”订餐平台的黑色内幕[①]

2016年3月15日晚8点整，一年一度的3·15晚会在央视财经频道直播。此次3·15晚会主题为“共筑消费新生态”，晚会第一个关注的就是时下正火的订餐网站。为此，央视记者化身一名送货员进行实地调查。调查对象是在短短几年就成长为中国第一大网上的订餐平台：“饿了么”。

央视记者首先调查了网名为“速客美食”的网店。网店的图片简介显示，其实体店位于北京市朝阳区建国路93号院万达广场9号楼B2层，

① 中国中央电视台经济频道：《2016年3·15晚会——“共筑消费新生态”》，[2016-03-15]. http://315.cntv.cn/special/2016/video/。

店面宽敞明亮，灶具干净整洁，菜品丰富多样。但当记者在店主电话的指引下前往该实体店时，根据指引来到的却是一栋居民楼。记者发现，这家店不仅地址改变了，而且根本不存在实体店面。所谓的店面就是一个隐藏在居民楼里的简单一居室，屋内各种食材随地摆放，做饭烧菜的厨具仅是一台电饭锅和电炒锅。随后，记者又调查了一家名为“大众家常菜”的网店，其网店图片简介显示：有门面、有大堂、有后厨，菜品也非常丰富。其网上登记地址：北京市通州区翠屏北里 21 号楼一层 101，但具体地址却在西小马庄园小区一处直通的狭小的门店。门店招牌破旧不堪，店内摆放两排桌椅，后厨灶具布满油污，这些与网店的简介完全不符。记者随后调查的几家网店也基本上是这种情况：网站登记地址与实体店地址明显不符；实体店不是被美化，就是干脆没有实体店；店内的工作环境和卫生环境极为恶劣；有些网店老板既是厨师也是店员，也没有相关餐饮证照。一家名为“食速达”的商家，菜品色泽艳丽，厨房不锈钢灶具洁净透亮，而实体店的厨房却是昏暗狭小的制作间。墙上、灶台上、饭锅上到处都是黑乎乎的油污，老板娘用牙咬开火腿肠外包装就直接分切配到炒饭中。掉进脏东西的饭盒，她在桌上磕打一下就直接装饭。她用完盛饭的瓢就直接放到全是污渍的锅盖上。调查采访中，记者注意到有家名为“宏伟快餐”的餐馆，在“饿了么”网上叫“宏伟餐厅”。这家餐馆的灶台就在门口露天摆放，灶台面布满了黑黑的油渍，厨师用脏得看不清颜色的抹布将锅擦了几遍，然后又将抹布垫在炒勺上，漏勺就放在脚边的脏水桶上，用时不加清洗直接使用。菜品出锅时，厨师将手指伸进锅里蘸出汤汁儿，伸进嘴里尝味道，感觉滋味不够好，又将菜品倒回锅里再次翻炒。据了解，2015 年北京市通州区开展无证无照餐饮集中整治，共关停 1281 户无证或卫生不达标小餐饮单位。然而，这些被摘掉牌匾的门面房里，在贴了“饿了么”加盟商字样后，却依旧很忙碌。

为了进一步了解“饿了么”加盟店为什么会如此“脏、乱、差”，记者通过在“饿了么”网站申请开店来探查原因。调查发现，在“饿了么”注册开店的申请程序只需要三个步骤：第一，提交开店申请；第二，通过资质审核；第三，上线营业。记者以“随便美食”为店名，提交了一份在河北省廊坊市三河市燕郊开店的申请，第二天便接到燕郊地区负责审核工作的经理人电话。约定时间地点后，记者见到了负责人。这位负责人信誓旦旦地告诉记者，在燕郊开店可以没有实体店，甚至可以不用提供任何证照，而且他还主动为记者填写相关信息。随后，这位负责人便联系了“饿了么”客服人员，出人意料的是，客服人员仅核查了记者的电话信息，而对各种证照信息并未核实，便告诉记者，“随便美食”网店可以开始使用，正常营业了。

案例三：“医疗垃圾变身餐具”的可怕事件①

自 2016 年 3 月以来，人民网、光明网、网易新闻等众多网络媒体纷纷报道了发生在河南省驻马店市“医疗垃圾变身餐具”的新闻。事件起因是，驻马店一名从事垃圾回收行业的马女士主动向记者爆料了医疗垃圾回收内幕。由此，引起河南电视台注意，并进行了实地调查：

按照马女士笔记本提供的线索，记者在驻马店平舆县前往正阳县的省道旁，发现几十家大小不一的废品收购站。记者走访其中一家，这家回收站表面上是回收生活垃圾的，但实际上在回收站内部隐藏着一个规模庞大的仓库，里面堆满了各种医疗垃圾，如输液管、药瓶等。一位工人向记者透露了一个惊人的内幕：“这里只是冰山一角，他们的供货地（平舆县南环）更为疯狂。”按照这名工人提供的地址信息，记者在平舆县南环郊区找到一家废品回收站。记者看到，这里回收的医疗垃圾被详细分类，一些加工后的半成品输液瓶堆积如山，工人们正忙活着把输液管打成颗粒，然后放在隐蔽的地方。记者纳闷为什么不回收生活垃圾而回收医疗垃圾呢？回收站老板向记者解释了其中的缘由：“回收饮料罐、塑料瓶等日常生活塑料垃圾，一个月只能赚几千块，而医疗垃圾成分是聚丙烯，它是一种工业生产的母材料，可以做成各种生产生活用品，如一次性塑料杯和餐具等，回收这种垃圾每个月可以轻松赚三五万元。”据他介绍，他每天能回收医疗垃圾达两千斤（一吨）左右。一家回收站每天就能回收一吨医疗垃圾，那么多达几十上百废品回收站回收的医疗垃圾又将是何等规模？问题是，如此巨量的医疗垃圾又是如何流入私人回收站呢？记者随即走访询问驻马店各大医院的医疗垃圾处理情况，得到的答复都是按照国家规定做

① 中国青年网：《“医疗垃圾变身餐具”，谁在玩七十二变?》，［2016－04－20］. http：//pinglun. youth. cn/wztt/201604/t20160420_ 7886660. htm。

焚烧处理。但为什么又有如此多医疗垃圾流出医院呢？在一名废品收购者的提示下，记者了解到各大医院日常的医疗垃圾都是通过保洁员回收，然后由医院的保洁领班集中处理。然而，这些保洁员并没按国家要求处理医疗垃圾，而是私下卖给各个废品回收站，从中牟利。记者通过调查还发现，这种情况在河南省内普遍存在，大到县城的人民医院、中医院，小到卫生院、诊所都有所涉及。

如此疯狂地倒卖医疗垃圾，到底是做什么用呢？记者进一步调查发现，从医院卖出的医疗垃圾都被拉到各个废品回收站。废品回收站将还有残留药物残渣、血液的医疗垃圾，经过工人简单分拣直接倒进机器打成颗粒，然后回收站将这些颗粒偷偷地卖给一些塑料制品厂家。记者跟随一家回收站运货车来到了一家在驻马店、信阳交界处的小塑料制品厂。这家塑料制品厂主要生产一次性的餐具、奶茶杯、果冻杯等。据工厂一名工人透露，一次性杯子用料都掺有再生料（医疗垃圾粗加工以后的塑料），他们明知道这些东西的危害，但还是加了进去。另一名工人说，在驻马店、信阳、湖北省一些市的郊区，这种产业已经形成了气候。记者调查发现，医疗垃圾颗粒不经过任何清洗就直接倒进了流水线，然后变成了一个个成品的食品袋，包装袋，保鲜膜等。记者调查了另外几个加工点，发现这些医疗垃圾还被做成了饮料杯、奶茶杯、装果冻的杯子。据一名加工厂老板介绍，由于用医疗垃圾做成一次性餐具成本较低，市场的需求量比较大，全国各地的购买者们都会跑到这里来拉货，因此，他们这里常年日夜不停地进行生产。就这样，本该焚毁的医疗垃圾，经过几次转手后，再次回流到餐桌上、手中，变成了我们吃饭用的餐具、喝水用的杯具。

三　食品安全案例折射的伦理问题

自人类社会诞生伊始，伦理就一直伴随着人类社会的变化和发展，作用和影响着人们的现实生活。现实生活中出现的很多现象也都与伦理有关，它们在不同程度和层面反映和折射了现实生活的众多伦理事实。这些伦理事实虽然凸现了人类对道德社会的积极追求，但更反映了现实社会中存在的一系列伦理问题。“永得利食品有限公司销售病、死畜肉”、“饿了么”订餐平台黑色内幕和“医疗垃圾变身餐具”三个案例所呈现的是关于我国食品行业出现的社会现象。这些现象不仅反映了我国食品行业的诸多问题，也折射出当前中国社会存在的诸多伦理问题。倘若欲揭示这些现象背后所折射的伦理问题，就必先揭露这些现象反映的社会事实和问题。

从“永得利食品有限公司销售病、死畜肉”的骇人新闻中，我们可以得到如下认识：其一，此新闻事件与食品安全问题直接相关，属于食品安全问题事件，主要涉及食品生产企业和机构在生产食品中的原材安全问题。其二，永得利食品有限公司销售病、死畜肉属于违法行为，它违反了《中华人民共和国食品安全法》第三十四条第七款：禁止生产病死、毒死或者死因不明的禽、畜、兽、水产动物肉类及其制品。其三，永得利食品有限公司老板为了缩减成本牟取暴利，明知是违法和失德行为，仍一意孤行。其四，在食品原材料来源以及产品检测上，政府监管部门出现了监管不足的问题。其五，劣质、假冒肉类可以通过技术手段，辐射、杀菌和加工成为合格农副产品，掩盖其伪劣食品的本质，使一般消费者难以分辨食品好坏。其六，消费者和公民缺乏食品安全的足够关注。其七，永得利食品有限公司生产和销售病、死畜肉，也反映了公司老板及其员工的短视。

从“饿了么”订餐平台黑色内幕中，我们可以发现以下七点事实：其一，“饿了么”订餐平台黑色内幕与食品安全问题直接相关，属于食品安全问题事件，它主要涉及食品生产企业和机构在食品生产过程中的安全问题。其二，“饿了么”订餐平台黑色内幕涉及人员的行为都是违法的，它违犯了《食品安全法》第三十六条：食品生产加工小作坊应保证所生产经营的食品卫生、无毒、无害。其三，“饿了么”订餐平台简单的申请程序，反映了其企业运营设计的缺陷和运作方式缺乏有效的监管。其四，“饿了么”订餐平台申请程序简单化，还表明政府监管部门对新兴食品生产和管理方式缺乏足够的关注和监管。其五，“饿了么”订餐平台是一种网络信息平台，这种平台在提供人们食品消费信息的同时，容易使消费者对其提供信息是否真实麻痹大意。这说明科学技术特别是网络技术对信息碎片化处理阻碍了人们对食品真实性的了解。其六，“饿了么”订餐平台经营理念及其工作人员的短视。其七，在“饿了么”订餐平台黑色内幕的曝光上，新闻媒体作为社会良心，有效地发挥了它的功能和作用。

而“医疗垃圾变身餐具”的案例，也反映了以下几点情况：其一，“医疗垃圾变身餐具”案例与食品安全问题直接相关，属于食品安全问题事件，它主要涉及食品生产的包装和盛放器具安全的问题。其二，“医疗垃圾变身餐具”的行为是一种违法行为，它既违反《食品安全法》第三十三条第六款：贮存、运输和装卸食品的容器、工具和设备应当安全、无害，保持清洁，防止食品污染，又违犯了《医疗废物管理条例》第十四条：禁止任何单位和个人转让、买卖医疗废物。其三，“医疗垃圾变身餐具”案例反映了政府职责部门在食品安全监管上的缺失，只关注食品本身生产安全而忽视了食品包装和盛放器具问题。其四，医疗垃圾可以通过技术手段粉碎、熔化和加工成日常使用的餐具，且不易被消费者察觉。其五，参与倒卖医疗垃圾的人都是知道医疗垃圾的有害性，但为了牟取暴利，他们仍然大肆买卖医疗垃圾。其六，“医疗垃圾变身餐具”案例，还反映了生产者与知情者的短视。

从以上三起食品安全案例所反映的问题中，我们可以看到以下五个共同点：其一，三起食品安全案例中参与者的行为都是违法的；其二，三起食品安全案例中的主要参与者的行为都是商业行为，其主要目的是为了牟利，且唯利是图；其三，三起食品安全案例在不同程度上反映出政府职责部门在食品安全监管上的缺失；其四，从三起食品安全案例中我们可以看到，技术手段一方面促进了食品产量的提升和种类的丰富，另一方面又为食品安全埋下了隐患，使食品好坏、优劣难以辨别；其五，三起食品安全案例也都反映了人们特别是生产者们只顾眼前利益而不顾长远发展的短视行为。

从以上五个共同点中，可以看到“永得利食品有限公司销售病、死畜肉”、“饿了么”订餐平台黑色内幕以及“医疗垃圾变身餐具”等食品安全案例向我们反映了以下几个伦理问题：

首先，在食品生产上，存在利益与法律、道德的冲突问题或者说“义与利”的冲突问题。这三起案例清楚明白地揭示了，在国家法律制度监管下，一些食品生产者、餐饮经营者和企业管理者为了牟利，仍然从事假冒、伪劣、有毒、有害的食品生产和加工。在利益与法律、道义取舍中，他们选择了利益而违背了法律和道德。因而，食品安全问题不仅是一个法律问题，也是一个伦理问题。

其次，食品安全问题作为一个伦理问题，它反映了生产者道德良心消隐、道德责任感与遵纪守法精神的缺失以及监管者道德责任感缺失。“食品”作为一种商品，无论从食品原材料、加工、运输、销售等运营环节，还是从食品监管、市场准入、科学检测等监督环节，它无不是由具体的个人来实施和执行。因而，“食品安全与否”与食品运营和监督的个人是否诚信和遵纪守法直接相关。如在“医疗餐具变身餐具”案例中，废品站老板和员工都知道买卖医疗垃圾是违法行为，他们却依然大肆进行买卖，致使大量有毒、有害餐具流入市场，间接污染和毒化食品，威胁消费者生命和健康。同时，政府职责部门监管力度的缺陷，导致医疗垃圾买卖形成了一个潜藏的黑色利益链条，使得黑心商人有机可乘。

再次，食品安全问题作为一个伦理问题，它不仅反映了食品生产者和监管者的诚信失德和道德责任感的缺失，还反映了其他社会成员的道德冷漠以及缺乏基本的道德常识和素养。食品安全不仅涉及食品原材料、加工、运输、销售、消费等环节，还牵涉到市场准入、法律制度、食品监管、科学技术等领域，因而，保障食品安全是一个复杂的系统性工程。这就意味着食品安全仅靠生产者和经营者自律是不够的，其他社会成员也负有监督之责。从以上案例中，我们看到作为“饿了么”配送员、废品站工人以及周围居民并未对这些违法、失德行为和做法进行举报和舆论谴责，反而在他们的违法、失德行为面前选择了沉默，从而也助长他们违法、失德的行为。

最后，食品安全问题凸显了科技发展给社会带来的伦理困扰，这一困扰模糊了食品生产者、监管者和消费者等的道德视线。科学技术的发展一方面推动和促进了食品工业的发展；另一方面又给食品安全保障带来了麻烦。食品生产者既可以利用各种先进的科学技术生产形形色色的食品；也可以借助这些技术生产品质低劣且不易识别的食品。从三起食品安全案例中，我们可以看到科学技术的发展在给人们生活带来方便的同时，也给人们的身体健康带来了巨大隐患。由此，在食品生产中，如何发展食品科技与怎样使用科学技术将直接关系食品消费者的权益。

四 上述案例的伦理启示

道德是衡量一个国家和社会文明程度的重要尺度。一个国家和社会的道德发展状况，不仅反映了这个国家和社会发展与进步的程度，更显示了其人民生活的现实状况。因而，如何使一个国家和社会具有良好的道德或者说国家和社会如何才能变得更为良善是人类坚持不懈的道德追求。这种道德追求的最终目的就是探究构建良善社会的道德真理。而道德真理的获得途径一般有两种：一是对道德本身的探究；二是对现实生活出现的社会现象的反思。其中，对道德本身探究所获之真理具有理论性，而通过对现实生活存在道德现象的反思所得之真理则更具实践性。从社会道德建设角度来看，后者所得之道德认知能真实地反映社会存在的具体道德问题，更能为社会道德建设提供直接明确的思路。因此，对现实生活中的一些社会现象的反思也凸显了其必要性。食品作为人类生存和生活的必需品，它的安全与否直接关系到社会所有成员的健康和生命，牵动着每一个人敏感的神经。所以，对食品安全事件的道德反思也就显得尤其必要和迫切。

从“永得利食品有限公司销售病、死畜肉的骇人新闻”、“‘饿了么’订餐平台的黑色内幕”和“医疗垃圾变身餐具的可怕事件”等三起食品安全案例中，我们看到案例所反映出的四个伦理问题：一是“食品安全”问题也是一个“道德与利益”或者“义与利”权衡的伦理问题，食品生产者在“义与利”取舍中选择了牟利而抛弃了德性；二是三起食品安全事件中所反映的伦理问题，集中体现为生产者道德良心消隐、道德责任感与遵纪守法精神的缺失以及监管者道德责任感缺失；三是食品安全问题作为一个伦理问题，不仅表现为食品生产者和监管者的失德，还表现为其他社会成员基本的道德责任感与道德素养的缺乏；四是技术的介入使食品生产方法、过程和结构更为复杂，它模糊了食品生产者、监管者和消费者等道德视线，给食品安全带来了巨大隐患。这让我们不得不思考以下两个问题：一是食品为什么会出现安全问题；二是技术时代下的技术食品如何变得更为安全的问题。前一个问题是探究食品安全出现问题的原因，后一个问题则是谋求食品安全问题的解决途径。两个问题在逻辑上存在前后关系，即如果回答后一个问题，首先必须回答当前食品安全出现问题的原因。

上述三起食品安全问题案例所反映和折射出的几个问题概括起来就两点：一是食品生产者、食品监管者和其他公民的道德观念较弱；二是国家对食品安全监管缺乏力度。造成这两点问题的因素有很多，但归结起来可以分为主、客两个方面：从客观上看，当前中国正处于社会变革时期，一方面传统社会结构正在向现代社会结构过渡，传统伦理观念向现代伦理观念转化并未完成；另一方面中国社会城市化、现代化和信息化尚未完成，各种社会法律制度、经济制度、分配制度、社会教育机制以及伦理规范有待进一步完善。这就造成人们，既对传统伦理观念的失忆又对现代伦理观念的模糊；既面临新环境的生存压力又缺乏有力法制监管和社会伦理约束，在道义与利益的取舍中无所适从。在市场经济所带来巨大的利益诱惑和冲击下，人们已有的道德防线变得不堪一击。从主观上看，引发食品安全问题事件更为根本的原因是：人们对他人和自身人权认知的短视，即每个人都不将他人当作人而是当作牟取利益的工具，忽视了自己与他人生命一体化的生存事实。因而，永得利食品公司老板将“病死肉”以次充好，进而最大限度赚取利润；废品站老板大力买卖有毒有害的医疗垃圾，以牟取暴利；“饿了么”网站资格审查人员违法、简化审查要求，以便更容易地完成工作任务。从表面上看，这些人似乎对于什么职业道德、公共道德并不太了解。正因如此，学界以往在探究“食品安全问题”的伦理因素时，认为职业伦理、行政伦理、商业伦理等伦理形态的不完善是最为重要的伦理因素。实际上，所谓职业伦理、行政伦理、商业伦理、公共伦理等得以建立和发挥效力的前提是，每个人在内心深处对于他人人权的尊重和敬畏。倘若没有此基础，那些所谓的伦理道德也不会真正形成。因为道德是人的道德，道德的本意是每个人将他人当作“人”一样来看待。如果一个人将他人不再当作“人”来看待，那么道德对他而言就是可有可无的东西。不言而喻，“饿了么”资格审查人员、永得利食品公司老板和废品站老板等人，自然就不会顾及他人的生命和健康。从上述两个催生食品安全问题的原因出发，保障食品安全也可从以下两个方面着手：

其一，保障食品安全必须建立完善的道德宣教平台。中国的现代化、城市化和工业化尚在进行之中，旧的社会结构正在向新的社会结构过渡和转变，人们处于新旧社会生活方式和伦理规范的变革之中。因而，人们对新的社会规则和道德规范有待再次启蒙。苏格拉底曾言：“无人有意作恶。”[①] 人们之所以作恶，是因为他们的无知。因而，开启人们的智慧，教育和引

① 唐凯麟：《西方伦理学经典命题》，江西人民出版社2009年版，第4页。

导是关键。在食品安全问题上，这就要求国家和政府必须建立起对新社会的伦理价值观念的社会教育平台。从食品安全案例出发，可以以“以人为本”和“人的社会性”为核心内容，从以下三个方面着手：第一，国家和政府定期对重大食品违法事件进行公开、公正审理，并通过公共媒体平台进行专题报道，说明食品安全关系到每一个人，强调保障食品安全既是保障他人的生命安全，更是维护个人自身的生命健康。第二，国家和政府积极推动各种媒体对食品安全问题的关注，加大各种媒体对食品安全问题关注力度，如报纸、电视、网络等媒体，定期反馈社会食品安全问题动态，对健康食品生产者予以褒奖而对违规食品生产者予以斥责，同时强调食品安全是每一个社会人的责任，引导形成健康、积极的强大社会舆论。第三，通过学校教育，尤其是与食品生产相关的职业教育，传播食品安全的基本知识，倡导“生命至上”的价值观念，明确生产者的职业责任和道德义务，树立起生产者的食品安全责任意识。由此，国家和政府通过事实呈现、职业教育和媒体报道，让人们知道：食品安全的维持不仅是生产者、监管者的责任，还是每一个社会成员应尽的道德义务。

其二，保障食品安全更需构建完备的制度伦理，完善食品安全的制度安排。高兆明在《制度伦理与制度“善”》一文中就指出：“道德建设决不简单地只是一个舆论宣传教育的问题，更是一个生活实践、制度化了的规范力量引导的问题，是一个价值引导与通过制度安排所呈现的利益诱导的一致性问题。”① 良好的制度安排对道德建设具有规范和引导性功能，但制度安排的缺陷就可能使这一功能失去作用反而有碍良性道德的形成和建立。我国关于食品安全监管主要由卫生行政、农业行政、质量监督、工商行政管理以及食品药品管理部门等机构负责具体管控。它们分别负责“综合协调、农产品生产、食品加工和进出口食品安全、食品流通、餐饮食堂等大众消费”等环节的具体监管。从表面上看，我国食品安全监管体系已经初步建立，各级监管部门分工也较为明确，但是实际监管的效果却并不理想。诸如“医疗餐具”事件中，由于职责部门的监管不力，使医疗垃圾买卖者误以为买卖医疗垃圾不会受

① 高兆明：《制度伦理与制度“善”》，《中国社会科学》2007年第6期，第41页。

到惩罚，以致“医疗垃圾买卖”泛滥而形成一个庞大利益网络，使用医疗垃圾制造的餐具行销全国。其原因在于，我国食品安全监管制度安排本身存在“多头监管、分段监管、品种监管、责任不明”[①] 的缺陷和漏洞，这就导致在食品安全的实际管控中，经常出现权责交叉情况，使食品安全监管效率大为降低。因此，必须完善食品安全监管体系，根除多主体、分段式、品种化的监管模式，进而从食品原材料、加工、包装、存储、运输、消费再到食品安全制度、食品安全标准、质量检测程序等所有环节，设计和安排统一的监管机构来实施执行，以保证食品安全监管的有效性、整体性、全面性。由此，通过全面、有效的制度安排和监管设计，规范和引导食品生产者树立“义利统一”的道德观念，从而保证食品在生产和经营方面的安全。

由此，通过合理和完善的制度设计与安排、积极有效的食品安全道德教育与引导，使食品生产者、监管者能有效地履行职责，实现食品安全的保障。从个体角度讲，食品是每个人维持生命存在和身体健康的最基本条件，实现食品安全意味着人们将吃到安全、放心的健康食品，缓解人们对食品安全的担忧，增强人们对社会发展的认同，增加人们生活的幸福指数。从社会层面来看，每个人都是社会一员，社会的建设与发展与社会所有成员息息相关。健康、安全的食品有助于保障每个人身体健康，增强人们生活幸福感和从事生产的积极性，进而稳定社会的良好秩序，促进社会经济健康持续发展。从国家层面来讲，食品安全制度构建与完善，有利于推动国家制度建设和完善，增强政府的社会治理能力，提升国民的整体幸福感和认同感，使中国成为一个具有现代文明的国度。

① 王伟：《食品安全伦理秩序的现代建构》，《求实》2012年第11期，第48页。

诚信问题案例及其伦理反思

一　导言

“人无信不立，业无信不兴，国无信则衰。”诚信自古以来就是中华民族的传统美德，受到中国古代哲人的高度推崇。孔子认为诚信是做人的根基：“人而无信，不知其可也！”（《论语·为政》）孟子认为诚信是自然规律，成为诚信之人是顺应自然规律：“诚者，天之道也；诚之者，人之道也。”（《孟子·离娄上》）儒家还将“信”作为与“仁义礼智”并列的五常之一，视为处理朋友关系的基本准则：“朋友有信。”管子更是将诚信视为维系社会存在的精神纽带：“诚信者，天下之结也。”（《管子·枢言》）而且认为诚信对职业群体尤为重要：“是故非诚贾不得食于贾，非诚工不得食于工，非诚农不得食于农，非信士不得立于朝。”（《管子·乘马》）在这一观念的影响下，中国古代社会涌现出一大批讲诚信、守诚信的官员、学者、商人等。如“一诺千金”的汉初名臣季布，将诚信作为经商之本的胡雪岩等，可以说崇尚诚信在中国古代社会已经成为一股极具影响力的社会风尚。

但是在当代中国社会，随着市场经济的不断发展与日益繁荣，市场逻辑和经济理性的观念逐渐渗透到社会各领域中，成为支配人们行动的重要力量。在一些人看来，只有实现经济利益的最大化才是最值得追求的，如果因为坚守诚信阻碍了利益的实现，那么诚信就要为此让道。因此，在这样一种错误观念的影响下，社会上出现了许多违背诚信的现象。例如，在官场中，有些官员阳奉阴违，一边喊着“反腐倡廉”的口号，一边行着贪污受贿之事；市场上，各种假冒伪劣商品屡禁不止，更有甚者，近年来出现了一系列有毒食品、假冒药品，严重危及人民群众的生命健康。就连本来比较纯洁的学术界，在最近一段时间内也接连出现了不少学术造假现象。不讲信用、唯利是图的风气弥漫在社会各领域各阶层中，已经成为一个极为严重的社会问题。

这一问题也早就引起了我国政府的高度重视。自 2002 年“诚信”一词首次被写入《政府工作报告》后，几乎每年《政府工作报告》都会提及“诚信”。每年“两会”期间，“诚信”都会成为代表们热议的话题。为了进一步推进社会诚信制度建设，党的十八届三中全会正式提出要“建立健全社会诚信体系，褒扬诚信，惩戒失信”。为此，2014 年国务院专门印发《社会信用体系建设规划纲要（2014—2020 年）》重要文件。上述举措充分表明我国政府不仅高度重视社会诚信建设，而且也在努力改善社会诚信缺失的状况。

与此同时，诚信问题也一度成为学术界探讨的热门话题。但是关于诚信问题的探讨和研究大多集中于宏观理论方面的研究，缺乏对具体案例的分析和研究。从具体案例出发，进行分析和研究，可以更为具体、更加直观地展示诚信缺失的现象，寻找诚信缺失的具体原因，提出积极有效的改进措施。

二 诚信问题相关案例

案例一：魏则西事件

在当代中国社会，互联网已经成为人们获取信息的主要渠道，其所提供的信息量和信息速度是传统获取信息方式所无法比拟的。但是由于网络自身的虚拟性特征，仅仅依靠网民自身的力量，很难判断信息的真假，因此，一些不法分子便利用网络虚拟性的特征制造各类假消息、假广告以获取经济利益。所以网民在获取网络信息的过程中存在被欺诈的风险。作为西安电子科技大学 2012 级学生的魏则西就是被网络虚假广告所欺骗的受害者之一。

2016 年 3 月 30 日魏则西在网上发布了自己的求医经历，引起了社会的广泛关注。原来魏则西在 2014 年 4 月被查出身患中晚期“滑膜肉瘤”。该疾病是一种极其罕见的恶性肿瘤，目前在世界上还没有有效的治疗手段。经过手术，魏则西又在西安当地医院进行了 4 次放疗和 25 次化疗，同时辗转全国多家医院求诊治疗，但病情仍未见好转。通过百度搜索和央视报道，魏则西及其家人得知“武警北京总队第二医院”可以治疗该疾病。经过实地考察，被该医院医生告知该肿瘤可用“斯坦福技术”——“生物免疫疗法”治疗，并声称可以保 20 年生存期。于是魏则西于 2014 年 9 月至 2015 年年底在武警北京总队第二医院先后接受了 4 次“生物免疫疗法”，共花费 20 余万元，可是病情并未见好转，几个月后，肿瘤转移至肺部，魏则西于 2016 年 4 月 12 日不幸病逝。

事件引起了社会的广泛关注。“百度”与“武警北京总队第二医院”被推上了舆论的风口浪尖。“百度推广的竞价排名制”与“武警第二医院将部分科室外包给莆田系医院的做法”遭到社会舆论的强烈谴责。随着事件关注度越来越高，5 月 2 日，国家网信办会同国家工商总局、国家卫生计生委成立联合调查组进驻百度公司，对此事件及互联网企业依法经营事项进行调查并依法处理。5 月 3 日，国家卫计委、中央军委后勤保障部卫生局、武警部队后勤部卫生局联合对武警二院进行调查。随后公布了对武警二院的调查结果。调查发现，武警二院存在科室违规合作、发布虚假医疗广告信息误导患者和公众、聘用的李志亮等人行为恶劣等问题。

5 月 9 日，调查组发布了对百度公司的调查结果。调查组发现，百度搜索相关关键词竞价排名结果客观上对魏则西选择就医产生了影响，百度竞价排名机制存在付费竞价权重过高、商业推广标识不清等问题，影响了搜索结果的公正性和客观性，容易误导网民，必须立即整改。①

案例二：山东毒疫苗事件

疫苗是将病原微生物（如细菌、立克次氏体、病毒等）及其代谢产物，经过人工减毒、灭活或利用转基因等方法制成的用于预防传染病的自动免疫制剂。任何一种疫苗的核心关键就是它的“抗原”部分。为了保证抗原的生物学活性，大部分的疫苗都应该被贮存在 2℃—8℃ 的恒温环境里面。不论是高温还是冷冻，甚至长时间的光照，都有可能影响疫苗的

① 资料来源：百度百科、《人民日报》、新华网、凤凰网。

效力，甚至导致疫苗失活、无效。未经 2℃—8℃存储冷链运输的疫苗，一旦接种很可能是无效免疫，一旦感染病原就会对身体造成严重伤害。例如，狂犬病这类致命性传染病，如果接种免疫无效，患者就会感染发病死亡。

2015 年 4 月，山东济南警方破获一起震惊全国的非法疫苗案件。经查实，曾经在山东省某医院药剂科当科长的庞某下海后，自 2010 年起至 2015 年的五年时间里，伙同其女儿等人非法经营人用疫苗，先后从陕西、重庆、吉林等 10 余个省市 70 余名医药公司业务员或疫苗贩子手中低价购入流感、乙肝、狂犬病等 25 种人用疫苗。为了降低成本，在储存和运输过程中，没有按照国家相关法律规定对其进行严格的冷链存储运输，使得疫苗脱离 2℃—8℃的存储温度，从而使得疫苗失活、无效。据办案民警回忆，在抓捕庞某的时候，发现有大量疫苗直接裸露在仓库里，没有任何冷藏措施，当天虽然下着雨，但是室内气温达到 14℃，远远超过储藏疫苗 8℃的温度上限。在向下线发货时，庞某等人也是直接将疫苗装入泡沫箱里，放入冰块或冰排，简单裹好后便通过快递公司发往全国各地。另外还发现有部分疫苗是临期疫苗，存在过期变质的风险。他们通过这种方式处理后，便加价售往湖北、安徽、广东、河南、四川等 18 个省、自治区、直辖市 247 名人员手中。累积交易金额高达 5.7 亿元，其中打款 2.6 亿元、收款 3.1 亿元。

庞某等人的犯罪行为持续时间之长，影响面积之广，销售疫苗之多，是极其罕见的，给社会和人民造成了极其严重的危害。有多地婴儿因为接种乙肝疫苗发生不良反应，甚至在四川、广东等地因为注射无效疫苗而出现死亡案例，现在绝大部分疫苗已经流入到地方乡镇等医疗机构，对人民群众的生命健康形成了潜在的危险。此事件被曝光之后，民众对接种疫苗的信任显著下降。据《中国家长疫苗接种态度及行为大数据报告》显示，山东“毒疫苗”事件后，4 月接种的人数环比 3 月下降 15.59%，第二类疫苗接种人数下降 31.89%，最高地区第二类疫苗环比下降达 40%。在社会上又一次引发了信任危机。

该事件引起了政府的高度重视。2016 年 3 月 22 日国务院总理李克强对非法经营疫苗系列案件作出重要批示，要求彻查“问题疫苗”的流向和使用情况，及时回应社会关切，依法严厉打击违法犯罪行为，对相关失职渎职行为严肃问责，决不姑息。2016 年 3 月 28 日，国务院批准组织山东济南非法经营疫苗系列案件部门联合调查组，开展案件调查、处理工作，并提出完善疫苗监管工作意见。2016 年 4 月 13 日国务院总理李克强主持召开国务院常务会议，听取山东济南非法经营疫苗系列案件调查处理情况汇报，决定先行对一批责任人实施问责；通过《国务院关于修改〈疫苗流通和预防接种管理条例〉的决定》，强化制度监管。目前各地已立案刑事案件 192 起，刑事拘留 202 人。根据已查明情况，会议决定，依法依纪对食品药品监管总局、卫生计生委和山东等 17 个省（区、市）相关责任人予以问责，有关方面先行对 357 名公职人员等予以撤职、降级等处分。下一步还要坚决依法严惩违法犯罪和失职渎职行为，并根据案件查处情况，提出进一步问责处理意见。

案例三：学术不端事件

学术不端是一种典型的不诚信行为。它有多种表现形式，比如科研成果造假、教材重复雷同、替考代考、篡改档案等行为，但最为典型的是论文抄袭和剽窃，它又被称为“学术蝗祸”。在最近一两年来，这种现象频频发生，各种“抄袭门”事件屡见报端。2016 年 1 月 24 日，有媒体报道了“山东大学一硕士论文疑似大面积抄袭”事件。经进一步调查发现，山东大学历史文化学院文秘档案学系档案学专业硕士毕业生陈振完成于 2013 年 4 月的学位论文《档案开放利用与信息安全保障研究》，与完成于 2012 年 4 月的安徽大学管理学院档案学专业硕士毕业生刘俊玲的学位论文《档案开放利用的信用安全保障研究》高度相似。在内容结构方面，除过陈振将“绪论”改为“前言”外几乎完全相同，甚至连“致谢”，除过导师名字不同外也是一样的。唯一差异明显的地方仅在于所列出的参考文献不同，刘俊玲列出 113 条文献，而陈振却只列出了 18 条参考文献。然而，陈振却于 2013 年完成研究生课程，顺利取得硕士学位。像此类抄袭现象在 2016 年的头几个月里接连曝光。引发舆论对高校学术不端行为的热议。

表 1　　**2016 年 1—3 月高校硕士论文抄袭案例表**①

曝光时间	案例	处理结果
2016. 1. 25	山东大学历史文化学院档案学专业硕士陈振抄袭安徽大学管理学院档案学专业硕士刘俊玲硕士论文	撤销陈振的硕士学位，取消刘旭光研究生指导教师资格
2016. 1. 19	西南财经大学金融学专业硕士杨帆抄袭东北师范大学金融学专业硕士张强硕士论文	2014 年取消杨帆硕士学位
2016. 2. 15	安徽医科大学在职公共卫生硕士喻晓东抄袭同门师兄洪航硕士论文	撤销喻晓东公共卫生硕士学位，导师停止招生两年，相关负责人全校通报批评
2016. 2. 24	东北师范大学中国古代文学专业张立明抄袭同门师兄马达硕士论文	2007 年撤销张立明硕士学位，导师停止招生两年
2016. 2. 27	东北师范大学中国现当代文学史专业李宏抄袭山东师范大学现当代文学专业王清春硕士论文	取消李宏硕士学位，由于导师已经退休，决定给予其全校通报批评的处分
2016. 3. 17	吉林大学应用数学专业硕士李锐抄袭南京航天大学机械制造及其自动化专业朱笑笑硕士论文	撤销李锐硕士学位，根据《吉林大学研究生教学、指导工作事故的认定与处分办法》，对相关指导教师按有关规定给予相应处理
2016. 3. 18	吉林大学软件工程专业周松抄袭沈阳工业大学计算机技术专业郑策硕士论文	撤销周松硕士学位，根据《吉林大学研究生教学、指导工作事故的认定与处分办法》，对相关指导教师按有关规定给予相应处理

① 资料主要来源：http：//www. jiupaicn. com/2016/0326/108966. html。

续表

曝光时间	案例	处理结果
2016. 3. 21	安徽大学历史系历史文献专业硕士刘英慧抄袭曲阜师范大学历史文化学院中国古代史专业硕士孙凡华同题硕士论文	撤销刘英慧硕士学位，取消导师指导资格两年
2016. 3. 22	安徽大学历史系历史文献学专业硕士魏峰抄袭曲阜师范大学历史文化学院中国古代史专业硕士孔宇硕士论文	撤销魏峰硕士学位，取消导师指导资格两年
2016. 3. 24	沈阳工业大学机械工程专业许维革、吉林大学机械工程专业赵君瑞抄袭安徽理工大学机械制造及其自动化专业硕士陈小评论文	待处理

论文抄袭和剽窃现象不仅发生在学生中，甚至连一些高校教师也是如此。据《中国劳动保障报》2015 年 7 月 17 日报道，四川医科大学某院院长，在学校官网所罗列的科研成果中，6 篇发于中文核心期刊的论文均不存在，论文的题目、发表日期根本就是子虚乌有，纯属捏造。2016 年 8 月，遵义市某高校副教授赵某某，陷入了抄袭本科生论文的风波，被所在学校解聘。据报道，赵某某所抄袭的论文为《论刘震云官场小说的批判性》，作者是安徽省安庆师范大学本科 2012 届毕业生，为了评上职称，赵某某 2013 年通过论文贩卖中介，以 3000 元价格买到了这篇论文，之后直接投稿发表。

三　上述案例折射出的伦理问题

诚信作为评估当前中国道德状况的重要指标之一，集中反映了当前中国社会的道德发展状况，诚信问题也折射出中国社会在转型时期出现的伦理问题。上述案例所反映的核心问题就是诚信的丧失，这种丧失不仅是个人层面的道德失范，也是企业和政府对诚信道德责任的忽视。

魏则西事件集中反映了企业诚信的严重缺失。在现代社会中，企业诚信问题主要表现为：一、造假卖假、唯利是图，例如三鹿毒奶粉事件；二、逃避责任、不履行相应义务，例如“烂尾楼”，房地产公司携款而逃，房主无法追回损失；三、价格欺诈，例如青岛大虾事件。魏则西案件的发生就是相关企业和单位逃避责任、不履行诚信义务造成的。百度公司之所以应当对魏则西的死亡承担道德责任就是因为百度公司违背了诚信的义务。因为任何企业都有一种道德义务，即确保自己向社会提供的信息是真实可靠的，但是百度公司对自己所提供信息的真实性却缺乏必要的考察。百度公司为了增加企业收益，首创了一种按效果付费的网络推广方式，即百度竞价排名制度，按照这种制度，各种广告在百度搜索上的位置，不是根据广告的可靠性、权威性和真实性等指标进行排名，而主要是依照提供广告的企业所给予的价格高低来定，出价高的广告排名相对靠前，出价低的广告排名就相对靠后些。但是对于企业所提供的广告是否确如其所宣传的那样真实可靠，百度作为一种网络平台却没有给予认真的审查和详尽的考虑。因此，对于那些主要依赖网络获取信息的民众而言，就具有很大的风险性。魏则西就是因为过于相信和依赖百度所提供的信息，走上了不归路。因此，百度公司应当承担责任。

在此案例中，武警北京总队第二医院也违背了诚信的义务。一方面；武警北京总队第二医院的李姓医生隐瞒了事实真相。“肿瘤生物免疫疗法”其实是在美国因为治疗效果不佳早被淘汰的一种治疗方法，但是该医生并没有将这一事实如实告知魏则西及其家属，反而声称该技术可以维持生命 20 年之久。作为一名全国知名的三甲医院的医生，魏则西及其家属没有理由不相信医生所言为假。另一方面，作为在京的一所全国知名的三甲医院，之所以能够获得患者的青睐，就是因为患者相信该院拥有一批知名的专家学者与先进的治疗技术，相信在这里能够更为有效地治疗疾病。但是该院却背弃了患者对它的信赖，将部分科室私下承包给私人机构莆田系医院。莆田系医院是一家民营企业，以盈利为目的，在治疗技术与医疗人员方面与武警北京总队第二医院存在较大差距。而负责治疗魏则西的武警北京总队二院肿瘤生物中心，其背景就是莆田系。因此，北京武警北京总队第二医院及其个别工作人员一味追求经济效益，放弃了医院治病救人、救死扶伤的公益性质，不惜采取欺骗手段牟利的做法，严重违背了诚信的道德底线。因此，该医院及其相应工作人员也应当对魏则西的死亡负有一定的道德责任。

百度公司与武警北京总队第二医院对诚信义务的违背不仅加速了魏则西的死亡，事实上，给百度公司和该医院自身也造成了严重的经济损失和信誉损失。广告收入是百度公司总营收的主要途径，而医药广告占据了广告收入近四分之一，其中就有许多虚假医疗广告。魏则西事件发生后，直接造成了百度公司市值两日蒸发450亿人民币，最严重的是有部分网友声称不再相信百度，放弃使用百度。面对这种状况，百度公司试图尽量挽回损失，决定对公司进行整改，在搜索结果排名策略上开始引入信誉度作为排名最重要的依据，针对商业推广行为进行打分，对应的信用分将成为排序的最主要参考因素。另外，增设10亿元保障基金升级“网民权益保障计划”，推进网络诚信建设。事件发生后，武警北京总队第二医院已经停业进行了全面整改。但是所谓“覆水难收”，企业信誉一旦丧失，要想再恢复到以前的状况，绝非一朝一夕之力。

山东毒疫苗事件也集中反映了个人诚信和政府诚信缺失的问题。医疗和教育是关系一个国家和民族命运的重要领域，也是体现诚信重要价值和作用的领域。从事医疗和教育的个人如果因为诚信问题而违法，那么所造成的影响是不可估量的，所以个体诚信显得尤为重要。庞氏等人在此案件中违反了诚信做人的道德原则。疫苗的存储运输需要保持在2℃—8℃的温度范围内的知识，对于以前作为医院药剂科科长的庞某而言应该是一个非常熟悉的基本常识。他应该也非常清楚地知道如果疫苗低于2℃或高于8℃所导致的严重后果，无效疫苗对受害儿童和家庭所造成的伤害是难以弥补的。但是他在清楚知道这些事实之后，还是毫不犹豫地大规模持续地进行非法违规储存和运输疫苗，并且告诉消费者他所销售的疫苗是合法有效的。因此，他和他的同伙的行为显然是一种欺诈行为。

除过庞某等人违背诚信之外，在这起事件中，政府有关部门也存在违反诚信原则的行为。政府作为监督管理机构，有义务对个体诚信问题进行及时预防、即时发现和处理，避免出现更严重的后果。但是在山东毒疫苗事件中，庞某卫母女从2010年开始非法倒卖疫苗，一直到2015年才被发现调查，期间整整五年时间，在全国十余省大规模倒卖疫苗，据统计达200余万支问题疫苗。数量之大，时间之长，范围之广，而期间相应的监管部门居然没有查处过。试想如果没有相关的监督管理机构“开绿灯”，没有相应的监督管理人员“放水”，这些问题疫苗又如何能够堂而皇之地在市场上泛滥达五年之久。因此，这起事件的发生，山东省药品监管等相关部门存在违背诚信原则，故意隐瞒事实真相的不道德行为。这些不诚信行为不仅给对公众的健康带来不可估量的危险，也直接影响到民众对政府的信任度。

学术不端事件反映了学术诚信问题。追求真理不仅是从事学术研究的最高目标，也是从事学术活动所要秉持的基本精神。坚持客观理性的态度，实事求是的原则，讲证据讲事实，是做学问的道德底线。如果学术研究丧失了对诚信的坚守，那么这种学术研究就是伪学术、假研究，上述的造假抄袭行为已经丧失了学术研究的意义。因为这种研究的结果不仅不会造福社会、无益人类，更会严重败坏学风文风，破坏学术生态环境，损害学术名誉，知识分子被称为社会的“良知”和“良心”，是社会精英阶层，引领着社会发展的方向，如果知识分子不能坚持真理，敢于直言，那么这个社会就会陷入极其危险的处境。如果学者所研究的知识是假知识、伪学问，那么他们的研究就会阻碍人类知识的增长和人类文明的进步。因为人类历史经验一再证明，如果被错误的知识和理论所指引，其对人类社会所造成的后果难以想象，例如种族主义引发的纳粹种族大屠杀被称为人类历史的灾难。因此，正如习近平总书记在哲学社会科学工作座谈会上的讲话所说：“要大力弘扬优良学风，把软约束和硬措施结合起来，推动形成崇尚精品、严谨治学、注重诚信、讲求责任的优良学风。”

三个案例全方位多角度展示了当前社会存在的诚信缺失状况，警示我们失信的代价是极其严重的。失信不仅对个人造成极大危害，也给企业和社会带来难以挽回的影响。在上述三个案例中，失信对个人健康和名誉、家庭幸福、企业生存和发展以及社会的稳定和进步，都有不同程度的伤害。最为严重的是失信难以及时发现，失信主体也会通过各种手段掩盖其失信行为，这让失信所引发的后果更为恶劣。一方面，失信者由于不诚信，不仅受到了法律应有制裁，更会引起公众一致的道德谴责。例如魏则西事件中的百度搜索竞价排名机制、山东毒疫苗事件中的庞某卫母女、学术不端事件中的抄袭者，无不受到公众和社会的舆论谴责。不管是作为个人，还是企业，只要诚实守信，公众和社会也会给予正面的道德评价。另一方面，失信不仅会给失信者带来应有的后果，更会给受害者造成无法挽回的损失，影响个人和企业名誉，更影响社会的正面形象，甚至是国家的国际形象，例如魏则西事件中的魏则西、山东毒疫苗事件的受害儿童以及学术不端事件中的导师和学校名誉等，包括政府公信力也受到影响，山东毒疫苗事件后出现的港澳疫苗荒，直接凸显着公众对政府信任度的降低。可以说，诚信让个人和企业实现价值和经济的双丰收，而失信只会让个人和企业自食恶果。

面对不讲诚信所带来的严重后果，应当深刻反省失信行为形成的原因，尽快有效制止这一状况的恶化。笔者认为失信作为一种社会现象，主要由以下两方面原因所致：

第一是主体经济理性观念的泛化。中国古代既是一个高度重视道德的社会又是一个熟人社会，崇高的道德人格是整个社会所尊重和个体所追求的价值目标，因而作为道德之基的诚信就显得极其重要，只有做一个诚信的人才能实现自我利益的最大化。可现代社会既是一个资本社会又是一个陌生人的社会，不是道德而是金钱为人们所追求的目标。人们把金钱看作衡量社会一切价值的唯一标准，金钱成为目的，诚信沦为了工具。行为该不该做，是以成本—收益的经济计算作为行动的理由，忽视了道德的内在价值，于是就出现了像魏则西事件、山东毒疫苗事件等一些为了经济利益铤而走险的行为。

第二是诚信制度和机制不健全。一是对失信行为的惩罚力度不够。虽然我国《刑法》、《民法通则》、《合同法》等法律都对欺诈失信行为作了具体的论述，但所造成的违法成本与一些国家相比仍然很低。特别是学术抄袭剽窃等行为，在过去的时间里即便被发现，也不会给予特别严重的行政处罚，更不会涉及刑事处罚。二是监管机制不健全。在山东毒疫苗事件中，犯罪嫌疑人从2010年开始违法进行疫苗交易，但直到2015年才被发现。在这5年时间中，相关监管部门形同虚设，没有及时发现和调查。三是守信机制不合理。在《消费者权益保护法》中存在对消费者维权的低赔偿、高诉讼问题。正如《社会信用体系建设规划纲要（2014—2020年）》中所说，守信激励和失信惩戒机制尚不健全，守信激励不足，失信成本偏低。

四　对上述案例的伦理反思及其启示

从诚信观念的萌芽到诚信规范的出现，是人类社会长期发展的结果。在中国古代，由于道德伦理能够涉及一切社会关系，诚信作为个体立身之本，是个体交往的基本准则，也是治理国家的基本准则。所以，个体诚信与否就不仅仅只涉及个体自身利益，还包括其所在群体的德性品质，可以说诚信既是德性品质要求，更是德政要求。西方虽然与中国传统不同，强调建立在契约法律关系上的信任，但是其发挥的作用却是一样的，尤其是在商业经济出现后，诚信的价值更为重要。

诚信就是资本。马克思曾引述过 1847 年的《经济学家》中的一段话："资本与其说是任何一种商业交易的界限，不如说是用来建立良好诚信的基础。"① 诚信不仅仅是个体行为规范，还成为了一种支付手段发挥作用。例如社会信用体系的建立，就把诚信这一价值的功能化为实实在在的经济资源。不仅仅是个体能够从中受益，企业也能因此拥有良好的信誉和品牌价值。企业如此，一个社会和国家更是如此。诚信是个人、企业的市场和社会"通行证"，也是个人和企业最为直观的"名片"。诚信不会贬值，只会溢价。

诚信就是责任。早在西方资本主义兴起不久的时代，一些思想家们就已经看到了诚信的价值，如果交易双方不顾对方利益，那么自己的利益也会受损。没有责任的企业没有发展前途，没有诚信的企业寸步难行，在各种经济学的反面案例中比比皆是。诚信的企业的责任就在于如何把企业的发展与消费者的需求和社会的进步联系在一起，如何实现利益的最大化和社会效益的最优化。此外，诚信也是现代人最为基本的道德规范，诚实守信是个人需承担的责任。

当然，现在出现的诸多失信行为既不能简单归结为社会转型的必然现象，也不能视为市场经济的必然结果，而是要在对失信现象进行理论思考的同时，寻找解决当前诚信危机的有效模式。"不管是中国还是苏联、东欧国家，在转型中都出现了严重的信用失序问题。而历史上欧洲国家在

① 《马克思恩格斯全集》第 25 卷，人民出版社 1974 年版，第 68 页。

15—17世纪，美国在1865—1914年阶段也产生过严重的信用失序。”① 建立健全社会诚信体系，完善监管机制，加强监管力度，营造社会讲诚信的氛围，从外在制度到内在自觉，这不是单纯的理论思考，而是要在实践中不断探索总结，把中国传统文化中的“诚”、“信”与西方契约精神下的信任相结合，以完善的法律制度为基础，以人人认同的诚信规范为支撑，推动社会诚信建设的真正建立。

在当前条件下，诚信问题既是伦理问题，又是法律问题，例如湖南衡阳贿选案和辽宁拉票贿选案，其所体现的不仅是制度伦理问题，还有法律监管机制问题，诚信问题正说明了当前中国加强道德建设和社会诚信建设的迫切性和重要性。

首先，完善社会诚信制度。一是完善个人诚信制度。建立个人诚信档案，把个人诚信行为记录入档，让诚信档案成为个人在社会中最重要的“通行证”，从制度上鼓励和保障个人诚信行为。例如某些社区推行的“道德银行”，就是把诚信等道德行为通过经济方式转化为个人发展的社会资源，从而实现诚信的物质和精神双重奖励。二是完善企业诚信制度。企业是市场经济的主要参与者，也是当前诚信问题的主体之一。企业信用信息的制度化、透明化，让社会都能看到企业的“良心”，也能推动企业良性发展，实现社会效益和企业利益的最优化。三是完善社会诚信制度。党的十八大提出诚信建设要求，提出要加强政务诚信、商务诚信、社会诚信和司法诚信建设。2014年国务院颁布的《社会信用体系建设纲要（2014—2020年）》，充分体现了党中央、国务院对社会诚信体系建设的重视。社会发展的不同阶段，诚信体系所解决的问题和目标也有所不同。在当前社会转型时期，社会诚信体系主要是解决社会成员行为的合准则性问题，从而使得个体具有诚信意识和行为，由此维护和强化诚信意识和品质。社会诚信体系的建立健全主要从制度上提高失信风险和成本，最大程度避免失信现象的发生。

其次，增强诚信意识和观念。制度只能预防主体不失信，监管只能及时避免主体不失信，这些外在条件只有被主体内化，才能发挥作用，所以诚信既是外在规范，更重要的是要内化为主体的道德自觉。思想观念的教

① 李晓红：《中国转型期社会信用环境研究》，经济科学出版社2008年版，第1页。

育和培养能够激发主体诚信意识和道德意识，提高社会整体诚信水平。《社会信用体系建设纲要（2014—2020年）》中提到社会信用体系的一大目的是“以提高全社会诚信意识和信用水平、改善经济社会运行环境为目的，以人为本，在全社会广泛形成守信光荣、失信可耻的浓厚氛围，使诚实守信成为全民的自觉行为规范”。不仅仅对失信现象作出深刻反思，惩罚失信者，更要对守信者加大宣传力度，树立守信榜样；同时提供必要的物质和精神奖励。

另外，要加强监管力度和范围。山东毒疫苗事件的发生之所以会造成巨大社会影响，其一大原因就在于监管部门的疏忽。我国目前有诸多对失信行为的惩罚条例，但由于监管力度不够、范围不广，反而让失信者受益。例如对于假冒商品侵权行为，天价事件中受害者不能及时得到赔偿，有时甚至得不偿失。如何避免这些情况的出现，主要在于相关监管部门要及时加强监管，形成监管的长效机制。对于企业失信，尤其是网络失信这一新类型，监管部门需要结合网络这一新手段，要求网络主体遵守相关诚信规范，及时处理失信行为。例如魏则西事件中，由于网络传播导致网民众多关注后，在社会造成巨大影响，而监管部门却一直未做回应和调查。还有对于失信行为的预防和规制，除了法律之外，公众和相关机构也应对失信行为的出现作出及时抵制和制止。例如山东毒疫苗事件中除了庞某卫母女外，诸多参与者，包括医院医职人员，都把诚信置于脑后；而知情者却不愿、不敢去及时揭发制止，任其肆意妄为，这也助长了失信者胆大妄为，最终造成全国24省市大范围受影响。

社会诚信建设并非一朝一夕之功，而是一项长久的系统工程，包括法律制度建设、社会诚信教育等，不仅有自上而下的顶层设计，还有各个阶段不同的实施手段，是总体性与具体性的统一。诚信作为社会的基本准则，对于个人而言，能提升自身道德水平，增强自身道德品质，是个人立身之本；对于企业而言，能实现自身经济效益与社会效益最优化，扩大企业品牌效益，是企业长久发展之源；对于社会而言，能实现成员之间友善，增强社会凝聚力，是社会稳定进步之基。通过增强诚信意识和观念，加强社会诚信制度建设，以诚信等社会主义核心价值观作为引导全社会的道德价值和规范，以法律作为制约和惩罚失信者的工具，实现社会诚信水平的提升。

总之，诚信作为古今中外文化中都不可或缺的美德和道德规范，其不仅是对个人行为的规定，也是对企业和政府等主体行为的规定；其所发挥的功能也不仅限于经济领域，还包括在人们的道德生活中。习近平总书记说：“核心价值观，其实就是一种德，既是个人的德，也是一种大德，就是国家的德、社会的德。国无德不兴，人无德不立。”① 诚信作为社会主义核心价值观基本内容之一，其就是个人的德，也是国家的德、社会的德，因而也是个人、企业和社会的责任所在，市场经济既需要效益和效率，也需以诚信等为原则和规范的道德作为价值维度和内在目的，只有如此才能真正体现以人为本、改革成果为人民共享的目标。

① http：//www.gov.cn/xinwen/2014—05/05/content_ 2671258.htm.

城市生活案例及其伦理反思

一　导言

2014 年，联合国经济和社会事务部发布《世界城市化展望》报告。报告显示，相比于 1950 年 30% 的城市人口，2014 年，全世界的城市居民已达 54%；预测到 2050 年，将会有 66% 的世界人口居住在城市。综合社科院《2011 中国城市发展报告》、国家统计局《2015 年国民经济和社会发展统计公报》及李克强总理《2016 年政府工作报告》等资料，我们了解到：2011 年，中国城市人口首次超过农村人口而占比 51.27%；2015 年，中国的城市化率为 56.1%；预计到 2020 年，这一数据会超过 60%。而与此同时，城市生活越来越与一些消极词汇关联在一起，如：交通拥挤、环境恶化、竞争压力大、人际关系冷漠、治安状况差等。这使我们不得不去思考如下问题：为什么绝大多数的人都愿意生活在城市，城市生活的吸引力在哪里？为什么有些人从城市逃离，城市生活有什么危机？怎样的城市生活才值得期待？我们又应该为此做些什么？

本文用七个案例勾勒了城市生活的基本轮廓，并从城市生活的价值、城市生活的问题及其原因、建构文明城市生活的路径与意义等三个方面来审视城市生活。我们发现，除了享受更加富裕的物质生活外，自由、平等、秩序、发展等精神上的满足也刺激着人们不断地拥抱城市生活。但是，随着城市发展的贪大求快，城市生活窒息人的一面也显现了出来，例如城市居民精神文化生活整体质量不高，心理健康状况不佳，还遭受着交通拥堵、环境恶化等各种“城市病”的折磨。这些问题大致涉及人与自身、人与人及人与社会、人与自然等三个方面的关系，由此我们可以看出“人”的因素对城市生活质量的重要影响。我们认为，造成上述城市问题的原因是多方面的，从伦理学的角度看，城市生活伦理尚未有效建构是一个很重要的因素。我们尝试建构城市生活伦理，这种伦理关注自身精神追求、关切他者疾苦、关心城市公共事务、关爱城市生态环境。我们强调，只有得到健全的伦理规范引导的城市生活才能不断走向文明、才值得期许。

二 城市生活问题案例及其伦理反思

案例一：城市生活给我们带来什么好处？①

王俊玲老家在乌兰察布市察右中旗农村，五年前来到包头谋生，经过多年打拼，在包头结婚生子。如今，孩子两岁半了，即将面临上幼儿园的问题。迎宾幼儿园、民族路小学等优质的教育资源促使他决心购买迎宾小区的房子，因为根据包头市的购房落户政策，他可以将一家三口的户口迁到包头，孩子就可以就近入学了。“以前听人说落户手续烦琐，而且拖得时间很长。结果很快，非常方便。”顺利办完手续，王俊玲兴奋地说。除了孩子上学的问题得到解决，王俊玲也将享受到与其他包头市民同等的福利待遇。

青山路是贯穿包头市东西走向的城市快速路，现已西延至城边村。青山路的西延改善了周边的道路环境和供热管网等配套设施，带动包头市城边村一步步融入到城市。王金虎是甲尔坝新村的一位老村民，他见证了甲尔坝逐步融入到包头市的历程。王金虎乐呵呵地对记者说：“青山路打通后，最大的好处是每天早晚不再拥堵了，开车外出更加方便。行道树、路灯、景观墙的建设让周围的环境更美了。统一供热后不再烧煤，小区空气质量也好了，家里温度也稳定了。”除了交通更发达、环境更优美、供热更便利外，甲尔坝及周边几个城边村的村民还享受到社区早教中心、卫生服务中心、就业服务中心、活动中心等为大家提供的高质量的教育、医疗、就业、休闲等方面的服务。

同时，为了让广大市民生活更加便利、美好，包头还同步推进了多项

① 光明网：《城镇化改革，让农民更好地融入城市生活》，网址：http://difang.gmw.cn/newspaper/2014—11/24/content_ 102228862.htm，2014 - 11 - 24 /2016 - 9 - 28。

改革。在促进公共卫生服务均等化方面，规范化全市城乡居民电子健康档案，建档人数 202.2 万人，建档率达 75%。在创新城镇建设投融资机制方面，积极推进了中小企业贷款履约保险试点工作。目前，该方式已成功为企业发放贷款 2960 万元。在城市规划方面，着手组织编制全市城镇化发展总体规划，并继续加快“城中村”改造，实现城郊同步建设，同步发展。在社会救助和就业服务方面，市民政局在 6 个区实现了社会救助一体化，市人社局通过建立市级、旗县区、街道（乡镇）、社区和嘎查村四级就业服务网络，基本实现了公共就业服务工作平台城乡全覆盖。

案例二：逃回广州：生活在一线城市对我们到底意味着什么?[①]

年前，因为房子难租及工作时间不固定，曾静离开了广州，前往广东东莞常平镇一家外企做企划投资。“当时我想，东莞虽然小，但企业提供食宿、工作时间固定，收入低点也无所谓。”曾静说。但真正到了东莞，她却感到诸多不适应：企业提供的宿舍是 4 人一间的集体宿舍，有些室友经常带异性来玩，深夜才走；厂区地处偏僻，几乎没有任何休闲去处，连看个电视也要待在食堂。最让曾静难以忍受的是，她已到谈婚论嫁的年龄，但厂里的交际圈子却实在太窄，那些经常试着约她出去吃烧烤的男生，无论学识还是眼界都与曾静的要求相去甚远。这让她由衷地怀念在广州星海音乐厅听音乐会的日子、留恋在珠江边与友人聚会的时光。几经考虑，今年 10 月，曾静又回到了广州。

最初，张超在广州一家广告公司做房地产销售策划，他的梦想是在广州买房，然后接父母到广州生活。但广州的房价不断上涨，他每个月不到 5000 元的工资完全没法在广州买房。几年后，他离开广州回到老家，组建了一支地产销售的团队，自主创业。但创业的艰难远远超过了他的想象。“在广州给客户服务的时候，主要是谈文案，很‘文气’。但回到内地拼的全是酒桌上的功夫，文案写得怎么样不重要，销售创意也不重要，只要能签下业务就是‘英雄’。”张超说。更难的在于回款。完成销售业绩后，按照合同，对方应该将属于他们的款项及时交付，这在市场经济成

---

① 新华网：《媒体聚焦逃回北上广现象：无法适应小城市拼关系》，网址：http://news.xinhuanet.com/society/2011-10/27/c_122202925.htm，2011-10-27/2016-9-28。

熟的广州，完全不是什么问题。但在老家，对方会以各种费用为借口千方百计地克扣回款，拖欠回款更是家常便饭。张超承销的好几个项目，回款至今都没有着落。时间一长，这很影响团队的情绪。随着骨干成员的先后离开，销售团队不得不散伙。带着失败的痛苦，张超决定还是回到广州打拼。

案例三：民生需求呼吁城市生活向满足人们精神文化方向发展

2014 年 12 月 30 日，中国社会科学研究院社会发展战略研究院发布《中国社会发展年度报告（2014）》。分报告《中国城市居民生活质量研究报告（2014）》显示，2014 年中国城市居民的生活需求结构发生重大转型，居民对心理和精神生活的不满意度首次超过了对物质经济生活的不满意度。

统计显示，环境质量、社会公正、收入水平、生活压力等，是 2014 年社会“不满意”关键词。三年来，在各个生活领域，受访者对“生活压力”的不满意程度首次排列第一，其中 29.9% 受访者认为生活压力比较大或非常大。住房问题、物价水平、食品安全、城市居民工作压力大等依然是影响人们生活幸福度的主要社会问题。数据显示，59.3% 的受访者对住房状况表示“不满意”；18% 的受访者表示对物价水平非常不满意，35.4% 的受访者表示对物价水平“较为不满意”。①

而在城市居民精神文化生活方面，据浙江大学相关研究机构在杭州所做的调查报告显示，我国城市居民精神文化生活方式日趋多元化、差异化，但内含仍有待提升。城市居民家庭平均精神文化生活支出不高，近年来涨幅停滞。而且，城市居民偏好适合家庭性活动的精神文化生活方式，较为忽视个体的灵性生活。还有，城市居民社区性精神文化生活相对贫乏，独自活动多而集体活动少，被动参与多而主动参与少，娱乐体育类多而艺术求知类少。最后，城市新市民的精神文化生活以上网、游戏、看电视为主，相对单调。总体而言，城市市民对精神文化生活的不满意度较高，他们呼吁城市加强相关设施的建设，比如文化广场和运动场馆等，以

① 人民网：《中国居民对精神生活不满意度首次超过物质生活》，网址：http：//world.people.com.cn/n/2014/1231/c57506—26307525.html，2014－12－31/2016－9－28。

丰富文化生活。[1]

案例四：城市居民深受精神疾病困扰[2]

卡迪夫大学对20多万瑞典人进行了调查研究，发现那些生活在城市的居民比农村地区居民患上精神病的可能性更大。专家们目前还不知道导致这一现象的确切原因，但他们指出，城镇居民更容易受到周围的人的排斥。如果他们不能融入环境，会更容易遭到歧视，而这会使他们感到焦虑，甚至患上精神疾病。

斯坦利·尚密特博士是这一研究的领头人，他说："分布率所呈现出的最清晰的地理格局是，城市地区的精神分裂症发病率要高于农村地区。"他还说，城镇居民更容易患上导致性格变化的其他精神疾病，即非情感性精神病。

这并非头一回有资料表明农村生活更健康。根据英国国家统计局的数据，生活在农村地区的男性人口预期寿命为78—79岁，而生活在城市地区的男性的预期寿命仅为76岁。城市女性的预期寿命为81岁，而农村女性的预期寿命则达到82—83岁。

案例五："城市病"愈演愈烈[3]

早晨一到办公室，北京的白领王梅就赶紧打开电脑查询空气质量，家里老人正等她回电话，看能否带孩子出去活动。看到PM2.5浓度在300微克/立方米以上，王梅不由地叹了口气。傍晚下班，广州的公务员龚翔一出单位就遇到了大堵车，平常10分钟的车程竟然开了1个多小时，踩刹车踩到脚软。晚上到家，上海的农民工李小柱推开出租屋房门，一股方便面的味道扑鼻而来。20平方米的小屋住了8个人，每张床铺每天租金19元。为了这19元，"蚁族"们省吃俭用，有人甚至一天三顿都吃方便面。这些场景基本上描绘了中国今天许多城市的生活常态：环境恶化、交通拥堵、人口膨胀、住房紧张、就业困难、资源短缺、公共安全事件频

---

① 刘志军等：《杭州市民精神文化生活的现状及其完善建议》，见《中共杭州市委党校学报》2014年第5期。

② 《研究表明：城市居民更易患上精神疾病》，见《中国日报》2010年9月8日。

③ 田俊荣、吴秋余：《"城市病"缘何而生?》，见《人民日报》2014年5月12日。

发。“城市病”愈演愈烈。

“从国际比较看，我国的‘城市病’问题已较为严重。”中国社科院城市发展与环境研究所副所长魏后凯坦言。先看交通。资料显示，美国人上班平均单程花费25.1分钟，其中纽约34.6分钟，为全美最高。而北京通勤时间平均为1.32小时，单程约为40分钟，上海单程约为36分钟。再看环境。美国最出名的“污染城市”洛杉矶，其PM2.5年均浓度也仅20多；日本东京则在20以下。而去年我国北京、上海、广州PM2.5年均浓度分别高达89.5、62、53。截至去年年底，我国超过1000万人口的城市有6个，超过400万人口的城市为21个，100万以上人口的城市已达127个。

案例六：责任市民：凝聚城市向善的力量①

自2012年起，《齐鲁晚报》推出“责任市民”暨“最佳公共服务奖”评选活动，并推出“城市良心”专题报道。至2015年，评选活动已经进行到第四届。

2015年以来，《齐鲁晚报》“城市良心”栏目共报道典型人物及群体60余例。经过大众投票和专家评审，评出“责任市民”和“最佳公共服务奖”获得者各10名。颁奖典礼于2016年1月10日上午在历下区文化中心举行。和老伴相约捐献遗体的志愿者杨澄树、照顾患精神疾病的小叔子29年的支传莲、救起两名落水儿童的马廷华……现场播放的“责任市民”的视频短片赢得了阵阵掌声，不少观众边观看边流眼泪。督办市民服务热线的赵琳、每天巡视20多公里的铁路巡线工宋洪岭、走街串巷办理房产证的女子流动服务队……这些“最佳公共服务奖”获得者在各自平凡的岗位上做出了不平凡的事迹，同样感染了现场观众。另外，经组委会提议并一致通过，追授连续12年为城市发展建言献策、孜孜以求的已故济南市人大代表梁凡“责任市民特别奖”；授予积极支持公益事业、履行企业社会责任，为城市发展贡献力量的安利（中国）日用品有限公司山东分公司“责任企业特别奖”。

---

① 《齐鲁晚报》：《城市良心：济南市第四届“责任市民”评选》，网址：http：//special.qlwb.com.cn/zt/2015zrsm/，2016-01-11/2016-9-28。

在 10 日当天的颁奖典礼现场，济南市委宣传部常务副部长凌安中发表了致辞。在他看来，“责任市民”、“最佳公共服务奖”是对乐于奉献、勇于担当的人的别称。举行颁奖典礼，不仅是为了向获奖者表达敬意，更是一场被获奖者感动的、生动的教育会，获奖者体现出济南好人的善良、敬业、忠诚、无私、奉献品质，而正是因为有了像他们一样的人，济南的明天将会建设得更加美好。

案例七：大力推进生态城市建设①

有学者就生态城市建设的相关问题在 H 市进行了调查。调查显示：(1)在环境满意程度方面，58% 的受访男性和 55% 的受访女性对 H 市环境不满意或很不满意，公众一致认为 H 市最大的污染源依次是垃圾、空气污染、噪声、水源污染；(2)在环境管理参与情况方面，H 市公众对一些浅层次的、简单易行的环境管理措施有较高的参与水平，如 92% 的被调查者表示自己不会在公共场所乱扔废弃物甚至会制止他人的乱扔行为，但对一些需要更大勇气和积极性的环境管理参与行动有较多犹豫，如只有 27% 的被调查者表示会立即制止噪声扰民行为；(3)在环境政策参与情况方面，H 市公众对本市的环境政策非常关心，有 77% 的被调查者认为政府应当把环境保护作为工作重点，但在政策实施层面，H 市公众表现不够积极，66% 的被调查者很少或者从未向政府反映过环境问题；(4)在环境公益活动参与方面，H 市公众在有组织地参与生态城市建设方面显得不足，88% 的被调查者没有参加过环保团体，只有 14% 的被调查者经常参与环保公益活动。

以 H 市调查数据为分析样本，该调查得出如下结论：(1)公众参与生态城市建设的主动性不强，仍有一部分人在做生态城市建设的旁观者，而未参与到生态城市的建设中；(2)公众参与生态城市建设的层次不高，政治层面的参与不足，生态城市建设被认为是政府的职责，人们惯常于接受政府决策的引导而忽视了公众参与政府环境决策的重要性；(3)公众参与生态城市建设的组织性不强，许多人对生态城市建设的参与主要停留在个

① 邓小云：《河南省公众参与生态城市建设的现状、影响因素与对策分析——基于 H 市的调查》，《河南社会科学》2010 年第 3 期。

体、分散参与的阶段，这种单独的、简单的、浅层次的环保行为模式无益于城市生态环境的大范围、彻底改善。

为了有效推进生态城市建设，该调查建议政府应加强环境教育和宣传，出台更多激励措施，促进环保 NGO 建设，增强环境决策的透明度，多策并举为公众参与生态城市建设开辟各种渠道和途径。

我们认为，以上七个案例大致勾勒了我国城市生活的基本轮廓。

案例一表明了城市生活的好处，这是大多数人愿意选择生活在城市的重要原因。从“村民”到“市民”，享受到的不仅是基础设施的改善，还有教育、医疗、就业等公共服务的提升。城市居民在衣食住行各方面都有较多的舒适感。

物质生活上的舒适绝不是吸引人们选择城市生活的唯一因素。而且，人们在城市生活甚至要付出更多、承担更大的压力，但这依然阻挡不了许多人离家去大城市闯荡的步伐，尽管中间有短暂的返乡。为什么要“逃回北上广”，一线城市对我们而言到底意味着什么？通过案例二，我们了解到，一线城市拥有更多电影院、文化馆、健身房等场所，更易满足人们日常的精神文化需求，而且，在这里，人们更容易找到价值观相近的群体。再者，一线城市的社会环境也更加公平、开放、包容，人们可以凭借自己的能力得到更好的发展机会，不需要陷入小地方讲等级关系、人情关系的窠臼。

案例三表明中国城市居民的生活需求结构发生了重大转型，即与过往寻求温饱、安居等物质需求的满足相比，城市居民现在越来越重视生活感受，对精神文化生活有了更多的需求。然而，目前的城市建设中，对居民精神文化生活需求不够重视，居民精神生活的整体质量不高。

案例四表明城市人易受焦虑、孤独、精神分裂等心理健康问题的困扰。专家们目前还不知道导致这一现象的确切原因，但他们指出，人际关系不融洽与这一现象的产生有一定的联系，那些害怕与“陌生人”交往、不能融入陌生人社会的人，更容易产生上述心理健康问题。而城市则是典型的陌生人社会，德国社会学家格奥尔格·齐美尔首次提出城市居民“冷漠”的生活态度——这种对“陌生人”不闻不问的冷漠态度，在应对城市生活中无尽的喧嚣和刺激时十分重要，但这种心态也为心理健康问题的滋生提供了温床。

如果说案例一、案例二显示了城市生活的价值，那么案例三、案例四、案例五则要展示城市生活的问题。除了精神文化生活质量不高及心理健康问题多发外，我国的城市居民还饱受“城市病”的折磨。案例五以具体数字显示了环境恶化、交通拥堵、住房紧张、人口膨胀等方面的“城市病”。我国的一线城市“城市病”很严重，而且“具有国际领先水平”。有学者指出，“改革开放以来，伴随着经济和城市化的快速发展，我国的‘大城市病’也愈益严重。集聚经济的作用，使大城市化成为城市化和城市发展的必然结果，但大城市未必一定会产生‘大城市病’。在一定意义上，‘大城市病’只是社会经济发展到一定阶段、特别是发展中阶段的产物。空间规划的不合理、短期市场的影响、政府失灵以及垄断集权的体制环境等，都是造成‘大城市病’的重要原因。”① 人是城市生活的首要因素，在我们看来，城市生活中的精神生活问题、心理健康问题、“城市病”问题，是因为人没有妥善处理与自身、与他人及社会、与自然的关系而引起的。关于这一点，我们在后文会详细论及。

如何有效解决城市生活中的问题，保证城市生活的文明向度？案例六与案例七分别从加强人文环境和生态环境建设方面做出了尝试。济南通过“城市良心”栏目，让“责任市民”在泉城熠熠生辉。“责任市民”有一颗对他人、对社会高度负责的心，他们真诚助人、勇于担当、无私奉献，以高度的主人翁意识关心城市建设、发展。正是他们，在冷漠的陌生人社会中激发了爱的力量，聚集了城市发展的力量。

除了良好的人文环境，生活在城市的人们还渴望有宜人的生态环境。然而，案例七表明，现阶段，一方面，人们对城市生态环境非常不满意，因为“随着世界范围内城市化进程不断加快，自然环境被不断蔓延的人造城市所吞噬，从而导致了环境污染、生态失衡、资源耗竭等负效应。我国在快速推进城镇化进程的同时，也出现了资源约束趋紧、环境污染严重、生态系统退化的严峻形势。”② 另一方面，公众缺乏建设“生态城市”的意识，参与“生态城市”建设的主动性、层次性、组织性均不强，需要政府加强教育与引导。“生态城市”是19世纪末20世纪初英国人埃比

① 王桂新：《中国“大城市病”预防及其治理》，见《南京社会科学》2011年第12期。

② 高石磊：《大力推进现代生态城市建设》，见《光明日报》2014年1月25日。

尼泽·霍华德在《明日的田园城市》一书中提出的，他设想的未来城市不再是一张无限摊大的钢筋水泥饼，而是被绿带环绕的没有烟尘的小城市群；城市的道路上不再是拥挤不堪的车流、人流，而是绿意盎然的林荫大道，城市与乡村之间有便捷的穿越在田园景致上的道路。“生态城市”越来越成为世界各国城市发展的目标，就我国的现实而言，“生态城市”建设任重而道远。

三　拥抱还是逃离:城市生活概观

在第二部分，通过案例，我们展示了我国城市生活的价值、遇到的问题以及人们为解决问题做出的努力。接下来的三个部分，首先，我们将对城市生活的价值，特别是对城市生活所遭遇的问题作更深层次的理论分析；其次，我们将从伦理学的角度探讨解决问题的路径，尝试着建构新型的城市生活伦理，保证城市生活的文明向度；最后，我们要挖掘建构文明城市生活伦理的价值和意义，试图为我们的“文明城市”创建活动提供些许启示。

有学者认为，以“生活”为中心的“三生”（生活、生产、生态）是现代城市的基本功能。① 从“三生”来看，相对于乡村生活的贫穷、原始、无序，城市生活意味着生活富裕、生产高效、生态有序。城市生活是人类文明发展到一定阶段的产物，也是人类文明的体现。从词源上看，文明与城市是密不可分的。英语中文明（civilization）的词根 civil 即由拉丁语 civis（公民、市民）所派生，因而在《西方的没落》一书中，施宾格勒说世界历史的真正尺度是“市民的历史”。② 正因为如此，以伏尔泰为代表的西方启蒙思想家对代表人类文明的城市生活大加赞美和欢呼。伏尔泰批判被一些保守人士所怀念的乡村田园牧歌式的生活是“未开化”、“无乐趣”、“无知”的。在伏尔泰看来，追求物质和快乐是城市生活的两大特点。大都市，比如伦敦，抛弃了森严的等级，崇尚自由，尊重天才，

① 章仁彪:《城市文明、城市功能与城市精神》,《同济大学学报》（社会科学版）2005 年第 2 期。

② ［德］施宾格勒:《西方的没落》，吴琼译，上海三联书店 2006 年版，第 322 页。

孕育着生机和变化，给人们提供大量的工作机会，使之获得物质财富和相应的地位。而且，城市上流社会高层次、高品位的优雅生活还给普通劳动者提供了一系列的规范礼仪，鼓舞着贫穷劳动者勤恳、节俭、进取，这些美德也改善了贫穷劳动者的生活状态。① 在伏尔泰看来，城市生活值得每一个人去拥抱。

正是自由、平等、繁荣、有序等对人的召唤，一批又一批的人抛弃乡土走向城市。然而，随着城市的快速发展，城市生活令人窒息的一面也较为集中和明显地表现了出来：人口拥挤、交通拥堵、环境恶化、治安恶化、贫富分化等。恩格斯在《英国工人阶级状况》一书中就曾指出，城市的雄伟和繁荣，是人类付出了极大的代价才换来的。城市人“为了创造充满他们的城市的一切文明奇迹，不得不牺牲他们的人类本性的优良品质”，“街头的拥挤中已经包含着某种丑恶的违反人性的东西”，“所有这些人愈是聚集在一个小小的空间里，所有这种可怕的冷淡、这种不近人情的孤僻就愈是使人难堪、愈是可恨”，“在任何地方，一方面是不近人情的冷淡和铁石心肠的利己主义，另一方面是无法形容的贫穷”。② 恩格斯对不合理的社会制度下的城市生活所导致的贫富分化及城市人的片面发展进行了深刻的揭示和批判。与恩格斯所处时代相比，今天的城市生活越来越丰富多彩，但恩格斯所揭示的城市生活问题依然存在，甚至更为突出。

我们可以从人与自身、与他人及社会、与自然之关系这三个方面来审视新形势下城市生活存在的问题：

第一，从人与自身的关系看，现代城市生活中，人们没有很好地安顿自己的精神生活，更忘记了个体德性的增长。人有物质生活方面的需求，亦有精神生活方面的需求，后者对展现人的本质更为关键，而且还更加难以得到满足，理应加以重点关注。事实上呢？就我们所观察和体验到的现代城市生活而言，人之物质生活越来越丰富，精神生活却越来越贫瘠。德国哲学家齐美尔认为，现代城市生活的一个显著特征就是物质文化的增长和个体文化的滞后。他说：“决定并围绕我们生活的东西，比如工具、交

---

① ［美］卡尔·休斯克：《欧洲思想中的城市观念：从伏尔泰到施宾格勒》，载孙逊主编：《都市文化史：回顾与展望》，上海三联书店 2005 年版，第 3—4 页。

② ［德］恩格斯：《英国工人阶级状况》，中共中央马恩列斯著作编译局译，人民出版社 1956 年版，第 58—59 页。

通手段、科学产品、技术和工艺，都得到了极度的改善，然而，个体文化，至少在较高层次上的个体文化，却根本没有发展到同等程度；事实上，它甚至经常有所衰退。”[①] 齐美尔这里说的个体文化主要指个体对精神生活尤其是对德性的追求。在齐美尔看来，我们的心智被五花八门、层出不穷的商品所拖拽而较少地在“人”之形成亦即在人之内在价值上用功，是造成个体文化停滞与衰退的原因。以城市里的各种展览会为例，齐美尔说：“各种迥然不同的工业产品亲密无间地拥挤在一起，这种情形使感官趋于麻痹，进入一种名副其实的催眠状态，只有一个信息得以进入人的意识：这里是来消遣的。”[②] 在城市生活中，我们的惊喜是被了解到新的工业产品所刺激的而不是被“认识你自己”所刺激的，我们每一种精细与敏锐的情感都被商品所呈现的巨大效果所侵犯、干扰，我们无暇也不愿去认识我们自己。齐美尔进一步认为，当如潮水般汹涌而来的商品对我们的感官刺激过度时，我们就会变得厌倦。在其著名的《大都市与精神生活中》一文中，齐美尔着重分析了“无条件专属于城市”的厌倦心理。他说：“厌倦态度的本质在于对事物之间的区别漠不关心。这并不意味着它们未经感知，就像在精神迟钝的状况之中，而是事物之间的区别之意义和价值，以及事物本身之意义和价值，都交给了无目的、无意义的体验。它们在厌倦者看来是一种均一、单调、灰暗的色彩，其中没有哪一个比另一个更让人喜欢。这种心理状态是对彻底的货币经济的一种准确的主观反应，因为金钱代替了各种各样的所有事物，并且以‘多少钱’的区别表达了它们之间的所有质的区别。”[③] 齐美尔认为，在现代城市生活中，金钱掏空了一切事物的内核和特性，从而也使城市人变得无个性、庸俗。

第二，从人与人、人与社会的关系来看，现代城市生活中，人与人之间感情较为冷淡，个体对社会较为疏远。美国著名城市学家沃斯从人口规模、人口密度、异质个体这三个要素来综合考察城市生活。沃斯认为，作

---

① ［德］齐美尔：《金钱与现代生活方式》，载薛毅主编：《西方都市文化研究读本》（卷二），广西师范大学出版社 2008 年版，第 50 页。

② ［德］齐美尔：《柏林贸易展》，载薛毅主编：《西方都市文化研究读本》（卷二），广西师范大学出版社 2008 年版，第 74 页。

③ ［德］齐美尔：《大都会与精神生活》，载薛毅主编：《西方都市文化研究读本》（卷二），广西师范大学出版社 2008 年版，第 95 页。

为一种生活方式的城市生活具有如下几方面的特征。首先，从人口规模来看，大量的人口涌入城市，导致群体间缺乏相互了解，人与人之间的接触变得短暂、拘谨、冷漠、腻烦。沃斯说：“肤浅、匿名与短暂是城市社会关系的特性，这使我们容易理解城市居民通常被指责的伪善与刻板。生活中的每个人都首先是实现自己目标的手段。在这种意义上，我们认识的人习惯于和我们保持功利关系。”① 其次，从人口密度来看，城市里单位面积上的人口数量越来越多，城市人身体接触越来越频繁，与此同时，城市的“黄金地段”越来越被商业所占用，城市人只能按照种族、地位、收入、品位等标准分配到城市的各个角落居住，这样，城市人的社会距离越拉越大，身体距离的不断接近和社会距离的不断扩大，使得城市人彼此隔离与敌视。沃斯说：“频繁的近距离身体接触，伴随着巨大的社会距离，加重了独立个体间的互相排斥。他们如果没有其他得到回应的机会，会倍感孤独。拥挤在一处的众多个体不可避免地进行大量活动，这将带来摩擦和怨恨。都市人必须面对的快节奏生活和复杂技术加重了他们的挫折感，并导致精神紧张。”② 最后，从异质的个体方面来看，城市人来自五湖四海，充满着差异和流动性，个体在他人和社群的影响下沉浮，有强烈的不稳定感和不安全感，归属感的缺乏使得城市人对社群乃至社会都较为疏远，城市人逐渐失去了集体精神与参与意识，这从根本上导致了社会的失范或社会空洞化。沃斯说：“由于都市人缺乏归属感，且可以自由流动，组成群体的成员通常变化很快。居住场所、工作场所和工作性质、收入和志趣的经常变化，使人们很难聚集在一起，更不能使个体间维持并促进一种亲密而持久的关系……个体脱离了将社会整合在一起的组织，大批居无定所的个体使城市社会的集体行为无法预知，并带来各种问题。”③

第三，从人与自然的关系来看，在现代城市生活中，人对自然的破坏越来越严重，人与自然的距离越来越远，人自身的生活也越来越陷入风险中。在某种意义上说，一部城市发展史就是一部否定自然的历史。施宾格勒记叙了这一过程：“在最早的时候，景观的形象独自统治着人类的眼

---

① ［美］路易斯·沃斯：《作为一种生活方式的都市生活》，载孙逊主编：《阅读城市：作为一种生活方式的都市生活》，上海三联书店 2007 年版，第 10 页。

② 同上书，第 12 页。

③ 同上。

睛。它赋予人的心灵以形式，与其和谐共振。人的情感与丛林的呼啸，合拍而动；草原与沼泽，适应着景观的形态、历程甚至外表。村路及其寂静的丘顶、黄昏的炊烟、水井、篱笆、牲畜，完全融合并嵌入于景观之中。乡村的小镇，证实了乡村的存在，是乡村图像的一种强化。是晚期的城市首先挑战了土地，以其轮廓的线条与自然相冲突，否定着全部的自然。它想要成为一种不同于自然且高于自然的东西。那些高耸的山墙，那些巴洛克式的圆屋顶、尖阁和尖塔，与自然毫不相干，也根本不想与自然发生关系。接着出现的是巨大的国际都会，即作为世界的城市，它不能容忍其他的任何东西存在于自己的近旁，故而着手灭绝了乡村的图像。"① 著名城市设计专家俞孔坚教授对城市生活中人远离自然的状况也深有感触，他说："现代城市居民离自然越来越远，自然元素和自然过程日趋隐形。远山的天际线、脚下的地平线和水平线，都快成为抽象的名词。儿童只知水从铁管里流出，又从水槽或抽水马桶里消失，不知从何处来又流往何处；忙碌的上班族不知何时月圆月缺、潮起潮落；在全空调的办公室中工作的人们，就连呼吸一下带有自然温度和湿度的空气都是一件难得的事，更不用说他对脚下的土地的土壤类型、植被类型和植物种类有所了解。自然的高山流水、飞禽猛兽、沼泽丛林都只是电视荧屏上的画面和遥远的自然保护区景观。"② 我们也看到，现代城市生活中，随着城市的发展，原来的荒野之地不断地被推土机夷平，森林、沼泽、溪流、山峦、麦田和果园，都因为区域再划分而遭到破坏，城市里充满了各种污染：噪声污染、空气污染、水体污染、土地污染，城市不仅没有使得生活更美好，而且越来越变得不宜居住了，我们也总能听到逃离城市生活的声音，每到节假日，人们蜂拥出城，主要不是看风景，而是疏解城市生活带来的抑闷之心。发展中国家由于巨大的经济发展压力，希望通过城市化拉动经济的快速增长，往往会采取急功近利、竭泽而渔的发展方式，这对城市的生态造成了极大的破坏，城市生活状况显得更糟。这些年来，中国各地"生态城市"、"园林城市"、"花园城市"、"山水城市"、"宜居城市"的创建与评比，

① ［德］施宾格勒：《西方的没落》，吴琼译，上海三联书店2006年版，第325页。

② 俞孔坚、李迪华、吉庆萍：《景观与城市的生态设计：概念与原理》，《中国园林》2001年第6期。

便是人们对城市自然环境优化的呼唤和期盼。

人之精神生活的无处安顿、人之人际关系的冷漠与敌对、人对社会责任感的丧失及人与自然的远离等，这是我们重新审视城市生活时必须直面的问题。城市本是文明的产物，是人人向往之地，但是，随着城市发展的贪大求快，“城市病”越来越明显，出现了一部分人难以忍受城市糟糕的生活而离开城市的现象，“逃离北上广”、“返乡”等相继出现的网络热词即是证明。拥抱城市生活还是逃离城市生活？这是个仁智各见的争议话题。

四　好市民与美好生活:城市生活伦理的有效建构

在我们看来，造成“城市病”的原因是多方面的，从伦理学的角度来看，有效的城市生活伦理尚未充分建构是一个很重要的原因。

随着城市化的不断发展，原有支撑乡村生活的那些伦理规范不再、至少不完全适合城市生活，因为城市生活是迥异于乡村生活的。首先，从人与自身的关系来看，在乡村生活中，我们没有那么多物质的、商业的、广告的诱惑，尽管很多人并没有自觉地、主动地去追求精神生活，所谓“百姓日用而不知”、“未见好德如好色者”，因为传统风俗习惯的影响，人们“乐在其中”，人之精神生活与物质生活保持着一种相对的平衡。其次，从人与人、人与社会的关系来看，乡村社会是一种熟人社会，人们的生活圈子和人际交往具有相对稳定性，所处的共同体依血缘、地缘而成，故而，人与人之间的关系显得亲密、温馨，人对族内、乡内的事物显得热心、忠诚，对族外、乡外之事则“事不关己，高高挂起”。最后，从人与自然的关系来看，乡村没有城市中住宅区、办公区、商务区、开发区那样的功能分区，人们不会不断地逼退自然的存在，相反，人们的生存在很大程度上依赖于自然的供给，人们对自然存有顺应和感恩之心，改造自然的意愿和水平较低，与自然保持一种大致和谐的关系。乡村生活的这些特征与我们在上一部分所描绘的城市生活问题形成了鲜明的对比。面对城市生活问题，我们已然不可能像乡村生活那样对自身的精神生活“日用而不知”，对族外、乡外之事“高高挂起”，对自然一味地顺应，但我们可以怀念乃至保留乡村生活中人们享乐于精神生活，热心于周边人、周边事，感恩于自然等优良传统。故而，在继承乡村伦理规范合理因素的基础上，我们也要对其进行调整、转变，这是建构城市生活伦理的关键。

在我们看来，由乡村生活伦理向城市生活伦理的转变可以在“乡下人”角色向“市民”角色的转变中体现出来。为了获得更为美好的生活，大量“乡下人”涌进城市、在城市生活，但他们潜意识里把自己当作“城里人”而非“市民”。这是对城市生活的一种误解，城市生活绝非“城里人”的生活，它实质是“市民”的生活。“城里人”意味着在城市生活的富裕、权利、荣光，“市民”则强调在城市生活的自立、自由、自信及对所生活的“城市共同体”的责任。刘传广教授说：“乡下人与城里人之间的差别，属于同一社会性质、同一传统伦理之中不同身份之间的差别；而乡下人及城里人与现代市民之间的差别，则涉及两种性质的社会及其伦理之间的差别。从传统的差序格局社会及其特殊伦理到现代的市民社会及其普遍伦理，是一种脱胎换骨的转变。”① 所以，在某种程度上说，新型的城市生活伦理规范其实就是事关如何做一个“好市民”的伦理规范，具体来说，即要很好地处理人与自己、人与人及人与社会、人与自然等方面的关系。

首先，在人与自己的关系方面，我们提倡过一种“发现自己、提升自己”的城市生活。我国现阶段，城市给我们的物质生活提供了极大的便利，相较而言，精神生活却相对匮乏、单一。但是，本质上，人们向往城市生活，除了在物质上得到享受以外，更重要的原因是精神上发现自己、提升自己，获得精神世界的富足。我们艳羡亚里士多德笔下的城邦生活，因为在那里，人们组建城邦、追求城邦正义，就是为了过一种有德性的生活，实现至善；我们也怀念古罗马城的生活，因为在那里，人们积极进取、生活得自在而富足，音乐、文学、庆典、运动、娱乐等应有尽有。对古人而言，城市除了方便自我的生存外，还应有益于自我的探索、改变、成长、拯救和救赎。有学者指出：“除了防御、工业化、居住和管理功能，城市在历史上还是仪式和宗教的中心，是思想和政治转型的地方，也是动乱和异端邪说的发源地，同时还是塑造和再造个人传记的一个重要

① 刘传广：《乡下人·城里人·市民：城市化的伦理分析》，《道德与文明》2010 年第 4 期。

背景。”[①] 所谓“个人传记”，简单地说，就是个体成长过程的、别样的人生展示，城市给个体提供了自由和机会，应该是“个人传记”的书写舞台。但是，在今天，城市里很少有人有“个人传记”，因为大家都在用一种资本的、科技的标准语言书写相同的经历：买车、买房、消费、娱乐，城市生活变得千人一面，变得均质化、庸俗化。个人的心智与内在价值只有与单纯算计着客观的财富增长的文化保持距离才能发展自己。然而，今日城市生活物质主义的盛行，人们的精神生活被遮蔽、被挤压、被遗忘。所以，在城市生活中，我们应该自觉地、主动地去追求精神生活。针对物质主义盛行之下，城市人精神生活缺乏这一问题，王正平教授就曾提出自愿简单、学会休闲、忠于自己的生活原则，意在引导人们从过多的物质生活中抽身出来，把更多的时间、精力和兴趣放在有益身心健康的活动上，追随自我的天赋和才能，建构自我价值而使自我得到更好的发展。[②]

其次，在人与人、人与社会关系方面，我们提倡过一种“善待他者、贡献社会”的城市生活。人是社会性的动物，并不能单独地完善自己，所以我们才组成社会、国家。只有在一个正义的国家里，我们才能过上良好的生活，才能实现人之至善。因此，对城市生活而言，如何处理与他人、与社会的关系就显得尤为重要。城市生活极大地鼓舞了个人自由，但同时也带来了肆无忌惮的个人主义和自私自利，导致了对他人、对社会的冷漠。萨特在《禁闭》中借用演员之口说出了“他人即是地狱”的经典语录，这将城市人之间彼此戒备而又相互折磨的关系表现得淋漓尽致。城市生活中，他人真的是“地狱”么？列维纳斯不这样认为。在列维纳斯看来，他者的存在，对我们的生存是一种启示，正是在他者的启示下，我们才有走向无限和绝对的可能性。[③] 虽然我们在城市中遇到的人绝大部分都是陌生人，但陌生人并不必然带来冷漠、自私和割裂，鲍曼就曾指出“陌生者”对我们生活的价值。鲍曼说：“陌生者经营饭馆时，他们有望

---

① ［澳］阿德里安·富兰克林：《城市生活》，何文郁译，江苏教育出版社2013年版，第176页。

② 王正平：《科技时代的都市生活伦理》，载项家祥、王正平编《科技发展与都市文化建设》，上海三联书店2005年版，第26—30页。

③ 金惠敏：《无限的他者——对列维纳斯一个核心概念的阅读》，见《外国文学》2003年第3期。

带来非同寻常的、令人兴奋的经历；他们出售了外表古怪的、充满神秘的物品，而这些物品则成了人们下次宴会上谈论的中心；他提供了一些别人不愿意提供的服务；他带来了一些有别于常人的智慧。陌生者是那些为你提供服务的人，而且，一旦他们不再带来快乐时，你有权终止他们的服务。在此，陌生者在提供服务的过程中一点儿也没危及消费者的自由……显然，陌生者是快乐的提供者。他们的出现是沉闷无聊的中断，人们常常为陌生者的存在而感谢上帝。因此，在此怎么会有喧闹和骚乱呢?"[①] 那些不断涌入城市的"陌生者"给我们带来了服务、方便、快乐，我们因社会分工而彼此依赖，所以，在交往过程中，我们应该将他者视为平等的个体，相互尊重、诚信互惠。刘传广教授认为，与传统的乡村生活不同，市民社会的伦理规范应是：普遍的个体权利与责任，自由而互利的交易，自由而公平的竞争，普遍的尊重与同情，重视契约与信用，尊重普遍的法则。[②] 我们认为，这几条伦理规范对处理城市生活中的人际关系具有很好的启发意义。

一个强大的"城市共同体"是良好城市生活的重要保障，古雅典便是典型例证。韦伯认为，要发展成为一个"城市共同体"，除了必要的防御、市场外，还应有自律、自主及团体的性格。中国在封建王朝时期虽然有城市，但城市不能自治，城市居民不能参与市政，也没有培育出团体的性格，故而，中国没有"城市共同体"，也没有相对于"乡野之人"而存在的"市民"。[③] 而著名的社会学家罗伯特·安杰尔则用"道德整合"的概念来表示城市人所具有的"共同体"精神。他认为，"道德整合"影响到城市的生活质量：从积极方面看，道德整合的城市居民对他们的邻居有强烈的责任意识，愿意为公众利益牺牲他们的私人利益，具有强烈的幸福感；从消极方面看，因为道德整合，城市团结得越紧密，个人及其财产受侵犯就越少，谋杀、抢劫、夜盗及其他犯罪比率就越低，这样，城市人就

---

① ［英］齐格蒙·鲍曼：《后现代性及其缺憾》，郇建立译，学林出版社 2002 年版，第 29—30 页。

② 刘传广：《乡下人·城里人·市民：城市化的伦理分析》，《道德与文明》2010 年第 4 期。

③ ［德］韦伯：《经济与社会》，载薛毅主编：《西方都市文化研究读本》（卷一），广西师范大学出版社 2008 年版，第 269 页。

更有安居乐业之感。[①] 于上我们可以看出，“城市共同体”对城市生活的影响，以及自律与责任对建构一个强大的“城市共同体”的重要性。

然而，我们也要清醒地认识到可能遇到的困难。城市的居民来自五湖四海，职业相异，文化层次、家庭背景千差万别，利益不同，人与人之间容易发生冲突，这对“城市共同体”的形成无疑是极大的阻力。对此，姜安教授说：“基于人性弱点及市民间的排他性与冲突性，城市市民社会中必然具有多元主义的矛盾性。因此，为克服这种矛盾性，现代城市文明的基本要义应是培养城市市民社会的共同体精神，应以城市共同体精神培植城市文明的伦理生态。在这一城市文明生态中，将充满差异与冲突的市民个体欲望和利益需求，以城市共同体精神的方式进行有效化解与实质融合，从而超越个体利益与个体意志对城市文明大厦的破坏，最大限度地契合城市自由精神和市民自治精神，化解市民个体利益与城市公共利益之间的矛盾和冲突，建构集体利益和公共利益至上的城市共同体文明。”[②] 为了达到构建“城市共同体文明”的目的，姜安教授还提到了三个原则：追求城市共同体精神至上原则，市民利益大于市场利益原则，以“协商民主”促进城市政治文明原则。在实际的城市生活中，很多人缺乏“城市共同体”精神，对城市的发展缺乏爱心与责任心，埋怨多而贡献少，一味揭露城市的阴暗面和暂时的不足之处，未为城市生活走向文明、美好付出自己实际行动的努力。在新型城市生活伦理的构建中，我们应该鼓励每个市民都成为城市建设的“参与者”而非“旁观者”，积极参与到构筑美好城市生活的事业中去。“城市是我家”，城市暂时的不足和不完善之处有赖于每一个市民的一份责任与努力。

最后，在人与自然关系方面，我们提倡过一种“崇尚绿色、和谐发展”的城市生活。绿色可以给我们带来愉悦、带来健康、带来幸福感。人们越来越发现，居住在没有树木、鸟类、植物的空间里是让人难以忍受的。人们期待“绿色城市”、“花园城市”、“山水城市”，留有、维系开放的自然空间以供居民行走、游戏和沉思是城市规划必需的考量。但实际

① ［美］爱德华·克鲁帕特：《城市人：环境及其影响》，陆伟芳译，上海三联书店 2013 年版，第 29 页。

② 姜安、傅鹤鸣：《城市文明的伦理范式及其建构》，《学术交流》2015 年第 12 期。

上，城市日益变成钢筋水泥的“笼子”，将人禁锢得无法喘息。不但自然景观被逼退，就连城市生活的支持系统，如污水处理厂、垃圾填埋场、发电厂、变电站等都被作为丑陋的对象而有意识地加以掩藏。对人类而言，自然的被逼退、被掩藏并不是一件好事情。“自然景观及过程以及城市生活支持系统结构与过程的消隐，使人们无从关心环境的现状和未来，也就谈不上对于环境生态的关心而节制日常的行为。”① 所有这些使得本是抵御风险的城市，现在已变为了风险聚集、发源之地，火灾、内涝、传染病频频发生。澳大利亚城市学家阿德里安·富兰克林告诫说：“污染空前绝后，有毒的资源成千上万……传染病在受到管控的现代建筑里找到了良好的、可供生长的环境。而且，这些风险因素非常明显地和成功的城市所在地的优势联系在一起，它们被多变的气候条件扩大了、管制了。”② 正因为如此，绿色消费的观念在城市生活中悄然兴起，节能、环保是城市居民在置办家用电器时的首要考虑，绿色、自然是他们在购买食物时的第一选择。在新型的城市生活伦理中，我们要进一步鼓励这一消费趋势，同时，学会尊重自然、让自然显露自己。

我们认为，在城市生活中，关注自己的精神追求、关切他者的疾苦、关心城市的公共事务、关爱城市生态环境，是一个“好市民”的标准。只有这样，人与自身、与他人及社会、与自然之关系才能和谐，才能实现对美好生活的追求。

五　从“文明不育”不断走向“文明”：城市生活伦理建构的价值

第四部分，面向城市生活问题，我们尝试构建城市生活伦理，为的是保证城市生活的“文明”向度。什么是文明？福泽谕吉说：“所谓文明是指人的身体安乐，道德高尚；或者指衣食富足，品质高贵而说的……文明就是指人的安乐和精神的进步。但是，人的安乐和精神进步是依靠人的智

① 俞孔坚、李迪华、吉庆萍：《景观与城市的生态设计：概念与原理》，《中国园林》2001年第6期。

② ［澳］阿德里安·富兰克林：《城市生活》，何文郁译，江苏教育出版社2013年版，第75页。

德而取得的。因此，归根结底，文明可以说是人类智德的进步。”① 文明包括物质富裕和精神进步两个方面，物质富裕有赖于人类智慧之发展，精神进步有赖于人类德性之提高，只有智德双运，人类才能不断地推进文明。在德智的关系上，福泽谕吉认为，智高于德，因为不同的民族很难在道德境界上一较高下，但民智可以大致衡量比较，东方落后于西方，不是道德上的落后而是民智上的落后。所以，福泽谕吉认为，为了创建高层次的文明，国家应该开启民智。事实上，一部人类城市发展史同时也是一部人类智力发展史。“城市是才智”②，施宾格勒的话有力地表明了这一点。人类制造机器、推平土地、筑土为城、开市贸易，由小城镇发展到大城市，由大城市发展到国际性大都市，这需要多么高超的才智啊？幸运的是，人类意识到自己拥有、并成功地运用了这样的才智，才创造了巨大的城市文明。

前面提到，在城市高歌猛进、一路发展的同时，“城市病”频频发生，城市越来越走向功能失调的境地。面对这种情况，一些人认为，“城市病”的出现是城市发展过程中难免的，它并不可怕，城市化中产生的一切问题，均可以依赖技术的进步，通过“理智 + 石头”的方式加以解决。他们甚至认为，“理智 + 石头”不仅可以解决城市问题，还可以把城市越来越变成国际化大都市，更可以把全世界各地的城市变成越来越统一的一种类型。但是，施宾格勒却认为，当上述状况产生的时候，文明其实正在走向衰落。他称之为“文明人的不育”。他说：“再也不会有孩子了，这并不是因为不能生育了，而主要地是因为处于强度值顶峰的理智再也找不到需要孩子的理由了。”③ 当城市都以一种风格发展成国际都市的时候，所有的问题都被人类的理智思考到了，处于极限状态的人类理智再无创造文明的冲动了，如同妇女没有生产的冲动，她便会绝育。

这提醒我们，在城市生活中，要重新反省智与德的关系。与福泽谕吉一样，牟宗三先生也常讲智德双运对文明的意义。但不同的是，牟先生强调德对智的提撕作用。牟先生曾说，现代的城市生活“有文明没文化”，

① ［日］福泽谕吉：《文明论概略》，北京编译社译，商务印书馆 1982 年版，第 32—33 页。

② ［德］施宾格勒：《西方的没落》，吴琼译，上海三联书店 2006 年版，第 326 页。

③ 同上书，第 331 页。

意即我们享受着物质上的、科技上的便利却陷入了精神上的困顿。在牟先生看来，因为没有德性的提撕，我们的生活才落入物质的一面、科技的一面，久而久之，因为精神提不起来，物质的丰富也保不住，才会出现各种问题。[①] 牟先生的看法颇有见地，两次世界大战对西方物质成就的摧毁不就是力证吗？西方城市学家勒翰也说："城市既容纳又组织生命能量。当这个容器在道德上处于完满状态时，物质的和精神的能量就以向心的方式和谐相处；当它在道德上有缺陷时，就离心离德，陷入一片混乱。在表明的秩序下面，总是藏着可能爆发出来的无序。"[②]

因此，身处科技时代的我们，应该从伦理道德的角度重新反思城市生活。我们要不停地追问，城市如何让生活变得更美好？王正平教授说："这一追问从根本上说绝不仅仅是一个城市如何规划、建设、管理等活动的技术性求解——技术性问题的解决归根结底有赖于一种伦理价值的确立，也不仅仅是城市的规划者、管理者、决策者的问题。一个城市的人造就了一个城市的一切，追问城市如何让生活更为美好实际上就是追问人自己关于生活的理解。因此，问题的关键在于对生活本身进行伦理反思：我们必须将现代都市生活置于伦理学的视域中进行审视，基于现代都市生活的现实去理解、反思和阐明现代都市人的生活目标、生活方式、生活态度、生活习惯、生活旨趣和生活准则，从这些为人们实践着的生活伦理观念中去考察美好生活的可能性。"[③] 我们从人与自身、人与人及人与社会、人与自然等三个方面对城市生活进行审视，亦从三个方面对城市生活伦理进行建构，目的就是在"智穷"的时候"见德"，对已显混乱的城市生活进行道德"提撕"，使城市生活保持文明的向度，使人类能继续文明地创造。

突出伦理道德规范在城市生活乃至现代文明中的重要地位和引领作用，这一点，也可以从中国"全国文明城市"的创建、评选活动中体现出来。"全国文明城市"是中国含金量最高、综合性最强、影响力最大

① 黄泰轲：《智穷见德：牟宗三谈生命"内转"的学问》，见《船山学刊》2016年第3期。

② ［美］理查德·勒翰：《都市之熵》，载薛毅主编：《西方都市文化研究读本》（卷二），广西师范大学出版社2008年版，第290—291页。

③ 王正平：《科技时代的都市生活伦理》，载项家祥、王正平编：《科技发展与都市文化建设》，上海三联书店2005年版，第5页。

的城市品牌。改革开放以后，中国的城市化进入快车道，为了引导各地的城市发展，中国开展了“全国文明城市”创建活动并制定了详细的《全国文明城市测评体系》，从廉洁高效的政务环境、公正公平的法治环境、规范守信的市场环境、健康向上的人文环境、安居乐业的生活环境、扎实有效的创建环境等方面对全国城市进行考查。我们注意到，在《全国文明城市测评体系》中，政治文明、精神文明类指标的比例占到整个测评体系的近七成，足见我们重视“软环境”对城市文明的引领。事实上，经过多年的快速发展，中国许多城市的硬件设施有了很大改善，有的还可谓是一流，但是，与之相随的城市精神文明没有很好地跟上去。对此，参与《全国文明城市测评体系》建设的专家说：“文明城市不等同于‘现代化城市’，也不是单纯的‘卫生城市’、‘生态城市’；文明城市的‘软环境’突出的要求各城市重视‘人文环境’的价值。人文环境包括社会成员的思想观念、社会风气、社会氛围等……文明城市更应突出‘软环境’的导向，突出精神文明创建类的指标，使精神文明的软指标硬起来。”① 我们认为，建构城市生活伦理规范，不仅有利于提高城市生活质量，对整个城市文明程度的提升也起到中流砥柱的支持作用。

“城市，让生活更美好”，文明城市生活的伦理建构到底能给我们带来怎样的美好生活？我们或许可以听听阿德里安·富兰克林的展望：“不仅是维持生活，而且还是改变、改善生活，创造丰富多彩的休闲生活方式（以美、健康和愉快为目的，以智慧和精神追求为方向），引入来自生活的新期望（更清洁的空气，更健康的食品，更多样的啤酒、奶酪和橄榄油，更快捷的汽车，更多的空中旅行，更自足的生活空间），开发新的由价值观驱动的政治观（环境整治、性政治、文化政治等）。新的生活方式的取向及其组织，将个人与远远超出了工作场所和家庭，超出了进步的人文主义范围的人际和目标网络连接了起来……它们深入地改变了人类和非人类客体之间的关系，远离了一种单一的消费者和可消费的现代主义模式，而转向了有关共存、互相渗透、可持续性及感觉关联等更复杂的生态

① 许德明等主编：《文明与文明城市：〈全国文明城市测评体系〉研究》，上海人民出版社 2005 年版，第 87 页。

学问题。”[①] 人更关注自己的精神追求，有更好的人际关系，参与更多的政治活动，与自然共同发展，富兰克林所描述的这种城市生活是值得我们期许的。

① ［澳］阿德里安·富兰克林：《城市生活》，何文郁译，江苏教育出版社 2013 年版，第 129 页。

社会主义核心价值观

传统文化与社会主义核心价值观的关系

当前，深刻认识中华传统美德与社会主义核心价值观的内在关系是时代的需要，也是历史的必然。每一个民族在走向民族复兴时，在迎接新的历史挑战、进行新的历史创造的过程中，都必然要去回溯自己的民族传统，去重新认识自己民族的自我。每个民族的文化传统就是这个民族群体的自我意识，回溯自己民族群体的文化传统的过程也就是重新来认识民族自我，认清在新的历史条件下，自己民族应该干什么，不应该干什么，应该向哪个方向努力，才能走上民族复兴的道路。今天我们讨论这个问题，从一个侧面说明了我们这个国家在走向民族复兴、实现中国梦的过程中的文化自觉。在文化传统问题上，从“五四”运动甚至在鸦片战争以前就讨论过这个问题。我曾经在一本小书里讲过，这是一个世纪之争。到底应该怎样来对待自己民族的文化传统，不少先贤发表了各种各样的见解，我从里面得到很大的启发，但也感到有一些问题值得进一步思考。例如：什么是传统？什么是传统文化？这个问题就涉及文化传统、传统文化、传统美德等概念，我认为这些概念的内含是不同的。过去在讨论过程中，对这些概念的界定是不清楚的，并没有达成一个共识，以致很多情况下各说各话。我们今天在讨论这个问题的时候，首先就需要把这些概念的内含搞清楚。我的理解是，一个民族的传统，一个民族的文化传统，就是这个民族的自我意识。如果我们对这个东西搞不清楚，不能给它一个科学的界定，那就找不到自己的历史位置，不知道在前进的过程中需要什么、不需要什么、拥护什么、反对什么、追求什么、排斥什么。第二个需要思考的问题是，文化传统作为一个民族的自我意识，它的构成要素是什么？这些要素的内在关系怎样？毛泽东同志曾经把传统区分为精华和糟粕。一个民族的文化传统是一个复杂的体系，我们现在继承传统文化，应该继承其精华的部分。最近有的学者将我们的优良文化传统概括为三句话：家国情怀、社会关爱、个人修养。这种概括准不准确，当然还是可以再讨论的。有人讲儒家做事、道家做人、佛教养心，似乎也没错，但它是不是问题的实质，是值得思考的。第三个问题就是传统的功能到底是什么？是不是所有的传统、所有的优良传统都能自然而然地发挥功能？我觉得不尽然。即使是优良的东西在不同的历史条件下其作用也是不同的。例如达尔文的社会进化论，严复把它引进中国，对于当时的中国来说是一个先进思想，但在西方社会进化论则已经是一种落后的思想了。当时我们国家面临民族危机，社会进化论对于唤醒民族觉悟具有重要的积极作用，所以它成为当时启蒙思想的一个很重要的内容。同样地，文化传统也是这样。所以传统文化的功能是什么，它发挥作用的机制和条件是什么，也需要我们进一步思考。第四个问题，我们的优良传统和社会主义核心价值观是什么关系。中华传统美德和社会主义核心价值观肯定不是一个东西，社会主义核心价值观是对文化传统的继承和升华。所谓的中西古今之争在鸦片战争以后就提出来了。传统和现代的关系确确实实需要搞清楚。我们是有历史的教训的。为什么百年来，传统和现代的关系一直纠缠着我们？毛泽东同志早年提出，从孔夫子到孙中山，要进行科学的总结，今天的中国是历史的中国的发展，我们不能苛求于古人，应该吸其精华、去其糟粕。这讲得很清楚，但是到了“文化大革命”，一切传统的东西、传统文化却都变成了“牛鬼蛇神”，统统打翻在地、再踏上一只脚。其复杂的原因不是我们在这里要研究的，但从学理上来讲，问题到底出在哪里？有没有一个内在的根据？传统不能在需要的时候就是好东西，不要的时候就坏透了，像鲁迅所讲的，一个烂脓包，红肿之时，艳若桃花，溃烂之时，美如乳酪。这些问题都需要做进一步的研究，要达成某种共识。传统不能变成一种单纯的手段，要的时候和不要的时候完全两个境遇。这个教训太深刻了！今天我们讨论这个问题，一定要深刻了解我们党提出社会主义核心价值观的历史内含、文化根据，我们的一个任务，就是要给这些作出一个比较确定的判断，这样，我们的讨论才有前提，才不会公说公有理，婆说婆有理，到头来各说各话，问题还是问题。

联合国的核心价值建构及其对我国核心价值观建设的启示

安全、发展、人权与正义是联合国所倡导和追求的四大核心价值。以这四大核心价值为主体的联合国核心价值系统，是人类文明的精神结晶，是各民族核心价值的最大公约数。既为现代国际秩序的建立和维护提供了伦理基础，也为各民族国家的核心价值观建设提供了重要的借鉴和指针。

一 联合国核心价值的建构

联合国是目前世界上最重要、规模最大的政府间国际组织。《联合国宪章》是联合国的“根本大法”。宪章所包含的传统的价值理念为我们理解和把握联合国的核心价值提供了基本的文本，也为联合国尔后的核心价值建构提供了基本的框架。

宪章序言明确指出，建立联合国的初衷是：(1)使人类免遭两次世界大战那样的惨祸；(2)维护基本人权、人格尊严与价值、男女平等以及各国的平等；(3)维持正义，遵守基于合理的条约与国际法之义务；(4)促成大自由中之社会进步及较善之民生。《宪章》第一章第一条阐明了联合国的宗旨：(1)维持国际和平及安全，为此，将依据正义及国际法的原则，并采取和平方法，调整或解决足以破坏和平之国际争端或情势；(2)发展国际间以尊重人民平等权利及自决原则为依据之友好关系，增强普遍和平；(3)促进国际合作，以解决国际间属于经济、社会、文化及人类福利性质之国际问题，增进并激励对于全体人类之人权及基本自由之尊重。可以看出，联合国的四大核心价值——安全、发展、人权、正义——都在联合国宪章的序言和第一章中得到了明确阐述。宪章后面的章节也多次重复提及这四大核心价值。例如，第九章第 55 条指出，联合国应当促进

(1)较高之生活水准、全民就业及经济与社会发展；(2)全体人类之人权及基本自由之尊重与遵守。此后，联合国的一系列宣言、条约、报告、文件不仅传承、丰富和发展了安全、发展、人权与正义这四大核心价值，而且还通过一系列组织行为使这四大价值落实到制度层面，转变成联合国以及各民族国家的政策目标。

虽然联合国大会早在1948年就通过了《世界人权宣言》，并于1966年通过了《公民权利和政治权利国际盟约》和《经济、社会、文化权利国际盟约》，初步建构了一套比较完整的权利体系。但是，只是到了20世纪90年代，随着"冷战"的结束，人权价值才逐渐成为联合国的"宠儿"，并占据联合国舞台的核心。1993年，世界人权大会在维也纳召开，会议通过的《维也纳宣言和行动纲领》重申，"坚决维护《联合国宪章》和《世界人权宣言》所载的宗旨和原则"，认为"促进和保护人权是国际社会的一件优先事项"。次年，联合国启动了"人权教育十年计划"(1995—2004)，在全球范围内有组织有计划地传播和推广人权价值观。此后的《联合国千年宣言》、联合国秘书长为2005年联合国首脑会场提供的报告《大自由：实现人人共享的安全、发展与人权》以及首脑会议的成果文件都继承并重申了《维也纳宣言》精神。[2]新千年以来，在联合国的大力推动和各国政府的共同努力下，人类的人权事业发展得风风火火。人权价值观不仅成为全球"价值交响乐"中的最强音，而且也是建构21世纪国际关系的重要基石。

重建并维护正义的国际秩序，是联合国建立的初衷之一。不过，在其早期，联合国对正义的关切往往被它对安全、发展、人权的关切所掩盖。"冷战"结束以来，联合国对国际正义的关切、强调和追求逐渐由自发走向自觉。"建立一个更加和平、繁荣和公正的世界"的呼声在联合国的舞台上频频回荡。2002年，在联合国可持续发展世界首脑会议通过的《政治宣言》中，各国首脑承诺，将致力于建立"一个崇尚人性、公平和相互关怀的全球社会"。在《2005年世界首脑会议成果》文件中，各国首脑决心创建一个"更和平、更繁荣、更民主、更公正的世界"。2005年，联合国秘书长在《大自由》中明确指出，"保护和促进法治、人权及民主等普遍价值观本身就是目标。同时，这些价值观也是一个公正、充满机遇、稳定的世界所不可缺少的"。2006年，新任联合国秘书长潘基文在其就职后的大会发言中指出，联合国需要通过加强其三大支柱——安全、发展与人权，来建立一个更和平、更繁荣、更公正的世界。2009 年，潘基文在联合国大会的发言“这是我们的时刻”中再次重申，人人享有和平、正义、人权和机会平等是联合国宪章的根本原则。在各国人民的交往日益紧密、全球命运共同体呼之欲出的全球化时代，构建一个以平等、民主和人权为基础的正义的全球制度与国际秩序，已经成为联合国自觉追求的目标。

二 联合国核心价值阐释

由上可见，安全、发展、人权与正义是联合国所倡导的价值系统的基本骨架。在这四大核心价值周围，还有一些彼此相连的价值“元件”。这四大核心价值及其相关的价值元件，构成了一个动态的、开放的核心价值系统。

1. 安全

联合国所倡导的安全价值包括这样一些要素：

第一，和平与和平建设。安全与和平密不可分。没有和平，就不可能有安全。和平指的是战争的消除，是一种没有战争的状态。更重要的是，和平是一种价值取向，一种以平等、法治和关怀为基础的存在状态。和平建设致力于构建和平的基础与机制，它通过医治战争创伤、建立信任、消除冲突的根源、实现社会经济的发展、保障人权、确立公平正义的制度、裁军、控制军备竞赛等措施，力图实现永久和平。

第二，非暴力。反对在国际关系中使用威胁或武力，主张通过谈判、调停、和解、国际仲裁等文明手段（而非战争）来解决国家之间的争端和冲突。强调非暴力并不意味着反对一切形式的武力使用。联合国倡导的安全价值观确认，如果一个国家或地区内部的冲突导致了大规模的人道主义灾难，威胁到国际和平与国际秩序的稳定，那么，作为一种最后的选择，相关的会员国有义务在联合国的授权下出动“维持和平”部队进行人道主义干预，以抑制、缓解、控制、并最终消除该冲突。人道主义干预类似于警察的执法行为，因而它与传统的战争行为有着本质的区别。

第三，安全既包括传统安全，也包括非传统安全。传统安全的威胁主要来自战争，非传统安全的领域则扩展到了经济、文化、科技、健康、环境等领域。

第四，集体安全。鉴于安全主体与安全威胁的多样性，联合国强调集体安全。这包括：通过建立公正的国际秩序，实现全人类的共同安全；如果一个合法的政府无力为其人民提供安全，那么，国际社会有责任为那些人民提供安全；国际社会有责任制止发生在任何一个国家的种族屠杀和种族清洗，惩罚各种形式的反人类罪和战争罪。

总之，联合国所倡导和追求的安全是一个包含着重要的规范内含的核心价值。

2. 发展

联合国语境中的发展是一个内容较为丰富的价值，既包括经济、社会、文化和政治方面的发展，还包括环境关切。具体而言，发展这一价值的规范内含包括：

第一，发展是经济、社会、文化和政治的全面进程。人是发展的中心，发展的目的在于满足全体人民的需要，提高所有个人的福利。消除贫困是发展价值的首要关切。实现基本的医疗保障、普及义务教育、实现男女平等、缩小贫富差距（特别是发达国家与发展中国家之间的贫富差距）等都是“发展”这一核心价值的重要关切。

第二，发展权利是一项普遍的、不可分割的权利，是基本人权的一个组成部分。发展机会均等是国家和组成国家的个人的一项特有权利。每个人和世界各国人民均有权参与和促进发展并享受发展的成果。应公平地分配发展所带来的利益。发展和尊重人权是相互依存、相辅相成的。

第三，公正的国际秩序、安全与和平是实现发展权利的必要条件。裁军与发展之间密不可分，裁军领域的进展将大大促进发展领域的进展。裁军措施腾出的资源应用于各国人民（特别是发展中国家人民）的经济、社会发展和福利。

第四，保护环境是发展的内在要求。就环境主题而言，联合国不仅强调环境价值的人文维度，如节约资源，使人类能够享有安全的饮用水、清洁的空气、宜居的环境等，而且强调环境价值的生态维度（如保护生物多样性，维护生态系统的完整与稳定），并把环境价值的生态维度具体地表述为“尊重自然”。

3. 人权

倡导、坚持并推广人权价值观，是联合国对人类文明所做出的最明显也是最突出的贡献。根据联合国的人权价值观：

第一，建立一个更加公正和平等的国际秩序是国际社会的共同目标，是人类的福祉所在，也是实现安全、发展与人权的制度保障。

第二，维护民族自决原则、确保人人享有基本人权、实现共同发展、维护民族国家之间的平等是国际正义的重要内容。

第三，民主和国际法治对于实现国际正义来说至关重要。民主的基础是人民自由表达决定自己政治、经济、社会和文化制度的意愿，充分参与公共生活的一切方面。国际社会应当支持、加强和促进国家层面和全球层面的民主。

第四，强调尊重与宽容，特别是文化之间的宽容和相互理解。为促进不同文明之间的沟通、理解和相互交流，联合国于2005年成立文明联盟。2008年，联合国“文明联盟”首届论坛在西班牙马德里举行。论坛的主题是“不同宗教和文化开展对话，实现世界和平与稳定”。2014年8月，“文明联盟”第六届论坛在印尼巴厘岛举行，论坛的主题是“多样性中求团结”。联合国“文明联盟”的目的，是通过倡导不同宗教和文明之间对话与交流，避免文明之间的误解和冲突，实现不同文明之间的和谐以及各国人民的和谐相处。

三 联合国核心价值观与我国核心价值观的比较

作为我国近代以来规范建设和价值追求的提炼与升华，我国的社会主义核心价值观由12个核心价值构成。它们是国家层面的富强、民主、文明、和谐；社会层面的自由、平等、公正、法治；个人层面的爱国、敬业、诚信、友善。作为全球核心价值的最大公约数，联合国的核心价值观与我国的核心价值观既存在着重叠之处，也存在着微妙的差异。

第一，我国的核心价值观与联合国的核心价值观之间存在着许多“重叠共识”。比较显著的共识是，二者都倡导民主、自由、平等、公正、法治这五个核心价值；这五种核心价值属于我国与联合国之核心价值观的“重叠共识”。

第二，我国的某些核心价值与联合国的核心价值之间具有相通或相似之处。可以肯定的是，我国倡导的富强、文明、和谐、诚信与友善价值观与联合国倡导的发展、安全、法治、宽容等价值观完全可以实现无缝对接。首先，我国的“富强”这一核心价值所包含的富裕和繁荣要素与联第一，人人享有联合国人权公约所规定的各项权利和自由，且不族、性别、肤色、宗教、政治或其他见解、国籍或社会地位、财产、或其他身份的差别。这些权利包括生命权、自由权、人身安全权、权、思想与良心自由（包括宗教自由）权、集会和结社权、选举等等。

第二，人权来源于人与生俱来的尊严和价值。人权不是被恩赐或予的，也不是挣来的，因而，任何人或任何机构都没有权利剥夺他人权和基本自由，不论以何种名义。

第三，人权是普遍的。虽然在阐释和推广人权价值观时，我们需虑民族特性和地域特征以及不同的历史、文化和宗教背景，但是，各家，不论其政治、经济和文化体系如何，都有义务促进和保护所有权，“无任何区分地尊重人权和基本自由是国际人权法律的一项基范”。[3]

第四，所有的人权都是不可分割、相互依存、相互联系的。国际应以同样重视的眼光、以公平和平等态度看待所有的人权。

第五，人权主题与安全、发展主题之间是相互依存、相辅相成、加强的。联合国前秘书长安南在《大自由》中明确指出，在我们这术突飞猛进、经济日益相互依存、全球化和地缘政治剧变的时代，人安全、发展之间不仅关系更加紧密，而且相互推动。一方面，贫穷和人权的行为导致不稳定和暴力的风险大增；战争和暴行使发展受挫。方面，地球的某个地区发生的灾难性的恐怖事件，能够导致其他地区济严重滑坡，使数百万人陷入贫穷，陷入发展的困境；而治理良好、公民人权的国家，则能避免冲突，克服发展的障碍。因此，“没有我们就无法享有安全；没有安全，我们就无法享有发展；不尊重人权们既不能享有安全，也不能享有发展。”[4]

4. 正义

“联合国自成立以来，一直决心为创建一个以对人权普遍尊重为的和平、公正的世界而奋斗。”[4] 从学理的角度，正义主要是一种形的价值框架，它的实质内容往往是由人权、平等、民主、基本需要的等实质规范所决定的。因此，联合国对普遍人权、共同发展、国际集体安全、全球民主、国际法治的建构，也就是对国际正义的建构。

联合国所理解的正义包含如下一些内容：

合国的“发展”这一价值是一脉相承的。事实上，联合国的“发展”价值观所包含的消除贫困、缩小贫富差距、实现男女平等、普及义务教育、提供基本的医疗保障等目标，也是我国的富强、文明、和谐价值观所追求的目标。其次，诚实守信是处于社会转型期的我国所面临的一个重要挑战。由于我国的市场经济不够成熟，法制建设不够完善，因而，不论是市场中的企业还是公共生活中的政府，都存在着不守信用、甚至巧取豪夺的行为，这导致人们对企业和政府缺乏足够的信任。更为可悲的是，企业和政府这种不守信用的交往模式甚至扩散到人们的日常交往中，使得公民之间也变得缺乏信任。把诚信作为一种核心价值凸现出来，可以说是有的放矢，对症下药，有利于市场经济和法制建设的完善，有利于企业、政府和公民行为的“文明化”。最后，我国的“友善”这一核心价值与联合国的“宽容”价值也是相容的，因为友善是宽容的内在要素之一。

第三，无可否认，我国的核心价值观与联合国的核心价值观之间还是存在着一些不同和差异。首先，一个较为明显的差异是，联合国的核心价值观中没有“爱国”这样的表述。这主要是由于，联合国是一个以促进和维护国际和平、保护和实现所有人的人权为目标的伦理共同体，它没有自己的独立于或高于其会员国的特殊利益。此外，在各民族间的交往和相互依存日益加深的全球化时代，联合国致力于消除狭隘的民族主义，力图用世界主义来削减民族主义的消极因素，培育具有世界主义胸怀的世界公民，倡导民族和解，追求世界大同。因而，联合国没有把“热爱联合国”或“热爱民族国家”视为自己的核心价值，也就是顺理成章的了。

其次，联合国的发展价值观中没有包含我国的“富强”价值观中的“强大”这一要素。这种差别可以从两个方面来理解。一方面，自近代以来，由于遭受西方列强欺凌，我国就一直追求富强，以便摆脱西方的殖民统治，实现民族独立和自强。在当今的国际秩序中，我国仍属于发展中国家；国际社会中还有许多规则不利于发展中国家的国际交往。包括我国在内的发展中国家只有变得足够强大，才能平等地参与国际规则的制定，在国际合作与交往中获得公平的待遇。因而，我国把富强视为自己的目标，也就不足为怪了。另一方面，联合国不是民族国家意义上的“国家”或利益主体。它自己不需要变得“强大”起来，以便对抗另一个威胁着它的存在或安全的利益主体。况且，一种缺乏伦理自律的单纯的强大本身也是危险的。因此，作为全人类核心价值的提炼者，联合国确实不宜把强大本身视为一种核心价值，除非这种强大能够用于造福全人类。

再次，敬业也没有被联合国视为一种核心价值。作为职业伦理的核心价值，敬业在任何一种文明中都是得到认可的。基督教新教伦理的“天职”概念更是把敬业与自我救赎联系起来。作为一种职业素养，敬业可以视为一种底线伦理。联合国对其员工也提出了敬业的要求。把敬业提升为一种核心价值，这可能有点人为地拔高了“敬业”这一价值的地位。或许正是出于这种考虑，联合国的核心价值清单中没有包含敬业这一价值。

最后，最为引人注目的差别或许是，我国的核心价值清单中没有“人权”这一价值。我国目前没有把人权纳入核心价值清单中来，这并不意味着我国不重视人权。尊重和保护人权事实上也已经成为大多数中国人的共识，因而，我们有理由相信，在不久的将来，人权在我国的核心价值中将浮出水面。

四　联合国的核心价值建构对我国核心价值观建设的启示

在各民族国家及其人民正日益形成一个紧密联系、相互依存、休戚与共之命运共同体的全球化时代，联合国对于人类福祉的重要性将日益凸显。作为协调全球化时代各民族国家间关系的最具权威的超国家组织，联合国的核心价值建构不仅对于消除民族国家间的冲突具有重要的基础性作用，而且也对各民族国家的核心价值建构具有引导和启示作用。

第一，区分两类不同的核心价值，即目的性核心价值与工具性核心价值。目的性核心价值是那些因其自身的缘故就值得追求和坚守的核心价值；这些价值是人类追求的终极目标，与人类的自我认同、自我定位有关，是人之所以成为人的建构性要素。工具性价值指的是那些有助于实现核心价值和其他终极目标的价值；这类价值在道德的意义上是中立的，既可以用来实现合理的终极目标也可以用来实现不合理的终极目标。就联合国的四大核心价值而言，安全与发展属于工具性核心价值，人权与正义属于目的性核心价值。就我国的 12 个核心价值而言，民主、自由、平等、公正、爱国、诚信、友善、和谐、文明属于目的性核心价值；富强、敬业、法治属于工具性核心价值。核心价值的建设应凸显目的性核心价值，用目的性核心价值来引导和约束工具性核心价值。

第二，保持核心价值观之稳定连续与动态开放的辩证统一。核心价值观既是一套相对稳定、连续的价值结构，也是一个动态的、开放的价值系统，应根据人们价值取向的变化和时代的需要不断地调整和完善其主题，使核心价值观的生命之树常青。联合国核心价值观建设重点的变化对我们的启示是：一方面，我国的核心价值观建设既要保持相对的稳定性和连续性，不能因个别权势人物的喜好而随意改动；另一方面，核心价值观的建设也要具有动态性和开放性，根据社会发展进程逐渐弱化工具性核心价值的地位，把目前还处于"隐性"状态的人权、和平、宽容与尊重自然等目的性核心价值适时提升为我国核心价值观建设的重要纲目，使我国的核心价值观建设变得更加全面和完整。

第三，注重核心价值观的制度建设。核心价值是人类行为的重要准则，也是建构和调节人们之间、机构之间以及国家之间的关系的指导原则。作为公民价值观的最大公约数，我国的核心价值已经获得绝大多数公民的认可。由于制度设计的缺陷、利益关系调整的失衡、特定政策的失误、集团利益的膨胀和扭曲等原因，普遍价值与特定情境中的特殊利益（个体的或集团的）难免会发生冲突，导致我们所倡导的核心价值被特殊利益所践踏或难以得到充分实现。因此，为了使我国的核心价值得到更好的坚守和维护，我们需要把核心价值落实到制度层面，让制度成为体现和维护核心价值的中坚力量。我们首先要把核心价值观作为指导我国的制度设计和制度建设的指导原则，使之在作为国家根本大法的宪法和作为国家意志的法律体系中得到充分体现，并成为确认人们之间的平等权利与义务关系的社会制度（包括政治制度、经济制度和其他制度安排）的内在灵魂，成为调节人们之间的利益格局的公共政策的指导方针。只有把核心价值观贯彻到制度层面，使之成为制度的内在伦理追求（制度伦理），避免制度安排与核心价值出现"两张皮"的现象，我们的核心价值观建设才能实现预想的目标，取得预想的效果。

第四，凸显核心价值的普遍主义取向。联合国的核心价值建构一方面充分吸收了近代以来首先在西方出现、并代表了人类文明发展方向的自由、平等、人权等价值成果，也充分考虑了20世纪中叶以来世界各国人民对和平、发展、人权、正义、民主、宽容、尊重自然等重要价值的追求，因而，联合国所倡导的核心价值是能够得到各国人民普遍认同和支持的具有最大价值公约数的普遍主义价值。我国的核心价值观建构也应凸显核心价值的普遍主义取向，既要吸收我国传统文化、特别是近代以来的中国文化所追求的那些具有普遍主义特征的价值元素（如和谐、自由、平等、权利等），同时也要站在人类文明发展的高度，以开放的态度积极参考和借鉴联合国的核心价值建设，把符合人类文明发展潮流的和平、发展、人权、正义、民主、宽容、尊重自然等核心价值纳入我国核心价值系统中。在全球化时代，联合国以及具有普遍主义取向的人类核心价值系统的建构都离不开我国的积极参与。我们应站在人类文明的高度，把我国传统核心价值系统中对提升全人类的福祉具有普遍价值的纲目推介给国际社会，为丰富和发展全人类的核心价值作出应有的贡献。

[参考文献]

[1] 迈克尔·霍华德：《国际安全中联合国作用的发展》，亚当·罗伯茨、本尼迪克特·金斯伯里：《全球治理：分裂世界中的联合国》，吴自成等译，中央编译出版社 2010 年版。

[2] Roger Norrnand and Sarah Zaidi. Human Rights at the UN, The Political History of Universal Justice [M] . Indiana University Press, 2008.

[3] 维也纳宣言和行动纲领 [EB/OL], http//www. un. org/chinese/hr/issue/docs/6. PDF 除特殊标明外，本文所有引文及联合国的相关宣言、文献和会议成果均来自联合国网站：www. un. org/zh/。

[4] 安南，大自由 [EB/OL], http//www. un. org/chinese/large rf reedom/index html。

[5] Adams Roberts, "Order/Justice Issues at the United Nations", in Rosemarv Foot, John Gaddis and Andrew Hurrell ed. , Order and Justice in International Relations [M] . Oxford University Press, 2003.

[6] 张贵洪、郭峰铖：《联合国与文明对话》，时事出版社 2013 年版。

社会主义核心价值观生活化的理论必然与实现路径

习近平总书记2014年在上海调研时指出，培育和践行社会主义核心价值观，贵在坚持知行合一、坚持行胜于言，在落细、落小、落实上下功夫。要注意把社会主义核心价值观日常化、具体化、形象化、生活化，使每个人都能感知它、领悟它，内化为精神追求，外化为实际行动，做到明大德、守公德、严私德。这是党的领导人首次明确提出，要推进社会主义核心价值观生活化。根据习总书记关于社会主义核心价值观生活化有关问题的讲话，我们认为，社会主义核心价值观生活化的实质是指，要让社会主义核心价值观成为人民群众生活改善的“明灯”，要让社会主义核心价值观所倡导的价值理念成为人民群众在日常生活中做出是非选择的根本价值标准，要让社会主义核心价值观所倡导的行为法则成为人民群众的生活习惯。

一　社会主义核心价值观生活化的理论必然

社会主义核心价值观生活化的提出并非应急之策，而是有着历史与理论的逻辑必然，具体来讲，社会主义核心价值观生活化是由社会主义核心价值观自身的科学性、革命性和人本性所决定的，推进社会主义核心价值观生活化是实现社会主义核心价值观真正为大众自觉践行并成为民众生活改善“指南针”的重要向度之一。

1. 社会主义核心价值观生活化是由其科学性决定的

其一，社会主义核心价值观是马克思主义价值观，拥有强大的真理力量。《关于培育和践行社会主义核心价值观的意见》指出：“社会主义核心价值观是社会主义核心价值体系的内核，体现社会主义核心价值体系的根本性质和基本特征，反映社会主义核心价值体系的丰富内含和实践要求，是社会主义核心价值体系的高度凝练和集中表达。”① 而作为指导思想的马克思主义，又是社会主义核心价值体系的灵魂，因此它对社会主义核心价值体系及其集中表达的社会主义核心价值观的性质具有根本意义上的规定性。从社会主义核心价值观 12 个词具体内含和价值指向来看，它正是社会主义社会的价值标准在国家、社会、公民三个层面的具体表达，对建成什么样的社会主义国家和社会、培养什么样的社会主义公民等问题做出了合乎马克思主义原则和中国具体实际的回答。也就是说，坚守社会主义核心价值观和坚持社会主义道路、制度是一体的。

其二，社会主义核心价值观植根于中国传统文化沃土，拥有深厚的文化支撑。党的十八大提出的“三个倡导”的 24 字社会主义核心价值观，既汲取了人类的价值共识和文明成果，反映人类美好的理想和价值目标，又扎根于中华文化的土壤，继承了中国传统价值的精华。也正是由于这种民族文化基因的传承，使得社会主义核心价值观烙上了中国文化的印记，显示了独特的中国风格，比较容易为人民群众接受和认同，并得以在中国大地迅速传播，显示出了旺盛的生命力，也使中华文化焕发出了勃勃生机。

其三，社会主义核心价值观发轫于中国特色社会主义实践，拥有坚实的实践基础。社会主义核心价值观的提出并非想当然，而是源于中国特色社会主义实践的需要，源于对中国特色社会主义建设规律的深刻认识，它的提出是合规律性与合目的性的统一。社会主义核心价值观的提出与传播大大提高了中国特色社会主义的认同度和解释力，为中国特色社会主义发展赢得主动、赢得优势、赢得未来。

2. 社会主义核心价值观生活化是由其革命性决定的

社会主义核心价值观与中国历史上旧有的价值观不同，它彻底贯彻了唯物主义价值标准，坚持用发展的眼光观察事物，判断事物，反对把客观世界和人的认识绝对化，凝固化。它充分反映了当代中国最广大人民群众的愿望和期盼，有着鲜明的无产阶级政治立场，是为发展社会主义，战胜资本主义“呐喊”、“助威”。社会主义核心价值观是对旧有价值观的扬

① 中共中央办公厅印发：《关于培育和践行社会主义核心价值观的意见》，http：//c：pc. people. com. cn/n/2013/1223/c643 87—2392411O. html。

弃，是革命的价值观。这种革命性又凸显于以下三个方面：

其一，社会主义核心价值观是以中华民族伟大复兴为目标指向。富强、民主、文明、和谐体现了社会主义核心价值观在发展目标上的规定，是立足国家层面提出的价值目标和要求。这一国家层面的价值目标托起了实现中华民族伟大复兴的中国梦。这一发展目标的规定就是在向世界上一切企图奴役中华民族的敌对势力宣言：中华民族不会再被奴役，中华民族是不可战胜的！

其二，社会主义核心价值观是社会主义在中国存在与发展的价值支撑。社会主义核心价值观用最简练的语言回答了什么是社会主义、中国为什么要搞社会主义、搞社会主义将给我们带来什么等一系列关乎中国社会主义发展命运和前景的根本问题。它向广大人民群众描述了发展社会主义的美好期许，大大增进了人民群众投入社会主义建设的自觉和自信，从而主动与资本主义决裂并坚决与之斗争。

其三，社会主义核心价值观是巩固马克思主义意识形态领导权的精神武器。社会主义核心价值观彻底贯彻了马克思主义原则，体现了马克思主义在国家、社会和个人三个层面的根本要求，培育和弘扬社会主义核心价值观与坚持马克思主义是一致的。在价值选择多元的今天，培育和弘扬社会主义核心价值观就是在用一种更加直白、易懂的语言向一切非马克思主义价值观说“不”。

3. 社会主义核心价值观生活化是由其人本性决定的

社会主义核心价值观是一种“接地气”的价值观，是一种关切民生的价值观，它所述的内容都与人民群众的生活利益紧密相关，充满了浓郁的人文关怀。社会主义核心价值观的人本性突出地反映在三个方面：

其一，社会主义核心价值观致力于促进人的自由而全面发展。人的发展与国家、社会的发展是对立统一的关系。国家的强盛和社会的公正是人实现自由而全面发展的前提和基础，而人越全面发展，社会的物质精神文化财富就会创造得越多，国家的富强文明和社会的平等自由就越容易实现。社会主义核心价值观正是立足于人与国家、社会发展之间的这种辩证统一关系，较为科学而系统地向我们阐明了实现人的自由而全面发展的“蓝图”。

其二，社会主义核心价值观致力于促进社会和谐稳定。和平是当前中国人民群众最大的心愿，也是其最大利益，而这就迫切需要促进社会和谐稳定。社会主义核心价值观旗帜鲜明地高扬“和谐”，将之列入 12 词之一。而且其中所提的“自由、平等、公正、法治”、“爱国、敬业、诚信、友善”又都是实现社会和谐稳定的保障和条件。中国社会的和谐稳定来之不易，我们应该倍加珍惜。在当今国际形势复杂多变的时代，我们必须践行社会主义核心价值观，维护和平稳定发展的大局。

其三，社会主义核心价值观致力于促进人与自然和谐相处。正如恩格斯指出的那样，“我们连同我们的肉、血和头脑都是属于自然界和存在于自然界之中的”①。人来源于自然界又依存于自然界，自然界是人类生存和发展的载体，要实现人的可持续发展，就必须学会与自然界和谐相处。社会主义核心价值观所倡导的“友善”就蕴含了人要对自然界友善之意。人类必须尊重客观规律，修复和改善与自然的关系，建设良好的生态环境，才有人的全面发展和社会的稳定。

人与自然的和谐、人与社会的和谐都为个人的全面发展创造了条件，人的自由全面发展才是社会和个人追求的终极目标和方向。

二 社会主义核心价值观生活化的实现路径

社会主义核心价值观生活化不是一件一蹴而就的事情，而是一项由社会主义核心价值观提炼和解读、传播、践行等诸多环节构成的艰巨而复杂的系统工程。实现社会主义核心价值观生活化需要在社会主义核心价值观提炼和解读生活化、社会主义核心价值观传播生活化以及社会主义核心价值观践行生活化等方面做出持续努力，它们互为条件、互相制约且有机统一。

1. 提高社会主义核心价值观提炼与解读生活化的水平

实现社会主义核心价值观生活化首先需要在提炼和解读上下功夫，即要使社会主义核心价值观的内容更加紧贴人民群众的生活实际，充分反映人民群众在生活利益上的诉求，这是实现社会主义核心价值观生活化的前提和基础。而提高社会主义核心价值观提炼与解读生活化的水平，就迫切需要努力提高社会主义核心价值观的民族性、现代性、具体性和包容性。

中华优秀传统文化是每个中国人的“根”，流淌在每个中国人的血液

① 马克思、恩格斯：《马克思恩格斯选集》（第 3 卷），人民出版社 1975 年版，第 518 页。

里，渗透在每个中国人的心灵深处，是中华民族身份认同的重要标志。因此，提高社会主义核心价值观的民族性，需要我们进一步挖掘中华优秀传统文化的内含，汲取其中的营养以丰富社会主义核心价值观的内容和表现形式。自近代以来，中国人民依靠自己的智慧与劳动创造出了独特而灿烂的现代文明，由此也孕育出了中国人独特的现代性，这种现代性已深深植根于人们的生活之中，塑造着中国人的现代文明形象，反映着人们对现代文明的愿景。要提高社会主义核心价值观的现代性，就需要我们加强对属于中国人的这种独特的现代性进行提炼并吸纳到社会主义核心价值观体系中来。另外，要提高社会主义核心价值观的现代性，还需要关注人们的网络生活，要建构起解读社会主义核心价值观的网络话语体系。党的十八大所提出的 24 字的社会主义核心价值观体系是立足于宏观战略层面的提炼与表达，而人们的日常工作与生活多以小事构成，比较琐碎，其要求也比较具体，要使 24 字的社会主义核心价值观为人们在日常生活中自觉践行，就需要我们进一步分群、分行业架构起连接宏观与微观的“话语桥梁”。当然，现在的中国社会是一种多元化的社会，人们的日常生活丰富多彩，要实现社会主义核心价值观生活化，就需要我们顾及人们在生活中多方面的利益诉求，也就需要我们进一步提高社会主义核心价值观体系的包容性和开放性，适时调整和完善社会主义核心价值观体系内容，使之能够反映人们在不同阶段、不同时期的生活中的主要利益诉求。

2. 加大社会主义核心价值观传播生活化的力度

社会主义核心价值观的有效传播是实现社会主义核心价值观生活化的关键。要让社会主义核心价值观在人们日常生活中能够有效传递主要是要解决载体和方法的问题。

在载体方面，要充分利用各种生活类型的载体进一步拓展社会主义核心价值观的传递领域与时空范围。为此可以从以下几个方面入手：一是充分利用活动载体。抓住重大纪念日、民族传统节日等契机，组织多种多样的纪念活动、庆典活动，并且在这些活动中融入社会主义核心价值观，使人们在潜移默化、不知不觉中践行社会主义核心价值观，促进其生活化。二是要充分利用媒介载体。要把手机短信、微信、QQ 群、微博、论坛新媒体建成弘扬核心价值观的主流平台，让社会主义核心价值观渗透到网络环境的各个领域和环节，实现对民众网络生活的全覆盖。强化新媒体的传播效力，充分挖掘其中培育核心价值观的信息资源。三是要充分利用文化载体。加强社区文化、村镇文化、企业文化、校园文化等建设，使社会主义核心价值观融入到各种基层文化建设之中。四是要充分利用管理载体。重视基层组织在核心价值观生活化中的作用，充分调动基层组织的积极性和参与度，大力创新基层管理服务的方式，让社会主义核心价值观引领日常村镇管理、大中小学学风建设、生活社区管理等，按照核心价值观的要求制定组织纪律和制度规章，使社会主义核心价值观更深入更贴近人们的思想和工作实际，更及时有效地分析和解决人们的思想问题，规范人们的行为。

在方法方面，就是要注重提高针对性和实效性。教育者在对民众进行社会主义核心价值观教育过程中须注重加强主动协调对话的力度以及平等对待的亲和度，也就是要把宣传教育过程变成教育者与接受者之间在互动基础上平等参与的对话过程。在社会主义核心价值观的宣传工作中，要针对不同的群体采取不同的传递方式。

3. 提升社会主义核心价值观践行生活化的深度

而要让广大人民群众在践行社会主义核心价值观上做到自觉，主要是要解决行为动力问题，即践行社会主义核心价值观可以让个人生活有保障有尊严，也就是说价值观的践行就是倡导好活法，就是让老百姓过上好日子。要解决践行社会主义核心价值观动力问题，需要从两个方面着手：

其一，夯实践行社会主义核心价值观的利益基石。马克思说过，“人们奋斗所争取的一切，都与他们的利益有关”。[①] 利益追求是人们一切社会活动的动因。在今天市场经济的时代，社会利益关系复杂多元，收入分配差距拉大，人们对利益的诉求更为直接更为现实和强烈，要求人民群众践行社会主义核心价值观就必须关注和解决人们的民生问题和积极回应人们的利益诉求，最大限度地让人民群众共享改革开放的成果，建立有利于形成思想共识的合理利益关系，这是广大人民群众自觉践行核心价值观的利益基石。因此，我国必须大力发展生产力，切实满足人民群众的利益和需求，让广大人民群众过上“小康生活”。同时，我们又要花大力气解决收入分配不公的问题，深入持久地开展反腐败斗争，惩贪去腐，化解社会矛盾和群众的怨恨心理，努力营造友善、宽容、互助和健康的社会环境。只有这样才能逐步增强人民群众对社会主义核心价值观的接受度和认同

① 马克思、恩格斯：《马克思恩格斯全集》（第1卷），人民出版社1956年版，第82页。

度，提高核心价值观的感召力和吸引力，使其内化为指导群众行为的价值准则。

其二，构建道德绩效与利益回报相统一的社会激励机制。要将践行社会主义核心价值观与人们日常工作生活中的评奖评优、晋升、提干直接挂起钩来。要成立“好人”慈善基金，让“好人”在获得相应的精神激励的同时获得丰厚的物质回报。要解决践行社会主义核心价值观保障问题，则需要在三个方面努力：一是要借助法律的支持，必须把社会主义核心价值观的要求转化为具有刚性约束力的日常社会行为规范，用法律的权威来保证践行社会主义核心价值观的正当性和践行者的合法权益。二是要充分发挥党的政策的导向功能，使各方面政策都能够体现社会主义核心价值观的要求。三是完善和创新社会管理机制，使社会主义核心价值观所内含的人文关怀体现丁各种社会管理制度之中。所有的政策和制度都应当体现社会主义核心价值观的人本性，它们的设计、安排和运行都以人为中心，尊重人的生存和发展的基本权利，尊重人的存在、自由和价值，为人的发展提供和创造一切可能的条件和空间。

社会主义核心价值观的政策化

社会主义核心价值观需要道德化、法制化，也需要政策化。[1]政策是国家、政党或者其他社会政治集团为了实现一定历史时期的路线和任务而制定的国家机关或者政党组织的行动依据和准则。就国家而言，政策是对法律和制度的重要补充，在我国法制尚不健全的情况下，政策更具有特殊的作用。因此，要使社会主义核心价值观现实化为文化，构建社会主义价值文化，不仅要使社会主义核心价值观充分贯彻落实到法制之中，而且也要使其充分贯彻落实于政策的制定、实施和检验的全过程，使社会主义核心价值观政策化。政策与法制不同，它具有灵活性和时效性，为了使社会主义核心价值观政策化，必须建立其保障机制，以使政策制定、实施和检验的整个过程都充分体现社会主义核心价值观的精神和要求。建立这种保障机制和确保其有效运行，是主流价值文化构建的一个极其重要的方面，在构建主流价值文化的过程中，我们切忌忽视这个方面。

一　政策化:社会主义核心价值观现实化不可或缺的重要途径

社会主义核心价值观必须政策化，其根本原因是政策在现代国家治理中具有其独特的不可替代的作用。社会生活的日常运行主要靠政策这种管理手段维系着，要使社会主义核心价值观落细落小落实，尤其需要使之充分贯彻于一切政策及其活动之中。因此，政策化是社会主义核心价值观现实化不可或缺的重要途径。

一般来说，在现代社会，法制、政策和道德是国家治理或社会管理的三种主要手段或者说控制机制。在信奉自由主义的西方国家，道德并不被看作是社会控制机制，但政策仍然发挥着重要作用。这就是说，无论是西方国家还是非西方国家，政策都是社会管理的主要手段之一。现代国家是法治国家或者说应该是法治国家，这是得到广泛认同的。但是，为什么在法制之外还要有政策呢？这是由社会生活的复杂性和变动性决定的。社会生活极其复杂而又千变万化，它需要法制来确保社会生活的基本秩序以及这种秩序的可持续性，同时又需要政策来应对社会生活复杂而又变动的情况，处理生活中出现的各种影响人们正常生活和社会秩序的问题，从而减少社会矛盾、冲突和震荡，促进社会和谐。法制是人们行为的最基本规则，因其具有强制性而能保证这些基本规则得到有效实行，其必要性是不言而喻的。但是，法制只规定人们行为的“底线”，比较稳定且比较固化，不能用来处理法制范围内的那些特殊的、具体的和变化的问题。而政策的意义正在于可以相对灵活地处理这些具体问题。关于政策对于政党和国家工作的重要性，毛泽东曾作过很多阐述。“政策是革命政党一切实际行动的出发点，并且表现于行动的过程和归宿。一个革命政党的任何行动都是实行政策。不是实行正确的政策，就是实行错误的政策；不是自觉地，就是盲目地实行某种政策。”[2]所以，政策对于政党来说性命攸关。“政策和策略是党的生命，各级领导同志务必充分注意，万万不可粗心大意。”[3]正是因为政策在国家或社会治理中具有不可或缺的重要作用，所以一个社会的核心价值观需要通过政策贯彻到社会生活的各个方面。

在现代法制社会，政府所制定的政策必须在法制的范围内，不能违背法制，而且政策的制定也需要依据法定的程序。我国正处于现代化建设过程之中，法制建设是现代化建设的应有之义，因而我国改革开放以来一直都十分重视法制建设，当前正在全面推进依法治国和依宪治国，建设社会主义法治国家。由于我国的法制目前还不够健全，因而在很多应当依靠法制实行管理的地方，还需要用政策来替代。我们党自建立以来就有高度重视政策的传统。在新中国成立之前，虽然在我们党领导的区域也曾制定和运用过法制，但那不是严格意义上的法制，而且也不是自始至终如此。正因为如此，毛泽东把政策看作是中国共产党的生命。新中国成立后，这种高度重视政策的传统一直延续了下来。改革开放前，我国主要依靠政策治理，在一定意义上可以说是一个主要依政策治国的国家。改革开放以来，这种局面正在加速改变，但国家机关仍然习惯于运用政策管理国家事务。这不仅体现在法制尚不健全的领域主要靠政策管理，而且还体现在即使有法制存在也依然不用法制来制定和实施政策的一些领域。因此，我国目前的情况是，政策的制定和实施不完全是在法制范围之下，政策在有些领域（包括已经有法制的领域）的地位高于法制。将政策的实施完全置于法制的范围之内，既需要有健全的法制，也需要健全的法制能够真正有效地发挥作用。由此看来，我国的法制建设还面临着艰巨的任务，我国真正成为“法治中国”还有相当长的路要走。尤其是在我国现阶段，政策是贯彻落实社会主义核心价值观要求的主要途径，其意义甚至超过法律。

在法制尚不健全的阶段，主流价值观之所以更需要通过政策来贯彻，主要有以下三个方面的原因：首先，我国虽然近年来不断加快法制化进程，但建立健全的法制体系需要一个相当长的过程。这其中不仅存在着根据社会主义核心价值观制定一些尚缺的法制并修订不符合社会主义核心价值观要求的法制的任务，而且还存在着更艰巨的有法必依、执法必严的举国养成法治习惯的任务。在这种情况下，政策在相当长的时期内和相当大的范围内还会发挥着法制的作用。因此，如何使这些发挥着法制作用的政策真正体现社会主义核心价值观的要求，事关国家的长治久安和健康发展。其次，我国现行的许多政策是新中国成立以后逐渐制定的，其中有相当部分现在还发挥着作用，但并没有体现社会主义核心价值观的要求甚至违背其要求。对于这一部分政策，需要根据社会主义核心价值观的要求来修订或重新制定。最后，随着社会的发展，我国还在不断地制定新的政策，这就存在着如何确保将要制定的政策能体现社会主义核心价值观要求的问题。

国家政策的制定者是政府，政府存在着依据什么制定政策、实施政策和检验政策的问题，或者简单地说存在着政策的依据问题。政策的依据涉及三种主要因素：一是法律方面的依据；二是实际需要；三是主流价值观。在这三种因素中，主流价值观是根本性的制约因素。任何国家政策都是根据一定时期内社会管理的实际需要制定的，这种实际需要是政策制定和实施的事实依据。缺乏这种实际需要，就不需要制定政策，即使制定了政策也无法实施。但是，在实际需要既定的情况下，在法制健全的国家还需要考虑法制和社会主流价值观（通常体现为主流意识形态）的要求。

法制体现的是公民的意志，事关国家稳定和发展的大局，而且是立法机关通过立法程序制定的，具有稳定性。而政策通常是由作为执行机关的政府在法制范围内根据实际需要制定的，具有对策性和灵活性。因此，法制高于政策，政策要服从法制，政策是在法制的范围内根据法制的相关原则制定的处理日常事务的具体准则。那么，法制的依据是什么呢？一般地说，现代法制是公民意志的体现。然而，公民意志是通过两种形式来体现的。一种形式是由公民代表组成的立法机构来直接反映公民的意志。这体现在法制是通过立法机构组成成员的表决来制定的。另一种形式则是通过反映社会公认的价值观来体现的。社会公认的价值观可能是在民意的基础上通过立法机关确认的，或者是通过执政党确认的。这种公认的价值观常常集中体现为宪法。宪法作为根本大法需要通过更为复杂的程序来制定，具有更大的稳定性。上述两种形式不是分离的，而是同时发生作用的。除宪法以外的任何法律既要依据宪法，又要依据立法机关的意志。如果说法律是以宪法为依据，而宪法是一个社会主流价值观的体现（当然也需要通过立法机构乃至全体公民的确认），那么，所有的法律都必须体现社会的价值观。因此，在法制健全的法治国家，政策要依据法律从实质上说就是要依据社会的主流价值观或主流意识形态。

然而，法制大多是在一个国家范围内普遍适用的一般性原则，而政策是在这些一般性原则范围内的具体准则，面临着各种复杂的变化的情况。因此，政策不仅要通过遵循法制原则来体现社会的主流价值观，还需要在具体制定的过程中直接体现主流价值观的要求。这是因为社会主流价值观其实是一种价值体系，其中只有一部分是直接关系社会稳定和发展的最基本要求才被法制化，还有很多内容和要求不能法制化。这样的一些内容和要求在很大程度上要通过政策来直接体现。例如，我国宪法规定“中华人民共和国的一切权力属于人民”。这一规定体现的是我国主流价值观“必须坚持人民的主体地位”的原则要求。我国主流价值观中有一系列的内容和要求都体现了这一原则，这些内容和要求有一部分需要通过不同的法制来贯彻落实，更多的是需要通过日常社会管理中的政策来贯彻落实。因此，即使在法治社会，在政策间接通过法制体现主流价值观要求的情况下，还需要政策来直接体现主流价值观的要求特别是规范性要求。社会价值观包括理想性内容，也包括规范性内容。在传统社会，社会价值观的规范性内容主要由法制和道德来贯彻，在现代法治社会则主要由法制和政策来贯彻，而道德侧重于对人们进行引导，引导人们从对规范的遵守到对理想的追求。在法制和政策这两者之中，法制只能贯彻主流价值观的一部分规范性内容，虽然是一些最基本的规范性内容，而其他的规范性内容要由政策来贯彻。只有既通过法律又通过政策，主流价值观的规范性内容才能得到充分贯彻。

二　社会主义核心价值观政策化的任务和特点

社会主义核心价值观政策化，就是所有政策都要体现社会主义核心价值观的精神，贯彻社会主义核心价值观的要求。具体地说，社会主义核心价值观政策化包括两个方面：其一，使所有政策都体现和贯彻社会主义核心价值观。这里所说的所有政策，既包括从今以后出台的政策，也包括已经出台并还在发挥作用的政策。社会主义核心价值观政策化首先是指已经出台并还在发挥作用的政策和将会出台并会发挥作用的政策要体现和贯彻社会主义核心价值观。其二，政策有一个从制定到实施再到检验的过程，社会主义核心价值观政策化也指使社会主义核心价值观落实到这一过程的每一个环节。因此，社会主义核心价值观政策化既体现为每一政策都要体现社会主义核心价值观的要求，又体现为每一政策的整个过程都要体现社会主义核心价值观的要求。由此看来，目前我国社会主义核心价值观政策化实际上面临着以下三个方面的任务：

第一，从今以后国家出台的所有政策都必须体现和贯彻社会主义核心价值观。政策的制定和出台是关键。只有所制定的政策体现了社会主义核心价值观的精神和要求，它的实施才可能使社会主义核心价值观的精神和要求贯彻到实际生活中去，政策的检验也才有正确的标准。社会主义核心价值观政策化，首先要求各级政府及其部门出台的所有政策都要体现和贯彻社会主义核心价值观。中国是一个大国，国家机构从中央到地方多达五级，即中央、省（直辖市）、地级市（地区）、县、乡镇，而且除乡镇一级之外，每一级政府都拥有承担不同社会职能的部门（有许多机构虽然不是政府部门，但履行着政府部门的职责）。所有这些不同层级政府及其不同部门每天都在出台不同的政策。当然，政府及其部门的层级越高，其政策的影响越大，直接以政府名义出台的政策比以政府部门名义出台的政策影响大。要使今后出台的所有政策都体现和贯彻社会主义核心价值观，这是一项难度非常大的任务。

第二，对国家过去出台而现在还在发挥作用的政策进行清理检查，弄清楚它们是否体现和贯彻了社会主义核心价值观。与前一项任务相比，这是一项更复杂、更艰巨的任务。新中国成立以来，各级政府及其部门出台的政策不计其数，其中很多都还在发挥作用，而且由于时代的局限等原因它们没有充分体现社会主义核心价值观的要求。党的十八届四中全会作出的全面深化改革的决定是对过去改革的进一步强调和重新部署，而这实际上就是要根据社会主义核心价值观的要求重新审视现行的各项政策，并作出与之相适应的调整和修订。值得注意的是，所有这些改革措施主要是中央政府层面的，虽然中央政府进行的改革会直接影响到地方各级政府，但实际情况要复杂得多。有经验的人可能都感觉到，除了中央的统一政策以及与之相一致的地方政策之外，还不知道有多少地方的土政策，这些土政策大多与中央政策不一致，更谈不上贯彻社会主义核心价值观。社会主义核心价值观政策化的第二个任务，就是要通过检查和修订，使举国上下所有的现行政策都体现和贯彻社会主义核心价值观。

第三，使已经出台的体现和贯彻社会主义核心价值观的政策能得到有效实施。前面说过，政策是在法律的范围内用来处理各种特殊、具体和变化的问题的准则，它是社会主义核心价值观“接地气”的主要途径。在已经制定出台了体现和贯彻社会主义核心价值观的政策的情况下，只有使之得到有效的实施，政策所体现和贯彻的社会主义核心价值观才能落实到现实生活中。这既有一个实施的过程，也有一个实施必不可少的检验的环节。政策的检验不仅是验证政策是否真正体现和贯彻了社会主义核心价值观的需要，也是验证政策是否充分实施的需要。所以，检验也是实施的一个重要环节。使体现和贯彻社会主义核心价值观的所有政策能够得到有效实施，也是一项艰难的工作。这不仅会涉及每一项政策的实施都有可能使一些人或地方的利益受到损害，他们因此会阻挠政策的实施，或者使政策在实施中变形，而且一项政策的贯彻落实还需要很多配套条件，否则就不可能得到充分实施，或者在实施过程中走样。伴随着改革的全面深化，我国近年来新出台了很多很好的政策，而且也对许多过去不合理的政策根据社会主义核心价值观的要求进行了修改，总体上看我国目前实行的政策较之过去更充分地体现了社会主义核心价值观的精神和要求。在这种情况下，如何使这些好政策落实到位，是社会主义核心价值观政策化面临的第三大任务。

从以上对社会主义核心价值观政策化的含义和当前我国面临的主要任

务可以看出，社会主义核心价值观政策化具有不同于社会主义核心价值观法律化、道德化的明显特点，而这些特点表明社会主义核心价值观政策化的复杂性和艰巨性。

1. 政策制定主体的多元化

一般来说，国家政策是国家制定、实施和检验的，但这里所说的国家是由各级政府及其部门作为其代表的。因此，政策制定主体实际上是多元的，这即是我们通常所说的“政出多门”。显然，政策不同于法制。在我国，除了乡镇一级之外，从中央到县这四级都可以制定法律，但制定的主体是各级人民代表大会，因而就同一级而言，法制的制定主体是单一的。而政策的制定即使在同一级也有不同的主体，而且同一级主体中又有政府与其部门之间的差别。政策与法制特别是法律还有一个重大的不同，就是法制的制定主体是立法机关，它是一个相当大的群体，法律的出台至少可以集中这个群体的智慧，而政策的制定主体常常是一个政府部门，而一个部门的工作人员十分有限，可利用的智慧资源也很有限。如此，政策失误比法律失误的概率要高得多。政策也不同于道德。在我国，有负责道德建设的专门部门，即各级党委（通常由其宣传部分管），而且作为国家的道德规范体系常常是由中共中央宣传部制定并出台的，如《公民道德实施纲要》。从这种意义上看，我国所倡导的道德，其倡导主体实际上是一元的。显然，这种情形也不同于政策。政策制定主体多元的情形，必然会出现下级政策与上级政策之间、政府部门与政府的政策之间、政府不同部门的不同政策之间矛盾和冲突的情形。如果考虑政策的实施，情形就会更复杂。政策主体多元化的情形首先会提出在社会主义核心价值观政策化的过程中，如何使所有这些政策制定主体在制定、实施和检验政策的整个过程中体现和贯彻社会主义核心价值观的问题；其次也会提出如何使所有这些不同部门的政策协调一致的问题；此外还会提出政策主体如何利用社会智慧资源的问题。

2. 政策制定的高要求

在社会生活中，政策的制定是大量的、变动的，影响因素极其复杂。一般来说，既要有依据又要充分考虑实际情况和需要。依据有不同的方面：一是法律依据，政策必须在法律的范围内并依据法律制定，不与法律相冲突；二是政策依据，即上级的政策以及同级相关的政策，一种政策不能与上级政策及同级相关政策相冲突；三是理论依据，特别是社会主义核心价值观。政策不仅不能与社会主义核心价值观相冲突，而且要通过政策来体现和落实社会主义核心价值观。不考虑前两个方面的依据，仅就社会主义核心价值观方面而言，就给政策制定主体提出了很高的要求。它要求每一个政策制定者都必须熟知社会主义核心价值观的精神和要求，只有这样，才能在制定政策的过程中真正做到体现和贯彻社会主义核心价值观。同时，它还要求每一个政策制定者在体现和贯彻社会主义核心价值观的过程中善于处理政策之间出现的相互矛盾和冲突。我们知道，社会主义核心价值观本身是一个体系，包括不同的层次和不同的方面，这就是说，即使不同的政策都体现和贯彻了社会主义核心价值观的要求，但如果不考虑不同政策所体现的要求之间的协调，仍然会出现矛盾。这就提出了不同主体制定的政策怎样才能良性互动的问题。

3. 政策落实的高难度

在社会生活中，社会主义核心价值观在大多数情况下要靠政策来具体体现和贯彻。然而，这些政策不仅存在着制定时体现和贯彻社会主义核心价值观的难题，而且还存在着将这样的政策落实到位的难度。这也是政策不同于法制的一个重要特点。法制是一种强制的社会控制手段，政策虽然有一定的强制性，但其强制性大大弱于法制。在我国，司法判决尚存在着“执行难”的问题，更不用说政策的实施了。我国是一个政策大国，办任何事情都讲政策。政策不同于法制，它的约束力有限，而且对违反了政策的处罚也比较轻微。也许正因为如此，人们为了避免政策对自己的不利影响，常常采取措施抵制、违反甚至破坏政策的落实。实际上，这种情形主要不是发生在公民个人身上，而是发生在相对于上级政府及其部门的下级政府及其部门。这就是所谓的“上有政策，下有对策”。下级的对策有种种不同情形，可能是完全违反上级政策的，可能是扭曲变形的，也可能夹带“私货”的。在这种种情形下，政策再好，也不能发挥好的作用，甚至比不出台政策还不好（因为不出台政策，下级可能无法利用政策谋私）。因此，对于我国这样的政策大国来说，出台体现和贯彻社会主义核心价值观的政策固然不易，而使已经出台的体现和贯彻社会主义核心价值观的政策得到充分实施难度也许更大。这就需要建立政策实施的控制机制，包括检验机制。

三　建立社会主义核心价值观政策化的长效保障机制

毛泽东说过：“共产党领导机关的基本任务，就在于了解情况和掌握政策两件大事。”[5]这句话深刻揭示了共产党领导的国家机关的主要职责。在我国迈向全面建成小康社会和实现社会主义现代化的伟大征程中，国家机关“掌握政策”就是要根据社会主义核心价值观的基本精神和要求制定和修订政策，并使之得到充分有效的实施，简言之，就是要使社会主义核心价值观政策化。前面的分析表明，这是一项十分复杂而艰巨的任务。那么，如何保证各级国家机关真正实现社会主义核心价值观政策化，克服目前在政策制定、修订以及实施过程中尚严重存在的不能充分有效地体现和贯彻社会主义核心价值观的各种问题呢？我们认为，关键是要建立行之有效的社会主义核心价值观政策化的长效保障机制，使我国所有政策的制定和实施过程都体现和贯彻社会主义核心价值观的精神和要求。

我们认为，这种保障机制应该是政府自律机制、人大督察机制、舆论监督机制、公众评判机制和纪委督导机制五位一体的保障机制。其中，政府自律是重点，纪委督导是关键，但要建立使社会主义核心价值观政策化的长效保障机制，需要舆论和公众的积极参与。只有这五种机制共同发力、协同作用，并形成制度，才能建立起社会主义核心价值观政策化的长效保障机制。

政府自律机制，是指作为政策制定和实施主体的政府及其部门内部建立的保障所有的政策制定和实施过程都充分体现和贯彻社会主义核心价值观的机制。从整个政府系统来看，这种自律机制主要包括三个方面：一是所有出台和实施政策的主体的自我约束机制。这里的政策主体包括从中央到地方各级政府及其部门。这种自律机制是通过提高政府工作人员的综合素质、工作能力特别是对社会主义核心价值观精神和内容的精准把握，来保证他们的政策制定和实施过程能体现和贯彻社会主义核心价值观的自我约束机制。这种机制需要通过挑选德才兼备的政府工作人员，对他们进行教育培训和必要的考核来实现。二是同一级政府机关的监察部门对同一级政府及其部门进行监察。这对于政府及其部门来说是一种外在的约束，但从同一级政府机关来看是一种自我约束机制。建立这种机制就是要监察部门参与同一级机关所有的政策制定和实施过程，对政策制定和实施过程是否体现和贯彻社会主义核心价值观进行督促检查，对那些没有体现和贯彻的及时予以纠正。三是上一级政府与下一级政府的相互制约机制。这也是政府系统内部的一种自我控制机制。建立这种机制要改变我国目前存在的上级政府较多督察下级政府，而下级政府较少监督上级政府的状况，使上下级政府能够相互监督，对于双方没有体现和贯彻社会主义核心价值观的政策要通过适当的途径反映并予以纠正。从我国目前的情况看，政府自律机制要由中央纪委和国家监察部来统一组织和管理。

人大督察机制，是指全国各级人民代表大会对政府的所有政策是否体现和贯彻社会主义核心价值观进行督促和检查。这种督察机制包括三个基本环节：一是同级政府出台的重大政策需要报同级人大审批，一般政策需要报人大备案；二是人大要对重大政策的实施状况进行督促和检查，对于政策执行过程中发生的偏差要督促政府纠正；三是对重大政策实施后的社会效果定期进行评估，并决定其是否继续实施。建立这种机制要克服目前人大只是听政府或其部门的报告，而对其重大政策出台和实施“无权”过问的状况。对政府实行有效监督是人大的一项基本职能，而对政府的监督主要是对其政策制定和实施过程的监督，不进行这样的监督，人大对政府的监督就形同虚设。“去产能”被列为 2016 年五大结构性改革的任务之首。李克强总理在 2016 年的第一个工作日（1 月 4 日）便在太原主持召开钢铁煤炭行业化解过剩产能、实现脱困发展座谈会，研究化解过剩产能的办法。他强调，要以“壮士断腕”的精神来化解过剩产能，并且表示我们不会再通过“强刺激……‘大水漫灌，的投资来扩大内需”。[5]为什么会出现产能严重过剩的问题，根源就在于过去政府的决策缺乏必要的监督和程序，只有政府机关甚至个别领导人说了算。用李克强的话说：“我们产能过剩的几个行业，哪个不是审批出来的?”[6]这种情况从中央到地方的各级政府都存在。没有人大的督察机制，要使社会主义核心价值观真正政策化是不可能的。

舆论监督机制和公众评判机制是两个相互密切关联的制约机制。当代的舆论监督主要是新闻媒体监督，这些媒体包括电视、广播、互联网、新媒体等。新闻媒体因为它的特殊功能和广泛影响能对社会主义核心价值观政策化起到相当强大的作用。新闻媒体舆论监督的力量来自它们的受众，即社会公众。受众越广泛，媒体的影响力越大。另外，公众对社会主义核心价值观状况的评判也需要通过媒体传达到政府机关、人大和纪委。因此，这两种机制应该共同发挥作用。就这两种机制本身而言，建立舆论监督机制的关键是加大媒体对社会主义核心价值观政策化状况报道的相对独立性和自由度，而建立公众评判机制的关键是要建立疏通公众参与政府决策和表达自己意见的渠道。建立这两种机制的前提条件是政府决策要更加科学民主、更加公开透明。

建立社会主义核心价值观政策化的长效保障机制需要坚持和加强党的领导。我们党是构建社会主义核心价值观的领导力量，在实现社会主义核心价值观政策化的过程中，尤其要坚持和加强党的领导。各级党组织一方面要切实加强对社会主义核心价值观政策化的领导和指导；另一方面要通过各级党的纪律检查委员会加强对社会主义核心价值观政策化的督办，特别是要加强对以上所述几种机制协同发挥作用的协调。纪委督导机制是这样一种机制，即通过对在政府机关工作的党员进行监督、引导，以确保党员干部在政策制定和实施过程中坚定不移地体现和贯彻社会主义核心价值观，同时将以上所说的几种不同机制整合成一种统一协调的机制，在社会主义核心价值观政策化的长效保障机制建立和运行的过程中发挥牵头作用和核心作用。党的十八大提出要全面提高党的建设科学化水平，习近平总书记提出的“四个全面”战略布局中要求“全面从严治党”。我们认为，无论是从全面提高党的建设科学化水平来看，还是从全面从严治党来看，都要求加强和改进党对社会主义核心价值观建设的领导，其中的重要内容之一就是要在各级党组织的领导下建立起以纪委为核心的社会主义核心价值观政策化的长效保障机制，使社会主义核心价值观通过政策这一主要政治渠道有效地进入社会生活，并在社会生活中充分展示社会主义核心价值观的先进性和优越性，从而普遍增强社会公众的制度自信、道路自信、理论自信和价值自信。

参考文献

[1] 江畅、张媛媛：《论社会主义核心价值观道德化》，《中原文化研究》2015年第6期；江畅、张景：《论社会主义核心价值观的法制化》，《思想理论教育》2015年第10期。

[2] [3]《毛泽东选集》第4卷，人民出版社1991年版，第1286、1298页。

[4]《毛泽东选集》第3卷，人民出版社1991年版，第802页。

[5] 李克强：《要更加注重运用市场化办法化解过剩产能》，《中国政府网》，http：//www. gov. cn/xinwen/2016 - 01/10/content - 5031893. htm。

[6] 李克强：《产能过剩的几个行业，都是审批出来的》，《中国政府网》，http：//www. gov. cn/xinwen/2014 - 10/10/content_ 2762059. htm。

爱国主义精神

光大中华文化　弘扬爱国主义

习近平总书记指出，弘扬爱国主义精神，必须尊重和传承中华民族历史和文化；对祖国悠久历史、深厚文化的理解和接受，是人们爱国主义情感培育和发展的重要条件。

这一重要论述，深刻揭示了中华爱国主义同中华文化的密切关系，科学阐发了中华爱国主义的核心内含和精神特质，是我们在新的历史时期弘扬爱国主义精神、传承和发展中华文化、汇聚促进中国崛起和实现中华民族伟大复兴强大正能量的价值引领和内在支撑。

一　中华文化是中华爱国主义的重要内容和深厚渊源

中华爱国主义同中华文化有着水乳交融的密切关系：中华爱国主义以爱中华文化为重要内核，具有民族认同和文化认同的价值特质；中华文化则以其特有的观念价值陶冶砥砺着国人的爱国主义情感和品质。

中华文化是一代又一代炎黄子孙认识改造自然、社会、人生的经验总结和创造性成果的集中呈现，是华夏儿女薪火相传的智力和精神结晶，潜移默化地影响着中国人的思想方式和行为方式。尊重和传承中华文化，就是在延续中华民族的精神命脉，也是在陶冶、锻铸中国的“国魂”与“国性”，其实质就是在树立爱国主义的根本精神和伦理价值。诚如章太炎所说，爱国当从爱一国之文化和历史入手，此为“爱国心之源泉，致用时之棋谱。其系于一国之兴亡尤巨”。

中华文化为中华爱国主义提供精神动力和文化品质，中华爱国主义又以传承、尊重和创新中华文化为本质内含。两者相辅相成、互为确证，造就了绵延不断的中华文明的独特神韵和魅力。在中华民族的发展史上，中华文化的传承、发展与创造是永远流淌的源头活水，中华爱国主义就是在中华文化基础上形成和发展起来的。爱中华文化是中华爱国主义的内在要求和永恒旋律，因为唯有爱博大精深的中华文化，才能为爱国主义注入持续动力。

二 “去中国化”是对中华爱国主义的反叛，危害极大

在全球化的时代背景下，一些人从“全球化即是西方化”的逻辑出发，认为“现代化就是与西方接轨”，要“死心塌地地西方化”，并以此对爱国主义和民族主义大加讨伐。更有一些图谋西化和分化中国的敌对分子，总是以攻击或丑化中国历史文化为突破口，竞相鼓噪“历史虚无主义”和“去中国化”，试图通过摧毁国人的文化自信来摧毁我们的国家民族自信。

针对居心叵测、危害极大的“去中国化”，习近平总书记在 2014 年 9 月 10 日考察北京师范大学时明确指出：“我很不赞成把古代经典诗词从课本中去掉，‘去中国化’是很悲哀的。”毋庸置疑，如果我们在大中小学教材建设中去掉中华古典诗词，去掉琴棋书画、诸子百家、经史子集，在现代文明建设中割裂、抛弃中华优秀传统文化，那就会抽空我们的民族精神，就会自毁我们屹立于世界民族之林的根基。2015 年 5 月 30 日，习近平总书记在考察北京民族小学时又特别强调，为什么中华民族能够在几千年的历史长河中顽强生存和不断发展呢？很重要的一个原因，是我们民族有一脉相承的精神追求和文化传统。今天我们使用的汉字同甲骨文没有根本区别，孔子、孟子、老子、庄子等先哲提出的一些价值观念也一直延续至今——这种几千年连贯发展至今的文明，在世界各国各民族中是罕见的。

基于此，我们必须从实现中华民族伟大复兴的高度来弘扬中华优秀传统文化，只有“不忘本来”，才能更好地吸收外来和开拓未来。

三 以光大中华文化弘扬中华爱国主义的对策建议

中华爱国主义是同爱伟大祖国灿烂悠久的文化与历史密切联系在一起的。爱伟大祖国灿烂悠久的文化与历史，有助于培养健康的民族心理、民族个性和民族气质，也有助于形成民族凝聚力、向心力和发展活力。那么，怎样在新的历史时期以光大中华文化来弘扬爱国主义呢？

第一，在强化文化认同和价值认同中弘扬爱国主义精神。中华民族是以文化统合、价值凝聚的方式实现国家认同和民族凝聚的。中国本质上属于文明型国家，通过文明建构、道德教化和伦理传播而形成国家意志和民族精神，从而使得这种国家意志、民族精神具有文明创化、价值建构及维护的意义。中华民族创造的优秀传统文化是中华民族赖以安身立命的基础和精神基因。中华文化作为中华民族不断繁衍生息、发展壮大的精神基因，确证着中华民族的自我认同和价值认同，建构的是中华民族安身立命的精神家园。

第二，在增强民族文化自信和价值观自信中弘扬爱国主义精神。尊重和传承中华文化，不仅能使我们获取中华文明的丰厚营养，更能陶冶我们的道德情操，锻铸我们的精神品质，增强做一个中国人的文化自信和价值自觉。也正因为是文化认同支撑起民族认同、国家认同，所以无论历史怎样变迁，深受中华民族文化熏陶的炎黄子孙总是长怀难以割舍的爱国情感，无论身居何地，都改变不了“我的中国心”。

第三，在承继中华美德、中华品格中弘扬爱国主义精神。置身于现代化并步入后现代的当代中国所要弘扬的中华文化，其主要内容是以中华美德和中华品格为代表的美德体系和价值体系，诸如自强不息、厚德载物、和而不同、仁民爱物、见利思义、公而忘私、勤劳勇敢、艰苦朴素等。中华美德是中华文化的精髓，表征着中国人待人接物、安身立命的伦理智慧和道德品质。继承并传扬中华美德，有助于在新的历史时期凝聚共识，弘扬以爱国主义为核心的民族精神。

第四，在尊重、传承和创新中华文化中弘扬爱国主义精神。在热爱中华文化的基础上促进中华文化的创新性发展，是弘扬中华爱国主义的内在要求。如何创新？总体上要始终坚持批判继承、去粗取精、去伪存真的原则和方法。具体而言，要促进中国传统文化与时代精神的结合，赋予中华文化以新的时代内含；要既立足本国国情又面向广阔世界，“使中华民族最基本的文化基因与当代文化相适应、与现代社会相协调，以人们喜闻乐见、具有广泛参与性的方式推广开来”；还要认真吸收借鉴世界文明精华，形成更加科学的社会主义先进文化。

夯实美丽中国建设的爱国主义基础

建设美丽中国是在党的十八大报告中首次提出来的，也是以习近平同志为核心的党中央治国理政的一个重要理念。它的基本要求是“切实增强生态意识，切实加强生态环境保护，把我国建设成为生态环境良好的国家”。

“美丽中国”的要义是中国应该具有生态美。生态美不仅指自然环境优美，而且包含人与自然之间的和谐美。建设具有生态美的中国，就是要建设“能够为子孙后代留下天蓝、地绿、水清的生产生活环境”的中国，就是要建设具有社会主义生态文明特质的中国，就是要建设没有生态危机之害的中国，就是要建设具有可持续发展能力的中国。

推进美丽中国建设是一项功在当代、利在千秋的伟大事业，需要以中华民族的爱国主义精神为伦理基础。爱国主义是中华民族精神的核心，它不仅反映中华民族对祖国的高度价值认同和真挚道德情感，而且表现为中华民族维护民族尊严和建设美好国家的实践精神。体现在建设美丽中国方面，中华民族的爱国主义精神应该通过人们的认知、情感、意志、信念、行为五个方面得到夯实：

第一，中华民族应该对美丽中国建设的含义形成深刻认知。关键是要弄懂“美丽中国”这一新概念的丰富内含。鉴于当前不少国人对“美丽中国”的内含还缺乏深刻认识、理解和把握，各级宣传部门、学校、媒体、社会组织等要积极承担起传播“美丽中国”理念的光荣使命，开展丰富多样、生动活泼的“美丽中国”教育活动、宣传活动，使“美丽中国”理念在我国深入人心。

第二，中华民族应该培养支持美丽中国建设的真挚情感。懂得“美丽中国”含义并不等于一定会有热爱和支持美丽中国建设的真挚情感，因此各类宣传、教育活动还应注重讲清论透我国推进美丽中国建设的重要价值和重大现实意义——不仅能够造福整个中华民族乃至全人类，还具有很强的利民性和惠民性——以推动社会各界形成热爱、支持美丽中国建设的真挚情感。

第三，中华民族应该强化推进美丽中国建设的坚强意志。美丽中国建设目前尚处于起步阶段，生态环境保护意识不足、举措难到位等问题可能长期存在，加上还有不少实际困难，可谓任重而道远。因此，推进美丽中国建设，需要中华民族有攻坚克难的坚强意志。在建设美丽中国的各项实际工作中，我们既要有大无畏的勇气，也要有“长期作战”的毅力和韧性。

第四，中华民族应该树立建设美丽中国的坚定信念。信念是引导人们行动的强大精神力量。如果我们不能将对美丽中国建设的认知、情感和意志提升为坚定的信念，就仍然缺乏用实际行动促进美丽中国建设的动力。美丽中国建设是当代中华民族所孜孜以求的中国梦的重要内容，它的成败关乎每一个中华儿女的福祉，关乎中国发展的未来前景，因此，它可以作为一种道德信念而发挥作用。只有树立建设美丽中国的坚定信念，当代中华民族才会齐心协力，朝着“美丽中国”的理想方向勇往直前。

第五，中华民族应该自觉落实建设美丽中国的行为。建设美丽中国，归根结底需要落实到社会各界的生态环境保护行为中、每一个中华儿女的生活点滴中。只有付诸生态环境保护的具体行动，当代中华民族编织的美丽中国梦才能最终得以实现。

将中华民族源远流长的爱国主义优良传统落实到建设美丽中国的社会实践中，是以爱国主义为核心的中华民族精神在当今中国发扬光大和落实落细的表现。中华民族的爱国主义精神是具体的、鲜活的，它能够为当代中华民族建设美丽中国的伟大实践提供强有力的伦理基础和支撑。

对外传播当代中国价值观念的爱国主义意蕴

当今中国正处于从现代化大国向现代化强国转型和提升的时间节点。我国综合国力的快速提升和中华民族的逐步复兴受到了很多友好国家和民族的欢迎和称赞，但同时也受到了一些国家的猜疑、否定和抨击，“中国威胁论”因此浮出水面，少数国家甚至开始对崛起中的中国实施围堵遏制战略。在此时代背景下，我国一方面应该保持自信、自立、自强、自尊的定力；另一方面也应该更加重视讲好中国故事，传播好中国声音，树立好中国的国际形象。要做到这两点，当代中华民族的重大任务之一是必须大力推进当代中国价值观念的对外传播工作。

当代中国价值观念就是中国特色社会主义价值观念。它是当代中华民族在推进改革开放和致力于实现中华民族伟大复兴的过程中逐步形成的一个价值观念体系，代表当代中华民族对我国经济社会发展所形成的价值共识，反映当代中华民族对我国经济建设、政治建设和文化建设所形成的普遍价值认识、价值判断、价值定位和价值选择，昭示当今中国推进自身发展的价值取向和价值导向。当代中国价值观念是引导我国经济社会发展的道德信念和价值导航仪，也是推动当今中国不断进步和发展的强大精神动力。

推进当代中国价值观念的对外传播工作既是当今中国对外宣示道路自信、制度自信、理论自信和文化自信的必要手段，也是当代中华民族在国际舞台上展现爱国主义精神的重要途径。

首先，对外传播当代中国价值观念是当代中华儿女心系祖国和具有爱国主义情操的表现。当代中国价值观念来源于当代中华儿女的个体价值观念，但它更多地反映当代中华民族在价值取向和价值导向方面的集体意向性和集体目的性。也就是说，它是当代中华民族作为一个集体或命运共同体而对内和对外宣示的一个价值观念体系，拥有它的主体是13亿中国人，对内和对外传播它的主体也是13亿中国人。对外传播当代中国价值观念是每一个中华儿女的崇高道德责任。在承担对外传播当代中国价值观念的主体道德责任时，中华儿女的爱国主义情操也得到了彰显。

其次，对外传播当代中国价值观念是当代中华儿女热爱祖国和维护中国国际形象必须走的伦理路径。习近平总书记强调，只有大力推进当代中国价值观念的国际传播，我国才能树立“历史底蕴深厚、各民族多元一体、文化多样和谐的文明大国形象，政治清明、经济发展、文化繁荣、社会稳定、人民团结、山河秀美的东方大国形象，坚持和平发展、促进共同发展、维护国际公平正义、为人类作出贡献的负责任大国形象，对外更加开放、更加具有亲和力、充满希望、充满活力的社会主义大国形象”。当代中国价值观念是引领当今中国社会发展的道德价值观念，也是表征当代中国伦理文化的价值符号，因此，对外传播当代中国价值观念有利于树立和维护我国的国际形象。

最后，对外传播当代中国价值观念是当代中华儿女捍卫国家安全和有效应对西方“和平演变”战略必不可少的伦理手段。西方资本主义国家一直将价值观输出或价值观入侵视为它们与社会主义国家竞争和较量的有力手段。美国、英国、法国、德国等主要资本主义国家在近代大肆进行殖民主义扩张的过程中，总是同时试图通过基督教传教、办教育等方式向殖民国家进行价值观念渗透。第二次世界大战之后，价值观念渗透尤其受到西方资本主义国家的青睐。世界大战导致的灾难性后果、社会主义阵营与资本主义阵营之间的持久“冷战”、第三世界国家的民族解放运动、经济全球化时代的到来等事实的出现，不仅迫使战后的西方资本主义国家在一定程度上放弃了用武力和战争征服“敌对”国家，特别是社会主义国家的战略思想，而且推动它们转而采取“和平演变”（又称“颜色革命”）的方法来达到战胜“敌对”国家的战略目的。“和平演变”的核心内容是通过价值观念渗透或入侵的方式来彻底改变“敌对”国家的国家性质。20世纪末发生的苏联解体和东欧社会主义国家剧变就是西方资本主义国家推行“和平演变”战略的结果。可见，价值观念的国际传播不同于国与国之间的武力冲突，但它的威力是不容忽视的。正因为如此，美国学者亨廷顿在《变化社会中的政治秩序》一书中强调：“对一个传统社会的稳定来说，构成主要威胁的，并非来自外国军队的侵入，而是来自外国观念的侵入，印刷品和言论比军队和坦克推进得更快、更深入。”要有效应对西方资本主义国家的“和平演变”战略，社会主义中国的策略之一是必须加强当代中国价值观念的对外传播。我们这样做的目的不是要像西方资本主义国家那样搞价值观渗透或侵略，而是为了寻求西方资本主义国家对当代中华民族的价值观念的认识和理解。

对外传播当代中国价值观念蕴含深厚的爱国主义意蕴。需要指出的是，中华民族的爱国主义精神是一种彰显国际伦理视野的伦理精神，而不是狭隘的民族主义。爱国主义是中华民族精神的核心。中华民族具有悠久的爱国主义传统，热爱祖国，精诚团结，自强不息，从而创造了中华文明代代相传、经久不衰的伟大奇迹。爱国主义是中华民族能够在世界民族之林中保持民族尊严的最强大价值支撑，但中华民族并不推崇片面强调自私利己的民族利己主义价值观，更不谋求唯我独尊的民族沙文主义价值观。中华民族历来重视提升本民族的向心力和凝聚力，但也一直坚持和平相处、同生共荣、互利共赢的国际伦理原则。在对外传播当代中国价值观念的过程中，中华民族注重以理服人和以德服人，绝不走将自身的价值观念强加于其他国家和民族的道路。

发展理念的伦理意蕴

努力使创新成为国家和人民的优良品质

建设创新型国家和实现国家的创新发展需要国家和人民的创新意识，更需要在这种意识之下形成普遍品质。只有当创新成为人们的心理定式和自发意向时，创新才会渗透于并体现在国家和人民的一切活动之中。如此，中国人民才会真正成为创新型的人民，中国才会真正成为创新型的国家并走上创新发展之路，中国文化才会成为充满创新活力的文化。然而，使创新成为国家和人民的品质的问题尚未引起足够的重视，本文试就这一问题谈一点初步的意见。

一　创新品质是创新活动的定式和意向

一般来说，品质是人们基于禀赋特别是气质形成的、体现在心理和行为活动中并对其有定式作用的比较稳定的独特心理特性。品质是一种个性心理特征。个性心理特征主要由观念、知识、能力和品质四个要素构成。品质是与其他个性心理特征有机地结合在一起形成的，并且体现在人的各种活动中。人在以一定的观念、知识、能力与现实世界的人和事物打交道的过程中，通过认识、情感、意志和行为活动会形成一定的态度倾向，这种态度倾向又会以一定的形式表现在个人的活动之中，构成个体的特有活动方式，这就是人的品质特征。个人有品质，国家也有品质，品质是个人、国家的特性或特有的规定性。个人和国家的许多品质是类似的，柏拉图就曾将智慧、勇敢、节制、公正看作是个人和国家都应具备的德性品质。创新也是如此，它是创新时代作为社会成员的个人和国家应同时具备的德性品质。

人的德性品质（“德性”）大致上可以划分为基本德性和派生德性。基本德性是德性的基本要求，是底线的德性。这种德性是正常人必须具备的，不具备就不是正常人，而是有问题的人或恶性之人。因此，是否具有基本德性是一个人的品质是不是有德性的基本标志。派生德性则是德性的更高要求，或者说是倡导的德性。这种德性是优秀的人应该具备的，如果不具备，即使是正常的德性之人，也不是优秀的、高尚的人。派生德性之所以是非基本的，是因为这种德性必须以基本德性为前提才是德性，否则它们就不是德性。创新就是一种重要的派生德性，它以基本德性为前提同时又高于基本德性，是一种高层次的优秀德性。

创新就是通过创造或改造产生新的东西。“一般说来，创新包括两个方面：一是从无到有，即对原来没有出现的问题进行新的研究，作出新的回答；二是突破原有的理论和观念，对原有的问题作出新的解释，提供新的答案，从而超越原有的理论和观念。”① 前者是创造，后者是改造，创新就是通过创造和改造获得突破性发展或业绩。创新是一种意识、一种能力，也是一种品质，创新品质可以使创新意识成为创新习惯，可以推动创新能力的培养和增强，并为其正当运用提供保障。创新德性作为心理定式和固定意向具有以下主要特征：一是态度特征，体现为在任何情况下都以创新的态度对待工作和生活，并将这种态度落实到行动上，把创新作为事业成功的主要途径；二是意志特征，体现为把创新作为自己的明确目标，并为实现这种目标刻苦努力，克难奋进，坚韧不拔；三是情感特征，体现为对创新倾注满腔热忱，使创新成为自己的兴趣爱好，热爱创新、勇于创新、专注创新，甚至使创新成为乐生要素；四是理智特征，体现为具有强烈的创新意识，在工作和生活中习惯于从创新的角度思考问题，形成了创新思维定式，具有卓越的创新能力及必要的知识和技能。所有这些创新品质特征之间相互联系，彼此制约，构成一个具有动力性的创新品质结构。

创新品质与其他德性品质一样，不是与生俱来的，而是后天形成的。创新品质是人自觉开发创新潜能的结果。每一个人都具有这种禀赋，因而每一个人都可以成为具有创新品质和能力的人。但是，创新作为一种高级品质和能力，并不会自发地由潜能变成现实，这种转化需要通过教育，需要有效的环境影响，特别是需要个人持续的学习、练习和修养，不断开发这种潜能，使之转变为人的基本素质。每一个国家因其公民具备创造的潜能而具备这种潜能，这种潜能能否变为国家具备的德性和能力，则直接取

① 江畅：《理论伦理学》，湖北人民出版社2000年版，第98页。

决于全体公民创造潜能的开发和发挥；而这本身又取决于国家是否有创新意识，是否将创新作为发展目标或国家战略，是否建立了创造性教育的制度和激励创造素质的培育机制。

二 创新发展急需国家和人民具备创新品质

在国际科技竞争与合作不断加强、新科技革命和全球产业变革步伐加快的新的历史条件下，建立国家创新体系，走创新型国家之路，已成为世界许多国家政府的共同选择。世界上公认的创新型国家有着共同的特征：即创新综合指数明显高于其他国家，科技进步贡献率在70%以上，研发投入占GDP的比例一般在2%以上，对外技术依存度指标一般在30%以下。与创新型国家相比，我国创新能力建设缺乏系统前瞻布局，与世界先进水平相比还有较大差距；创新资源配置重复分散、使用效率不高、共享不足；企业创新动力和活力不足，技术创新的主体作用没有得到充分发挥；投入不足与结构不合理并存，持续投入机制尚未形成；知识产权保护等创新环境有待完善。[①] 这种状况与我国作为世界第二大经济体的地位不相适应，影响了我国综合实力和国际竞争力的提升。因此，在国际发展竞争日趋激烈和我国发展动力转换的形势下，必须把发展基点放在创新上，形成促进创新的体制架构，形成更多依靠创新驱动、更多发挥先发优势的引领型发展。当前，我国正处在全面建成小康社会的关键时期和全面深化改革开放、加快转变经济发展方式的攻坚时期，创新发展被更尖锐地提到了全党全社会的面前。

党的十八届五中全会根据全面建成小康社会的需要，提出了培育发展新动力、拓展发展新空间、深入实施创新驱动发展战略、大力推进农业现代化、构建产业新体系、构建发展新体制、创新和完善宏观调控方式等我国创新发展七大措施。这些措施全面、系统而强有力，而要实现理论、制度、科技、文化等各方面的创新，其根本和关键在于提高全民的创新素质，从而提高国家的创新素质。全民和国家创新的一切作为是以其创新素质为前提和基础的，全民的创新素质从根本上规定着创新作为可能的限度，规定着创新作为的大小。当前我国创新综合指数不高，科技进步贡献

① 《“十二五”国家自主创新能力建设规划》，中国新闻网，2013年5月29日。

率较低，创新能力偏弱，其根源主要在于全民乃至整个国家的创新素质较差。

创新素质包括多方面，其中有三个方面是主要的，即创新意识、创新能力、创新品质。创新意识是创新素质的前提，只有形成了强烈的创新意识，人们才会在意识到创新的重要性的基础上从不同方面去从事创新。创新能力是关键，只有具备了卓越的创新能力，人们才能在创新的过程中达到创新目的，获得成功。创新品质是根本，只有具备了优良的创新品质，创新才会成为人们的心理定式和固定意向，在相应的情境下会去从事创新。对于具备优良创新品质的人来说创新是自然而然的事情，它会以未被意识到的动机对人的行为发生作用，因而创新就成为创新品质具有者习以为常的习惯。创新品质的形成需要以创新意识作为前提，但创新品质一旦形成，创新意识就会转变为创新品质的因素自发地发生作用。当然，有了优良的创新品质，还可能在一些特殊情况下进一步强化创新意识，把创新作为自己的责任。创新活动的成败及其成效大小直接取决于创新能力，但有了创新意识，人们才会自觉自愿地提高创新能力，而当人们具备了创新品质后才会进一步强化创新的责任感和使命感，为社会发展而不断努力地提高并最大限度地运用创新能力，使之获得最大效果和良好社会效益，防范创新能力的误用和滥用。由此看来，创新品质对于创新素质来说具有根本性的意义，是创新能力培养、提高和正当运用的可靠保障，也是创新意识转化为心理倾向的标志。

因此，提高创新素质最重要的是要培育和塑造优良的创新品质。当一个国家的人民普遍具备了优良的创新品质，这个国家也就具备了优良的创新品质，其创新能力也会得到充分的培育和正当的运用，国家的整体创新素质因而会得到大大提升。正是基于这种考虑，笔者提出，在我国实施建设创新型国家战略、以创新发展为第一要务的今天，要着力培育和塑造全民和国家的创新品质，推动国家创新素质和创新形象的整体提升，使创新深深扎根于悠久中华文化的沃土，成为古老中华民族的新鲜血液和源头活水。

三　加大培育国家和人民创新品质的力度

把我国建设成为创新型国家，实现创新发展，从根本上说，只有国家和人民具备创新品质才有可能，而我国目前无论是国家层面、社会层面还是公民个人层面其创新品质并未完全形成。那么，当前我们就面临着如何使创新成为国家和人民的品质的问题。这是一个摆在全社会面前的战略性课题，需要通过系统深入的研究做出回答，这里提出几点粗浅的看法供党政部门参考和学界讨论。

第一，增强创新品质意识，充分认识培育国家和人民创新品质对于创新型国家建设和创新发展的根本意义。人是有意识的动物，只有当我们意识到了创新品质的重要性时，我们才会重视和自觉地进行创新品质的培育。从个人的角度看，由于“个人创新行为是一个包含了产生创新构思、促进创新构思和实现创新构思三个阶段的复杂过程”①，蕴含于其中的创新品质的培育就显得十分重要。当我们意识到了创新品质的重要性，我们就会在进行个人品质修养的过程中自觉进行创新品质的修养，使创新成为我们的心理定式和行为习惯。从国家的角度看，当我们意识到了创新品质的重要性，我们才会将创新品质的培育贯彻于整个国民教育的全过程，将其作为学生品质是否优良的重要标准，也才会营造全社会推崇创新品质、追求塑造创新品质氛围，激励社会公众自觉培育创新品质。

第二，全面实行创新性教育，着力通过学校教育培育接班人和建设者的创新素质特别是创新品质。众所周知，在现代社会，人的品质主要是通过学校教育来培育的，创新品质也是如此。学校教育对创新品质的培育，像对其他一些派生德性品质（如进取、合作）的培育一样，不仅要通过思想品质方面的教学和一些相关的实践环节来培育，而且要将创新品质教育贯穿于所有的课程教育中，贯穿于教育教学的全过程。同时，为了培育学生的创新性品质，学校也要适应这种要求，使整个教育成为创新性教育。我国目前盛行的主要是“应试性教育”，其主要特征是以考试得高分为追求，考试成为了安排教学的指挥棒，并以考试分数高低来评价学生的优劣。当代中国人创新素质普遍差，不能不说与我国学校教育的这样一种应试性教育有着密切关系。今天，我们要提高全民的创新素质特别是创新品质，就必须将现行的应试教育转变为创新性教育。

第三，营造良好的创新环境，引导全民自觉进行创新品质修养。培育

① 马茹菲：《论授权型领导对员工个人创新行为的影响》，《湖北大学学报》（哲学社会版）2016 年第 2 期。

创新品质，需要有利于创新品质培育的氛围，需要有创新的社会环境。按著名德性伦理学家斯洛特的观点看，“开放的心灵要求人们在认识事物的过程中共感式地接受他人的观念，共感由此而生发出了一种接受力”①，并可以此为理论依据创设一种以创新为“共感”的社会环境。今天中国流行的“大众创业、万众创新”说法，可以说表达了对这种环境的期待。目前“大众创业、万众创新”的环境还只是政府和公众的期待，要使这种期待变成现实，还需要做许多工作。但是，只要我们努力去打造这种局面，这种局面就会很快形成。另外，我们在营造创新品质培育所需要的环境过程中，也要加强对公众自觉进行创新品质修养的引导，使他们在努力提高创新能力、积极参与创新实践的过程中，加强创新品质的修养，全面提高创新素质。

第四，完善创新成果保护和激励机制，让具备创新品质的创新性人才脱颖而出。改革开放以来，在“尊重知识、尊重人才”方针的指引下，我国建立了一系列针对创新成果及其创新者的激励机制，如各种科研成果评奖，以及对各类优秀科研人才给予特殊政策。这些激励机制大大促进了我国创新成果和创新人才的涌现。但是，我们也应该看到，在创新成果保护和激励机制方面还存在着一些问题。例如，我国目前各种创新成果及其生产者的激励机制不能涵盖所有的社会公众，因而还不适应“大众创业、万众创新”的需要；这些激励机制尚未真正做到常态化、正规化，经常出现因一时之需而采取某种激励措施；虽然知识产权方面的法规早在1982 年就已经出台，但执法不严的问题十分突出，致使剽窃创新成果成风、“假冒伪劣”猖獗。上述这些问题不同程度地阻碍了创新成果和创新人才的产生和推出，因此，完善创新成果和创新人才的保护和激励机制，是加大培育全民创新品质力度必须着力解决的问题。

① 李家莲：《论斯洛特对哈奇森“道德感官”的“复兴”》，《湖北大学学报》（哲学社会版）2015 年第 6 期。

协调发展的伦理意蕴

党的十八届五中全会文件明确指出，我国“十三五”乃至更长时期必须牢固树立并切实贯彻创新、协调、绿色、开放、共享的五大发展理念。这是我国新时期具有里程碑式的新的发展理念。五大发展理念构成了当今我国经济社会的整体战略发展观，在这五大发展理念中，每一发展理念都有其独特的内含和作用，缺一不可，否则就会造成发展中的“短板”。其中，协调发展是我国高效发展、快速发展的重要手段和模式。

协调发展，就是要坚持统筹兼顾、综合平衡、缩小差距，推动区域协调发展，推动城乡协调发展，推动经济社会协调发展，推动物质文明和精神文明协调发展，推动经济建设和国防建设融合发展等，促进我国社会主义建设之“五位一体”全面推进，整体发展。

实现协调发展是一项庞大而艰巨的系统工程，展开这项系统的协调发展工程，其本身就有许多路径、手段乃至思想观念等需要协调和完善，不能也不应该有“短板”出现，尤其不能忽视实现协调发展中的深刻的伦理意蕴和道德诉求。

一　协调发展必须坚持国家利益、整体利益和人民利益至上

协调发展首要的是国家利益的保护和实现，一个国家富强了，才有人民的幸福和有希望的未来。“历史告诉我们，每个人的前途命运都与国家和民族的前途命运紧密相连。国家好，民族好，大家才会好”①。历史的

---

①《习近平谈治国理政》，外文出版社 2014 年版，第 36 页。以下文中只标页码，均出自《习近平谈治国理政》一书。

经验还告诉我们，国家不强盛，国家利益不能得到保护和发展，其他所谓民族的利益、人民的利益等统统将是空谈，甚至将招致邪恶势力的侵犯和危害，吃亏、受罪的是广大人民群众。因此，国家利益的保护和实现是协调发展、人民幸福的根本性目的，不可动摇。

同时，协调发展就是为了我国各地区、各民族、各群体的利益的整体发展，协调发展的意味和目标就在这里。就我国目前发展状况来说，东西部等区域发展不平衡，城乡发展不平衡，物质文明和精神文明发展不平衡等，由此，在整体发展出现“短板”且协调发展滞后的情况下，贫富差距将会逐步拉大，“中等收入陷阱”将会不期而至，因此，平衡发展、同步发展是协调发展的基本路径和手段。事实上，全面建成小康社会是我国实现整体发展的重要标志，而“全面建成小康社会，最艰巨最繁重的任务在农村、特别是在贫困地区。没有农村的小康，特别是没有贫困地区的小康，就没有全面建成小康社会”（第 189 页）。同样，如果区域间发展速度不一，甚至发展落差明显，那必将影响国家整体实力，影响全面建成小康社会。所以，协调发展即为整体发展、全面的发展。

协调发展说到底就是以人民为中心、为了人民的发展。“全心全意为人民服务，是我们党一切行动的根本出发点和落脚点，是我们党区别于其他一切政党的根本标志。党的一切工作，必须以最广大人民的根本利益为最高标准。检验我们一切工作的成效，最终都要看人民是否真正得到实惠。面对人民过上更好生活的新期待，我们不能有丝毫自满和懈怠，必须再接再厉，使发展成果更多更公平惠及全体人民，朝着共同富裕方向稳步前进”（第 28 页）。然而，实现共同富裕，让全体人民得实惠，要以缩小地区差别、贫富差别、脑力劳动和体力劳动差别等为前提，这在根本上取决于协调发展。同时，关键还在于协调利益，应该“坚持社会主义基本经济制度和分配制度，调整收入分配格局，完善以税收、社会保障、转移支付等为主要手段的再分配调节机制，维护社会公平正义，解决好收入差距问题”，使发展成果真正惠及全体人民①。唯此，协调发展的意义和价值才能充分体现。

其实，国家利益、整体利益和人民利益至上原则作为协调发展的价值

---

① 参见《习近平总书记系列重要讲话读本》，学习出版社、人民出版社 2016 年版，第 130 页。

取向和重要依据，三者是本质一致、缺一不可的统一整体。国家利益要建立在整体利益和人民利益发展与获得的基础上，同时又引导和保证整体利益和人民利益的实现；整体利益在一定意义上就是国家利益和人民利益，强调的是国家利益和人民利益是全面、均衡、协调发展的利益；人民利益是国家利益和整体利益的体现和基石。所以，国家利益、整体利益和人民利益是协调发展的价值目标和原则。

二 共富共享仰仗仁爱互助

我国经济社会发展的地区差异和人民生活的贫富差别是客观现实，协调发展就是要缩小“差异”和“差别”，真正实现共同富裕。“差异”和“差别”的缩小要坚持社会主义国家道德，发扬仁爱精神，充分利用我国社会主义制度的优越性，利用发达地区的优势和优质资源援助欠发达或不发达地区的经济社会建设，扶持贫困地区的生产和生活。长期以来，我国采取的“援藏”、“援疆”、“扶贫”、支持革命老区等政策和举措取得了举世瞩目的辉煌成就，促进了西部的大开发、东北老工业基地的振兴、中部地区的崛起、贫困地区的逐步致富等，为国家的整体发展、快速发展创造了机遇和条件。国家还将采取一系列的援助、扶贫举措，切实解决落后地区的发展问题和贫困对象的温饱问题，真正实现平衡发展和共富、共享。这是体现爱祖国、爱人民、爱社会主义之“大爱”精神的国家道德的集中展示。

其实，“差异”和“差别”的存在，客观上影响甚至阻碍发达地区的可能的更好的发展，而国家援助、扶贫战略的实施，则会出现互利互赢、共富共享的崭新局面。援助、扶贫战略，一方面，加强了发达地区的责任感和使命感，促进了发达地区的发展观的进一步提升和完善，同时也促进了发达地区资源的更具社会主义德性意味的利用和投入。另一方面，由于我国的援助、扶贫更注重援志、扶志和技术与理念的培育，因此，欠发达或不发达地区或贫困地区，它们在与发达和富裕地区不断缩小发展差距的同时，“内生动力”有了进一步的增强，人力资源的总体品质也在不断加强，对自然资源的认识、改造和利用的水准也在全面提高。诸如它们在自力更生、艰苦奋斗精神的感召下，“宜农则农、宜林则林、宜牧则牧、宜开发生态旅游则搞生态旅游”[①]，真正发挥自身比较好的资源优势。欠发达或不发达地区或贫困地区发展了，客观上又将影响发达和富裕地区的发展理念的进一步科学化。这既实现了发达与不发达、贫困与富裕差距的不断缩小，又实现了物质文明和精神文明的协调发展，这是现代社会主义仁爱精神和国家援助、扶贫战略所产生辉煌成就的真实写照。

三 平衡发展应该保障公平正义

协调发展在一定意义上就是平衡发展。社会主义的实践已经充分说明，唯有公平正义才能推动平衡发展。“公平正义是中国特色社会主义的内在要求，所以必须在全体人民共同奋斗、经济社会发展的基础上，加紧建设对保障社会公平正义具有重大作用的制度，逐步建立社会公平保障体系”（第 13 页），唯此才能让广大人民群众看到发展的实惠，才能充分调动广大人民群众的积极性，平衡发展才有现实基础。但是，“在我国现有发展水平上，社会上还存在大量有违公平正义的现象。特别是随着我国经济社会发展水平和人民生活水平不断提高，人民群众的公平意识、民主意识、权利意识不断增强，对社会不公问题反映越来越强烈”（第 95 页），因此，“必须着眼创造更加公平正义的社会环境，不断克服各种有违公平正义的现象，使改革发展成果更多更公平惠及全体人民”（第 96 页）。其实，这既是平衡发展的经济道德、政治道德和社会道德要求，更是平衡发展的精神动力。

坚持公平正义促平衡发展，其一，应该在发挥我国社会主义制度优越性，发挥党和政府的积极作用的同时，简政放权，让市场在资源配置中起决定作用，“减少政府对资源的直接配置，减少政府对微观经济活动的直接干预，加快建设统一开放、竞争有序的市场体系，建立公平透明的市场规则，把市场机制能有效调节的经济活动交给市场，把政府不该管的事交给市场，让市场在所有能发挥作用的领域都充分发挥作用，推动资源配置实现效益最大化和效率最优化，让企业和个人有更多活力和更大空间去发展经济、创造财富”（第 117 页）。其二，应该在坚持公平正义的基础上，不断增进人民福祉，协调和减少各种矛盾，和谐一致促发展。“要增强发

① 习近平于 2012 年 12 月 29 日、30 日在河北省阜平县考察扶贫开发工作时的讲话。

展的全面性、协作性、可持续性，加强保障和改善民生工作，从源头上预防和减少社会矛盾的产生。要以促进社会公平正义、增进人民福祉为出发点和落脚点，加大协调各方面利益关系的力度，推动发展成果更多更公平惠及全体人民”（第 204 页）。唯此才能调动各方积极性，步调一致地去谋发展，促发展。历史的经验教训也已经充分说明，没有公平正义的地方和单位，就不可能有和谐的环境，也就没有平衡发展的基础和条件，在这种情况下，发展的迟缓、不平衡甚至倒退也是在情理之中的事情。其三，公平正义促平衡发展，应该让每一个人有自由发挥个人能量的条件和空间，要让每一个人有尊严地工作和生活，人格和利益平等地交往和交流，真正让全体人民迸发出建设社会主义的热情和干劲，为平衡发展夯实群众力量。其四，公平正义促平衡发展，制度是重要保证。“我们通过创新制度安排，努力克服人为因素造成的有违公平正义的现象，保证人民平等参与、平等发展权利”（第 97 页）。这就是说，制度本身就有一个公正与否、科学与否的问题，因此，平衡发展需要有制度保证，而且是公平正义的制度保障。

四 “五位一体”、协调推进需要道德力量支撑

党的十八大报告中明确提出建设中国特色社会主义“五位一体”的总布局，即着眼于全面建成小康社会，全面落实经济建设、政治建设、文化建设、社会建设、生态文明建设，并促进“五位一体”的全面、协调发展。“五位一体”总布局的全面、协调推进，道德是不可忽视且不可替代的精神力量。

其一，“五位一体”的全面、协调推进需要“国民素质和社会文明程度的显著提高”。全面建成小康社会，覆盖的领域要全面，是“五位一体”全面进步的小康。当然，更重要、更难做到的是“全面”，它要求发展的平衡性、协调性、可持续性。习近平总书记强调，如果到 2020 年我们在总量和速度上完成了目标，但发展不平衡、不协调、不可持续问题更加严重，“短板”更加突出，就算不上真正实现了目标。然而，“五位一体”全面进步的小康目标的实现，需要文化力量、精神力量的支撑。因为，“决胜全面建成小康社会的伟大进军，每一个中国人都有自己的责任，领导干部要勇于担当，人民群众要增强主人翁意识，全党全国各族人

民要拧成一股绳，以必胜的信心、昂扬的斗志、扎实的努力，投身新的历史进程，朝着全面建成小康社会的宏伟目标奋勇前进!”同时，要培育和践行社会主义核心价值观，坚持爱国主义、集体主义，坚持向上向善、诚信互助，精神饱满地投入到“五位一体”全面进步、实现全面小康的建设中来①。

其二，“五位一体”各领域的建设需要道德觉悟。第一，道德是经济发展的精神动力。真正的经济是内含道德的经济。经济是人的经济，是社会生产劳动及其社会利益关系发生、发展的特殊存在方式，是人和人际关系或人际利益关系的本质的反映。因此，经济概念不是纯物质或物质活动概念，它必然内含着经济主体及其主体与主体之间的体现“应该”的逻辑关系和价值理念，即经济内含着道德要素。离开了道德视角，经济不可能被正确地理解和把握。进一步说，道德是经济发展过程中的重要的精神力量，它在提升劳动者道德境界中提高劳动生产力、增强劳动产品质量、实现最好经济效益；同时，它将协调经济活动各要素关系和各利益相关者之间的利益关系，在物质利益和精神利益平衡与公平公正实现中促进经济合力的形成，推动经济建设的既好又快的发展。第二，道德是民主政治建设之基础。民主政治建设必须走中国特色社会主义政治发展道路，这是最根本的政治道德或道德政治。“如果这一点把握不好、把握不牢，走偏了方向，不仅政治文明建设很难搞好，而且会给党和人民的事业带来损害，影响社会政治稳定，影响党和国家长治久安。”② 民主政治建设说到底就是以民为本、人民当家做主，这是一个典型的道德命题。为此，民主政治建设必须要摆正干部与群众的关系问题，要弄清权与法的关系问题，要真正认识人民的主人翁地位等，这就是“为官”的基本道德理念问题。干部要做好榜样，按照习近平总书记的要求，既严以修身、严以用权、严以律己，又谋事要实、创业要实、做人要实。同时，有德性的干部一定要倾听老百姓的心声，“要随时随刻倾听人民呼声、回应人民期待，保证人民平等参与、平等发展权利，维护社会公平正义”（第 41 页），真正做到“权为民所用，情为民所系，利为民所谋”。第三，道德是文化建设之灵

① 参见《习近平总书记系列重要讲话读本》，学习出版社、人民出版社 2016 年版，第 57、66 页。

② 《习近平总书记系列重要讲话读本》，学习出版社、人民出版社 2014 年版，第 80 页。

魂。文化在一定意义上即为人化，是对人和人际关系不同视角的解读。因此，就人文视角来看，经济、政治、社会、生态等文化核心或核心文化都是该领域的特殊的主体以及主体与主体关系生存和生存价值的体现。所以，道德是人文社会科学之核心和基础理念。诸如社会学、经济学、管理学、法学、政治学、教育学、文学、艺术学等社会科学学科，忽视甚至离开了道德，任何一门学科将是不完备、不完美的学科。同时，道德也是先进物质文化之核心精神，没有道德内含的物质文化，就像人没有“灵魂”，终究将是质量低下的物质或物品。因此，社会主义道德是社会主义先进文化建设的核心支柱。中国特色的社会主义先进文化建设，只有坚持崇高文化价值取向，坚持文化为人民服务、为社会主义服务，坚持贴近实际、贴近生活、贴近群众，切实静化人们的心灵，才能不断增强全民族文化创造活力，努力建成社会主义文化强国。第四，道德是建设和谐社会之本。和谐社会实质是道德化的社会。道德化的社会，在一定意义上也就是生态性社会。强调社会的生态性，也就是社会要处在一种合理的状态下。实现这社会状态，要靠道德理念和道德境界。首先，建设和谐社会，人自身必须和谐，只有人人自身和谐了，才谈得上社会和谐，这就要求每一个人自身的素质要全面发展，即思想进步、心理平和、情绪稳定、身体健康等，而这一切取决于人的道德境界。同时，社会和谐了，才能促进和帮助每一个个人实现自身的和谐。所以和谐社会的道德理念非常重要，关系的和谐与人自身的和谐非常重要。说到底，道德觉悟直接决定社会和谐程度。其次，和谐社会是不断解决社会矛盾中的和谐。社会矛盾的合理解决，要以道德为依据，要有道德手段。最后，和谐社会建设依赖和谐的社会制度。一个科学有效的制度、理性意义上的制度，一定是一个道德化的制度、人性化的制度和符合人际关系完善和协调的制度。第五，道德是生态文明建设之依据。生态本义是指生物在一定的自然环境下生存和发展的状态，也指生物的生理特性和生活习性。广义的生态观中，生态就包括自然生态、社会生态、自然社会生态三大类。这样的话，生态可以理解为自然、社会、自然和社会应该的生存状态，我把这称为合理性生存样态。生态文明在一定意义上即为生态道德。习近平总书记说“建设生态文明，关系人民福祉，关乎民族未来”（第 208 页）。只有自然生态、社会生态、自然社会生态处在最佳状态，人们才谈得上和谐幸福，中华民族伟大复兴的中国梦才能实现。这是最重要、最崇高的道德和道德目标。生态文明建设需要道德自觉。道德自觉将会促使人们真正认识自然、社会的存在依据和理由，懂得保护生态就是保护人类自己生存和发展的道理，并由此不断提升建设生态文明的自觉性。事实上，生态文明建设，根本在责任意识，有了责任意识，才可能有“尊重自然、顺应自然、保护自然的理念，贯彻节约资源和保护环境的基本国策，更加自觉地推动绿色发展、循环发展、低碳发展，把生态文明建设融入经济建设、政治建设、文化建设、社会建设各方面和全过程，形成节约资源、保护环境的空间格局、产业结构、生产方式、生活方式，为子孙后代留下天蓝、地绿、水清的生产生活环境”（第 211—212 页）。因此，可以说，不懂道德就不懂生态，就无法进行生态文明建设。

绿色发展的伦理导向与环境保护道德机制的建构

党的十八届五中全会提出了“创新、协调、绿色、开放、共享”的五大发展理念。集中体现了中国共产党对经济社会发展规律的深刻认识，丰富了马克思主义发展观。五大发展理念已经成为全党和全国人民夺取全面建成小康社会决战阶段的伟大胜利，不断开拓发展新境界的重要的思想武器。对我国当前和未来经济社会的发展必将产生十分深远的影响。

从内含和功能上看，五大发展理念相互支撑，彼此联动，又各有侧重。创新发展是“十三五”时期经济结构实现战略性调整的关键驱动因素，也是实现“五位一体”总体布局下全面发展的根本支撑和关键动力；协调发展是全面建成小康社会的重要保证，是提升我国发展整体效能、推进各项事业全面进步的有力保障；绿色发展是实现生产发展、生活富裕、生态良好的文明发展道路的历史选择，是通达人与自然和谐境界的必由之路；开放发展是我国基于对改革开放成功经验的历史总结的前提下进一步拓展经济发展空间、提升开放型经济发展水平的必然选择；共享发展是社会主义的本质要求，是社会主义制度优越性的集中体现，也是我们党坚持全心全意为人民服务根本宗旨的自觉要求。总之，五大发展理念涵盖了我国经济社会发展的关键领域，充分反映了我国当前和未来所要解决的重大问题，可谓立意高远，内含深厚，可以从不同的学理视角进行诠释和解读。

党的十八届五中全会报告中对绿色发展进行如此阐述：“必须坚持节约资源和保护环境的基本国策，坚持可持续发展，坚定走生产发展、生活富裕、生态良好的文明发展道路，加快建设资源节约型、环境友好型社会，形成人与自然和谐发展现代化建设新格局，推进美丽中国建设，为全球生态安全作出新贡献。促进人与自然和谐共生，构建科学合理的城市化格局、农业发展格局、生态安全格局、自然岸线格局，推动建立绿色低碳循环发展产业体系。加快建设主体功能区，发挥主体功能区作为国土空间开发保护基础制度的作用。推动低碳循环发展，建设清洁低碳、安全高效的现代能源体系，实施近零碳排放区示范工程。全面节约和高效利用资源，树立节约集约循环利用的资源观，建立健全用能权、用水权、排污权、碳排放权初始分配制度，推动形成勤俭节约的社会风尚。加大环境治理力度，以提高环境质量为核心，实行最严格的环境保护制度，深入实施大气、水、土壤污染防治行动计划，实行省以下环保机构监测监察执法垂直管理制度。筑牢生态安全屏障，坚持保护优先、自然恢复为主，实施山水林田湖生态保护和修复工程，开展大规模国土绿化行动，完善天然林保护制度，开展蓝色海湾整治行动。”

由上所述不难看出，从伦理导向或价值导向的视角来看绿色发展理念，主要体现在三个层面：一是强调要把环境保护的基本理念全面渗透在发展过程中，正确处理好发展与环境保护之间的关系；二是要把追求绿色发展培育成一种社会风尚，让所有人都支持绿色发展、参与绿色发展；三是绿色发展是一种现实的责任，既是建设美丽中国的责任，也是促进全球生态安全的责任。我们可以把这三个方面的伦理导向和价值导向概括为合理生产、健康生活、履行责任。

第一，关于合理生产。在当今社会，生产活动是人与自然之间进行物质变换的最重要的途径，因而也是人对自然施加影响的最直接的方式。因此，要实现绿色发展最重要的就是要调控生产方式，即引导生产方式趋于合理化。这里所说的合理化并不是一个价值中立性概念，而是具有深厚的伦理意蕴，主要包含这样几层含义：第一，生产要尊重规律。尊重自然规律是合理生产的底线，也是实现生产可持续性的基本保证。第二，生产要以人为本。即生产活动要使人生活得更美好，更幸福，更富裕，而使人的生产活动与自然的承载能力保持一种动态的平衡状态是实现以人为本的基本条件。第三，生产要保护环境。传统的生产方式是以牺牲环境为代价的，而绿色发展要求生产活动必须要以保护环境为重要目标，即生产活动不能仅仅消耗资源，更重要的是要保护自然。

第二，关于健康生活。绿色发展不仅仅是生产层面的问题，也是人们日常生活的问题。人们树立健康生活的理念对于促进绿色发展至关重要。健康生活的理念首先是要人们在现实生活中形成勤俭节约的生活态度，这样就会在归根结底的意义上减少对自然资源的消耗。其次，要形成保护环境的良好风尚，即绿色发展要求全社会关心，大众共同参与，这样才会使绿色发展获得广泛的人文支持。最后，绿色发展需要人们在现实生活的每一个环节上都体现环境保护的理念，让人们在衣食住行各个方面都渗透着健康生活的价值元素。

第三，关于履行责任。绿色发展是一种发展理念，但是这种理念要落实就必须转化为现实的责任。因而可以说，绿色发展就是要倡导一种责任伦理，既包括对建设美丽中国的责任，也包括对全球生态安全的责任，还包括对子孙后代的责任。

由上所论，绿色发展的伦理导向意蕴是非常丰富的，但是这种伦理导向要在现实生活中产生效度就有赖于建构起相应的环境保护道德机制，使环境保护获得有力的制度保障、与绿色发展的伦理导向相适应，这个道德机制应当通过社会、企业和个人三个主体的有序联动来生成并发挥作用。

一般而言，在环境保护的认知上，大致可以分为四个层面上的内容，第一个层面是把环境保护当成一个专业性问题，在这种认识背景下，攻克治理环境污染中的各种技术难题变成了一个主要的方向，或者将环境保护的更多力量投向科学技术提升与发展的领域；第二个层面是把环境保护当成一个经济领域的问题，在此种认识指导下，提升经济发展水平，增强国家经济实力变成了头等大事，认为没有经济的大力发展，环境保护只可能是纸上谈兵、空中楼阁而已；第三个层面是把环境保护事业看作是一个社会政治问题，涉及政府在环境保护中的职责等范畴。比如对于生态补偿以及排污权交易等制度的推行力度与广度，它涉及各个部门、各个行业和各个地区之间的权能和利益调整。第四个层面是把环境保护定义为一个文化伦理问题，涉及国民的素质，因为目前的环境问题并非是一朝一夕形成的，它反映的是一个国家和民族的生产方式与结构，涉及个体的生活习惯与消费方式。①

如果我们将环境保护问题定义为在本质上反映一个国家和民族国民素质层面的范畴，那么，在绿色发展实现的过程中，构建一种道德保障机制就是十分重要的问题。在这个机制中，社会、企业与个人是重要的道德

① 潘岳：《绿色中国与少年中国》，《绿色文明文集》，中国环境科学出版社 2006 年版，第 14—17 页。

主体。

社会是人们通过交往形成的社会关系的总和形态，是人类生活的共同体。因此，在现代意义上，社会是指为了实现人类生活共同体的利益、价值观和目标而形成的共同体。维系这一共同体正常运转并不断推动其向前发展是蕴含在各种人与人之间交往过程中的价值共识，是对具有同质性的文化传统和生活习惯的认同。共识与认同，并非朝夕之间即可形成，而是经历了漫长的历史沉淀和凝聚。所以，在推动绿色发展的征程上，要获得社会层面上的广泛支持，需要经历一个长期的宣传和引导，需要逐步构建有利于绿色发展的文化价值导向，祛除不利于绿色发展的传统观念与习惯，这个过程必然是一个漫长的过程，但是，一旦在社会层面上形成了一种全面支持绿色发展的氛围，那么，绿色发展之路将是顺畅和谐的。因此，形成全社会共同推进绿色发展的工作是不可或缺的举措。在社会中，进行适当的宣传，普及社会大众的生态文明基本知识，加强人们的环境保护意识，努力构建全社会共同参与生态文明建设的平台和机制，形成浓厚的社会舆论氛围，都是推动绿色发展所需要的。

企业作为社会经济发展的重要力量，无疑是绿色发展的最重要的主体。因此，加强企业的环境责任则是实现绿色发展的重要环节。

在现代社会中，不可否认的一个客观事实就是实现人类生产活动的主要主体是各类型的企业。而在传统的思维中，人们只是关注到了企业与自然环境的“正向”关系，即强调了企业是推动经济社会发展的积极力量。但当我们仔细审视日益严峻的环境危机时就会发现，各种类型的企业主体也往往是消耗自然资源的主力军，它们同时也是一支环境污染的“生力军”，如在空气质量日益下降的今日，往往会发现它们的“身影”，在水资源日益枯竭和质量下降的过程中，免不了有它们的“参与”，全球性温室效应的出现，它们也是“功不可没”。它们对自然资源的过度开采导致了地质结构变化，引发水土流失、地面沉降、水源衰减等地质灾害，诸如此类，不一而足。因此，当我们提出人类要为自然界承担道德责任的时候，企业的生态责任问题便凸显了出来。

为此，需要在以下几个方面着力推进和加强。第一，企业需要全面树立生态文明观念，践行社会责任。以此实现经济效益与社会效益以及生态效益的有机统一。第二，需要真正落实国家的环境保护法律法规和政策，不折不扣地履行自身的法律责任，以此实现权利与义务的辩证统一。第三，需要不断创新管理体制，提升生产活动的技术水平，以此来实现生产活动的效率和科学化水平。

无论是社会，还是企业，它们均是个人生存于自然界之中为了获取生产资料而构建的某种组织形式与方式。因此，从最终的意义上而言，构建推动绿色发展的道德机制都必须以个人为逻辑起点。以个人与社会的关系为例，社会，从主体构成要素来看，它都是由以一个个具有独立意识的个体构成，每一个个体作为社会的主体在不断地影响着社会的发展，通过他们的行为与思想推动着人类社会这个整体不断向前发展。人类社会由低级向高级，从愚昧、野蛮到文明的发展过程，其实个体起到了不可忽视的作用，因此，从这个意义上而言，人类社会的发展归根结底是个人的发展，而且人类社会的发展最终都是为了实现个人的自由而全面发展。马克思在《1844 年经济学哲学手稿》中指出，活动和享受，无论是就其内容或就其存在方式来说，都是社会的活动和社会的享受。自然界的人的本质只有对社会的人来说才是存在的；因为只有在社会中，自然界对人来说才是人与人联系的纽带，才是他为别人的存在和别人为他的存在，只有在社会中，自然界才是人自己的人的存在的基础，才是人的现实的生活要素。①

可以说，构建推动绿色发展的道德机制，个人主体是最为重要的一环。如何建构这极为重要的一环呢？推动绿色发展是一项宏大的社会系统工程，需要从观念到行动，从理论到实践的联动，更需要参与其中的个体从思想意识到生活实践的全面提升。这是历史所提示的，也是未来所昭示的。

从原始文明到农业文明、工业文明再到生态文明，个体所赖以生存的自然环境相较于自身所创造的文化而言，文化影响个体的深度与广度不断加强，这也是为什么个体的人是一个文化性的存在，而生物性的存在日渐式微的重要原因之所在，因此，影响个体的行为关键在于构建合理的文化价值体系，并通过思想观念来指导和约束个体的行为。如果我们将这种认知置于人类社会发展的历史进程之时，则可以发现，人类社会中的个体及其整体对于人与自然之间的关系的认识，则是影响其行为的重要因素。人类中心主义及其指导下的人类控制自然的思想观念不断地演变成就了一幅人类展示其征服自然的历史画卷：借助于科学技术的强大威力，植入人类

① 马克思：《1844 年经济学哲学手稿》，人民出版社 2000 年版，第 83 页。

个体内心之中的是取得对自然绝对支配地位的集体认同，而且这似乎已经成为了人类触手可及的奋斗目标。那么，在这一目标逐渐实现的过程中，自然，甚至包括人类个体性的存在都成为了价值客体。那么，在生态文明社会核心价值体系之下，自然是否具有自身的价值规定性？自然界本身的价值规定性是否只是在人类社会产生之后才存在呢？从人类社会进化的历史来看，自然先于人类而存在，因此，我们可以由此认为，自然的价值规定性不是人类所赋予的，它应该是一种固有性的存在，它的存在与拓展向人类昭示的就是一种尊严和客观性，它是一种不可以断裂的存在，具有自身的延续性，否则必将通过自身规律来惩罚破坏者。因而，人，无论是作为整体，还是作为个体性的存在物，都必须认识到：保护自然，就是保护自己。所以，应该承认，大自然的长期存在，本身就包含了不可怀疑的继续存在的权利。[①] 自然界出现人类社会这一主体之后，人类与自然之间的关系便具有了一种强烈的辩证性、相互性。“一方面，人作用于自然，改变自然，使自然人化；另一方面，自然作用于人，人学习自然界的智慧：提高人的素质和人的本质力量，使人自然化这两个方面是统一的”。[②]

“人与自然的关系从一开始”就是“实践的关系，也就是说，是通过行动建立起来的关系”。人的能动性与智慧的凝聚，离不开自然。人类社会的进化历史已经证明也必将继续证明这一基本定理。目前，人类社会不仅仅只是在物质上完全依赖于自然的馈赠，而且人类社会所创造的文化也来自于改造自然的灵感与实践，只不过是改变了一种表达载体而已。所以，人类的历史不外乎一部记载“自然人化与人化自然”内容的历史画卷。如果我们将这一历史画卷展开，则发现了描绘这部历史画卷的主体之主观认知则是完全不同的，所反映的人与自然之间的关系之特征也是存在差异性的，也就是说，在不同的认知导引下，出现了不同的行为特质。

展开历史画卷，不同历史阶段的内含特质可以尽收眼底，人类经历了对自然充满敬畏的原始文明与农业文明时期，也经历了自然无限“敬畏人类”的工业文明时期。从人类敬畏自然到“自然敬畏人类”之间的价值主题转换，透露出的是人对待自然的思想观念的演变，彰显的是人类中

① 戴维·埃伦费尔德：《人道主义的僭越》，李云龙译，国际文化出版公司 1988 年版，第 176 页。

② 余谋昌：《生态哲学》，陕西人民出版社 2000 年版，第 34 页。

心主义不断占据人类社会“主流意识形态”的历史进程。在这种历史进程中，个体抑或整体，观念抑或行动，都不约而同地将人类自身塑成了高高在上的利益主体，也将人类社会塑造成了可以任意向自然存在物发号施令的强力实体，完全打破了人与自然之间和谐共处共生的关系维度，撕裂了人与自然之间的利益相关性。人类敬畏自然的原初的历史图景已经逐渐模糊。原始人之所以在自然界之外构想了一个超自然的世界，那是因为，他们认为自然界的秩序来自超自然力量的支配和安排，而不是来自于他们自身，许多自然事物和现象，如日月星辰、风雨雷电、山河土地、凶禽猛兽等，均为超自然神灵的体现。① 彻底祛除对自然敬畏的则是人类社会在“知识就是力量”等强大理性力量支配下的思想观念，以及对人类改造自然力量的自恋与狂妄。客观而言，在这一广泛的道德共识驱动之下，人类社会确实创造出了可以让自己无比骄傲和自豪的物质财富，但是，在这巨大的物质财富堆积的背后却是人与自然关系的日益紧张的客观现状，而且尤为值得注意的是，在这无与伦比的物质财富背后是根深蒂固的人类中心主义对自然制造的“道德恐怖”。所以构建道德机制，从个人主体的层面而言就是需要破除人类中心主义的魔咒，培育对待自然的新的个体道德意识。具体来说，我们每个人不仅要意识到人是社会之子，而且也要意识到人是自然之子，因此要对自然怀持感恩之心、关爱之心、敬畏之心，并通过每个人的自觉行动来保护环境，推动绿色发展理念的落实或践行。

① 刘书越、吕文林、郭建：《环境友好论：人与自然关系的马克思主义解读》，河北人民出版社 2009 年版，第 56 页。

开放:当代中国人的胸怀与气派

2015 年 11 月初闭幕的党的十八届五中全会，审议通过了《中共中央关于制定国民经济和社会发展第十三个五年规划的建议》。全会提出，必须牢固树立并切实贯彻创新、协调、绿色、开放、共享的发展理念。对于五大发展理念之一的开放发展，全会强调要“奉行互利共赢的开放战略，发展更高层次的开放型经济，提高我国在全球经济治理中的制度性话语权，构建广泛的利益共同体”。这主要是从国民经济与社会发展的角度提出的五大发展理念，可以说是国家的发展与治理理念，主要是一种经济社会发展的国家战略。但一种国家经济发展理念，离不开全社会世道人心的价值认同与支持。一方面，经济发展战略会促进国人的观念与生活方式转变；另一方面，国人的开放心态与观念，开放的行为与生活方式会从主体的角度支持、深化“开放”的发展理念。因此，“开放”不仅应成为一种国家发展战略，而且应该成为当代中国人的思想情怀与行为气派。这也许是从伦理学角度对“开放”所能作出的新向度的解释。

一　开放:社会发展进步的历史经验

开放带来进步，封闭导致落后已为世界和中国的历史与社会发展实践所证明。中华古代文明自古以来居于亚洲大陆前列，以农业为主，历史悠久，形成了一个相对封闭的文化体系，在与西方接触以前，人们以为东海边就是天的尽头了，以天下之中的泱泱中华的天朝心态自居。近代中国发生的要外国使臣对清朝皇帝行跪拜礼的礼仪之争就是这种天朝心态的集中反映。到了近代，落后必然挨打，被西方列强欺侮，促使国人睁开眼睛看世界。噢，原来我泱泱中华其实只是居于世界东方的一个民族，一头沉睡的狮子。在与西方与世界的接触中，长期坚持唯我自大的心态，坚持闭关锁国政策，在世界的剧变中采取了一种保守封闭的消极应对策略，使我中华民族与国家错失了近百年的发展良机。除了西方传教士，作为国家层面的大规模与西方的交往可能源自鸦片战争，固然英国人为了谋取巨额经济利益向中国销售鸦片是野蛮行径，但向中国所要推销的东西可能不仅仅是一种货物：鸦片吧？我们仅把中国的近代史解释为备受列强欺凌的历史，却不谈我们的闭关锁国政策使民族错失发展良机。1854 年美国人也是兵临日本“城”下，而日本却作出了开放国门的抉择，与美国签订了神奈川《日美亲善条约》，之后于 1868 年开始进行明治维新改革，实现富国强兵政策和一系列改革政策，使日本跻身于世界军事强国之列。尽管日本以后为军国主义所控制，对外侵略扩张，但正是在开放的条件下又实现了第二次经济腾飞。几年以前，中央电视台的纪录片《大国崛起》中曾经有一段提到荷兰这个蕞尔小国，却曾经一度因其最自由、最开放、最有创新而领先欧洲，称霸一时。

中国近百年追求现代化的历史，虽然有军阀混战、列强入侵、国内战争等因素的干扰，但我们缺乏与世界融为一体的开放观念，可能也是我们错失良机的原因之一，特别是在新中国成立后的前三十年，我们特别强调自力更生，这本没有错，但不能将此与开放，引入外国资金与技术、管理经验对立起来。党的十一届三中全会，作出了改革开放的重大决策，使中国现代化的足迹步入了新的历史时期。中国经过 30 多年的发展，取得了令世人瞩目的成就，这离不开中国人的集体奋斗，也得益于对内改革、对外开放的基本国策。实践证明，在全球经济一体化的当代社会，只有坚持开放发展的基本理念与国策，才能推动经济与社会取得长足与持续发展。

2014 年 12 月，习近平总书记在主持中共中央政治局第十九次集体学习时指出：“不断扩大对外开放、提高对外开放水平，以开放促改革、促发展，是我国发展不断取得新成就的重要法宝。”近段时间，习近平总书记在美国西雅图与中美企业家座谈时强调，“中国的开放大门就像阿里巴巴‘芝麻开门’一样，开开了就关不上了”；在接受路透社采访时说，“中国对外开放不断走向深入，这既包括中国打开大门吸引外资，也包括中国企业走出国门进行投资”；在联合国大会一般性辩论时提出，“大家一起发展才是真发展，可持续发展才是好发展”……总书记这一系列重要讲话，对于构建开放型经济新体制、实现对外开放的提质增效、构建以合作共赢为核心的新型国际关系，具有重大指导意义。

今天的中国，已经前所未有地与世界融合在了一起。全球第一大出口国和第二大进口国、世界第一大吸引外资国和第三大对外投资国、世界第一大外汇储备国……中国发展牵动世界目光，中国经济是世界经济的重要引擎。如果说改革开放以来中国创造的发展奇迹得益于对外开放，那么经济新常态下中国的对外开放只会进一步扩大，没有任何理由改变。中国的开放不是权宜之计，而是基本国策，必将伴随着中华民族走向现代化的全过程；中国的开放也不是独善其身，而是互利共赢，志在打造包容共享的人类命运共同体。实行更加积极主动的开放战略，坚定不移提高开放型经济水平，坚定不移引进外资和外来技术，坚定不移完善对外开放体制机制，中国将因开放发展而充满活力，世界也将因中国开放发展而更加美好。

二　开放：当代中国人的广阔胸怀

一定的基本国策总是要以民族文化观念与国民的思想观念作为主体基础和支撑。因此，开放，就不仅应该成为经济与社会发展的基本策略，也应该成为当代中国文化的基本精神和当代中国人的广阔胸怀。

全球一体化不仅是经济的一体化，也是文化的开放、交流、融合的时代。随着改革开放、国门大开，这 30 多年来，我们对西方文化的引进介绍，近百年来从来没有这样得广泛和深入，无论是哲学思想方面的自由权利思想，还是社会政治理念的正义公平观念，都深刻地影响着中国人的思想。我们穿西装、吃西餐、过洋节，西方文化深刻影响着中国人的衣食住行的日常生活世界。在中国已经深度融入世界的当下，我们也要让中国文化走向世界，让世界了解中国。讲好中国故事，发出中国声音，让中华文明对世界繁荣进步做出自己应有的贡献。为此，我们举办了数百所“孔子学院”，向世界各国传播汉语和中国文化，我们也成功举办了第 28 届北京奥运会，向全世界集中展示了中华文化。记得前几年有一次我受邀首都精神文明建设办公室，赴怀柔区调研考察，在长城脚下的一个一百多户人口的小村庄里，竟然有 40 多户外国人居住，当天又在县城剧院观看了美国好莱坞一个轻型演出团队的演出，其声光电的舞台效果以及剧情中以长城作为主人公最后会面的相约，这些都使我深深地感到，北京与中国已经深深地融入到世界之中去了。试想，我们在 20 世纪七八十年代，如果见到一批外国人，就觉得是非常新奇的事，而现在，北京以及中国的其他城市，无论是在大街上，还是在校园里，外国人很多，他们很平常地和中国人生活在一起，这就是几十年来开放的结果。人类文明只有在互相交流融合中才会进步，而这都需要我们以“开放”作为国策和文化精神，而开放精神要求我们发扬中国儒家文化的和而不同、天下一家的精神，相互包容、相互吸取各自文明的长处，使我们生活的这个世界变得更加美好！

不仅在处理对外交往和各种文化关系时，我们应该有一种开放的心态，而且在处理我们内部人际关系上，也应该有一种开放、包容、与人为善、诚信和谐的人际关系，从而建设和谐社会。中国人长期以来，受到传统文化封闭性、保守性的影响，在国民性上多具有某种内倾、木讷、猜忌、提防、互不信任的劣根性，“木讷近仁”这是儒家的劝喻，“逢人只说三分话，未可全抛一片心。”“害人之心不可有，防人之心不可无。”这似乎是人生的经验之谈。一个不说话、不张扬的人被看作是一个老成持重、有道德的人，而一个性格外向、坦率真诚的人往往在文化心理上被别人不待见、不接纳。人们在人际交往中往往尽量掩藏自己的真实个性，互相打太极、猜忌、提防、互不信任。为什么会形成这样的国民性呢？就是因为我们的文化具有一种封闭保守的传统，而不是主张人的心灵的开放。没有真诚、开放的自我，就难以有开放、信任的人际与社会。比如，我们都知道，改革开放之初，我们在与外国人打交道时，你去人家那里拜访，人家问你要喝点什么？本来心里很想喝，可是嘴上却说着“不喝”，不理解中国人国民性的外国人只好给你什么也不喝，他自己喝，因为他们信奉自由意志和个人自由，既然你已经说“不喝”了，那自然不给你喝是对你的尊重。通过逐步的文化交流碰撞，中国人的性格也在慢慢变得真诚而开放，在自我介绍时，也有年轻人会张扬自己的个人爱好，以使自己可以给他人留下深刻印象，甚至提出了“自我营销”的概念。开放是进步的前提，也是进步的内在要求，这不仅是社会的开放，也包括人们心灵的开放。因此，当代中国人应以开放的心态和博大的胸怀来面对自己、拥抱他人、社会和世界，开放是健康心态，它是交流、进步、包容、和谐的主体基础。

三　开放：当代中国人的行为气派

开放，不仅应成为一种文化理念和思想胸怀，更应成为一种行为方式和生活方式、成为一种包含尊重和自信的与世人交往、与国人交往的态度和气派。

在开放的社会环境里，国人与外国人的行为交往在历史上也从来没有这样广泛和深入过。每年不仅有大量的外国人来华留学、经商、参访，更有大量国人同样走出国门留学、经商、文化交流、旅游。出国以后，在各国旅游区，甚至绝大多数是国人。想起我们早年生活的 20 世纪六七十年代，有些生活在农村的人一辈子连县城也没进过。笔者父亲曾经是商人，一辈子的活动足迹仅限于陕西、河南两省。而我的足迹遍及美洲、欧洲、亚洲的多个国家，当坐飞机七八个小时就到了欧洲时，才真切感到，世界并不大，全球是一体化的。现代世界的开放文明使我们共同生活在一个地球村里，密切的交往给我们创造了互相学习与交流的机会。

在与世人的交往过程中，我们既要树立民族自信心，不要一味地崇洋媚外，认为外国的月亮都是圆的，遇事对外人给予过度的厚待而对国人慢怠，同时也要尊重人类一切文明成果，尊重别的民族的生活方式、文化传统和风俗习惯，正所谓入乡随俗。近年来，走出国门旅游的国人越来越多，一些不文明行为屡屡被媒体报道并为外国人所诟病，这体现出国人的公共文明素质有待提高。国人公共文明素质低的原因，从深层来看还在于，我们在一个封闭的环境里生活得太久了，还不能一下子就学会现代开放环境里的公共文明规范，这都是在开放发展过程中遇到的问题，相信随着社会的进一步开放、中外交往的进一步深化，国人也必然会自觉培养提高自己的公共文明教养，不断提高现代中国人的道德素质，以赢得世人的尊重。

一个有开放心灵和胸怀的人，必然是一个有深刻自信心和自豪感的人，在与人的交往中会自觉地与人为善，自尊尊人，既不妄自菲薄，也不妄自尊大，落落大方，不卑不亢。既有文明教养，学会倾听和尊重别人，又不隐瞒自己的观点，坦率真诚。具有开放心灵与性格的人，固然可能会得罪一些封闭心态的人，但也会以自己的真诚开放而得到真朋友，他不防人，人也不用防他，我相信这是国民性走向进步的一种新气象。中国人的行为方式和性格不再是单一的深沉内敛倾向，而是走向开放、外向。君不见，昔日不苟言笑的汉民族的老大妈，时至今日，引领着热情奔放的广场舞，不是已经走向世界了吗？虽然这种过分的张扬可能给当地的民众和周边生活的群众带来一定的干扰，但从一定程度上折射出中国人国民性正从深沉内敛走向自由奔放。这都是开放的社会环境与开放观念和心态带来的结果。

开放的中国将进一步融入世界，也欢迎世界走向中国。开放的中华民族将把本民族和而不同、包容并进的文化观念奉献给世界，将世界一切文明成果融入自己的血液。开放的中国人民将以博大的开放心态、自尊、尊人的行为方式和交往方式与世界各国人民共处于一个和谐世界，也将以这种心态和行为方式把自己的国家建设成为一个更为开放幸福的人间乐园。

共享发展理念的伦理基础

共享发展理念是以习近平同志为核心的党中央对我国当前的国情现实和人类社会发展的总体趋势进行深刻认识和把握的结果。从我国的国情现实来看，30多年的改革开放极大地促进了我国社会的进步，但因此而形成的丰硕社会发展成果并没有在国民中间得到的共享，贫富悬殊、机会欠均、公共权力监督不力等问题的严重存在说明当今中国在维护社会发展成果的共享性方面仍然有很大的努力空间。从人类社会发展的总体趋势来看，走共享发展道路是大势所趋，社会主义中国应该顺势而为。

“共享发展”是自原始社会以来就一直与人类相伴相随的一个问题。从历史唯物主义的角度看，人类在原始社会的生存就已经具有一定的共享发展特征，但它所达到的共享发展程度是原始的、低级的；在奴隶社会和封建社会，由于一切都被深深地打上了森严等级观念和等级制度的烙印，统治阶级与被统治阶级之间的对立和矛盾无法调和，共享发展的空间非常狭窄；进入资本主义社会之后，由于自由、平等、民主、公正等价值观念开始比较广泛地深入人心，并且借助于社会制度的设计和安排得到了较大程度的现实化，共享发展的空间也得到前所未有的拓展。当今中国正迈步在建设中国特色社会主义的光明大道上，它能否在共享发展方面有更大的作为？这是我国在当前必须着力研究的一个重大课题。完成这一重大课题是我国社会各界的共同责任，更是我国学术界不可推卸的光荣使命。

党中央是在我国进入全面建成小康社会决胜阶段之际开始大力倡导创新、协调、绿色、开放和共享五大发展理念的。在党中央倡导的五大发展理念中，“共享发展”是最高理念。具体地说，它是其他四个发展理念旨在实现的终极价值目标，并且对其他四个发展理念发挥着价值统领作用。正因为如此，党中央对五大发展理念作出了不同表述：(1)创新是引领发展的第一动力；(2)协调是持续健康发展的内在要求；(3)绿色是永续发展的必要条件和人民对美好生活追求的重要体现；(4)开放是国家繁荣发展的必由之路；(5)共享是中国特色社会主义的本质要求。显而易见，创新、协调、绿色和开放四大理念都是以实现共享发展作为终极目标的，它们都是作为手段或工具而存在，只有共享发展理念是作为目的而存在。换言之，当今中国坚持创新发展是为了共享发展，坚持协调发展是为了共享发展，坚持绿色发展是为了共享发展，坚持开放发展也是为了共享发展，共享发展是这四个发展理念共同拱卫的终极价值目标。

共享发展理念是由“共享发展”这一概念及其现实化表现构成的一个观念。它涵盖“共享”和“发展”这两个概念的丰富含义和实践特性，反映党中央和当代中华民族对共享问题与发展问题的观念性把握。在共享发展理念中，“共享”和“发展”这两个概念的丰富含义和实践特性具有内在贯通性和一致性。这意指，共享是发展的精义所在和价值目标，发展是共享的要义所在和内在要求。

需要指出的是，共享发展理念的现实化表现就是党中央所说的“获得感”。它指人们在生活现实中对社会发展成果的“占有感”或“享有感”。当人们深切地感受到他们享受到了社会发展带来的成果，他们的心灵世界或心理世界就会形成满足的充实感，这就是他们对社会发展成果的“获得感”；或者说，它是人们作为一种社会性动物，在参与社会生活的过程中通过合理占有或享有社会发展成果而形成的成就感和价值感。

生活于社会状态下的人类本质上是政治动物、经济动物和文化动物，因为他们不能须臾脱离特定的国家或社会而独善其身，而国家和社会的存在总是具有强烈的政治性、经济性和文化性。在有国家的社会状态中，人类的所思所想和所作所为都会受到国家和社会的制约，并且必须在很大程度上反映特定国家和社会的需要。由于所有国家和社会的发展都是由它的政治发展、经济发展和文化发展来标示的，当今中国坚持共享发展理念必定以政治权利共享、经济利益共享和文化精神共享为现实表现形式。

共享发展理念的伦理基础是共享伦理。共享伦理是以“共享”为核心价值取向的伦理思想、伦理精神、伦理原则和伦理行为统一而成的一个伦理价值体系。它将“共享”视为一种美德，反对社会发展成果在一个国家或社会被少数人支配或占有的状况，要求最大程度地实现社会发展成果的共享。所谓共享，就是为大家共同享有，就是让所有社会成员有强烈的获得感，就是让所有国民能够从国家或社会发展的成果中受益。

共享伦理是支撑共享发展理念的道德力量。“发展”无疑被世界各民族普遍视为第一要务，足见其重要性；然而，如果发展不能带来发展成果被人们共享的结果，则所取得的发展只能是没有道德价值的增长。具体地说，它只能造就类似奴隶社会、封建社会和资本主义社会之类的不公正社会。在这样的社会中，绝大多数人充当着促进社会发展和创造人类社会历史的主体，但他们并不能充分享有社会发展成果；相反，虽然奴隶主、封建贵族、资本家等仅仅是在社会人口中占据少数的统治者，但是他们凭借手中的统治权不合理地享受着社会发展的绝大多数成果。共享伦理从道德上拒斥严重缺乏共享性的奴隶社会、封建社会和资本主义社会，要求人类社会在追求发展的过程中最大限度地维护社会发展成果的共享性。

如果没有共享伦理作为支撑，共享发展理念必定会因为缺乏伦理基础而难以成为人们乐于接受的一个理念。什么是共享伦理？它是一个内含非常丰富、外延特别宽广的伦理价值体系，彰显人类对经济社会发展的最深刻的道德价值认识、道德价值判断、道德价值定位和道德价值选择，反映人与人之间、国与国之间、民族与民族之间相互给予道德尊重、道德支持和道德关怀的伦理空间。

全面建成小康社会是我国“十三五”期间推进中国特色社会主义建设的总体奋斗目标，这一时代背景不仅要求我们一如既往地谋求经济社会的发展，更重要的是要求我们致力于在更高的水平上提高社会发展成果的共享性。小康社会不是一小部分人达到小康生活水平的社会，而是绝大多数人达到小康生活水平的社会，而要做到这一点，唯一行之有效的途径是大力推进社会发展成果的共享，即走共享发展之路。

走共享发展之路并非易事，因为要求人们共享发展成果历来都是一件非常困难的事情。它既涉及人们的个人道德修养，也涉及国家的社会制度设计和安排状况。显然，如果个人道德修养不够，要一个人与另外一个人共享发展成果是很困难的；如果没有一定的社会制度设计和安排提出强制性要求，一个有道德修养的人也很可能最终选择不与他人共享发展成果。这些现象既可能出现在资本主义社会，也可能出现在社会主义中国，但它们不应该成为阻碍社会主义中国走共享发展之路的障碍。

坚持共享发展反映中国特色社会主义的本质要求。社会主义的中国特色在哪里？就在于社会主义制度应该比奴隶制度、封建制度和资本主义制度具有更高的共享性！如果说奴隶制度、封建制度和资本主义制度都是少数人压迫和剥削多数人的不公正的社会制度，那么，社会主义中国应该从根本上改变这种社会现实。中国特色社会主义应该致力于不断提高社会发展成果的共享性。这既是中国特色社会主义的本质要求，也是社会主义制度优越于其他社会制度的根本之处。走共享发展之路是当今中国必须作出的道德选择。

在共享伦理的引导下走共享发展之路是当今中国推进国家治理的最高伦理价值目标。这是对当今中国发展作出伦理定性的伦理价值目标。当今中国不应该仅仅为了发展而发展，而是应该为了实现共享发展而发展。对于社会主义中国来说，只有基于共享伦理基础上的发展才具有道德价值或伦理意义。

共享伦理具有多种多样的表现形式。国内外学术界倡导的公共服务伦理、教育伦理、医学伦理、财富伦理、慈善伦理、扶贫伦理、社会保障伦理、环境伦理、制度伦理等伦理形态本质上都属于共享伦理的范围。

公共服务伦理是一个通过解决社会民众最关心最直接最现实的利益问题来彰显政府道德关怀的伦理价值体系，其主要伦理要求是政府必须增强公共服务意识、提高公共服务能力、创新公共服务方式和承担公共服务责任，以增强公共服务在当今中国的普惠性。在一个坚持共享发展的国家里，向广大社会民众提供优质的公共服务是政府不可推卸的道德责任，享有优质的公共服务则是广大社会民众的基本权利。建构和倡导公共服务伦理既有助于推进我国建设服务型政府的进程，也有助于提高广大社会民众对我国社会发展成果的获得感。

财富伦理是由支配财富创造、财富交换、财富分配和财富消费的伦理思想、伦理规范、伦理精神和伦理行为整合而成的一个伦理价值体系。建构和倡导财富伦理旨在引导人们用合乎伦理的方式创造财富、交换财富、分配财富和消费财富。建构和倡导财富伦理有利于推动我国社会各界形成正确的财富观和财富伦理观，尤其是正确财富伦理观的形成能够对人们看待物质财富的思维方式、评判物质财富的价值观念和对待物质财富的行为方式产生积极的伦理引导作用。具有正确财富伦理观的人更容易与他人共享他们的物质财富。

教育是一项公共事业，也是一种特别重要的社会资源。研究教育伦理不仅有助于提高我国社会各界对教育的道德价值认识、道德价值定位、道德价值判断和道德价值选择，而且有助于提高我国的教育质量和教育共享性。教育的共享性主要是通过教育公平来体现的。在一个坚持共享发展的国家，教育不仅被视为一项基本人权，而且被视为一项基于平等基础上的人权。教育公平拒斥教育资源被少数人垄断的现象，主张教育资源应该被所有人平等地享有。倡导教育伦理有助于提高当今中国社会在教育资源方面的共享性。

医疗是我国社会民众必不可少的生存条件。医学伦理是一个以研究医患关系、医疗的道德价值、医疗保险的道德合理性等为主要内容而形成的伦理价值体系。在当今中国加强医学伦理的研究和倡导有助于提高我国的医疗水平和质量，有助于解决我国当前存在的药费贵、看病难等现实问题。医学伦理的核心价值取向是强调医疗资源分配的公正性。在一个坚持共享发展的国家里，医疗不仅作为一种公共性社会资源而存在，并且被视为一种应该被人们普遍享受的公共性社会资源。医疗的道德价值主要是通过医疗资源的共享性来体现的。

慈善伦理是一个以弘扬慈善的道德价值为核心价值取向的伦理价值体系，它主要包括个人慈善和企业慈善两种形式。个人慈善通过个人为慈善主体发挥作用；企业慈善通过企业为慈善主体发挥作用。个人慈善和企业慈善有时候是借助于专门的慈善组织间接发挥作用的。在一个坚持共享发展的国家里，慈善必定是相当发达的。慈善伦理的本质就在于财富共享。在慈善伦理的框架内，个人或企业创造财富的能力可能很强，但这绝不意味着他或它具有独立承担创造财富的能力；所有财富都是基于社会合作基础上被创造的，因而拥有较多财富的个人和企业用财富回馈社会是必要的，更是应该的；财富的共享性越强，它的道德价值越多。

在一个坚持共享发展的国家里，贫困是应该被消除的社会丑陋现象。如果一个国家的贫困人口非常庞大，那么它一定是一个社会发展成果缺乏共享性的国家，也一定是一个极其不公正的国家。因此，扶贫伦理将贫困视为道德上的恶，要求人们消灭它。当今中国还存在为数不少的贫困人口，帮助农村人口脱贫是我国全面建成小康社会的一项艰巨任务，因此，在当今中国倡导扶贫伦理具有极强的现实意义。扶贫伦理是一个关于如何从伦理的角度解决贫困问题的伦理价值体系。倡导扶贫伦理，从扶贫伦理的角度研究我国的扶贫问题，具有不容忽视的理论意义和现实价值。

倡导社会保障伦理是现代社会的普遍性标志。社会保障伦理是对社会保障问题进行伦理反思而形成的一个伦理价值体系。倡导社会保障伦理有助于推动我国社会各界强化社会保障意识，有助于推进我国社会保障制度的完善，有助于推进我国社会保障事业的整体发展。一个坚持共享发展的国家必须具有完善的社会保障体系，因为它是广大社会民众能够充分享受社会发展成果的一个重要标志。

自然环境是一种公共环境，自然资源则是一种公共物品，如何保护自然环境和自然资源既是一个生态科学问题，也是一个伦理学问题。环境伦理就是一个以倡导生态环境保护为核心道德价值观念的伦理价值体系。倡导环境伦理不仅能够为我国推进环境保护工作提供强有力的伦理学理论支持，而且有利于提升我国自然资源的共享性。当今中国必须走生态文明发展道路，为广大社会民众提供洁净、健康的自然环境，以确保他们能够生活在一个美丽的中国。

社会制度是一种强制性社会规范，也是一种公共性社会规范，因此，它是一种可以为广大社会民众共享的社会资源。公正是社会制度的首要德性。社会制度的主要功能是保障物质财富、政治权利、发展机会等社会发展成果或社会资源在国民中间的分配最大限度地体现公正性。如果能够设计和安排公正合理的社会制度，我国广大社会民众就能够过上在制度面前人人平等的生活。制度伦理是共享伦理必不可少的一个重要内容。借助于社会制度的合理设计和安排，我们不仅可以维护人与人之间的平等，而且可以极大地促进社会发展成果或社会资源在广大社会民众中间的共享性。合理设计和安排的社会制度即公正社会制度，它能够使社会发展成果或社会资源分配的正义天平有利于社会弱势群体，而一旦达到这种效果，则社会发展成果的共享性就能够得到显著提高。

共享伦理是共享发展理念的伦理支撑。它对共享发展理念的伦理支撑作用主要表现在三个方面：

第一，共享伦理将“共享”作为一个道德价值观念来限定“发展”的内含，从而使共享发展理念从根本上变成了一个伦理理念，这一方面使共享发展理念获得了深厚的伦理意蕴；另一方面也为当今中国发展提供了一个强大的道德信念。

第二，共享伦理将“共享”作为一个伦理原则来限制当代中华民族追求发展的具体行为，从而使共享发展理念成为了规范他们谋求政治发展、经济发展和文化发展的一个重要行为准则，这一方面将当今中国坚持共享发展的社会实践置于了道德理性的支配之下；另一方面也使之获得了道德价值。

第三，共享伦理将“共享”作为一个伦理价值目标来规定当代中华民族追求发展的目的性，从而使共享发展理念变成了能够引导当今中国社会发展的价值导航仪，这一方面有利于保证当今中国社会发展的道德合理性；另一方面也有利于增强当今中国社会发展的目的性。

需要特别指出的是，“共享发展”还是一个具有国际伦理意蕴的发展理念。以习近平同志为核心的党中央不仅致力于在国内提高社会发展成果的共享性，而且致力于提升我国推进中国特色社会主义建设事业的发展成果在国际社会的共享性。当代中华民族反对民族利己主义价值观，更反对为了本国或本民族的一己私利而损害其他国家和民族的做法，坚持走世界各国协同进步、同生共荣、互利共赢的发展道路。“一带一路”发展战略的实施就是一个典型事例。它不仅说明当代中华民族具有在国际社会倡导和坚持共享发展的道德信念，而且说明当代中华民族具有用自己的国家发展和社会进步成果造福其他世界和民族的道德实践精神。

中国传统伦理思想

关于合理传承中华优秀传统文化的思考

如何对待传统文化？如何承托中华优秀传统文化的精神命脉？这是近代以来纠结于国人心头却又尚未真正解决的文化问题。尽管我们已经明确“古为今用”、“去其糟粕，取其精华”等基本方法论原则，然而古之文化究竟如何“今用”，如何判别“糟粕”与“精华”，如何将传统文化中的“精华”转化为当代文化的精神资源，至今仍是开放的课题。在具体回答这些问题之前，需要明确一个前提性问题：如何看待我们自身的传统文化？这是一个基本的文化态度问题。

“西方现代性逻辑”中传统文化命脉的赓续危机

能够拥有五千多年绵延不绝气、养真气、化怨气可说是儒道佛三家所提倡的上达之学。古人说：“下学可以言传，上达必出心悟。”这是要靠自己的心去体悟的。各种门类的“艺”都是可见、可听、可感的，必须通过听、闻、视、触的文明历史和文化传统，原本是中华民族的莫大幸运，但在近代以来却出现了消极甚至简单否定传统文化的心态，这是值得我们认真反省的问题。客观地看，这种文化心态与近代以来中国社会现代转型的艰难历程息息相关。这种转型从一开始便是因外部力量压迫与冲击所形成的“植入式”现代转型，被殖民和被压迫的民族命运使得我们的现代转型不独艰难而且沉重。我们没有从容的资本积累和技术准备，更须抵抗外部的殖民侵略和内部的封建主义、官僚资本主义。一个庞大且拥有悠久历史的文明与文化共同体，能够历经如此重负而走过近代百年的风雨历程，已堪称人类文明史上的奇迹，更何况还需要在自觉维护自身传统赓续的同时去体会内部所包含的道理，通过外在的形象，达到对其内在理念、观点的体悟与认同，以得到更高层次的智慧。我们要遵循以道统艺、由艺臻道的传统精神，在“艺”中完成现代化转型。在这一重压之下，简单否定传统文化在某种意义上成为不得已而为之的选择。

然而，独特的命运和现代转型的艰难，并不能成为我们怠慢、轻视甚或怨恨传统文化的充足理由。近代百年曾占主流的文化观念是所谓的“西体中用”，即主张用现代西方文化与价值替代儒家主导的中国传统文化价值，以建立现代中国文化与价值观念体系。这一文化立场和价值判定的理由是：文化的“西”与“中”，实质上是文明之先进与落后的分野；若想使中国社会摆脱落后局面，就要使中国文化全盘西化。这种文化观念的前提预设是：现代化即西方现代化或现代西方化。

这当然是一种强势的西方现代性逻辑，或者干脆说是“自由帝国的逻辑”。然而直到今天，许多人依旧没有看清这一西方中心主义的现代性逻辑。因此，要么简单地拒绝了解这一逻辑，或者不愿意从中学习具有普遍借鉴意义的东西；要么简单地认同甚至服从这一逻辑，不愿意对之付出批判性反思的努力，更缺乏探索适合自身文明与文化特点之现代性模式的勇气和自信。在此情形下，文化自信与优秀传统文化的赓续便难以确立。

把坚持历史辩证法与探寻价值合理性有机结合起来

如何合理传承中华优秀传统文化，马克思主义经典作家为我们提供了方法论原则，马克斯·韦伯等西方著名思想家的相关观点也值得吸收借鉴。

马克思在谈到其哲学的革命性变革时，不仅强调了历史唯物主义之于传统哲学的革命性变革，而且反复强调这一革命性哲学变革对古典哲学特别是对黑格尔哲学所代表的德国古典哲学的批判性继承和创造性转换。他反对费尔巴哈以“将婴儿和脏水一起泼掉”的方式，主张用“批判地扬弃”，即在批判中改造、在继承中创新的方式对待黑格尔的辩证法和哲学。将原本首足倒置的哲学和文化颠倒过来的批判性扬弃，无疑也可以成为我们对待传统文化的合理方式。

在兼容整合多样性中传承中华优秀传统文化

合理传承中华优秀传统文化，还蕴含着三个必须解答的问题：其一，作为一个多民族国家，如何实现汉文化与其他民族文化的整合？其二，就汉文化自身而言，如何实现作为传统文化主导的儒家文化与道家、佛家、墨家等文化的整合？其三，在现代文明和文化语境中，如何实现中华传统文化的现代转化？这里仅提出一些基本看法或原则性主张。

美国当代伦理学家麦金泰尔认为，各种文化传统或道德谱系之间必定是相互异质、不可相容或“不可公度”的。然而，这一主张对中华文明史和文化史而言并不成立。历史地看，儒释道诸家在不同历史阶段或社会情境中所发挥或显示的文化作用的确是各不相同、与时变化的。但是，它们在绝大多数情形下并不是绝对不相容的。恰恰相反，相容乃至相辅相成更近乎历史常态。诸如“阳法阴儒”、“儒表法里”、“三教合一”等理念，以及唐宋之后以禅宗为代表所展示的兼容多元、共享共荣的文化风貌和精神气象，都可以作为佐证。当然，强调中华传统文化这种兼容多元、有机整合的特征，并不意味着我们可以忽视汉唐以来儒家文化的主导地位。但即便如此，对儒家文化的特色，也只有将其置于整个传统文化体系之中，才能获得充分而全面的理解。

解答第三个文化问题的关键在于：应如何理解传统社会与现代社会的关系？历史辩证法告诉我们，更为合理的解答应是上述两种观点的合题：一方面，无论对于文明还是对于文化来说，在传统社会与现代社会之间的确存在一种革命性的变革，因而会呈现根本不同的形态。然而，这一革命性变革并不意味着传统社会与现代社会是截然两分的，更不意味着人类文明演进和文化发展的断裂。相反，它们之间是相互关联的。这种关联不独表现为文明变革中的保存，更体现为文化传统、样式、基本价值观念和精神特质的传承与弘扬。

从对上述三个问题的解答中，可以得出这样的结论：中华传统文化是一个以儒学为主导、儒释道三位一体的悠久而宏大、多样而融贯、古老而常新的文化体系。这一文化体系是一个孕育着丰富多样性的文化母体，具有巨大的文化包容性、亲和性与融合力。这也可以解释，为何中华传统文化能够历经五千年风霜雪雨而薪火不灭、面对无数次挑战冲击而不失自我和自信。对这样一个兼容整合多样性的文化系统的合理传承，也应坚持兼容整合多样性的立场和方法。

道家的尊严观

道家是中国哲学的主流之一，与儒家一起构成中国哲学和中国文明的哲学核心。无论是道家思想还是儒家思想中，都有着丰富的关于尊严的思想与观念。对于儒家的尊严观，已经有了很多的研究。本文仅就道家思想中的尊严观进行讨论。

一

首先我们看看“道”的尊严。道是道家的核心概念，道家把道置于至高无上的地位，因而享有至上的尊严。在中国古代，所谓“尊严”，是指某种主体处于尊贵之位，而且具有威严。在尊严概念史上，有着一个从特殊主体的尊严向普遍性主体尊严发展的历程。但无论怎么看，享有尊严也就意味着具有某种使人敬重因而不可剥夺和不可冒犯的品格。以康德的语言来说，尊严具有绝对价值，而不是可以某种物来交换的东西。那么，在道家这里，什么东西最享有尊严呢？这就是“道”。首先，在道家看来，道享有比天地更高的尊严地位。道是一种先天的存在，道是宇宙的本体，在没有这个世界之前也就有了道。老子说：“有物混成，先天地生，寂兮寥兮，独立而不改，周行而不殆，可以为天地母。吾不知其名，强字之曰‘道’。”① 在古代中国人看来，天是至高无上的，地是无限宽广的，因而都具有无比的威严与崇高。而这个世界则是由道派生的。

① 《老子》第二十五章、四十二章、二十五章、三十四章、十章、五十一章、二十七章、十章、二十九章、五十七章、八十章、十八章、三十八章、十二章、四十九章、二章、二十章、二十章、四十八章、九章、四十六章、四十四章、二十九章、三十二章、六十七章、十九章、十八章、五十七章、六十五章、十九章、五十八章、三章、三章、十八章、三章、六十四章。

道家对人的尊严的理解又是从对“道”的理解而来。这是因为，万物为道而生。老子说：“道生一、一生二、二生三，三生万物。”① “一”解释为“太极”，“二”解释为“阴阳”，“三”解释为阴阳之和，或混杂，即在这个世界上，纯阴纯阳的东西是没有的，而当阴阳掺和在一起时，也就产生了万物。这里的“三生万物”包括人类。在这个意义上，人类与其他存在物一样都是道所派生的。在道家看来，道具有至高无上的尊严，而宇宙万物来源于道，因而同样享有尊严。道家告诫人类不要妄作为，而是要遵从自然，保护自然。但另外，在道家看来，与其他任何具体的存在物相比，人的尊严无疑具有更为重要的地位。道生万物，但道家并不认为人与万物处于同等尊严的地位。老子说：“道大、天大、地大、人亦大。域中有四大，而人居其一焉。”② 道家把人看成是与道、天、地一样伟大的存在。在中国哲学中，道是最高的概念，享有最高的尊重，在世界万物中，最有威严的存在应当是天和地。道家把人看成是如同天地一样的存在，也就是最有威严和值得尊重的存在。

二

在道家思想中，道又是自然法则和人间法则。这一法则同样具有尊严的地位。要理解这一论点，我们首先要对道家有关法则的观点进行阐述。就道作为天地法则而言，是“无为”。在道家看来，道生万物，但并不意味着道作为一种至上的存在而干预万物的存在，成为万物的主宰。老子说：“大道汜兮，其可左右，万物恃之以生而不辞。功成而不有，衣养万物而不为主，可名于小；万物归焉而不为主，可名为大。以其终不自为大，故能成其大。”③ 这是说，大道流行广大而无所不在，万物依赖它生长而不推辞，而它有所成就而不以为有功，它养育万物却不以为其主，故可以说它为“小”。万物归附而不自以为主宰，又可称它为“大”，因为

① 《老子》第二十五章、四十二章、二十五章、三十四章、十章、五十一章、二十七章、十章、二十九章、五十七章、八十章、十八章、三十八章、十二章、四十九章、二章、二十章、二十章、四十八章、九章、四十六章、四十四章、二十九章、三十二章、六十七章、十九章、十八章、五十七章、六十五章、十九章、五十八章、三章、三章、十八章、三章、六十四章。

② 同上。

③ 同上。

它始终并不自以为大，故最终仍成为大。因为道的自然法则就是“无为”，即“生而不有，为而不恃，长而不宰”。[①]（第十章）道派生万物而不持有它，任其生长而不主宰它。正因为道生万物而并不宰制万物，从而使得它始终处于“大”而上的地位。就万物而言：“万物以自然为性，故可因而不可为也，可通而不可执也。物有常性而造为之，故必败也。物有往来而执之，故必失也。”[②] 万物之性即为道之性（常性），如自为造之，即不尊道而行，则是反自然。就人间法则而言，道家同样认为是无为。在老子看来，人类顺物之性，辅万物之自然也就是无为。老子说：“道之尊，德之贵，夫莫之命而常自然。是以圣人欲不欲，不贵难得之货，学不学，复众人之所过，以辅万物之自然而不敢为。”[③] 这里所说的“自然”，并非是指外在的自然界，而是指不加强制力量而顺应自然的状态，也就是尊道而行，把道（法则）放在最为尊重的地位。

道的尊严在于其内在本性，这种本性体现在它与它所派生的万物的关系上，即不控制和主宰，而人类的法则也应像道那样，无欲不争，为无为。那么，做到怎样可说是无为呢？老子说：“善行无辙迹，善言无瑕谪，善数不用筹策，善闭无关楗而不可开，善结无绳约而不可解。”[④]“善行无辙迹”，王弼注曰：“顺自然而行，不造不始，故物得至而无辙迹也。”[⑤]“善言无瑕谪”，依王弼注曰“顺物之性不别不析故无瑕谪”[⑥]，而

① 《老子》第二十五章、四十二章、二十五章、三十四章、十章、五十一章、二十七章、十章、二十九章、五十七章、八十章、十八章、三十八章、十二章、四十九章、二章、二十章、二十章、四十八章、九章、四十六章、四十四章、二十九章、三十二章、六十七章、十九章、十八章、五十七章、六十五章、十九章、五十八章、三章、三章、十八章、三章、六十四章。

② 王弼：《老子注·二十九章》、《老子注·二十七章》、《老子注·二十七章》、《老子注·二十七章》、《老子注·二十九章》。

③ 《老子》第二十五章、四十二章、二十五章、三十四章、十章、五十一章、二十七章、十章、二十九章、五十七章、八十章、十八章、三十八章、十二章、四十九章、二章、二十章、二十章、四十八章、九章、四十六章、四十四章、二十九章、三十二章、六十七章、十九章、十八章、五十七章、六十五章、十九章、五十八章、三章、三章、十八章、三章、六十四章。

④ 同上。

⑤ 王弼：《老子注·二十九章》、《老子注·二十七章》、《老子注·二十七章》、《老子注·二十七章》、《老子注·二十九章》。

⑥ 同上。

顺物之性也就是无为。“不用筹策”，依王弼注解：“因物之数，不假形也”，[①] 也就是无为。在这段老子语中，“善闭无关楗”、“善结无绳约”，所说都是人类对于自然之物应当无施无造，也就是无为。在这里都是体现了道的自然无为法则。在道家看来，道作为法则人类是不能违抗的，有意去违抗，这也就是“有为”。道家提倡“无为”，所谓“无为”也就是不从人类的意志出发来做有违自然之道的任何事。因此，“无为”包括了对道的敬重、遵从之意，这类似于康德把道德法则的尊严放在首位。康德强调道德法则的尊严，也就是法则所具有的绝对性、命令性，而老子则以“无为”的概念来表达。

无为作为普遍法则，也是政治法则。在社会政治领域，老子提出“无为而治”的思想。老子说：“爱民治国，能无为乎？”[②] 也就是说，爱民治国，是不能不无为的。无为而爱民，把无为与爱民联系起来，因而又有了政治价值准则的意蕴。道家认为，统治者依个人意志的好恶而有为，必然要失败。老子认为：“将欲取天下而为之，吾见其不得已，天下神器，不可为也，不可执也。为者败之，执者失之。”[③] 王弼的注解是：“万物以自然为性，故可因而不可为也，可通而不可执也。物有常性而造为之，故必败也。物有往来而执之，故必失也。”[④] 老子把人类社会看成是天地万物中的一类事物，都是以自然为性，因而“可因而不可为”，也就是说，不应以统治者个人的好恶相争来干扰人民的社会生活的正常秩序。老子说：“圣人曰：我无为而民自化，我好静而民自正，我无事而民自富，我无欲而民自朴。”[⑤] 在道家看来，统治者无为而治，才能使被统治

① 王弼：《老子注·二十九章》、《老子注·二十七章》、《老子注·二十七章》、《老子注·二十七章》、《老子注·二十九章》。

② 《老子》第二十五章、四十二章、二十五章、三十四章、十章、五十一章、二十七章、十章、二十九章、五十七章、八十章、十八章、三十八章、十二章、四十九章、二章、二十章、二十章、四十八章、九章、四十六章、四十四章、二十九章、三十二章、六十七章、十九章、十八章、五十七章、六十五章、十九章、五十八章、三章、三章、十八章、三章、六十四章。

③ 同上。

④ 王弼：《老子注·二十九章》、《老子注·二十七章》、《老子注·二十七章》、《老子注·二十七章》、《老子注·二十九章》。

⑤ 《老子》第二十五章、四十二章、二十五章、三十四章、十章、五十一章、二十七章、十章、二十九章、五十七章、八十章、十八章、三十八章、十二章、四十九章、二章、二十章、二十章、四十八章、九章、四十六章、四十四章、二十九章、三十二章、六十七章、十九章、十八章、五十七章、六十五章、十九章、五十八章、三章、三章、十八章、三章、六十四章。

者有安宁的生活和享有平等权利的尊严生活。道家的政治理想是“小国寡民”，在这样的国度里，才可享有平等权利的尊严生活。老子说：“小国寡民，使有什佰之器而不用，使民重死而不远徙。虽有舟舆，无所乘之，虽有甲兵，无所阵之。使民复结绳而用之。甘其食，美其服，安其居，乐其俗。邻国相望，鸡犬之声相闻，民至老死，不相往来。”① 道家的政治理想境界，是要退回到结绳记事的远古时代。认为在那样的年代里，没有主宰或支配自己的统治者，人人权利平等，从而不会使自己失去尊严。这一理想虽然是要开历史倒车，但却是对那个时代的专制统治对人民的奴役与暴行的批判，蕴含一种平等主义的尊严观。老子认识到，他那个时代的有着强权的大国，都不可能确保无为而治，让人民合乎本性地自然发展，即只有在没有奴役或不被剥夺自己的权利因而没有凌驾于个人权利之上的强权存在的社会里，人们才享有尊严。

三

道家对人的尊严的理解，又有着特殊的道德内含，即“为无为”才能葆有人的尊严。不过，我们首先要对道家的“道德”观进行分析。在道家看来。文明社会的所谓道德都是对道的自然本性的背离。老子说：“大道废，有仁义。智慧出，有大伪。”② 老子认为，他那个时代的以仁义为核心的道德恰恰是在天道被废了之后才有的，因而并非是真正的道德。在道家看来，以德为代表的道德应当是从道而来的。但是，在道不存在的状况下，德却凸显出来了。德失去了，仁才凸显了。“失道而后德，失德而后仁，失仁而后义，失义而后礼。夫礼者，忠信之薄，而乱之首。”③ 因此，在道家看来，真正有道德的时期不是在文明时代，而是在进入文明时代之前的不知道德为何物的原始时代。而原始时代之所以是道德的，是因为那个时代的人并非是追求有为而是无为。因此，

① 《老子》第二十五章、四十二章、二十五章、三十四章、十章、五十一章、二十七章、十章、二十九章、五十七章、八十章、十八章、三十八章、十二章、四十九章、二章、二十章、二十章、四十八章、九章、四十六章、四十四章、二十九章、三十二章、六十七章、十九章、十八章、五十七章、六十五章、十九章、五十八章、三章、三章、十八章、三章、六十四章。

② 同上。

③ 同上。

生活在文明时代的人真正要有道德，也就要从道德修养上使自己确立起无为的道德。

老子对于这样两种人生境况进行了对照，在这个世界的现实里，是“五色令人目盲，五音令人耳聋，五味令人口爽，驰骋畋猎令人心发狂，难得之货令人行妨”。[①] 这里是说，如果人们执着于这个世界的声色追求，欲求满足自己贪得的欲望，那么，就会导致心智发狂的地步。在老子看来，这是一种“有为”的极限境况。换言之，如果人们不能节制自己，或者不能朝有为相反方向即朝无为方向追求的话，那么，就会失去自己的本来的人性，如果自己的人性都异化了，人的尊严也自然就不存在了。因此，要保持自己的人性与尊严，也就必须要朝着“无为”的方向进行追求。那么，怎么才能朝着“无为”的方向追求呢?

为了回答这个问题，首先看看什么是道家修养的最高境界“婴儿境界”以及道家的最高理想人格，即“圣人”人格。所谓婴儿境界，指的是没被人类“文化”污染的自然淳朴而生命力最为强劲的境界。那么，道家心目中的“圣人”又是什么呢？老子说：“圣人在天下，歙歙焉，为天下浑其心，百姓皆注其耳目，圣人皆孩之。”[②] 又说：“圣人处无为之事，行不言之教，万物作而弗始，生而弗有，为而弗恃，功成而弗始。夫唯不居，是以不去。”[③] 所谓圣人，也就是“为无为”的人。为无为的人，也就是像婴儿那样，没有为后天的文化所培育起来的欲望和追求，因为圣人也就是“沌沌兮，如婴儿之未孩”,[④]（老子要人们像婴儿那样纯真自然，只有来自生命本性的欲望，而没有那些败坏心灵和本性的欲望和追求），因此，如果人们要“常德不离”，就应“复归于婴儿”。[⑤]

怎样才能复归于淳朴自然的婴儿境界？在老子看来，就是要不断从自

---

① 《老子》第二十五章、四十二章、二十五章、三十四章、十章、五十一章、二十七章、十章、二十九章、五十七章、八十章、十八章、三十八章、十二章、四十九章、二章、二十章、二十章、四十八章、九章、四十六章、四十四章、二十九章、三十二章、六十七章、十九章、十八章、五十七章、六十五章、十九章、五十八章、三章、三章、十八章、三章、六十四章。

② 同上。

③ 同上。

④ 同上。

⑤ 同上。

己身上抽去那种文明所给的贪欲，老子说："为道日损，损之又损，以至于无为。"[①] 换言之，要达到"无为"的婴儿境界，是不可能一蹴而就的，而通过损之又损的过程，则可进乎于道。那么，怎样做才可体现这样一个过程呢？

在道家思想中，实际上已经设计了这样一个过程，这就是：

一、知止。老子从知足和贪得这样正反两个方面分析了其利弊，老子说："持而盈之，不如其已。揣而锐之，不可长保。金玉满堂，莫之能守。富贵而骄，自遗其咎。功成身退，天之道也。"[②] 这是说，如果一味迷恋于世俗的功名利禄而不知往返，贪位慕禄，富贵而骄，常常自取祸患。在名利面前，世俗中人没有不心醉，没有不趋之若鹜的。老子让世人清醒地面对其后果，并告诫人们应当"知足"。他说："祸莫大于不知足，咎莫大于贪得。故知足之足，常足矣。"[③] 又说："知足不辱，知止不殆，可以长久。"[④]

所谓"知足"、"知止"，也就是要人们在世俗利益面前，转换一个价值观念，改变一个追求方向。激流勇退，认识到知足本身就是"足"已，就已"常足"。而不知足者，则永远无足。贪得本身就有可能引来祸患，而"常足"之足在精神上和现实生活中则是安全富足的。所以"圣人去甚，去奢，去泰"[⑤]。也就是返回到道的朴实而没有浮华的状态。即做到"知止"[⑥]。"止"在这里并不是停滞不动，毫无变化，而是在守住自己内在素朴本性的前提下对待外事的基本态度，由博返约，由文返质，因而"知止"则淳朴可复。

二、崇俭。道家反对奢华，崇尚俭朴。"俭"与"止"既相联系，又相区别。"止"是一种尺度，一种界限。就财物而言，"止"在于把界限内的财物看作是自己可以支配的，而界限外的是不能染指的。这也

① 《老子》第二十五章、四十二章、二十五章、三十四章、十章、五十一章、二十七章、十章、二十九章、五十七章、八十章、十八章、三十八章、十二章、四十九章、二章、二十章、二十章、四十八章、九章、四十六章、四十四章、二十九章、三十二章、六十七章、十九章、十八章、五十七章、六十五章、十九章、五十八章、三章、三章、十八章、三章、六十四章。

② 同上。

③ 同上。

④ 同上。

⑤ 同上。

⑥ 同上。

就是“知止”。“俭”则更进一层。“俭”不仅承认界限，知止，而且在我的范围内（可用的范围内）更向内收缩一层，“用而不尽用”。可见，“俭”比“止”的意义更深一层，离“道”也更进一层。老子十分重视“俭”，他把“俭”看作是三大基本德性之一。他说：“我有三宝，持而保之。一曰慈，二曰俭，三曰不敢为天下先。慈，故能勇；俭，故能广。”①

“俭”是在界限范围内的向内自觉退缩，行为主体在这一界限之内，就比不俭者、侈放者都更多出了一层生命的天地，而所拥有的这层生命的天地，也就是主体精神的自由。“广”指的就是这种生命的天地，主体的自由。

三、弃智。俭指的是在财务的使用方面，去奢华，而更进一层，则是“绝圣弃智”②。在这里的“圣”，是“聪慧”之意。“绝弃圣智”，也就是不要聪明智巧。老子说：“智慧出，有大伪。”③ 又说：“天下多忌讳，而民弥贫；人多利器，国家滋昏；人多技巧，奇物滋起；法令滋彰，盗贼多有。”④ 在这里，与智慧相关的工艺技巧也处在被老子批判之列，他把工艺技巧也看作是社会祸乱的根源。这个看法与老子否定心智的道德向善功能在逻辑上是一致的。同时，老子还认为，不论是民众之智，还是统治者之智，对于国家的治理，都是一个祸害。他说：“古之善为道者，非以明民，将以愚之。民之难治，以其智多。故以智治国，国之贼，不以智治国，国之福。”⑤ 这里值得指出的是，老子并不是在提倡愚民政策。所谓愚民政策，是统治者拥有智识，而使民众愚昧。这里强调的是统治者与民众同愚。因此，对这里的“愚”字，我们趋同于河上公的注解，河上公在本章注中指出：愚为“使朴质不诈伪也”。由此观之，这里与“愚”字，相对应的“智”字，就含有与愚相对应的诈伪的内含。因而，老子

① 《老子》第二十五章、四十二章、二十五章、三十四章、十章、五十一章、二十七章、十章、二十九章、五十七章、八十章、十八章、三十八章、十二章、四十九章、二章、二十章、二十章、四十八章、九章、四十六章、四十四章、二十九章、三十二章、六十七章、十九章、十八章、五十七章、六十五章、十九章、五十八章、三章、三章、十八章、三章、六十四章。

② 同上。

③ 同上。

④ 同上。

⑤ 同上。

提倡与民同愚，实际上是讲与民同朴。而在这个意义上，老子提出“弃智”，其归宿点也就是返璞。包括老子对工艺奇物的看法在内，其归宿点也在于此。

在这里要看到，老子要人们弃智返璞，他的最终关切仍是社会共同体。他说：“绝圣弃智，民利百倍。”[①] 又说：“其政闷闷，其民淳淳；其政察察，其民缺缺。”[②] 老子指出，圣人之治，就是无知之治。他说：“是以圣人之治，虚其心，实其腹，弱其志，强其骨，常使民无知无欲，使夫智者不敢为也，为无为，则无不治。”[③] 老子去智，是要达到天下大治。而智之所以使国难治，在老子看来，就在于其内含伪诈的成分。弃智返璞，是成圣者修养的必然一环；而弃智返璞的圣人在天下，又是使天下人皆弃智返璞，达到天下大治的前提条件。不过，人类文明的发展确实是在朝着老子价值所向的目标的相反的方向发展，即人类的知识、智慧随着文明的发展而日益增长。然而，同时也符合老子的判断：有大智即有大伪。在物质文明和科学技术文明日益增长的同时，如何使得我们的道德精神同时增长是当代人的严峻课题。

四、去欲。紧接着弃智、比弃智更深一步的是去欲。老子之所以去智，是因为人们常智的发展，使人远离素朴的本性，并由此酿成社会祸患。要返璞归真，就要弃智。但去智不能从根本上解决回归淳朴本性的问题。要使人归于素朴，回归生命的本性，与道体的生命同一，还必须更进一步，这就是去欲。

就智与欲相比较而言，欲更为根本，是行为的最基本动因。心智智慧即是实现欲求的工具，又促使人的欲求发展。反过来，被心智所激发的欲求又需要更高的心智的发展才能使之得到满足。这两者相互激发，把整个人类的心智水平和文化文明带到了现代社会这样一个空前状态。人类为善为恶的能力都空前增大了，随着核武器的发展，现代人类毁灭自己的可能性已不是杞人忧天的白日梦。人类在自己所创造出的这种大劫的可能性面

---

① 《老子》第二十五章、四十二章、二十五章、三十四章、十章、五十一章、二十七章、十章、二十九章、五十七章、八十章、十八章、三十八章、十二章、四十九章、二章、二十章、二十章、四十八章、九章、四十六章、四十四章、二十九章、三十二章、六十七章、十九章、十八章、五十七章、六十五章、十九章、五十八章、三章、三章、十八章、三章、六十四章。

② 同上。

③ 同上。

前，对我们作恶这样一种潜在的可能性仍然不容忽视。如果人类真正有这样一种大灾难，尊严又何在呢?

老子提出“去欲”，并不是要根绝人的一切欲求。老子提出“无知无欲”①，同时也提出“少私寡欲”②。我们认为，“无欲”和“寡欲”，并不是两个性质不同的命题。老子的“无欲”，并不像佛教的“灭谛说”所说的那样，要灭尽一切欲念，灭除痛苦，最终达到解脱，进入涅槃境界。并且，就对待生活的态度而言，道家的学说如同儒家的学说的一样，都不是禁欲主义的。这是因为，老子的“无欲”或“寡欲”说所要祛除的，首先是放纵于声色淫逸之欲，而满足于素朴的生活。老子又说：“虚其心，实其腹”③，也就是断绝人们妄想之思虑，同时又满足人民的基本生活需求。陈鼓应先生说：“所谓‘无欲’并不是要解除自然的本能，而是消解贪欲的扩张。”④

老子一面反对淫逸放荡，一面褒扬自然素朴。他崇尚“有什佰之器而不用”，“有舟舆无所乘之”的自然淳朴的社会，认为这种自然淳朴的生活才是合乎人的自然之性的生活，“是以圣人欲不欲，不贵难得之货”。⑤ 所谓“欲不欲”，即为欲众人之所不欲，也就是返璞归真。无欲而无为，复归淳朴本性。复归自然素朴之道的人，也就必然有“无欲”的境界，能达到这种无为境界的人，又必然是一个回归了淳朴本性，实现了与道体的生命合一的人，就是一个真正享有尊严的人。一个不淡于物欲，不淡于占有欲的人，不可能功遂身退，尊严也会因此而丧失；或者说，一个沉浸于五色、五音、五味而迷狂的人，也不可能葆有人性的尊严。因此，道家强调向素朴的自然之性回归，淡于物欲，淡于占有欲和超然于自

---

① 《老子》第二十五章、四十二章、二十五章、三十四章、十章、五十一章、二十七章、十章、二十九章、五十七章、八十章、十八章、三十八章、十二章、四十九章、二章、二十章、二十章、四十八章、九章、四十六章、四十四章、二十九章、三十二章、六十七章、十九章、十八章、五十七章、六十五章、十九章、五十八章、三章、三章、十八章、三章、六十四章。

② 同上。

③ 同上。

④ 陈鼓应:《老子注译及评介》，中华书局 1984 年版，第 74 页。

⑤ 《老子》第二十五章、四十二章、二十五章、三十四章、十章、五十一章、二十七章、十章、二十九章、五十七章、八十章、十八章、三十八章、十二章、四十九章、二章、二十章、二十章、四十八章、九章、四十六章、四十四章、二十九章、三十二章、六十七章、十九章、十八章、五十七章、六十五章、十九章、五十八章、三章、三章、十八章、三章、六十四章。

我欲求之上，从而使得自己过着有尊严的生活。总的来看，道家认为，尊严不在于外在的物质财富的占有，不在于社会地位和权势之高，而在于使得内心与自然之道的本性一致。

宋代士大夫“以天下为己任”的伦理精神

在中华民族的道德生活发展史上，宋代的士大夫形成并发展起了一种“以天下为己任”的伦理精神，不仅使华夏民族数千年伦理文化达致“造极”境地，而且把“得君行道”、“共治天下”、“导民于善”作为一种外王事业，开启了士大夫内圣外王并重的人生价值追求。王国维曾经有言：“天水一朝人智之活动与文化之多方面，前之汉唐，后之元明皆所不逮也。”[1]汉唐、元明之所以不能与天水一朝在“人智之活动与文化之多方面”媲美，一个重要原因在于汉唐、元明没有宋代那样的士大夫及其伦理精神。宋代的士大夫所形成的“以天下为己任”的伦理精神既是对儒家“仁以为己任”思想的继承与发展，又砥砺并催逼着士大夫鼎新政治、敦睦风气、激扬学术，并把在政治和社会生活中建功立业、创业垂统视为一种道义担当和人生使命，开创了宋代道德生活史的崭新篇章。

一 “以天下为己任”成为宋代士大夫的群体意识或共同价值目标

宋代道德生活的一个特点是士大夫精神和伦理道德主体性的彰显。有宋一代，士大夫道德精神的一个重要方面即是试图通过自己的道德价值追求和行为实践去影响社会的道德风气，建构理想化的政治伦理秩序，开出立于“内圣”基础上的“外王”事业。宋不同于魏晋隋唐之处，在于统治者和士大夫都有一种强烈的拨乱反正情节，有一种“以天下为己任”、匡正世风、变革政治的道德使命和责任担当意识。推崇“以天下为己任”的阔大胸襟，强烈的忧国忧民意识，试图用自己的天下情怀、天下眼光改造政治、转换风气，建设合乎理性、适乎长远的政治伦理秩序，成为有宋一代诸多士大夫的价值追求和人生理想。宋代士大夫对于道德秩序和道德理想的强调，产生于对唐末五代世衰道降、道德生活乱象丛生教训的总结之中。唐末五代的军阀混战不仅使武夫专横跋扈，拥兵割据，而且也使思想文化失序，伦理道德颓落，价值理想迷失，“五代，干戈贼乱之世也，礼乐崩坏，三纲五常之道绝，而先王之制度文章扫地而尽于是矣”![2]宋朝建立后的几代君主都十分注重总结唐末五代十国天下纷争、道德沦丧的教训，不仅确立了重文抑武的立国方略，而且在儒、道、佛诸家的比较中选择以儒治国的路径，渴望能够建立稳定有序的政治秩序和伦理文明。宋太祖赵匡胤认为，“王者虽以武功克定，终须用文德致治”[3]，进而推崇儒家宣传的伦理道德，力图通过弘扬儒家伦理道德来整顿吏治，建构长治久安的社会秩序。统治者以“文德致治”治国方略的确定以及“不杀言官”等制度的建立，极大地调动了士大夫阶层参与政治生活和社会生活的积极性，他们渴望通过自己的内圣及德能作用于现实的政治生活和社会生活，从而使得“以天下为己任”成为有宋一代文人士大夫的群体意识或共同价值目标。

宋代士大夫“以天下为己任”的伦理精神孕育于宋初大胆启用文吏以及科举考试对人才的选拔机制，然而其真正形成则肇始于一代名臣范仲淹。如果说宋初的治政方略和人才选拔机制从外在方面为士大夫“以天下为己任”精神的产生提供了条件，那么范仲淹在自己的人生和社会实践中所确立的理想志愿则为这种精神的产生提供了主体的支撑和内因的确证。史称，范仲淹“每感激论天下事，奋不顾身，一时士大夫矫厉尚风节，自仲淹倡之”[4]。欧阳修评论他“公少有大节，于富贵贫贱，毁誉欢戚，不一动其心，而慨然有志于天下”[5]，在朝廷处理政务总是能够“系天下国家之大者”，丝毫不考虑个人名利与安危。朱熹也说：“且如一个范文正公，自做秀才时起便‘以天下为己任’，无一事不理会过。一旦仁宗大用之，便做出许多事业。”[6]此处正是说到范仲淹自少年时代起就树立起了“以天下为己任”的伦理价值目标和情怀，有一种治国平天下的宏伟志向。后来被仁宗委以重任，便做出了许多事业，诸如新政、边关等。即使遭到朝廷的冷遇，范仲淹也不以个人荣辱为怀，时刻不忘国家大事，表现出心忧天下、志济苍生的高尚的仁者情怀。庆历五年，范仲淹同榜进士和好友、巴陵郡守滕子京重修岳阳楼，邀请范仲淹为其作记，范仲淹欣然应允，写出了一篇可以代表宋代士大夫精神境界和人生追求、令后世叹为观止的千古名篇《岳阳楼记》。《岳阳楼记》中所表述的“不以物喜，不以己悲，居庙堂之高则忧其民，处江湖之远则忧其君。是进亦忧，退亦忧。然则何时而乐耶？其必曰先天下之忧而忧，后天下之乐而乐”[4](P169)的天下情怀与献身精神，陶铸并激励、感染了一代士风。这种以利国利民为己任、追求自我道德完善的崇高道德精神，是对孟子“乐民之乐者，民亦乐其乐；忧民之忧者，民亦忧其忧”思想和中国古代士大夫精神传统的继承发展，开启了宋代士大夫新的精神风貌和道德价值追求。

欧阳修对范仲淹的“以天下为己任”的伦理精神不仅欣赏有加，而且也以自己特有的方式为这种精神添加了新的养料。他在《相州昼锦堂记》一文中指出：“然则高牙大纛不足为公荣，桓圭衮冕不足为公贵；惟德被生民，而功施社稷，勒之金石，播之声诗，以耀后世而垂无穷，此公之志，而士亦以此望于公也。岂止夸一时而荣一乡哉！”[5](P1038)相州昼锦堂系韩琦任相州知州时所建，韩琦以“昼锦”作为堂名，是为了提醒自己千万不能陷入那种衣锦还乡、以富贵自耀的浅薄之中。欧阳修在此处指明韩琦的志向不是那种衣锦还乡和对富贵的追求，而是“德被生民而功施社稷”。“德被生民而功施社稷”实质上是欧阳修所崇尚的人生价值和伦理精神，彰显了立德立功的伦理价值，也为士大夫矗立起了一面精神的旗帜。欧阳修为人质直宏廓，见义敢为，始终充满对真理的追求和对国家民族命运的关注。庆历五年（1045年）三月，他已再被贬官外任，仍冒死上《论杜衍范仲淹等罢政事状》，为因“新政”被贬的范仲淹等人辩护，批评皇帝远贤臣，用奸邪。苏轼说：“宋兴七十余年……士亦因陋守旧，论卑气弱。自欧阳子出，天下争自濯磨，以通经学古为高，以救时行道为贤，以犯颜纳说为忠。”[7]“自欧阳子出”的评价也许不一定准确，但欧阳修开风振气的作用确是公论。此外，与范仲淹、欧阳修同时的韩琦、富弼也以自己的思想和行为强化和推动着“以天下为己任”伦理精神的形成和发展。“韩、范、富、欧阳，此四人者，人杰也。”[7]他们都有“忧天下致太平之意”。史载韩琦为相时，朝廷多故，他却尽心效忠，知无不为，有人为他的处境担忧，他说：“人臣尽力事君，死生以之。至于成败，天也，岂可豫忧其不济，遂辍不为哉！”[8]他的回答使听者为之心悦诚服并受到教育。

王安石著有《杨墨》一文，其中提出：“墨子者……方以天下为己任。”王安石变法就是在“以天下为己任”的精神砥砺和激励下展开的。在《本朝百年无事札子》中，他直言仁宗时代政治上的得失，总结宋百年来何以积贫积弱的内在因由在于“因循末俗之弊”或“一切因任自然之理势”，以致形成“上下偷惰取容而已”的局面。他希望神宗能亲近群臣，听取各方面的意见，制定切合实际的措施。文末写道：“陛下躬上圣之质，承无穷之绪，知天助之不可常恃，知人事之不可怠终，则大有为之时，正在今日。”[9]鼓励神宗做有为之君。王安石赞赏孟子、韩愈在“穷苦颠跌”的状态下独立不移、厉行素志、崇尚王道的精神，不仅提出文章为礼教政治服务的文道观，继承发展了儒家的道统理论，而且强调继承圣人必须以圣人为榜样，善于革故鼎新，表现了他胸怀社稷、“以天下为己任”和敢于担当的精神品质。邵伯温作为洛党的代表虽则对王安石变法颇多批评，但却指出王安石变法“以经纶天下为己任”[10]，肯定王安石变法源出于“以天下为己任”的伦理价值追求和经国济民的伦理志向。

从范仲淹《岳阳楼记》表达出来的“先忧后乐”情怀，到王安石上万言书中的“矫世变俗之志”，再到胡宏“道学衰微，风教大颓，吾徒当以死自担”① 之使命，朱熹不顾个人安危“六劾唐仲友”的义举，充分表明士大夫对于“儒者在本朝则美政，在下位则美俗”（《荀子·儒效》）传统的秉承与实践。陆九渊在给陈悴的信中对朱熹的义举表示了由衷的钦敬，“朱元晦在浙东，大节殊伟，劾唐与政一事，尤快众人之心。百姓甚惜其去，虽士大夫议论中间不免纷纭，今其是非已渐明白”[11]。他把朱熹劾唐一事视为“大节殊伟”的义举，认为是大快众人之心的行为。虽然朱熹的行为被人们议论纷纷，但是人们后来还是能够明白其中的是非。可以说，在两宋三百余年风雷激荡的政治生活和社会生活中，士大夫“以天下为己任”的伦理精神不断生成并得到强化，并化为与皇帝“同治”或“共治”天下的治政实践，开创了宋代文官政治或颇具协商民主政治意蕴的国家治理模式的先河。即便一些因政见不同甚或党争而被放逐外地的士大夫亦能始终不忘自己应当具有的伦理责任，在十分困难的条件下做着鼎新政治、劝民向善的工作，将先忧后乐的精神发扬到极致。因此我们可以视“以天下为己任”为宋代士大夫的一种集体意识，这种集体意识“并不是极少数理想特别高远的士大夫所独有”[12]的，而是大多数士大夫

---

① 参阅侯外庐等主编：《宋明理学史》，人民出版社1984年版，第288页。

的人生理想和价值追求。“以天下为己任”伦理精神的形成，激发了士大夫渴望在政治和社会生活中有所建树、造福社稷和天下百姓的人生信念，并依凭这种坚定的人生信念书写了宋代道德生活的崭新篇章。

二 “以天下为己任”伦理精神的集中表现

宋代士大夫“以天下为己任”的伦理精神包含着十分丰富的内容，它既是一种高远恢宏的伦理志向和人生抱负，又是一种建功立业的价值期许和伦理实践；既是一种阔大的道德胸襟和伦理气度，又是一种政治伦理的自我修养和道德信念。联系宋代政治道德生活和社会道德生活的实际，我们认为这种伦理精神集中体现在以下几个方面。

其一，“以天下为天下”的政治伦理观。宋代士大夫群体在重建社会秩序、以天下为己任的整体价值取向上有超越一己私利、追求整体利益的夙愿和行动。在他们看来：“天下事当与天下共之，非人主所可得私也。”[8](P9623)天下是中国的天下、祖宗的天下、万民的天下，而不是君主一人的天下。“以天下为天下”意味着“天下为公”或“公天下”，既然天下是天下人的，所以“以天下为己任”也是天下人应有的主体意识，天下人一起来“共治天下”就再正常不过了。

“以天下为天下”的政治伦理观的提出彰显了士大夫强烈的政治主体参与意识。虽然现实生活中不乏存在一些明哲保身、怯懦退让的士大夫事例，但这并不是当时士大夫的主流表现。就整体而言，“以天下为己任”这一价值追求已然成为士阶层的共同追求，他们无论是出仕在朝还是离任下野，无论是仕途通畅还是仕途受挫，均不放弃“以天下为己任”的责任感，坚持以主人翁的角色意识和使命感积极上书言事，鼎新时政，敦风化俗。诚如余英时所说：“‘以天下为己任’是一把钥匙，可以打开通向宋代士大夫内心世界之门。”[12](P219)这一判断是符合两宋时期士大夫精神实质和道德生活实际状况的。

其二，“致君尧舜上，再使风俗淳”的政治伦理理想。“致君尧舜上，再使风俗淳”出自唐代诗人杜甫的《奉赠韦左丞丈二十二韵》一诗，意谓自己志愿辅佐国君做到甚至超过古代尧舜那样的圣明君主，使政治清明，世风淳厚。这是杜甫怀抱终生的政治理想。有宋一代，许多文人士大夫承继了杜甫的这一理想，从多方面提升和强化着这一观念，使其获得了高度的认同，并成为宋代士大夫“以天下为己任”伦理精神的基本内核。他们渴望通过修齐治平的努力，以期杜绝唐末五代“礼崩乐坏”局面的再度发生。对宋代士大夫阶层来说，“致君尧舜上，再使风俗淳”，建构符合“三代之治”的人间秩序，是贯穿他们毕生的梦想。

史载王安石“自应举历官，尊尚尧舜之道，以倡率学者，故士人之心靡不归向，谓之为贤”[8](P8389)。王安石执政之初，许多不同思想流派的学者，包括后来所谓洛、蜀、朔三党的一些成员都一度聚集在王安石的周围，希望共同恢复三代之治。晁公武在《郡斋读书志》卷十二中写道：“安石奋乎百世之下，追尧舜三代”，渴望通过改革来实现尧舜之治。诚然，王安石变法后来确有尊术数而重富强的因素，“必欲致时如唐、虞，而反操管、商权诈之术”[8](P8388)，并未真正实行尧舜之治。朱熹指出：“国初人便已崇礼义，尊经术，欲复二帝三代，已自胜如唐人，但说未透在。直至二程出，此理始说得透。”[6](P3085)在朱熹看来，复兴三代之治的观念在宋朝立国之初即有人提出，但是真正把这一观念说得透彻的只是到二程才做得到。程颢指出：“三代之治，顺理者也。两汉以下，皆把持天下者也。”[14]又说：“若三代之治，后世决可复。不以三代为治者，终苟道也。”[14]二程的弟子罗从彦作《尊尧录》，试图通过恢复尧舜三代之治来建构自己的治世理想。在《尊尧录序》中罗从彦指出：“尧舜三代之君不作久矣。自获麟以来迄五代千五百余年，惟汉唐颇有足称道。汉大纲正，唐万目举，然皆杂以霸道而已。有宋龙兴，一祖开基，三宗绍述，其精神之运，心术之动，见于纲纪法度者，沛乎大醇，皆足于追配前王之盛，故其规模亦无所愧焉。”《罗豫章先生文集·卷一》复兴三代之治，要求以三代之君为法，那种不以三代之君为法的行为都是“妄作”，亦即是欺骗，只能导致伦理秩序的混乱。

“致君尧舜上，再使风俗淳”，包含着借助或依靠君主来实现天下有道的思想。宋朝的确出现了“臣与君主共同商定国是”的局面，这一现象反过来又进一步吸引、鼓舞士大夫们积极入仕参政，致使“得君行道”的影响变得更加广泛而深远，成为多数士大夫的政治理想。虽然士大夫们在“道”的阐发和实行方略方面有争斗和分歧，但是在力求得君行道、重建政治道德生活秩序的努力方面，也就是说在“外王”方面并不必然对立。比如朱熹和陆九渊虽然在义理上有论争，但都希望对方能够把握住“得君”的机会而“行道”。

对程颐等理学家来说，如果不得隆遇贤君，也可以靠讲学布道来承担起敦风化俗的社会责任，通过教育培养人才来形成淳朴向上的社会风气。他们渴望能够对世道人心有所裨益，并且赋予学术和立言以强烈的救世色彩。诚如范仲淹对张载所说的："儒者自有名教可乐，何事于兵！"[15]亦即儒者可以通过研读儒家经典从精神生活方面为社会做出贡献。胡瑗是当时桃李满天下的学界泰斗，其道德文章受到门人和当时社会诸多肯定。王安石专门作《寄赠胡先生》一诗，其中有"先生天下豪杰魁，胸臆广博天所开。文章事业望孔孟，不复睥睨蔡与崔。十年留滞东南州，饱足藜藿安蒿莱。独鸣道德惊此民，民之闻者源源来。"《临川先生文集·卷十三》充分肯定胡瑗在东南十年从事道德教化、以德化民的历史功绩。

其三，公忠体国、精忠报国的政治伦理意识。"以天下为己任"的伦理精神铸就了宋代的忠德，使宋代士大夫形成了公忠体国、精忠报国的政治伦理意识。宋代士大夫有着深厚的忠君精神和爱国情操。岳飞一生念念不忘的是北伐中原、"还我河山"。当赵构、秦桧卖国投降、宣告"和议"后，岳飞慷慨陈词："身居将阃，功无补于涓埃；口诵诏书，面有惭于军旅！……愿定谋于全胜，期收地于两河。唾手燕云，终欲复仇而报国；誓心天地，当令稽首以称藩！"欲收复失地、报国仇、雪国耻的决心可见一斑。岳飞取得郾城、朱仙镇大捷，两河豪杰闻风响应，汴京指日可下，秦桧命令张俊、杨沂中部撤军，又以岳飞孤军深入、不可久留为借口，一日连发十二金字牌，强迫岳飞撤军。岳飞悲愤泪下，向东再拜，说："十年之力，废于一旦。"风波冤狱成，岳飞从容笑对，说："皇天后土，可表此心。"大理寺官审讯时，岳飞示背刺"精忠报国"四字，以表夙志。[8](P9041)

更为可贵的是，宋朝一些士大夫在继承传统忠君观念的基础上，又在很大程度上突破了唯忠一君的传统思想，突出了社稷、国家的根本利益和整体利益，彰显了公忠即忠于国家、忠于社稷、忠于万民的伦理意义。南宋灭亡之际，淳祐进士李庭芝领兵坚守扬州，临安失守后，谢太后派人来谕降书，他射杀使者，"奉诏守城，未闻有诏谕降也"。谢太后随元军至瓜洲，又遣使劝降："比诏卿纳款，日久未报，岂未悉吾意，尚欲固圉邪？今吾与嗣君既已臣服，卿当为谁守之？"[8](P9864)李庭芝拒从君命，并射杀使者，说明他之忠德已经超越了一般意义上的忠于君主的层面，具有忠于国家、忠于理想信念的伦理意义。南宋末年的民族英雄文天祥将这种对国家对民族对理想对正义的忠诚更是发扬到极致或者说忠义绝伦的地步。德祐元年，忽必烈命伯颜担任最高统帅，率大军 20 万，水陆并进，打响灭宋的最后一战。时文天祥任江西提刑，接谢太后诏旨，起兵勤王，三天之内聚军一二万人，共赴国难。其友惑其行为，说："今大兵三道鼓行，破郊畿，薄内地，君以乌合万余赴之，是何异驱群羊而搏猛虎。"他则答曰："吾亦知其然也。第国家养育臣庶三百余年，一旦有急，征天下兵，无一人一骑入关者，吾深恨于此。故不自量力，而以身殉之，庶几天下忠臣义士将有闻风而起者。义胜者谋立，人众者功济，如此则社稷可保也。"[8](P9819-9820)祥兴元年（1278）冬，元军大举来攻，文天祥在率部向海丰撤退的途中遭到元将张弘范的攻击，兵败被俘。文天祥服毒自杀未遂，被张弘范押往崖山，让他写信招降张世杰。文天祥说："吾不能捍父母，乃教人叛父母，可乎？"张弘范不听，一再强迫文天祥写信。文天祥于是将自己前些日子所写的《过零丁洋》一诗抄录给张弘范。张弘范读到"人生自古谁无死，留取丹心照汗青"两句时，心灵受到震撼，对文天祥的人格操守顿生敬意。文天祥写《过零丁洋》二十天后，南宋在崖山海战中惨败，陆秀夫背着八岁幼帝赵昺跳海而死，南宋灭亡。张弘范对文天祥说："国亡，丞相忠孝尽矣，能改心以事宋者事皇上，将不失为宰相也。"面对张弘范的诱惑，文天祥义正词严地答道："国亡不能救，为人臣者死有余罪，况敢逃其死而二其心乎。"表达了一种永不叛国、视死如归的凛然正气。后来文天祥被押解到大都（今北京），软禁在会同馆。元世祖首先派降元的原南宋左丞相留梦炎对文天祥现身说法，进行劝降。文天祥一见留梦炎便怒不可遏，留梦炎只好悻悻而去。元世祖又让降元的宋恭帝赵显来劝降。文天祥北跪于地，痛哭流涕，对赵显说："圣驾请回！"赵显无话可说，怏怏而去。元世祖大怒，于是下令将文天祥的双手捆绑，戴上木枷，关进兵马司的牢房。文天祥在监狱中度过了三年，写出了不少爱国忧国诗篇，《指南后录》第三卷、《正气歌》等气壮山河的不朽名作都是在狱中写出的。文天祥牺牲后，人们从他身上搜出《衣带赞》，其中写道："孔曰成仁，孟曰取义，惟其义尽，所以仁至。读圣贤书，所学何事，而今而后，庶几无愧。"[8](P9823)文天祥用自己忠贞的民族气节、高尚的人格德操赢得了当时和后世诸多忠义之士的高度认同，谱写了一曲舍生取义、杀身成仁的壮丽史诗。

其四，"不以物喜，不以己悲"的政治伦理修养精神。"以天下为己任”的伦理精神无论是内向性的提升抑或是外向性的扩展都离不开个体主体的道德依持和价值拱立，它需要“不以物喜，不以己悲”的自我政治道德修养及其由此所形成的精神境界。既然你“以天下为己任”，你就不能在意天下对你的态度，即便天下误解或错待了你，你也应该站在天下的立场用天下的眼光来看待，不只是一般意义上的释怀，还应该尽最大努力去助推天下的改变，哪怕这种改变是那么微不足道。在这方面，苏轼作出了表率，他是成功践履范仲淹《岳阳楼记》“不以物喜，不以己悲”伦理精神的代表。一踏入仕途，苏轼就树立了经世济民的政治伦理理想，向往“朝廷清明而天下治平”[7](P19)的太平盛世，概然以“尊主泽民”、“致君尧舜”而自任。“乌台诗”案，他被贬谪到了地处偏远的黄州，一住便是四年。在黄州的四年岁月里，苏轼依凭自己的天下情怀成功走出了被贬谪的心理阴影，利用难得的岗位主动为百姓兴修水利，奖励发展农业纺织，使黄州百姓安居乐业，百姓们为他修筑了一座祠庙来缅怀这一知心的父母官。后来他又由黄州被贬谪至杭州，由杭州而密州、湖州、惠州、儋州。苏轼可谓仕途坎坷，但是他却在坎坷的仕途中形成了执着于人生而不执着于得失，热爱事业而不热衷于进退的价值观和道德观，化解了一次又一次因仕途失败或遭遇打击而造成的心理痛苦，这种“不以物喜，不以己悲”的达观，使他能够俯仰宇宙人生，对天下万民充满深深的热爱。在海南时，他与当地的黎族同胞建立了很深的“乡谊”，感觉自己本来就是海南人，“我本海南民，寄生西蜀州”，既然天下处处是家乡，既然自己是“以天下为己任”的，那么他也就自然没有那种因政治落寞带来的情感不适或心理失衡。“不辞长作岭南人”的那种价值认同已经使他完全忘却了个体政治生活的挫折或不幸，“以天下为己任”的伦理精神不仅给予苏轼政治生活得意时的宏大抱负和价值引领，而且在政治生活失意时给予他心灵慰藉和价值支撑，使他在精神上不仅没有倒下去，反而创作出了大量歌颂祖国美好河山、百姓淳朴风范的诗词文章，做出了一系列“盛德在民”的实际政绩，使他的“以天下为己任”长久地留存于天地之间。

两宋时期像苏轼这样的士大夫还有很多，他们怀抱“以天下为己任”的宏毅志向，不管是居庙堂之高还是处湖山之远，始终着眼于自己的辛勤付出和执着奉献，丝毫不在意个体的功名利禄和得失进退，用思想和行为践行了“虽九死其犹未悔，哀民生之多艰”的道德志业，塑造着士大夫的道德人格和救世形象。

三 “以天下为己任”伦理精神的深远影响

宋代士大夫“以天下为己任”伦理精神的倡扬与传播，使得有宋一代产生了不少忧国忧民的忠臣义士，他们用自己的实际行动践履并弘扬着这种伦理精神，改造着士风进而推动着民风和社会风气的改变，推进和发展着中华民族的伦理风骨和文明精神。

第一，极大地发展了儒家“仁以为己任”的精神，凸显了士大夫的责任担当。孔门弟子曾参专言士之人格操守与责任担当，提出：“士不可以不弘毅，任重而道远。仁以为己任，不亦重乎？死而后已，不亦远乎？”（《论语・泰伯》）“仁以为己任”彰显了士大夫主动的道德担当意识和道德责任感，要求士大夫用生命去体认仁德，用行为去践履仁德，生命不息，践履仁德不止。东汉士大夫提出了“以天下风教是非为己任”等观点①，范滂“慨然有澄清天下之志”[6]，“李膺振拔污险之中，蕴义生风，以鼓动流俗，激素行以耻威权，立廉尚以振贵势，使天下之士奋迅感慨，波荡而从之，幽深牢破室族而不顾”[16](P633)，表现了一种敢于向流俗宣战和抗争的救世之志。宋代士大夫继承并发展了先秦儒家和东汉士大夫“仁以为己任”和“以天下风教是非为己任”的伦理气节和志向，将其与宋代独特的社会现实结合起来，在革新政治、创新学术、敦风化俗中形成了“以天下为己任”的伦理精神。“以天下为己任”与“仁以为己任”、“以天下风教是非为己任”既一脉相承又与时俱进，它既是一种内圣的精神，又含有强烈的外王因素，是一种内圣外王相统一的伦理精神，同时也体现了士大夫对国家和社会事务主动参与的权利意识以及由之所形成的义务观念，是道德权利与道德义务的有机统一。

第二，作用于朝廷政治生活，开创了共治天下的成功范例。正是“以天下为己任”伦理精神的砥砺和陶铸，使得宋代相当一批士大夫把个人的祸福得失、富贵贫贱置之度外，仕途的进退沉浮不能改变其志向，一切以有益于天下国家为行动的准绳。太宗、真宗朝名臣田锡，“慕魏征、李绛之为人，以尽规献替为己任”。“好言时务”，“直言时政得失”。真宗称他“得争臣之体”，数予擢拔。田锡在生病即将离世之际，仍“遗表劝

① 参阅《世说新语・德行》。

上”。真宗“览之恻然，谓宰相李沆曰：‘田锡，直臣也。朝廷少有阙失，方在思虑，锡之章奏已至矣。若此谏官，亦不可得。’嗟惜久之，特赠工部侍郎”。[8](P7954)田锡的精神是士大夫心系天下精神的集中体现，他对朝廷的规谏、对天下苍生的关注，达到了死而后已的境界，故受到真宗皇帝的肯定和赞誉。

宋代孕育出了一批批富于淑世理想、勇于直言进谏的士大夫群体。他们秉承仁义忠孝的道德准则，从为国为民的宗旨出发，向皇帝上万言书，提出自己救世安民的治策，发展着传统士大夫精神。两宋时期，勇担社会责任的精神在士大夫群体中影响甚大，如北宋将亡之际，当钦宗向金求和、罢免李纲时，太学生伏阙上书抗议，从者竟达数万人，便是这种精神的表现。南宋时期尽管朝廷软弱，士大夫精神还是得到了一定程度的发展，一批忠义狂直之臣在国难当头的情况下，致力于抗敌复国之理想，以忠义之心而狂直忠谏者，前赴后继。如战乱中砥柱中流的李纲、宗泽、赵鼎，皆有狂直之名。

两宋时期士大夫阶层大多能以主人翁的角色意识和使命感积极上书言事，评判历史，参与政治，由此表现出一种强烈的“以天下为己任”的伦理精神，可以说这也是多数宋代士大夫政治道德生活的基本志向，也是宋代士大夫责任意识的突出表现。宋代之所以能在积贫积弱、困于四境的情境下得以存续和发展，应当说，士大夫忧国忧民的忧患意识及其所生发的伦理实践，是起了很大凝聚作用甚或是砥柱中流作用的。

第三，形成名节相高、廉耻相尚的士大夫风习，改造并引领民风与社会风气。《宋史·忠义传序》云：“士大夫忠义之气，至于五季，变化殆尽……真、仁之世，田锡、王禹偁、范仲淹、欧阳修、唐介诸贤，以直言谠论倡于朝，于是中外缙绅，知以名节相高，廉耻相尚，尽去五季之陋矣。”（《宋史·卷四四六》）他们在道德上严格自律，极其注重道德品性的培养。强调一个人无论身处何境，都要重操守，尚志节，做到“势利不屈其心，去就不违其义”[17]。宋代不少官员非常清廉，吕蒙正在北宋初为相，“朝士有藏古镜者，自言能照二百里，欲献之蒙正以求和。蒙正笑曰：‘吾面不过碟子大，安用照二百里哉？’闻者叹服”[8](P7517)。周敦颐在任南安军司理参军期间，转运使王述错捕杀人犯入狱，属吏不敢争，唯独周敦颐再三争辩，以至于“委手版归，将弃官去，曰：‘如此尚可仕乎！杀人以媚人，吾不为也。’”[8](P9938)表现了一种敢于坚持正义、敢于担当的崇高品质和伦理精神。

从宋初开始，一批爱国将领、志士仁人在抗辽、抗夏、抗金、抗蒙的民族自卫战中，血战沙场，“勇于死敌”，其驱动力之一还是这种社会责任感。南宋末，元兵围攻长沙时，岳麓书院诸生与军队共同守城，“死者无算”，所表现的也是这种精神。宋代的士大夫阶层怀有“以天下为己任”的抱负和志向，具有高尚的道德情操、博大的道德胸怀，以一种广阔的心胸探索着安身立命的哲理，又以一种浩然正气追求着高尚其事、激扬蹈厉、重气节、尚志操的独立精神，将中国传统士大夫精神发展到一个新的阶段，书写了士大夫道德生活的新篇章，使得士大夫道德成为社会道德重建的领头羊和风向标。

当然，宋代士大夫“以天下为己任”的伦理精神在后来遭遇强大的皇权、此起彼伏的党争以及过度注重“心防”等治国策略的夹击而日趋式微，从而注定了宋代不可避免的悲剧性命运。从某种意义上说，宋代的灭亡也是士大夫“以天下为己任”的伦理精神在后期衰颓和湮灭的结果。外敌的入侵、国运的危急要求士大夫将自己的人生价值与朝廷、天下紧密结合起来，只有这样才能挽狂澜于既倒，扶大厦之将倾。这就要求士大夫不能仅仅停留在内圣的自我挺立和自我完善上，必须有对天下的关心与置重。其实“以天下为己任”的伦理精神不仅是内圣的价值指向，更是外王的价值呈现，具有内圣外王合一的至善意义。

参考文献

[1] 王国维：《静庵文集续编：宋代之金石学》，《王国维遗书：第 5 册》，上海古籍出版社 1983 年版，第 70 页。

[2] 欧阳修：《新五代史》，中华书局 1999 年版，第 123 页。

[3] 毕沅：《续资治通鉴》（卷十一），岳麓书社 2008 年版，第 142 页。

[4] 范仲淹：《范仲淹全集》（上），凤凰出版社 2004 年版，第 1207 页。

[5] 欧阳修：《欧阳修诗文集校笺》（中），洪本健校笺，上海古籍出版社 2009 年版，第 587 页。

[6] 朱熹：《朱子语类》，黎靖德编，中华书局 1986 年版，第 3088 页。

[7] 苏轼：《苏轼文集》，岳麓书社 2000 年版，第 773 页。

[8] 脱脱等：《宋史》，中华书局 1999 年版，第 8252 页。

[9] 王安石：《王安石集》，中州古籍出版社 2010 年版，第 38 页。

[10] 邵伯温：《邵氏闻见录邵氏闻见后录》，上海古籍出版社 2012 年版，第

59 页。

[11] 陆九渊：《陆九渊集》，中华书局 1980 年版，第 97 页。

[12] 余英时：《朱熹的历史世界》，生活·读书·新知三联书店 2011 年版，第 218 页。

[13] 王泽应：《宋代道德理想主义的重建与道德价值的高标》，《南通大学学报》（社会科学版）2014 年第 1 期。

[14] 程颢、程颐：《二程集》，中华书局 2004 年版，第 127 页。

[15] 张载：《张载集》，中华书局 1978 年版，第 385 页。

[16] 范晔：《后汉书》，团结出版社 1996 年版，第 632 页。

[17] 欧阳修：《新五代史》，中华书局 1999 年版，第 243 页。

中国传统服饰流变中的伦理权变

郭沫若先生曾说："衣裳是文化的表征，衣裳是思想的形象。"① 作为文化符号，服饰以显性或隐性的形式向人们传达着一定的伦理思想、道德观念，并灌输于人们的思想行为之中，以维护社会的正常运行。正是因为服饰是形象化的文化符号，故其在产生之初便与伦理联系在了一起。传统伦理因道统与君统、华夏与夷狄、官方与民间之间的伦理价值冲突，在具体的伦理实践上，有时不得不采取一定的权变措施，在伦理的经权之辨中，服饰不断发生着形貌、风格及礼俗的变化。故而，从传统服饰的流变角度，讨论传统伦理的权变规律，服务于当代服饰的伦理价值的构建，不但具有重要的理论意义，而且具有重大的现实意义。基于这样的立意和认识，才有了本文的选题和立意：立足服饰，论古观今；继承传统，以明伦理。

一 传统服饰与伦理

《左传》曾云："中国有礼仪之大，故称夏，有服章之美，谓之华。"（《春秋左传正义·定公十年》）可见，服饰早已与华夏文化息息相关，成为中华文明的外展，也正因如此，我国又被称为服饰之国、礼仪之邦。可以说，正是在服饰文化的灌输下，中国人形成了与之相关、独具东方特色的文化心态和民族品格，以貌取人、服分尊卑、色有贵贱成为东方人特有的价值认知和伦理思维。因此，研究传统文化，就必然离不开服饰文化，解剖传统伦理，就必然少不了对传统服饰的分析和研究。首先，我们从传统服饰的三大功能入手，来看一看传统服饰与伦理的关系问题。

---

① 郭沫若 1956 年为北京服装展览会题的字。

1. 传统服饰的三大功能

有关服饰的功能，服饰理论界一般将其归结为“防身护体”、“遮身避丑”、“明辨身份”这三个方面[①]。这三大功能，从其存在的功能属性上来看，既具有自然功能（防身护体），又具有社会功能（遮身避丑、明辨身份）；从其对人的主体性价值满足来看，这三大功能中，既包含有“真”的价值内容（防身护体），又包含有“善”的价值成分（遮身避丑、明辨身份）。正是服饰有着这样的价值基础和功能属性，服饰成为伦理的“合理性外衣”才成为可能。当然，服饰的社会功能，是因为伦理价值观念的赋予才逐步完善和丰富的，所以，各个时期、不同朝代，因伦理观念的不同，传统服饰会出现不同的形貌和风格，配套不同的服饰礼仪和服制。比如，汉代因儒学盛行，流行儒冠盛装；魏晋因玄学兴起，出现袒服乱发；隋唐因佛学渗透，流行罗裙束胸；如此等等，都与一定社会的伦理价值观念密不可分。

但是，除去服饰的自然功能，传统服饰的社会功能都是与维护封建等级统治紧密联系的，因而融为社会体制的一部分，成为灌输君统观念、塑造传统人格的有力手段。《礼记·仪礼篇》有关行冠礼仪式曾有这样的记述：“主人玄端爵韠，立于阼阶下，直东序，西面。兄弟毕袗玄，立于洗东，西面，北上。摈者玄端，负东塾。将冠者采衣、紒，在房中，南面。”（《礼记·仪礼》）何种身份，着何色衣饰，施何种职能，立于何种位置，清清楚楚一目了然！当服饰与封建皇权相结合后，其社会化功能就愈加放大和明显，通过服饰的规定，达到伦理教化的目的也就成为服饰所要承担的天然职能。于是传统服饰中，有了帝王所服的冕服、官员所服的卜服，官民共服的孝服，等等[②]！这一点，我们从历代封建王朝《舆服制》的服饰规定中可以找到明证。

2. 传统服饰与伦理的契合

毋庸赘言，伦理是调整人伦关系的条理、道理、原则，也即“伦类的道理”[③]。毫无疑问，人类社会的产生是人随着生产劳动的进步，逐步

---

① 李当岐：《服装学概论》，高等教育出版社 1998 年版。

② 自商周以来，冕服成为天子诸侯祭天敬神、占卜祭祀的礼服，在色彩、形制、章纹上开始有了严格的规定，以区别身份、场合。

③ 唐凯麟：《伦理学》，高等教育出版社 2001 年版，第 8 页。

社会化的结果。但是，人的需求是无限的，而人所赖以生存的自然资源却是有限的，为了人类的整体发展就必须要订立一定的游戏规则，使人们明白何为“真”、“善”。很显然，前面在讲到服饰的功能时说，服饰具有“真”、“善”的价值功能，故为其成为伦理的外在形式奠定了价值基础。此外，马克思在论述伦理道德产生的社会根源时曾说：“在任何情况下，个人总是‘从自己出发’的，但由于从他们彼此不需要发生任何联系这个意义上来说他们不是唯一的，由于他们的需要即是他们的本性，以及他们要求的满足方式，把他们联系起来（两性关系、交换、分工），所以他们必然发生相互关系。”[①] 这说明，伦理是产生于一定的社会之中的，其存在于一定的社会关系之中。伦理“是社会调控的一种重要方式，也是个人自我完善的一种特殊的精神力量”[②]。

既然伦理具有如此强大的调控能力和精神力量，其主要是通过什么形式来完成社会调控的呢？从其显性的手段形式来看，伦理是以一定的国家意志形式来实现其调控目的的，比如法律、禁忌等；从其隐性的手段形式来看，伦理是以一定的道德心理、品质信念、生活习俗的灌输和培养来实现其调控目的的，比如良心、民俗等；从其物质的调控手段来看，伦理是借助一定的物质形式来实现其调控目的的，比如说监狱、服饰、饮食、戏曲、书籍、寺庙等，渗透于人类生活的方方面面，所以我们说“伦理即生活，生活即伦理”。也正是因为如此，服饰成为实现伦理调控目的的有效手段。

需要指出的是，受“天人合一”思想的影响，传统伦理在“真”、“善”的价值观念上具有明显的“人文”特征。老子以“道”寓万物之“真”，儒家以“理”明世界本源，而墨法则兼顾二者所论，认为“道”为自然之本，“理”为人治物之律，二者都以人为目的，都离不开人的作用。“道者，万物之所然也，万物之所稽也。理者，成物之文也。物有理，不可以相薄。故理之为物之制，万物各异理，而道尽稽万物之理。”（《韩非·解老》）这种将人作为“真”的尺度，其结果必然是“真由善立”。同样是受人文价值观念的影响，传统文化中“善”的观念明显带有人的情感成分，由“人心而立善德”成为一种价值的本然！鉴于此，传

① 《马克思恩格斯全集》第3卷，人民出版社1960年版，第514页。

② 唐凯麟：《伦理学》，高等教育出版社2001年版，第8页。

统服饰在产生之初，便带有天道特点和人文精神。服分衣裳，以应天地，衣如其人，文质彬彬。同理，传统服饰在审美评价上，带有明显的“礼善”特征。以服名礼，服分尊卑（官服），以服辨身，服分亲疏（丧服）。

二 传统服饰流变中的伦理权变

有关伦理的“经权之辨”，一直伴随于传统伦理的发展始终。如何在坚持君统统治的政治前提下，实施不同的伦理手段，达到道统与君统的统一，一直是困扰传统伦理的话题。正是君统与道统的矛盾性存在，传统服饰一直在行经与权变中蹒跚前行，尽可能地满足不同阶层、不同群体、不同时代的价值要求，在最大范围内达成价值共识。因此，传统服饰在历史的演变中，虽一朝有一朝之服饰，但在整体上体现了道统的“仁礼”精神，在局部上，体现出了不同阶层、群体的价值诉求，以达到和谐统治的君统目的，服饰因而也就有了“大小传统”的时尚分野。

1. 伦理的经权之辨

传统伦理中的“经权之辨”，实际上是伦理认知与伦理实践之间的关系问题。传统儒家认为，所谓“经”乃“常义”，是源于“天道”而立的“人道”。那么，这种“人道”究竟是何种性质的“人道”呢？自然是儒家所倡导的以“三纲五常”为核心的伦理价值原则。鉴于董仲舒所提出的“道之大原出于天”、“天不变，道亦不变”这样的绝对命题，“经”便有了绝对性和权威性的伦理地位。所谓“为人主者，予夺生杀，各当其义，若四时。列官置吏，必以其能，若五行。好仁恶戾，任德远刑，若阴阳，此之谓能配天”（《春秋繁露·天地阴阳》）。由于这种“人道”是出于维护封建宗法统治而设的“人道”，故传统之“经”不可避免地带有深深的君统烙印。

不过，道统视野下的传统之“经”并非仅仅包含君统的价值内容。如何在坚持“仁礼”精神的前提下，实现个人价值的满足？这是传统伦理在德性主义的伦理视野中经常争论的话题。孟子曾言：“男女授受不亲，礼也；嫂溺则受之以手者，权也”（《孟子·离娄上》）。可见，在价值选择出现矛盾冲突时，传统伦理在权衡利弊的基础上，两害相权，取其轻。这里，体现了传统伦理在价值实践领域具有一定的辩证主义精神，“它揭示了道德原则的绝对性与相对性的统一，道德实践的原则性与灵活性的统一，以及实践低层次的道德原则应服从高一层次道德原则的要求”①。当然，从道统的立场来看待此种经权之辨，其价值的最高归旨是：人的价值的满足，个体生命价值的尊重。

除此之外，这种有关“经权”的讨论，在传统政治实践领域亦有发端。比如说，“天子三年然后称王，经礼也；有故，则未三年而称王，变礼也”（《春秋繁露·玉英》）。为何未满三年而称王依然是“合礼”的呢？董仲舒说：“权，谲也，尚归之以奉巨经耳”（《春秋繁露·玉英》）。也就是说，行权的宗旨是为了达到更高目的的价值追求，行权的范围是在更高道德范围内的行权。这里就产生了一个问题，何为更高目的的价值？何为更高的道德范围？传统儒家复归于德性主义的人性论角度来阐明这个问题，认为“权者，反于经然后有善也。……行权有道，自贬损以行权，不害人以行权”（《公羊传·桓公十一年》）。如果我们将这种行权的目的与儒家所提倡的君子的最高伦理价值目标联系起来的话，不难看出，所谓“行权有道”的最高价值原则便是，满足君王统治需要，为君王排忧，为百姓谋福，所谓“修身、齐家、治国、平天下”是也！

2. 传统服饰流变的三大事件及其伦理指向

细观上面所分析的“经权之辨”，我们会发现传统伦理在逻辑上有着一个难以避免的矛盾。在道统的理想范式中，“经”的最高价值是人的价值的满足，个体生命价值的尊重；在君统的现实操作中，行权要服从于君统统治的需要。如何在经权结合中，实现道统与君统的价值平衡？从传统服饰的流变来看待这一问题，我们可以发现，服饰在流变过程中尽可能地坚持了“正人心法”道统精神，服从于君统的政治需要，在道统与君统的相互妥协中渐进发展。

（1）胡服射骑。这是华夏服饰与所谓的夷狄服饰在相互交流融合中，具有里程碑意义的一件事情。始发于春秋战国时期，当时赵国国力日下，为图新政，赵国国君赵武灵王决定改服易制，效胡人服饰，习胡人骑马，以便提高生产和军事能力②。但是，就这么一个举措，却遭到了体制内顽固势力的强烈抵抗，比较具有代表性的人物是赵王的叔父公子成，他反对易服的理由便是汉服乃是祖宗之制，不可废除。他说：“今王舍此而袭远

① 朱贻庭：《中国传统伦理思想史》，华东师范大学出版社 2009 年版，第 165 页。

② 当时赵国普遍采用汉人服饰，衣服宽大，不便骑射，劳动效率低下。

方之服，变古之教，易古人道，逆人之心，而佛学者，离中国，故臣愿王图之也。”[①] 赵王是如何反驳的呢？他说：“夫服者，所以便用也；礼者，所以便事也。圣人观乡而顺宜，因事而制礼，所以利其民而厚其国。……儒者一师而俗易，中国同礼而教离，况于山谷之变乎？”[②] 在他看来，只要坚持了传统礼的经义，至于服饰的形貌，只要利于国家的发展，却可多元，所谓“乡异而用变，事异而礼易”是也！最终，胡人裤装开始在汉人中流行。

（2）关门而冠。众所周知，古人重首服，故加冠之礼在明代以前是非常重要的一个礼仪[③]。但是，宋代以前，受原典儒学及经济发展水平的影响，冠礼是贵族的权利，普通庶人无此殊荣。汉代冠礼沿袭《周礼》之制，采用“三加”之礼。配套的礼服包括“爵弁服：纁裳，纯衣，缁带，韎韐。皮弁服：素积，缁带，素韠。玄端、玄裳、黄裳、杂裳，可也。缁带、爵韠”（《仪礼·士冠礼》）。与服装对应，配套的配饰也有三套，如青组缨、缁纚、皮弁笄、爵弁笄，等等。在加冠前期，主家要卜筮问吉，准备酒具器皿，加冠时要引宾、拜谢、唱赞，等等，程序十分繁杂，场面十分宏达，故一般百姓绝无经济实力来完成此礼，可能是因为这个原因，孔子才说“礼不下庶人”。时至宋代，商业发展，民富而知礼，开始出现了礼的下移，民间也开始流行冠礼起来。但是，此时的冠礼已经不再筮日，改由正月某日行礼，行礼前三天告于宗祠祠堂。主人自选宾客中贤者一人，深衣而服，以作主持。加冠前，席间所摆器皿酒盏找本族人作执事看守，另选亲戚、子弟中习礼者一人为傧，立于门外。如是长子加冠，醮则改席于中堂，否则用原席，等等。总之，此时的加冠之礼，以突出仁礼精神、育化品德为目的，以简单实用为原则，盛大冠礼开始转变为“关门而冠”[④]。受民间冠礼仪俗的影响，体制内的有识之士开始对传统冠礼提出质疑，官方只好以俗为礼，简化宫廷冠礼程序，一切以实用为要。至明代，宫廷已无“三加”之礼。

---

① （西汉）司马迁：《史记》，内蒙古人民出版社 2004 年版，第 288 页。

② 同上。

③ 明代以后，因清人入主中原，冠礼逐步消失。

④ “关门而冠”只是一种较为形象的比喻，语出朱熹，意为简礼而冠。面对当时冠礼的混乱，朱熹曾说：“若冠礼，是自家屋里事，却易行。向见南轩说冠礼难行。某云，是自家屋里事，关了门，将巾冠与子弟戴，有甚难。”（朱子语类·礼六·卷第八十九）

（3）十从十不从。清政权建政之初，曾一度推出了血腥恐怖的“剃发易服令”，即要求汉人效仿满人，剃发髡首、马褂短衣。这对于长期接受儒家文化熏陶，视“发肤为父母所受，不可毁伤”的汉人来说，无异于是当街裸奔。于是，各地汉人奋起反抗，上演了惨烈的“护发运动”，其中以嘉定最为激烈，因固守道统礼仪，嘉定城经历了三次屠城，史称“嘉定三屠”。在各地以“护发”为名的抵抗中，各地反清组织犹如萤火夜光，虽难成熊烈大火但却久扑不灭，江南的朱明旧地历经十余年而“发匪”不绝。面对双方的僵持不下，清王朝只好采取权变之法，听从了明朝遗臣金之俊有关满汉各异的“十从十不从”建议①。其中，有关服饰的最为重要的一条是“男从女不从”，宋明时期的服饰形貌才得以有限性保留。当时官方虽顾及脸面未将此“十从十不从”列入正史记载，但从顺治中后期所推行的满汉政策来看，确实是按着这个原则来进行的，满汉各异，官隶不一，男女有别成为清朝服饰的一大特点②。

三 传统服饰流变的当代启示

从上述服饰的历史流变可知，在道统与君统的斗争中，道统往往借伦理价值的恒定性和历史惯性，顽强地存在下来，君统则鉴于统治需要，对道统作出一定的让步，以权变的方式灵活行经。服饰正是在伦理的权变中既保留了传统，又满足于现实，在道统与君统的价值观念的争斗中走向和谐发展。当然，服饰背后的伦理权变是在“可以然之域”的权变，这个“可以然之域”便是维护君统统治的“可以然之域”，在这个大前提下，传统服饰在流变过程中坚持了以下几个方面的权变原则，这些原则对于当今我们构建合理的伦理共识同样具有启发和参考意义。

1. 传统服饰的伦理权变原则

很明显，传统服饰中的伦理权变并非君统政治的有意而为，而是不得

---

① 一说“十从十不从”建议为招抚内院大学士洪承畴参与赞定。这“十从十不从”虽未见诸官方记载，但民间流传甚广。其主要内容包括：男从女不从、生从死不从、阳从阴不从、官从吏不从、娼从而优伶不从、儒从而释道不从、仕宦从而婚姻不从、国号从官号不从、役税从而语言文字不从。

② 这里的男女有别并非是指因性别差异而产生的男女的服饰有别，而是指因满汉价值观念的不同所产生的男女有别，男为清朝的剃发留辫，女为明朝的布衫罗裙。

已而为之的做法。这种做法在当时看来，可能有违经义，但在实际操作上却有利于君统统治的需要。当然，在当今看来，此种所谓的改服易制，并没有脱离道统伦理所规定的“仁礼”精神，只是“理一分殊”的现实版而已。在道统与君统的相互妥协下，传统服饰的伦理权变坚持了以下几个方面的原则。

首先，伦理的权变坚持以经为直。在服饰伦理价值的灌输上，君统虽然采用了权变的方式进行了一定的退让，但其在核心价值上皆坚持了名教的仁礼思想和等级观念，因此服饰虽经历了这样或那样的形式之变但万变不离其宗。比如上面所讲到的裤装的流行问题，只不过是将原来汉人的深衣长袍改成了胡人的短衣裤装而已，服饰作为明礼的“器物之用”，实无任何改观。只要礼的实施能够体现儒家的诚敬，使人能够明白仁义道德，礼的形式、礼的丰简也就因时因事而论了。所以，上面所讲的“关门而冠”也好，“十从十不从”也罢，之所以能够为君统所容忍，根本原因是其本身并未否定名教的基本价值观念。虽然封建王朝经历了多次政权的变更，但其在治国的根本上，依然视儒家名教为治国之经，这种君统与道统的一致性决定了服饰仪礼虽有变化但绝非异端难容，服饰虽有前朝痕迹但依然还能勉强接受，外族服饰虽有同化本族的危险但依然可以忍受。

其次，伦理的权变坚持权变求同。服饰乃“正人心法”之器，不到万不得已绝不可变，所以历代都有因服而生祸的例子。但是，天下非一姓之天下，王侯兴衰终有更替，故每当政权更迭、王朝改姓，总有改服易制之举。此种服变的目的，从君统统治的角度来说，不过是今朝区别于前朝、本族有别于外族的目的。可是，从道统价值观念所追求的“人的价值的满足”来看，道统又高于君统，即“天下以道而治，道以天子而明；及其衰，而帝王之统绝，儒者犹保其道以孤行而无所待”①。这种道统与君统的关系，决定了王朝更替时所行的易服变制只能是最大限度求得价值共识的权变，而非灭经叛道的异变。所以，历代王朝变更时，官方服饰虽有色变、形变、制变但都强调“守礼”，民间服饰虽有款式变、风格变、材质变但都必须“明德”。当然，本朝之礼可能会与前朝之礼有所不同，本朝之德与前朝之德可能会各有侧重，但最大限度地建立大家都能接受的价值共识，则是服饰所要承担的重要伦理使命，也即董仲舒所言“权虽

① 王船山：《读通鉴论》卷十五，《船山全书》第十册，第568页。

反经，亦必在可以然之域”（《春秋繁露·玉英》）。也正是这种权变求同的目的，决定了服饰流变必在“可以然之域”，超出了这个“可以然之域”必招致各方的反对或反抗。

最后，伦理的权变坚持经权结合。儒家认为，在“不可以然之域”，坚持原则，“谓之大德”或“正经”，比如说忠孝仁义。在“可以然之域”，反经行权，“以奉巨经”，“谓之小德”和“应变”，比如说嫂溺则叔授以手。在这种经权结合的模式下，传统伦理实现了伦理认知的原则性与伦理实践的灵活性的相对统一。也正是这种伦理上的经权结合，导致了传统服饰呈现出不同时期、不同群体、不同阶层的形态各异。我们在同一朝代，既可以看到本朝的服饰新风，也可以看到前朝的服饰残留；我们在同一阶层，既可以看到汉族服饰的方巾长袍，亦可看到少数民族服饰的旗装雨冠；我们在不同阶层，既可以看到上层社会的盛大冠礼，亦可以看到下层社会的关门而冠，如此等等。服饰在经权结合中既承担了“正人心法”的明礼、教化功能，又满足了不同族群旨趣各异的价值传统。可以说，服饰的这种风情各异、流俗有别恰恰反映了我国传统伦理在伦理认知与伦理实践上的经权结合，体现了传统伦理道统与君统的统一与斗争，在经与权、道统与君统的多元作用下，传统伦理不断随时代发展而发展，随历史进步而进步，在量变与质变的积累中，传统伦理最终将天道还原为人道，直至走向瓦解与鼎新，服饰也最终在近代开始了新的历史纪元。

2. 传统服饰伦理权变的当代启示

可以肯定，传统服饰中的经权结合，其最终目的是为了最大限度地建立社会群体间的价值共识，以利于社会的稳定和发展。传统伦理步入近现代以后，因内部的质疑和反叛，外来西方文化的入侵，逐步蜕变成为以人道代替天道，以公理代替天理，以平等、自由代替等级、尊卑的新型伦理价值观念。随伦理的质变和封建帝制的消亡，服饰从封建等级制度之中逐渐剥离出来，成为仅仅是“美饰章身”的客体存在物。如何在东方与西方、传统与现代、群体与个体的价值观念冲突中，建立科学、理性的服饰伦理观念，最大限度地形成各个阶层、各个群体都能接受的价值共识，成为摆在我们眼前的课题。我们从传统服饰的伦理权变中或许能够得到一些有益的启发。

其一，当代服饰的伦理共识的构建，应坚持以“人的价值实现”为最高旨要。由传统服饰的伦理权变可以看出，道统与君统之所以发生矛盾，其根本原因是二者在最高价值归旨上的矛盾。为解决这个矛盾，君统采取了退而求其次的权变之法，使官方服制规定让步于民间服饰流俗，因而人的价值也就在这种权变过程中一步步显露出来。当然，因为传统伦理并未打破“法天立道”的伦理模式，人始终处于天的统摄之中，故其道统理想中的“人的价值实现”也就只可能是一种理想。这种情况只有在近现代，传统伦理出现了第三次历史转型才得以打破，人别天而立，道因人而设，“人的价值实现”才成为可能。在新型伦理视域下，传统服饰才出现真正的伦理革命，“衣服才成为人衣的衣服”（张道一语）。当前，我们身处于“道为天下裂”的历史时期，究竟该坚持何种“经”而来行“权”？确实是一个我们值得思考的课题。如果从伦理的角度来看待这一问题，我们认为，坚持“人的价值实现”是所有有关服饰价值判断的最高价值。当然，这里所讲的“人”既包括抽象意义上的人，又包括有现实意义上的人，是整体与个体的统一。正因为此，有关服饰的伦理价值共识，是一种自主认同的共识，其类似于涂尔干所讲的“社会成员平均具有的信仰和感情的总和”，是一种“集体意识或共同意识”①，是道德多元竞争的合力结果。这种伦理共识的价值维度，决定了我们在服饰审美中应坚持服饰审美的民族性，继承和发扬传统服饰中优秀伦理的文化精神。具体说来，就是要在服饰的设计领域，不断将传统的文化符号、风格款式融入到设计之中，使服饰保持民族风格；在服饰的品牌推广及宣传领域，倡导节俭、朴素的服饰生活观，反对奢华；在服饰的公共生活领域，坚持含蓄为美，反对任何借口个性的暴露。

其二，当代服饰的伦理共识的构建，应坚持差异化原则。传统服饰在历史流变过程中之所以会发生权变，主要是因为华夏文化遭到了来自夷狄文化的冲击，官方伦理遭受到了来自民间流俗的渗透或抵制。为了获得最为广泛的伦理共识，君统伦理采取了尊重主体差别，接受价值差异的实践原则，合理吸收不同民族的文化观念，不断丰富道统的价值体系和伦理内容。当然，这种尊重差异的做法，其根本目的是为了维护君统政治的需要，因而也就有其一定的虚伪性和局限性。我们要在坚持传统优秀伦理的基础上，科学吸收西方民主、自由的伦理精神，使服饰沿着满足主体价值

---

① ［法］埃米尔·涂尔干：《社会分工论》，渠东译，北京：生活·读书·新知三联书店2000年版，第42页。

需要，彰显人的价值精神，体现不同价值风格的方向健康发展。具体说来，就是要在服饰的设计领域，引入西方科学、理性的人文精神，注重服饰的功能性和实用性，使服饰为身体所服务；在服饰的风俗礼仪上，尊重不同区域、不同人群的价值差异，以平等的态度对待不同民族的服饰及礼仪；在服饰的公共价值导向上，提倡个性自由、风格各异，反对脱离共识的个性自由以及各种媚俗之风。

其三，当代服饰的伦理共识的构建，应坚持实践性标准。传统服饰之所以会在历史的发展中不断发生形貌或礼俗的流变，主要是因为其背后的伦理原则在具体的实践领域因时而变、因事而变。从传统伦理的历史演进来看，其在具体的道德实践上，坚持了一条实践性标准，虽然这个标准带有厚重的主观性色彩、人文主义特征，但并没有影响到服饰对维护君统政治的需要和道统价值的灌输。时至近现代历史，在伦理实践的推动下，服饰发生了重大的变革，改良旗袍、中山装的出现便是这种实践性精神的具体体现。但是，因为历史及政治原因，传统服饰在近现代历史时期并没有完成系统的伦理价值体系的构建，这一历史任务责无旁贷地落在了当代。面对当前服饰所存在的现实环境，我们认为，当代服饰的伦理共识的构建，依然应坚持实践性标准，以实践的方式挖掘服饰之真，丰富服饰之善，发现服饰之美。具体说来，就是要紧紧结合服饰的三大功能，在实践中发现美、创造美。（1）围绕服饰的护身功能，科学运用服饰材料，使服饰的功能之用与人的自然性需求相结合，做到服以养生。（2）围绕服饰的遮丑功能，科学运用形式美法则，正确理解中西服饰文化精神，将服饰的功能与人的社会需求相结合，做到服以饰身。（3）围绕服饰的标识身份功能，做到服饰的功能与人的精神需求相结合，做到服以怡情。针对服饰个性化审美的冲击，我们必须反对三种错误的服饰审美观念：其一，借口个性化，将服饰引向奢侈的享乐主义；其二，借口个性化，将服饰引向僵化腐朽的复古主义；其三，借口个性化，将服饰引向绝对自由的个性主义。

文化自信

重视文化生态学研究，增强民族文化自信

首先对黄正泉教授的鸿篇巨制《文化生态学》的出版表示祝贺，能够写出这样一本有创见、甚至构成了一个比较完整的体系的大著，确实是一种艰巨的劳动和创造性精神的完美体现。正泉教授是我的学生，他给我的一个突出的印象就是善于思考、富有创造精神，敢于打破陈规陋习。一个学者最可贵的品质就是具有独立个性、敢于冲闯禁区、富有创造精神。尽管我觉得这本书的有些内容还有一个进一步精确化和深化的问题，但是整个思考是富有启发的，具有很高的学术价值和现实意义。

一　文化生态学的逻辑起点问题

黄正泉教授在《文化生态学》中提出生态学的逻辑起点是人，人是文化生态存在者。这个观点我是认同的。马克思关于人的界定有三个命题：第一个界定是人不是单个人固有的抽象物，在其现实性上人是一切社会关系的总和，这是在《费尔巴哈论纲》里面讲的，我觉得关系就是生态，总和就是文化生态；第二个界定是人的需要就是他们的本性；第三个是人的类特性是人的自由自觉的活动。《文化生态学》关于人的观点是符合马克思主义关于人的界定的。人的本质是什么，人是社会关系的总和，人是一个社会关系的载体。人的功能是什么，他有需要，需要是人的一种本质属性。18 世纪的唯物主义者宣扬他们发现了需要是历史发展的动力。马克思则认为，与其说需要是历史发展的动力，还不如说是满足需要的手段和途径更为重要。这里讲的手稿和途径我觉得也可以理解为人生存的文化生态。再一个就是人是自由自觉的活动，是一种能动的存在。我觉得正泉教授从对人这个概念的把握中引出生态问题、文化生态问题是有合理性

的，是有理论根据、是符合马克思主义思想的。

人的需要怎么把握，需要可以说是无穷的，它是一团永不熄灭的活火，生态危机怎么来的，就是人没有正确把握好自己的需要。实际这是人的需要的一种异化，所以黄正泉教授提出反文化生态的概念。现在人们的消费，特别是受西方消费主义的侵蚀，以致为了需要去无穷地掠夺自然，造成现在的生态危机。这种生态危机本身就是反生态的、反文化的。20 世纪 30 年代西方就有生态社会主义、生态马克思主义，马克思讲人道主义是完成了的自然主义，自然主义是完成了的人道主义。当下人们对生态环境一些不人道的做法本身就是反人道的，是反文化生态的。

20 世纪 80 年代我就提出来要研究生态问题，并指导学生开始研究生态伦理。当时我已经意识到，生态问题将会成为国家的重大问题。当时很多地方为了把生产搞上去，或者要解决就业问题，什么"土法上马"，实际上必然造成现在的环境污染、生态危机。现在看来我当时的这个想法已经被证实。人类本身作为一种文化的存在，这个文化的存在不是正泉教授发明的，卡西尔的《人论》就认为人是一个文化的符号，人就是文化的产物。但我觉得正泉教授这本书很有思想，对问题的思考很深刻，可以说这本《文化生态学》是他的《文化哲学》的一个最好的完成。

二　意识形态与文化认同的关系问题

文化生态学研究是当前一个很重要的问题。现在讲的社会主义核心价值观建设，说到底还是一个文化的问题。美国政治哲学家罗尔斯在他的《正义论》之后又出了一本书，这本书号称为《正义论》的姊妹篇，这本书叫《谁是美国人——美国人国民特性所遇到的挑战》。在这本书里罗氏对美国人的国民特性，对构成国民特性的四个要素作出分析，并且结合美国的发展，分析了美国人的特性、特质正在受到的挑战。里面有一个结论很值得思考和借鉴。他认为：决定一个国家国民特性的一个关键问题是文化认同；文化认同优先于意识形态认同。他把国民性归结为四个要素，一个是人种，一个是民族，一个是文化，一个是意识形态。他得出这样一个结论，即文化认同、文化认知比意识形态更为重要。他指出，现在的美国越来越受到西班牙语系人种的冲击；美国是个移民国家，从种族方面受到了很大挑战，他甚至预言到若干年以后，美国可能就是以西班牙语系为主体。尽管如此，美国人由于美国文化的存在却保持了他们的特性。美国文化是什么呢？他认为就是盎格鲁新教文化，正是从这种稳定的文化认同内生出所谓的美国精神，即所谓的自由、平等、民主、法制、私有制。他认为民族认同、国家认同最重要的是文化认同而不是意识形态认同。对此他以过去东德这样的国家为例进行说明。在“二战”以前，他们的意识形态是纳粹主义，但“二战”以后，建立了社会主义（国家），它的意识形态是马克思主义，柏林墙倒了以后，则认同西方的意识形态，所以意识形态的认同是可以变的。他这个思想对不对姑且不论，但它却给了我们一个很大的启示：文化认同很关键，社会主义核心价值观必须要建立在中华民族优良传统文化的基础上。

牢固的核心价值观要有牢固的文化根基。我们过去的失误就是以意识形态认同来代替文化认同，而且我们的意识形态不是像西方那样内生的。西方所谓自由、民主、法制都是从盎格鲁新教伦理文化直接引申出来的。我们的意识形态是马克思主义。中国共产党人当年把马克思主义引入中国，毛泽东同志就一贯强调必须同中国的实际相结合，也就是实现马克思主义中国化。在革命中有马克思主义中国化的问题，现在搞建设，实现中华民族伟大复兴，同样有马克思主义中国化的问题。

当下文化研究，包括文化生态学研究，是一个重大问题，因为在经济全球化的条件下，民族的认同、国家的认同成为一个不可回避又颇具争议的问题。事实上经济的全球化并没有磨灭国家和民族的概念，相反地参与全球化的还是国家和民族，是以国家和民族作为主体来参加经济全球化的。你要参与，你就得首先明确是哪个民族、哪个国家，是以国家为主体来参与全球化的，而不是要磨灭国家、民族的存在。现在西方包括中国也有一种宣传，似乎民族主义、爱国主义是一把剃刀，是阻碍全球化、阻碍人们融入全球大家庭的障碍，必须要破除。而事实上恰恰相反，全球化条件下提出的重要的文化问题和理论问题，就是国家和民族的认同问题，而国家和民族认同问题就是个文化的认同问题，而不是意识形态的问题。意识形态只有在适合自己民族文化的基础上它才有牢固的基础。也只有发扬中华民族的优良传统文化才能为社会主义核心价值观提供文化支撑。过去我们老是把马克思主义教条化、概念化，忽视文化认同，没有使它深入到国民本性之中，没有变成人们的素质。实际上在建设过程中，应该首先是从文化开始，要建立在文化的基础上，社会主义核心价值观培育与践行应该同继承与弘扬优秀传统文化相统一。正泉教授从文化生态学这个特定角度提出和探讨了这个问题，因此，我觉得这本著作不仅理论意义很强，现实意义也很强。

三 关于正确对待中国传统文化问题

黄正泉教授的《文化生态学》除了在理论上有独特的建树外，也给人们提出了一个问题，要重视文化。现在有这样一种现象值得重视，就是国人特别是年轻人有知识而没文化，有知识而没有常识。知识不能代替文化，文化是人们的血脉和灵魂。而现在很多人缺乏文化素养，缺乏一种精神的归宿。现在很多人没有常识，只要能够赚钱，什么底线都可以冲破，违背基本的人性。《文化生态学》从这一特定的角度把文化缺失这个问题提出来，发人深思。现在虽然中国在很多方面走在了世界前列，如国民生产总值排名世界第二、银河二号稳坐五连冠，但在文化上却没有多少被世界认同的东西，很少有文化方面的话语权。国民素质和文化的提高不是一朝一夕的事，所以目前中央提出社会主义核心价值观建设，要实现文化的大繁荣。

当前，特别要正确对待传统文化。一些国人长期对我们自己的传统文化采取一种轻视、轻率、轻蔑的态度。自从鸦片战争以后中国人就逐渐产生了一种文化自虐的心态。就建筑文化而言，中国几千年的建筑文化，在人类整个建筑史上都是要大书特书的。而现在很多城市的标志性建筑都是请外国人设计，其主体建筑设计稀奇古怪，简直是对我们民族建筑文化的侮辱。为什么现在这么作践自己呢？我们自己就没有设计师吗？我们自己就不能建造具有中华民族特色的建筑吗？这种凡是外国人搞的东西都是好的，都是先进的，其实就是一种文化自虐。

语言是一个民族的文化、精神长期凝结起来的表意象征和符号，内含着民族的价值观念、思维方式、道德理想和审美情趣，你接受了这个民族的语言，实际上就潜移默化地接受了这个民族的传统。例如，中国人取名字总是姓在前，名在后，绝对不能够倒写，这显示我们注重家族群体性，而西方则不同，是名字在前面，姓氏在后面，要突出的是他的个性。中国汉字“我”，实际上在甲骨文里指代的是一种武器，这个武器后面有个“TAO”字。按照《说文解字》的解释，其意为“侧身于众而自卫也”，也就是我在群体里面捍卫自己的利益。可见中国人对自我、对个体的理解从来没有离开群体；对人和人性的理解从来没有离开人的关系。孟子说“人皆有恻隐之心、羞恶之心、辞让之心、是非之心”，所谓的恻隐之心是对别人的同情心；所谓的羞恶之心是我做错了事情应该感到对不起人家；所谓辞让之心，那就更加清楚表明我在处理和别人的关系时要谦让；所谓是非之心也是这样，个体从来就没有离开群体，这就是文化生态。过去一段时间以来，博士、硕士研究生录取时外语没有达到要求就一票否决，凡是能讲外语的都是有学问的，以致从小学甚至从幼儿园开始注重的是外语学习而轻视自己母语的学习，实际上这是自我作践和文化自虐。而这与民族复兴所需要的文化自觉、文化自信、文化自强是格格不入的。

（本文系根据作者会议发言整理成文）

文化自信的内在意蕴

文化自信有两重基本含义，一是基于主体的，指鼓励主体要相信自己、要有一种积极良好的心理状态；二是基于文化自身基本内容的，既指因文化独特而自信，更指因文化强大而自信。

基于主体的文化自信，就是指无论你自身的文化怎样，作为文化承载的主体，你都得首先自信，这是主体行为的一个必要的良好心理基础。这种心理基础对于主体的行为非常重要，只有具备这个心理基础，主体才可能积极能动地行为，才会认真反思自身文化之优长与不足，以积极地扬弃；才会开放地对待其他民族的文化，以批判地吸纳，如此方能不断发展和壮大自己。

显而易见，这样的文化自信本质上是依托于主体自信的，因此，与其说它是一种文化自信还不如说它是一种主体自信——因文化自信是附生于主体自信的。虽然这样的文化自信并不基于文化自身，但我们仍然需要文化主体的这样一种积极状态。文化主体的自信其实首先是一种基本的积极生活态度。文化主体凭什么自信？就凭它是一个主体、是一个个体、是一个人、是一个生命。是生命就拥有潜能、是人就天然高贵、是个体就必然独特，这是主体不必依附任何外物而自信的绝对内在力量。你不必拥有万贯家财，不必拥有至尊地位，这些都只是附属之物。你只要是一个主体，只要拥有不断上进的灵魂，你就可能扩展无穷的发展空间，创造无数的人间奇迹，构筑辉煌的人类文化。如此，你有何理由不去自信？

文化是一个非常复杂的系统，其中有普遍性的东西，也有特殊性的东西，有的有比较标准，有的则没有。基于此，反思性的文化自信又可分两种：一是基于对自身文化特殊性的认同；二是基于对自身文化公平竞争力的认同。

越是民族的就越是世界的，这就是谈民族文化特殊性对于世界文化丰富发展的重要意义。不同的民族都有自己民族文化的一些特性，这种特性往往是因时因地而土生土长出来的，它可能内恰于那样一种独特的天地人一体结构，表现出悠然自得、其乐融融的样态。你既可以星期礼拜，也可以清明祭祀，既可以玩斗鸡，也可以品闲茶，当然还可以跳土家毛谷斯，喝苗族拦门酒，你生活在自己的文化中，伴随着它、认同着它、相信着它，其他任何文化若不加改造地放在这里，都可能显得水土不服。

可以说，每个民族对自身的文化差异性、特殊性都有着沉于其中流连忘返的深深自信，因为他就活在这种文化中，他的血液中流淌着如此的文化因子，他的每一步出行、每一次心跳，都是其中那独特文化给予的力量。许多人类学家都非常推崇民族文化的这种差别性、殊异性，甚至有人认为文化从总体上根本就是不可比较的，因此文化也就没有先进与落后之分。可见，正是文化的殊异性构成了人们对自身文化深度自信的内在根据。

但是，文化不仅有其特殊性方面，也有其普遍性方面。因为文化是人的文化，而人之间既存在差异也存在同一。比如人们身体结构的自然同一性，人同自然进行“斗争”而产生的规律性知识的普遍性，人们通过道德约束而进行社会交往的共通性，等等。这些文化的同一性或普遍性，其实构成了文化之沟通与交流、借鉴与融合、比较与鉴别、甚至进化与发展的内在根据。在文化的交流、碰撞、比较、竞争中，其普遍性构成了其殊异性表现的平台，一比高下之后，文化的优长与不足便呈现出来。若某种文化能够在竞争中略胜一筹甚至脱颖而出，那么其民众对这种文化的自信便会油然而生。反之，则可能产生文化自卑情节。可见，此种意义上，文化的强大竞争力、文化自身的优长又构筑了人们文化自信的坚强堡垒。

由上可知，文化的殊异性可以使人们自信其文化，文化同一性基础上的优长特质，也可以使人产生文化自信。在和平、合作的条件下，文化的“差异性自信”可以任其飙扬，但一旦形成战争、竞争格局，这种文化的“差异性自信”空间总是被挤压得非常狭小。不想成为弱者，不想寄人篱下，不想被人操纵，你的文化就得强大、就得有现实竞争力。

若从文化的差异性与同一性两个方面考察中国传统文化，我们的文化自信又在哪里呢？我们的文化当然有其独特性，但显然，仅由此还不足以让我们有充分的文化自信。回顾历史，我们的文化曾使中华民族雄居世界民族之林，可自鸦片战争以后的一百余年，我们却受尽屈辱，而今天我们又以世界第二大经济体的身份屹立于世界东方，这中间的波折不得不让国人反思：该如何分析我们传统文化的优长与不足？传统文化在今天的中国社会发展中究竟发挥着怎样的作用？

我们认为，分析中国传统文化的优长与不足，应从它处理人与自然关系的能力如何，处理人际关系的能力如何，处理人与政治、经济、军事等之间关系的能力如何，善不善于向其他文化学习，自我发展、自我创新的能力如何等方面来加以考察，因为这些基本内容构成文化是否优秀、能否先进的内在基础。同时，中国传统文化在当今社会发展中的作用虽不可低估，但应当说，推进中国现代化快速发展、推进中国经济实力不断增强、推进中国政治影响不断扩大的是当今中国文化，当今中国文化是作为中国传统文化、西方文化、马克思主义文化的综合体而发挥作用的，它在推动社会发展、创造经济辉煌的过程中起了重大作用。因此，我们的文化自信，应当是对当今中国文化的自信，而不是只对中国传统文化的自信。但是，当今中国文化，其各种要素究竟应该如何优化整合，仍然是一个值得认真研究的问题。

总是妄自菲薄肯定不行，我们的确需要文化自信。但是，文化自信的根本，既不主要在于主体一种纯粹心理上的良好准备，也不主要在于自身文化仅仅可供观赏的奇特与独异，而在于文化基本内容的扎实与优异。而这种扎实与优异，既基于文化的开放学习、整合调适能力，也基于文化的自我变革、自我发展能力。

全球化时代的道德教育与文化自信

一　全球化时代中国道德教育面临的严峻境遇

全球化浪潮正日益激荡着人类生活的各个领域，伴随着全球范围内的知识、技术、商品、人口以及文化跨越国家和地区疆界的频繁流动，一个全球性的经济和文化共同体已初具雏形，并呈现出受西方经济体制、西方文化和西方现代性价值观念支配的整体发展态势。在经济生活领域，以市场经济为运行模式的全球经济一体化已经形成，一个国家和地区的经济发展只能在全球经济体系的框架下运转，而不可能闭关锁国独自进行。在精神文化生活领域，西方文化和价值观对非西方国家的文化和价值生态产生了强大的冲击，强势的西方文化和价值观是否会对建立在本土文化和价值观基础之上的道德教育造成巨大的负面影响？这是中国道德教育不得不深思的现实问题。

全球化和现代性发展过程中的一个突出文化现象是，西方社会将非西方国家或地区的文化和价值观视为“他者文化”（other culture），以凸显西方文化和价值观在全球文化发展中的中心地位。作为学术概念的“他者文化”是文化人类学研究的核心内容之一，文化人类学试图通过对“他者文化”的研究，阐释人类文化生活及价值观念的多样性和差异性，促使不同国家和地区的人们彼此尊重各自的文化传统和价值观。文化人类学一直在努力均衡地理解文化和价值观的地方性与普遍性，进行跨文化比较，探寻地方性文化和价值观与普遍性文化和价值观之间的相互关联，并力图在文化的比较中论证不同民族文化和价值观的主体性地位。如果依照文化人类学对“他者文化”概念的理解，那么，非西方社会的多样文化传统和价值观与西方社会的文化传统和价值观在全球文化版图中的地位就应当是平等的，理应得到西方社会的理解和尊重。但是，在当今世界的文化研究话语体系中，西方学术语境下的“他者文化”不只是一个学术话题，而且隐含着西方文化中心论的意识形态，是宣示西方文化帝国主义强大力量的另一种表述。西方文化中心论认为，西方文化优于和高于非西方文化，人类的文明发展是围绕着西方文化这个核心展开的，西方文化及其价值观具有普遍适用性，代表着非西方国家文化和价值观的未来发展方向。从人类文明发展史看，一个国家或地区权力的扩张通常伴随着其文化的输出，向其他国家或地区推行其文化和价值观，19 世纪的欧洲殖民主义国家和 20 世纪以来的美国就是通过强大的权力扩张把西方文化和价值观推广到了全世界的广泛区域。在现实的全球文化和价值观传播中，西方发达国家通过含有文化介质的产品或商品的销售实现全球性的文化和价值观支配，将自身的文化和价值观通过经济全球化的途径加诸其他国家和地区。西方文化和价值观在全世界范围内的成功“登陆”和持续扩张，是文化帝国主义的一种表现，它愈益提高了西方社会对其文化和价值观的普世性意识，增强了西方社会的文化和价值观在全球的优越感。

在经济全球一体化渐成不可逆转之势的同时，保护和尊重不同国家和地区文化多样性的呼声亦日益高涨。“全球化是一个双面进程，它在向不同的对立方向发展，因为它涉及社会生活的两个不同层面：在经济层面，地方经济确实越来越被整合进资本主义世界体系当中；但是在政治和文化层面，人们却看到一种本土文化身份的重建和抵制过程，与此同时，古老或新兴的非西方国家根据局势和自身利益，成为了反对或支持西方的势力。”① 在全球化浪潮的推动下，世界上绝大多数国家和地区都处在现代化或正走向现代化或意欲走进现代化的过程之中。非西方社会要奔向现代化的未来，不可能不借鉴或运用西方社会已有的与现代性相关的市场经济运行机制和某些文化与价值观念，因而，在精神文化生活领域，全球化的发展必然会出现西方社会和非西方社会的文化交流与文化融合现象。全球化是经济一体化与文化和价值观多元化共同发展的双向过程，非西方国家随着自身经济社会的不断发展，本土文化或民族文化及其价值观并没有被

① 郭德烈：《人类学：一门拥有未来的社会科学》，陈晋编译，《民族研究》2012 年第 1 期，第 35—39 页。

西方现代性文化和价值观完全取代，反而增强了对本土文化和价值观的认同感和归属感。全球化作为现代性的一种展现方式和发展形态，促进了不同国家和地区文化传统的频繁“相遇”，从而构成了一幅“众声喧哗”的当代全球文化景观。但是，在文化交流与文化融合过程中，经济一体化有可能导致全球文化和价值观的同质化和统一化，非西方国家时刻感受着西方文化帝国主义霸权的压力。西方社会凭借文化帝国主义的霸权不可能公允地和平等地对待非西方社会的文化，有可能迫使非西方社会在文化发展上对西方社会产生依赖性，从而导致全球文化和价值观的同质化，消解世界文化和价值观的多样性，造成非西方社会民族文化自主性的丧失和多样的文化传统日渐式微。

全球化引发的世界文化的发展态势是中国道德教育必须面对的严峻境遇。“全球化使在场和缺场纠缠在一起，让远距离的社会事件和社会关系与地方性场景交织在一起。”① 当代世界文化和价值观的发展趋势表明，离开全球化来谈论文化和价值观的本土化和民族性，离开全球的普遍性文化和价值观来谈论民族或区域的地方性文化和价值观，离开全球不同道德文化的交流和融合来谈论道德教育，几乎成为不可能的事情。因此，在研究中国道德教育问题时，没有必要去谴责全球化，也不能一味地渲染中国传统文化和价值观与西方文化和价值观的不可兼容性，更不能走上与世界其他民族文化和价值观相对抗的道路，而应以开放的姿态融于全球多元文化和价值观的大环境中，尊重和理解包括西方文化和价值观在内的世界各民族的文化和价值观，激发自身文化和价值观的内在生命力与活力，实现中华民族文化传统和价值观的“创造性转化和创新性发展”，提升文化自觉和文化自信意识，增强道德教育在传承和弘扬中华民族优秀道德文化中的有效性。

二 超越道德教育领域的文化自卑心理

从人类文明发展的进程看，当一个民族的文化处于强势状态时，会自

① 安东尼·吉登斯：《现代性与自我认同》，赵旭东等译，生活·读书·新知三联书店1998年版，第23页。

然而然地产生文化上的自信，甚至会滋生文化自大或文化帝国主义的自负心态，力图将本民族的文化和价值观在其他国家和地区普遍化，在世界更大的范围内予以推广；而当一个民族的文化处于弱势状态时，就容易产生文化自卑心理。近代之前，中华民族对自己的文化传统一直充满自信，但鸦片战争以后，随着西学东渐和中国在与西方列强对抗中的一次次失败，国人对自身文化的评价越来越低，对自身文化的失望也日益加重，对本民族文化传统的态度从自信逐渐转变为自卑。文化自卑是对待自身文化和价值观的轻视、怀疑乃至否定的态度和心理。这种文化自卑情结在中国进入近代社会以后经历了从“器物”层面到“政制”层面再到“文化”层面的过程。在“五四”新文化运动中，以陈独秀、胡适等为代表的激进知识分子从中国传统文化内部寻找造成国家积贫积弱的病因，认为传统文化尤其是传统伦理文化是中国落后挨打的一个重要根源，因此，必须反对传统的伦常文化、反对孔教，“打倒孔家店”的口号在当时深入人心。“文革”是中国传统文化数千年以来所遭遇到的最大劫数，传统文化典籍被焚烧，儒道佛宗教场所被拆除，传统道德观念被批判，中国传统文化遭受断根之灾。自 20 世纪 80 年代开始的改革开放，打开了封闭的国门，国人看到了西方先进的物质文明并感到自惭形秽，而当西方社会思潮涌入国内时，一些人崇尚西方自由、平等和博爱等价值观，信奉个人主义、享乐主义和消费主义，严重低估中华民族精神文化传统和价值观之于中国经济社会发展和个体生活的重要性，批判甚至否定中华民族传统的精神文化传统和价值观。近现代以来，文化自卑心理一直伴随着中华民族的文明发展进程，即便在改革开放之后，中国的经济实力得到了空前的增强，已成为世界第二大经济体，但在精神文化生活领域，对中华民族文化传统和价值观的轻视和否定现象依然存在，对中国现代化道路不自信，对中国文化传统和价值观不自信，似乎不全盘接受西方社会的那些文化和价值观念，中国的现代化建设进程和未来发展就将陷入困境。

在道德教育领域的文化自卑心理主要表现在：一边全面否定中华民族的传统文化和价值观，贬斥中华民族的文化传统和价值观是多么得落后腐朽和不合时宜，一边迎合西方的文化传统和价值观，向人们鼓吹西方的文化传统和价值观是如何得先进高明和切合时代。文化自卑心理的蔓延，给历史虚无主义留下了生存的空间。当代中国社会文化生活和道德教育领域的历史虚无主义是一种割裂中华民族发展历史、主张“重新评定一切价值”的话语体系，它抽离了中华民族文化和价值观发展的社会历史语境，而道德教育一旦脱离了本民族的历史文化传统和价值观，就将成为无源之水、无本之木。事实上，每一个民族的文化传统和价值观都是与其历史生活相联系的，它们是带有历史性特征的存在。文化传统和价值观是不断发展着的历史进程的产物，研究文化和价值观问题不能脱离其生存和发展的历史背景与时代境遇。每一种特定的文化和价值观都有其存在和发展的合理依据，不能用西方社会文化中心论和普世价值观去否定具有民族特征的地方性文化传统和价值观。

1997 年，费孝通先生提出“文化自觉”概念：“文化自觉是指生活在一定文化中的人对其文化有‘自知之明’，明白它的来历、形成过程、所具的特色和它发展的趋向，不带任何‘文化回归’的意思，不是要‘复归’，同时也不主张‘全盘西化’或‘全盘他化’。自知之明是为了加强对文化转型的自主能力，取得决定适应新环境、新时代文化选择的自主地位。文化自觉是一个艰巨的过程，首先要认识自己的文化，理解所接触到的多种文化，才有条件在这个正在形成中的多元文化的世界里确立自己的位置，经过自主的适应，和其他文化一起，取长补短，共同建立一个有共同认可的基本秩序和一套与各种文化能和平共处、各抒所长、联手发展的共处守则。”① 费孝通先生关于文化自觉的阐释，包含如下主要观点：其一，对文化的自觉，既要充分认识到自身文化的优势和长处，也要清醒地发现自身文化的弱点和短处，发扬优势和长处，克服弱点和短处；其二，对文化的自觉，必须要意识到自身的传统文化是在以往的社会历史条件下形成的，传统文化要对当今的社会生活产生积极影响，就应适应时代的变化而不断更新，进行创造性转化、创新性发展；其三，对文化的自觉，并不在于强调自身文化的独特性或个性，也不是刻意展示与西方文化的差异，而在于牢固确立自身文化的主体性，并积极主动地参与世界文化版图的建构。

超越文化自卑心理、树立正确的文化自觉意识是推进道德教育本土化和全球化紧密结合的基础性环节。在全球化及各民族文化普遍交往和碰撞

① 费孝通：《从反思到文化自觉和交流》，《读书》1998 年第 1 期，第 3—9 页。

的时代，人类的文化和价值观必然经历一个空前的交流和整合过程，世界各国各民族的文化传统和价值观都会面临一个如何存在和发展的问题。中华民族只有克服文化自卑和文化自负的心态，才能从容面对西方文化的冲击和挑战，不断扩大中华民族文化和价值观在全球范围内的传播和影响。传承和弘扬民族的传统道德文化无疑是道德教育的重要使命，亦是文化自觉在道德生活领域的体现。如何向全球化时代的国民传播传统的民族道德文化？如何将简单灌输式的道德知识教育转化为受教育者的心理认同并促使他们主动地付诸道德实践？这是超越道德教育领域文化自卑心理和历史虚无主义的关键所在。全球化时代的文化自觉，不能脱开世界文化和价值观发展的主流趋向而固执于本土的文化传统，但对本民族文化传统的“自知之明”是前提条件。文化自觉不仅要求知晓自己民族文化的长处，还应了解其短处，理性地分析那些曾经在历史上发挥过重大作用的文化传统的现代价值，这是当代各种形式的道德教育在传播民族传统文化时需要特别关注的方面。

全球化时代的文化自觉不是一个一成不变的、封闭的概念，而是一个动态的发展过程。在道德教育中贯彻文化自觉，不是对传统文化和价值观的绝对认同，也不是一成不变地坚守和保存本土的“固有文化”，更不是奉行“文化封闭主义”，而在于确立并弘扬中华民族文化的主体性，以积极的和主动的姿态包容并蓄，参与世界文化版图的建构，批判性地吸收传统文化和价值观的合理内核，发现其有助于现代人品性培育的有益养分。在道德教育中，不能将中国的道德文化视为一种绝对独特的传统，如果事先预设中国的道德文化传统已经特殊到无可比较的地步，那么，就会陷入无法与其他民族文化相互交流和借鉴的陷阱，而中国道德文化传统本身具有的现实意义就无法得以彰显。任何一个民族的文化和价值观都是流动的和开放的，在流动的和开放的文化环境下，不同民族的文化和价值观因彼此交流而色彩斑斓、因相互借鉴而丰富多样，这是全球化时代的道德教育和文化传播必须坚持的基本立场。

三 以文化自信引领道德教育

文化自觉是超越历史虚无主义、走向文化自信的必经阶段，只有做到文化自觉才能确立文化自信。文化自信是一个国家或一个民族对自身文化价值的充分肯定，对自身文化生命力的坚定信念。一个民族和国家是否具有文化自信心，对于民族的生存和国家的发展都具有非常重要的意义。没有文化自信，就不可能尊重本民族的历史与文化，也不可能在全球的文化交往和交流中享有自主性和话语权。

优秀的民族文化传统是一个民族文化自信的源泉。在人类的精神世界中，文化传统具有强大和持久的力量，即便某一个社会发生了革命性的改变，文化传统也不会随之被彻底去除。任何一个社会文化和价值观的改造与创新都毫无例外地是依托在文化传统的肩膀上完成的，文化传统应被当作人类有价值生活的必要构成部分。文化传统的视界虽然带有历史性的特征，但这并不意味着文化传统只是简单地叙说历史上曾经发生过什么，而是由于文化传统对人类的现实生活具有重大的借鉴价值。中华民族在历史上有着文化自信的传统，正是因为长期以来中华民族对自己的文化充满着自信心和自豪感，中华民族的文化才能够在漫长的历史长河中始终保持着自身的特色，并通过吸纳和消化外来文化，形成了独具特色、多姿多彩的中华多民族文化共同发展的文明形态。

以文化自信引领道德教育，就是要充分展示民族道德文化传统的独特魅力和现代价值。中华文明绵延数千年，形成了自身独特的文化传统和价值体系，潜移默化地影响着中国人的价值观念和行为方式。近代以来中国文化发展的历史表明，虽然中国文化传统历经“五四”运动、“文化大革命”和市场经济的冲击，但它没有被摧毁，也没有被西方文化和价值观所同化，反而在经济全球化时代愈加展示了自身的特色和魅力，呈现出旺盛的生命力，中国文化传统叙写了一部中华民族绵延不绝的文化生活史。以儒家思想为代表的中国道德文化传统已然成为中华民族道德生活中生生不息的文化遗传基因，是当代中国人的道德生活无法抛却或摆脱的传统纽带。全球化时代的道德教育应突出传播中国道德文化传统中那些与社会主义核心价值观相承接的治国安邦、做人做事的价值观，如“民唯邦本”、“天人合一”、“和而不同”、“天行健，君子以自强不息”、“大道之行也，天下为公”、“君子喻于义”、“人而无信，不知其可也”、“德不孤，必有邻”、“仁者爱人”、“与人为善”、“己所不欲，勿施于人”、“出入相友，守望相助”、“老吾老以及人之老，幼吾幼以及人之幼”、“扶危济困”等，这些传统价值观有着鲜明的中华民族文化特色，依然是一种“活着的”、具有强大生命力的民族文化精神，不论过去还是现在，都是中国人日常生活中为人处世的行为准则，在今天的社会环境下，依然具有非常重要的时代意义。

全球化时代的中国道德教育不能脱离中华民族道德文化的历史传统，不能脱离中华民族自古以来所持守的价值观和理想信念，不能脱离当代文化环境下大众的日常生活世界。中国道德文化传统作为一种历史形成的价值观念和行为规范，之所以能够为世代中国人所广泛接受，是因为它有着独特的道德教育和文化传播方式，将其所倡导的伦理文化和价值观与人们的日常生活联系起来，有效地介入了人们的日常人伦关系，成为人们处理社会伦理关系和应对道德生活冲突的基本行为规则。以儒家伦理文化为核心的中国传统道德学说都坚持经世致用原则，注重发挥文以化人的教化功能，把对个人的道德教化同对国家治理和个体道德品性的培育结合起来，达到推进社会和谐发展的目的。因此，中国道德文化传统既是一种文化观念的传统，并因其适应时代的生命力而构成了当代中国道德文化的精神支撑，同时，中国道德文化传统还是一种国家治理和生活方式的传统，它向当代社会提供了进行道德教育和培育公民道德品性的成功范例。

以文化自信引领道德教育，就是要以开放的姿态，将道德教育融于全球多元文化和价值观的大环境中，培育公民理解和尊重具有普遍意义的人类共同价值观的道德精神。“世界文化是在多元互动中不断完善和发展的，中国文化在走出去的同时，也将从不同文明中寻求智慧、汲取营养，与其他丰富多彩的文明一道，为人们提供精神动力和心灵慰藉，携手解决人类共同面临的挑战。”① 在多元文化并存的全球化时代，一个民族的文化总是在“涵化”的过程中发展的，中国文化传统和价值观不可避免地要与其他国家和地区的文化传统和价值观发生交流和碰撞。在道德教育中强调对本民族道德文化传统和价值观的尊重与认同，并不是要否定具有普遍意义的人类共同价值观，而是要明确地告诉受教育者，人类有着共同的价值观，诸如民主、自由、平等和公正等，它们是包括中华民族在内的全世界各民族所共同追求的价值观，但这些共同的价值观在不同民族文化中的表

① 熊澄宇：《在交流和创新中增强文化自信》，《求是》2014 年第 18 期，第 45 页。

现形态不可能完全相同，而是呈现出与民族文化底色相适应的多样性形态。因此，理解和认同民主、自由、平等和公正等共同价值观，不可能脱离地方性的文化传统和价值观，而且这些共同价值观的实现方式也不可能有一个统一的模式，必然带有各自民族文化的特色。人类共同价值观只有与不同民族的道德文化传统结合起来，才能在人们的精神世界中扎根，被人们所接受并付诸道德实践。

以“仁、义、礼、智、信”为核心的中国传统价值观，并不排斥自由、平等和公正等具有普遍性意义的共同价值观，因为中国的文化和价值观传统虽然“是现存的过去，但它又与任何新事物一样，是现在的一部分”①。当代中华民族文化的活力，不是体现在抛弃旧传统再造新传统，而是体现在能在何种程度上以民族文化传统为基础吸收人类不同文明的发展成果，从而再铸合乎时代发展需要的中华民族文化传统。全球化时代的道德教育理应广泛传播具有普遍性意义的共同价值观，但只有将共同价值观教育融于传承和弘扬民族道德文化传统之中，与民族的道德文化形成合力和互动，才能全面理解这些共同价值观之于中国经济社会发展和公民道德培育的重要性。

① 希尔斯：《论传统》，傅铿等译，上海人民出版社2014年版，第13页。

中华伦理文明绵延发展原因

中华伦理文明是世界连续性文明的典范。为什么与中华伦理文明同时甚至更早成型的伦理文明如古埃及、古巴比伦、古印度和古希腊文明都相继陨落或不得其传，而唯有中华伦理文明能够自古及今一脉相传且不断呈现出向前发展的活力？这是令许多历史学家、文化人类学家和伦理学家感兴趣的话题。梁启超在《中国道德之大原》一文中指出，我中华文明有"为他族所莫能逮"的优异之点，并指出："数千年前与我并建之国，至今无一存者。或阅百数十岁而灭，或阅千数百岁而灭。中间迭兴迭仆，不可数计。其赫然有名于时者，率皆新造耳。而吾独自羲轩肇构以来，继继绳绳，不失旧物，以迄于兹，自非有一种善美之精神，深入乎全国人之心中，而主宰之纲维之者。"① 梁启超的观点道出了"美善之精神"对于中华伦理文明传承与发展的重大意义，揭示了中华伦理文明传承绵延的精神引领与价值拱立意义。我们认为，中华伦理文明之所以能够成为世界史上连续性文明的典范，原因是多方面的，其中损益性的文明路径和旧邦新命的价值追求，中华美德的涵育与陶铸，中华道统的建构、拱立与护卫以及儒墨道法及儒释道伦理思想的相融互补是其根本原因，它们共同支撑并促进着中华伦理文明的传承发展。正是这种在传承中发展、在发展中传承的文化接力，"为往圣继绝学，为万世开太平"的伦理精神及其涵育陶铸的传统美德，再加上道统的拱立与创新，使得中华伦理文明能够在历史的风云变幻中站稳脚跟，并且能够一次次地化险为夷，不断地实现衰而复兴，阙而复振，确保了中华伦理文明的一脉相承，使其成为世界史上连续性文明的典范。

---

① 梁启超：《梁启超文选》，王德峰编选，上海远东出版社 2011 年版，第 126 页。

一 损益性的文明路径和旧邦新命的国性基质

中华伦理文明自从伏羲、黄帝肇造以来，之所以能够在继承的基础上创新，“继继绳绳，不失旧物”，一个首要的原因是与中华损益性文明路径以及旧邦新命的国性基质密切联系在一起的。

华夏先民在由原始状态进入文明社会时走的是一条损益性的文明路径，既继承创始的文明端绪又在其中添加与发展变化了的时代社会相适应的新知。侯外庐比较了“中国的古代”（亚细亚的古代）与“古典的古代”（希腊、罗马）社会，认为“‘古典的古代’就是从家族到私产再到国家，国家代替了家族。而‘亚细亚的古代’则是从家族到国家，国家混合在家族里面，就是所谓的社稷。”① 古希腊进入文明社会的路径是通过革命的路线，冲破家族的羁绊，确立私产的地位，然后再过渡到国家，国家代替了家族，建基于私产制度之上。中国进入文明的路径是通过维新的路线从家族过渡到国家，私产制度并未得以确立，国家混合在家族里面，形成所谓的社稷。中西进入文明社会路径上的差异，决定了中西道德文化起点上的差异。中国古代道德文化表现出重视宗法家族道德和国家政治道德和合的贤人气质，古希腊则表现出注重自然探讨和自我实现的智者气象。受中国文明路径的影响，中国古代道德文化一开始就走上了一条注重把个体纳入群体之中的伦理型道路，个人的独立性始终是与他人的独立性特别是群体的和谐紧密联系在一起的。中国古代之所以重视人的道德修养，重视人伦关系与家庭的和谐，重视国家、民族的整体利益以及中国之所以成为世界少有的礼仪之邦，探其本原，均可追溯到中国文明的路径。

张光直先生认为世界文明形成的方式主要有突破式和连续式两种形态，“希腊、罗马为代表的欧洲的西方的道路是一种断裂的道路，以中国为代表的道路是一种连续的道路。两者根本不一样，造成的古代文明也截然不同”②。张光直特别指出，中国文明的形成是一个连续性的政治程序过程，财富的集中是靠政治权力的强化，“国之大事，在祀与戎”（《左

① 侯外庐：《侯外庐史学论文选集》（上），人民出版社 1987 年版，第 58—59 页。

② 张光直：《考古学专题六讲》，文物出版社 1986 年版，第 17—18 页。

传・成公十三年》），礼仪秩序与文明教化成为国家治理的重要内容。

中华文明起源的路径凝结成中华礼制的基本精神和中国思想文化的基本价值趋向和价值态度。在孔子以前已有夏礼、殷礼、周礼。夏、殷、周三代之礼，因革相沿，到周公时代的周礼，已比较完善。“殷因于夏礼，所损益，可知也；周因于殷礼，所损益，可知也。其或继周者，虽百世可知也”（《论语・为政》）。在孔子看来，礼既是因循的，又是变化的。一方面，夏礼、殷礼、周礼之间存在着损益关系，有着各自不同的内含与特点；另一方面，它们又是继承因循、一脉相承的，在变化的形式下又具有稳定不变的内在本质，所以说“其或继周者，虽百世可知也”，礼的内在精神和伦理本质会一代代地延续下去，百代之后也不会改变。

孔子创立的儒学，体现了继往开来的价值特质。儒家认为世界的存有是连续的，思想文化也是连续的，没有完全脱离既往的现在和未来。认识自己和他人，认识社会和自然，也需要在承继既往历史经验的基础上革故鼎新，因此复古主义和历史虚无主义都是错误的。儒家既“祖述尧舜，宪章文武”（《礼记・中庸》），又主张日新不已，把“苟日新，日日新，作新民”（《礼记・大学》）视为一种基本的价值观念和价值目标，体现出“即世间而超世间”的伦理特质。儒家思想中的“穷变通久”和“革故鼎新”观念，是延续中华道德文化的价值定力与活力。“为天地立心，为生民立命，为往圣继绝学，为万世开太平”（《宋元学案・横渠学案》），以及“旧学商量加邃密，新知培养转深沉”，成为历代儒家学者体认和承传道德文化命脉的根本信仰。

与损益型的文明路径互为表里，中国形成并发展起了“旧邦新命”的国性基质。“周虽旧邦，其命维新。”在旧的邦国基础上不断地革故鼎新，推陈出新，大致如同鲁迅所说的“时时上征，时时反顾，时时进光明之长途，时时念辉煌之旧有，故其新者日新，而其古亦不死”①。美国著名文明史专家斯特恩斯在自己所著的《全球文明史》中有一段基于文明的比较而论中国文明“旧邦新命”的话语。他说：“周人对商的征服并没有摧毁中国的社会和文化，而是使他们自己被彻底同化而成为中国人。因此，虽然周代在很大程度上改变了中国文明发展的本质和方向，但是文

① 鲁迅：《坟・摩罗诗力说》，《鲁迅全集》第 1 卷，人民文学出版社 1981 年版，第 65 页。

明的基本主题和发展模式还是承袭商朝，并且，周统治者也尽力保存其前代统治者所创造的成就，并在此基础上发展自己的文明。”① 周公制礼作乐和敬德保民观念的提出，都是建立在“殷鉴”或“夏鉴”基础上的。此即“我不可不鉴于有夏，亦不可不鉴于有殷”（《尚书·召诰》）。“殷鉴”或“夏鉴”即是要总结夏商两代的经验教训，实现在继往基础上的开来。

中华伦理文明“旧邦新命”的国性基质孕育了重视历史和以史资治、以史垂戒的传统。《周易·系辞上传》有言：“神以知来，知以藏往。”珍视国家民族的历史经验及其成果，注意保存历史文献，维持历史的延续性，是知者应有的行为举措和责任担当。更为重要的是，只有继往才能开来，就此而论，“藏往”是“知来”的前提和基础。清人戴名世指出：“夫史者，所以纪政治典章因革损益之故，与夫事之成败得失，人之邪正，用以彰善瘅恶，而为法戒于万世。是故圣人之经纶天下，而不患其或敝者，惟有史以维之也。”② 珍视历史的传统使华夏子民形成了一种文明的传承意识，同时催其更好地承前启后、继往开来，即便身处逆境，遭遇不测之祸，也尽当复兴我族，振兴国史。章太炎说：“国之有史久远，则亡灭之难。自秦氏以讫今兹，四夷交侵，王道中绝者数矣；然者不敢毁弃旧章，反正又易。藉不获济，而愤心时时见于行事，足以待后。故令国性不堕，民自知贵于戎狄，非《春秋》，孰纲维是。”③ “国史”是“祖德”的忠实记载，亦是“国性”的集中展示，是巩固“国本”的价值基础。

“阐旧邦以辅新命”成为中国历史上许多思想家、政治家的精神价值追求。中国历史上的思想家和哲学家既讲因革损益，又不离大道本体的千古精神命脉，内心充溢着一种承前启后、继往开来的价值自觉。“旧邦新命”的国性基质，不断地范导和陶铸着一代又一代的中国人，培育其慎终追远的价值品质，敦促其作上下求索的不懈奋斗，以此告慰列祖列宗和后世子孙，建立起一种文化传承和创新意义上的代际伦理统系。这种上无

① ［美］斯特恩斯等：《全球文明史》（上册），赵轶锋等译，中华书局 2006 年版，第 65 页。

② 参见戴名世：《南山集·史论》，载《四部丛刊·集部·清别集》。

③ 章太炎：《原经》，章玢编选：《革故鼎新的哲理：章太炎文选》，上海远东出版社 1996 年版，第 325 页。

愧于列祖列宗、下不负子孙后代的代际伦理统系和精神使得“旧邦新命”的国性基质得以更好地传承与弘扬，由此确保了中华伦理文明的绵延发展。

二　仁义中正与贵和乐群的中华美德之涵育、熏陶

中华伦理文明的重要成果是中华美德的形成、培育与拱立。中华伦理文明孕育并助推了中华美德的形成与发展，中华美德挺立、护卫并传承着中华伦理文明。二者之间存在着一种相辅相成的关系。中国是一个以礼仪道德治国化民的文明国家，有学者称之为“文明体国家”。中华民族和中华文明的形成与发展同其“德化天下”的精神传统有着一种至为密切的关系。中国美德推崇仁义中正，置重贵和乐群，表现出一种特有的凝聚力和认同力，成为团结各民族成员的精神纽带。它集敦化的“大德”和川流的“小德”于一体，并有着“溥博如天，渊泉如渊”的博大深厚性，故而“见而民莫不敬，言而民莫不信，行而民莫不悦。是以声名洋溢乎中国，施及蛮陌”（《中庸》）。中华美德是中华民族精神和伦理价值观的集中体现，维系着中华伦理文明的全整性和统贯性，也是支撑中华伦理文明绵延发展的价值基础和动力源泉。

（一）大其心体天下万物

中华文明自伏羲初创时起就有一种探求大道本体的价值自觉，在“仰则观象于天，伏则观法于地”和“近取诸身，远取诸物”的过程中确立起了“与天地参”、“与万物并”的人道。之后的炎、黄、尧、舜在探寻大道本体和建构中华正道方面做出了创业垂统式的贡献。他们把法地法天当作人道的主要内容，不仅体天恤道，而且自觉地按照天道的法则来规范人间的生活，建构人伦的秩序。中华先民早在文明初曙的远古时代就有着“大其心体天下万物”的价值追求，并以此开启了以天地法则为生命法则且以生命法则配天地法则的价值建构。正因为在文明初曙的早期就有着“大其心以体天下万物”的价值驱使，所以使得中华哲学一开始便包含着大全之理，并肇造自己的宇宙价值源头；正因为在文明初曙的早期就有着以天地法则为生命法则的价值转换，所以使得中华哲学一开始便包含着天地精神，

并奠定自己的道德价值始基；正因为在文明初曙的早期就有着“先立乎其大而小者不能夺”的价值建构，所以使得中华哲学一开始便包含着立于天地之间绵延长存的文明价值机理。《论语·泰伯》载孔子评价尧的言论：“大哉，尧之为君也！巍巍乎！唯天为大，唯尧则之。荡荡乎！民无能名焉。巍巍乎其有成功也！焕乎其有文章！”尧之王天下是建立在以天地法则为生命法则，效法天地之道确立人道的基础之上的，最终实现了“存人道以配天地，保天心以立人极”。之后，代不乏人的学者与政治家，在建构大道哲学和道德形而上学方面极深研几，上下求索，使得中华伦理文明的义理深重而悠远，不断强化着可传可继的伦理真谛和道德共识。

（二）务以中道诏人御物

中正之道，中庸之德，中和之性，之于中华伦理文明有着非比寻常的意义，它从某种程度上规定着中华伦理文明的内含和特质。“中国”之谓，其义就是尊中道、尚中德、贵中和、行中正的意思。著名文化史学家柳诒徵在《中国文化史》一书中指出：“唐、虞之时所以定国名为‘中’者，盖其时哲士，深察人类偏激之失，务以中道诏人御物。”① “唐、虞之教育，专就人性之偏者，矫正而调剂之，使适于中道也。以为非此不足以立国，故制为累世不易之通称。一言国名，而国性即以此表见。其能统制大宇，混合殊族者以此。”② 以“中”而命国名，表达了远古先圣将“中”提升为国家意志和民族精神并欲传其千秋万代的价值认识和孜孜追求，“中”是中华民族核心的价值理念和行为准则，是国之大德和民之共德的集中表现和精神确证。中国精神和核心的价值观念是同“执两用中”、“无偏无党”、“无过不及”的道德智慧和中庸德性密切联系在一起的，它在漫长的历史进程中化生为一种以中正和善的德性待人接物的礼仪文明，积淀为一种以天下为公作为基本价值取向的群体或整体主义传统。从某种意义上说，崇尚中道，培育中德，树立中正、中和的伦理观念，向往、追求中正和谐的伦理生活，实现内圣外王的人生理想与天下有道的价值目标，一直是中华民族文化的传统和伦理文化的基本精神。尚中贵正开

---

① 柳诒徵：《中国文化史》（上册），中国大百科全书出版社1988年版，第33页。

② 同上。

启了中华价值观和美德伦理的源头。

（三）立人之道曰仁与义

中华美德在推崇中道、中德的基础上十分强调仁义，并视仁义为人们安身立命的核心德性。孔子曰："仁者人（爱人）也，亲亲为大；义者宜也，尊贤为大；亲亲之杀，尊贤之等，礼所生焉"（《礼记·中庸》）。到孟子，往往仁义并称，认仁为"人心"和"人之安宅"，义为"人路"和"人之正路"，仁义是人所区别于动物的"几希"，因此必须予以弘扬和光大。只有这样，人才能成为真正意义上的人。汉代董仲舒还认为，仁是待人的基本原则和规范，义是待我的基本原则和规范，并指出："所以治人与我者，仁与义也。以仁安人，以义正我。故仁之为言人也，义之为言我也……是故《春秋》为仁义法。仁之法，在爱人，不在爱我；义之法，在正我，不在正人。我不自正，虽能正人，弗与为义；人不被其爱，虽厚自爱，不予为仁"（《春秋繁露·仁义法》）。待人需要讲仁爱，正己需要遵义道。仁义是处理人我关系的基本原则和行为规范。《周易·说卦传》有言："是以立天之道，曰阴与阳；立地之道，曰柔与刚；立人之道，曰仁与义。"人可以凭借自己对仁义之道的追求，体天道，恤地道，进而成就一种顶天立地的德性，从而得以无愧地立于天地之间。

（四）贵和论的和平主义

中华美德素来推崇以和为贵，在和同之辨中提出了"和实生物，同则不继"（《国语·郑语》）的伦理命题，强调"天时不如地利，地利不如人和"，并在此基础上发展起了一种崇尚和谐、心仪和睦、热爱和平的伦理价值观，以此作为处理天人关系、人人关系、人群关系和人我关系的价值准则。正如习近平总书记所说，"中华民族的血液中没有侵略他人、称霸世界的基因"，"中华文化崇尚和谐，中国'和'文化源远流长，蕴含着天人合一的宇宙观、协和万邦的国际观、和而不同的社会观、人心和善的道德观"①。一代又一代的中国人继承并发展着这种贵和、尚和、崇

① 习近平：《在中国人民对外友好协会成立60周年纪念活动上的讲话》，《人民日报》2014年05月16日。

和、乐和的和平主义精神，结合当时的实际状况不断做出创造性的发展，从而历史地实现着中华美德在传承中的创新。伯恩斯与拉尔夫合著的《世界文明史》一书将中华文明长期存在的原因主要归结为和平主义的道德价值观。“中国的伟大的哲学家和伦理学家的和平主义影响使它的向外扩张受到约束……因此，很少激起周围国家的敌意和妒忌。他们也确有过征服，但是，他们兼并的土地几乎都是没有开发的地区。他们很少用武力把他们的意志强加给被征服民族，但是，却把同化被征服民族，使之成为他们的高级伦理制度的受益者当作自己的天职。”① 以和为贵的伦理价值观，使中华文明注重内部和外部关系的和谐，把“协和万邦”、“和而不同”、“和睦相处”当作基本的行为准则，故此“很少激起周围国家的敌意和妒忌”。同时还以自己“和而不同”、“礼尚往来”、“与人为善”的伦理价值观赢得了周围国家和异域民族的尊重。

中华美德积淀着中华文明最深刻的价值认识，是中华民族待人处世、修身齐家、治国平天下乃至与天地参的伦理智慧的集中表现，使中国人无论处于何种境况都能感受、领悟和品味到这种美德的内在价值和功能效用。中华美德从传统到当代的历史演变与发展，既一脉相承又与时俱进，开拓创新，充满着“承前启后”、“继往开来”的伦理特质，这也是中华伦理文明能够自古及今一脉相传而又革故鼎新的内在因由。

三　中华道统的建构、拱立与护卫

中华伦理文明建构起了一种对文明始基、人文初祖的价值认同和置重核心价值观的道统，亦即建构了一个多民族共有的精神家园。炎黄子孙、龙的传人以及慎终追远的敬祖意识，重视孝道及忠孝并称的家国情怀，尊道贵德、志道据德并以道德为根本价值追求和至上目标，彰显了伦理道德精神对文明体系和国家政权的引领和拱立、建设意义，使得中国成为一个特别注重文化传承和价值观拱立的国家。

自孟子讲“五百年必有王者兴”，到韩愈排定尧、舜、禹、汤、文、

① ［美］伯恩斯、拉尔夫：《世界文明史》（第一卷），罗经国等译，商务印书馆 1987 年版，第 173 页。

武、周公、孔子、孟子的传道谱系，都是通过历史的传承来确定孔子儒家的地位。韩愈明确提出儒家有一个始终一贯的道统体系，此即是“尧以是传之舜，舜以是传之禹，禹以是传之汤，汤以是传之文武周公，文武周公传之孔子，孔子传之孟轲。轲之死，不得其传焉”（《原道》）的道统体系。韩愈本人希望能够接续儒家道统，以此来昌明正学，排斥佛老。理学诸子，大多以继承儒家道统为己任，所以他们的学问，世人每以道学称谓。朱熹不仅对道统的内容作出了深刻的揭示，而且对道统的传承体系也作出了全面的阐释，他在《中庸章句序》指出：“《中庸》何为而作也？子思子忧道学之失其传而作也。盖自上古圣人继天立极，而道统之传有自来矣。其见于经，则‘允执厥中’者，尧之所以授舜也；‘人心惟危，道心惟微，惟精惟一，允执厥中’者，舜之所以授禹也。”中华道统的内容，即是《尚书·大禹谟》中所言的“人心惟危，道心惟微，惟精惟一，允执厥中”，这十六字被视为儒家的“心传”。程颢以天理、人欲来解释道心、人心，指出：“人心惟危，人欲也；道心惟微，天理也。惟精惟一，所以至之。允执厥中，所以行之”（《河南程氏遗书·卷十一》）。朱熹在回答人心、道心之别时指出：“只是这一个心，知觉从耳目之欲上去，便是人心；知觉从义理上去，便是道心。人心则危而易陷，道心则微而难著。”又说“故圣人不以人心为主，而以道心为主。盖人心倚靠不得。人心如船，道心如舵。任船之所在，无所向，若执定舵，则去住在我”（《朱子语类·卷七十八》）。“人心如船，道心如舵”说明了道心对人心的宰制、范导与引领意义。只有道心才能着眼义理，止于至善。朱熹的弟子黄榦在《徽州朱文公祠堂记》中对儒家道统的传承体系作出了颇为详细的界说：“道源于天，具于人心，著于事物，载于方策，明而行之，存乎其人……尧、舜、禹、汤、文、武、周公生，而道始行；孔子、孟子生，而道始明；孔孟之道，周、程、张子继之；周、程、张子之道，文公朱先生又继之。此道统之传，历万世而可考也”（《黄勉斋先生文集·卷五》）。至此，儒家道统论的传承体系日趋明朗。

理学家推崇道统，不特想为“为往圣继绝学”，更兼有“为万世开太平”的创业垂统性质，一个文明建构论上的意义是想纳学统和治统于道统的框架之下，并接受道统的宰制与规约，从而实现一种“天下有道”的政治伦理秩序和文明精神建构。在儒家看来，只有以道统为依归的治统才能使“世教明而人心正”，使天下达致长治久安。一旦脱离道统，治统就会难以为继，就会产生世衰道降、人心邪恶和天下大乱的结果。就其学问来说，也是如此。真正的学问应该是“接夫道统之传”，“继往圣，开来学”的道学，像子思那样“忧道学之失其传”而作《中庸》，对道学的建构意义相当深远。诚如朱熹所言，子思面临“去圣远而异端起”的学术情势，担心中华道统“愈久而愈失其真”的局面发生，“于是推本尧舜以来相传之意，质以平日所闻父师之言，更互演绎，作为此书，以诏后之学者。盖其忧之也深，故其言之也切；其虑之也远，故其说之也详”（《中庸章句序》）。理学诸子，像河南二程兄弟也是弘扬道统的道学中坚，他们“得有所考，以续夫千载不传之绪；得有所据，以斥乎二家似是之非”（《中庸章句序》）。“二家”指佛老二家，他们宣扬道德的虚无主义和悲观主义，虽然有一定的思辨性和对现实世界的批判，但毕竟远离了中华道学的正统，属于异端化的学术。这种学术亦如王夫之所批评的，是“禽心长而人理短”（《周易外传》），具有很大的价值颠覆性或破坏性。真正的学术，就是要“辟佛老而正人心”，“贞生死以尽人道”，担纲起弘扬道统、护卫道统的神圣使命。具有道统意识的儒家学者，自觉地把自己视为道统的传承者和担当者，认为将儒者之道继承下来，传接下去并发扬光大，是自己责无旁贷的神圣使命。理学家以“为天地立心，为生民立命，为往圣继绝学，为万世开太平”的价值自诩，王夫之“六经责我开生面，七尺从天乞活埋”的价值担当，凸显出承前启后、继往开来的伦理意义。

儒家的道统论背后隐含一种继往开来、承前启后的文化意识，这种文化意识对中华道德文化的薪火相传具有本源性和动能性的意义，对培育士大夫精神和伦理品质起到至关重要的作用。

四 “道并行而不相悖”的会通意识和包容精神

钱穆著《国史大纲》比较罗马文化与秦汉文化之差异，指出：“罗马如于一室中悬巨灯，光耀四壁；秦、汉则室之四周，遍悬诸灯，交相互映；故罗马碎其巨灯，全室即暗，秦、汉则灯不俱坏光不全绝。因此罗马民族震烁于一时，而中国文化则辉映于千古。”① 希腊罗马文化在历史上曾经显赫一时，创造了许多思想和文明的佳话，但是它们是短命的，其文明成果并没有获得有效的传承和发展，其原因在于它们缺乏多元一体的文化建构，二元对立的价值建构每每导致离则两伤的历史恶果。汤因比在《历史研究》中有言：“希腊文明的历史在时间上也无疑没能延伸到我们这个时代，因为人们已经知道，不仅它的接替者，而且它的前身米诺—赫拉斯—迈锡尼文明（爱琴文明的别名）也没有从时间上延伸到现在。”② 后来研究或光大希腊罗马文化的人们，大多不是希腊罗马人的后裔，他们是带着发掘历史、总结昔日文明成果的心态来从事这项工作的，这很难说是希腊罗马文明的自身发展。但是中国文化则不同，中国文化始终是在自己的土地上，通过自己的人种包括同化的人群使自己获得传承与发展的。虽然中国历史上曾有少数民族建立过统治中原的政权，但是维系政权的思想文化却是地地道道的中华文化。说得更具体一点，不是汉族文化被少数民族化，而是少数民族迅速地被汉化，成为汉文化的传承者和拥护者。元代蒙古族一些卓越的政治家和思想家自觉接续中华道统，并欲“建皇极，立民命，继绝学，开太平”，显示出一种超越唐宋、直续圣人之统的气势和价值追求。

中华文明具有“多元一体”的精神架构，不仅善于吸纳和学习异族和异域文明的成果以充实发展自身，而且内部各要素之间往往亦能在辩难中相互吸收，形成一种博采广纳的开放包容特质。春秋战国时期出现的百家争鸣特别是儒、道、墨、法诸家道德文化在价值的整合上形成一种相互激荡、互为补充的伦理精神传承机制。孔子、老子、墨子、孙子、孟子、荀子、韩非子等对宇宙人生都展开了深度的思考，并将主要精力集中于“救时之弊”，就如何治理天下与人心发表了一系列自己的见解。司马迁的《太史公自序》指出：“天下一致而百虑，同归而殊途。夫阴阳、儒、墨、名、法、道德，此务为治者也，直所从言之异路，有省不省耳。”儒、墨、道、法诸家在辩难中相互吸收、互相补充，形成中华道德文化多

① 钱穆：《国史大纲》（上册），中华书局 1996 年版，第 14 页。

② ［英］阿诺德·汤因比：《历史研究》，刘北成等译，上海世纪出版集团 2010 年版，第 30 页。

元一体的发展格局。秦汉以后，儒、释、道三家在历史的发展中不断相互颉颃并在这种争鸣中获得新的发展。玄学被称为新道学，理学被称为新儒学，禅宗被称为新佛学。佛教既吸收了儒家伦理的某些基本义理，又以特有的思辨助推着儒家伦理智慧的深入发展。诚如慧远所言："道法之于名教，如来之于尧孔，发致虽殊，潜相影响，出处诚异，终期相同"（《沙门不敬王者论》）。葛洪则自觉地纳儒家伦理于道教理论之中，指出："欲求仙者，要当以忠孝和顺仁信为本，若德行不修，而但务方术，皆不得长生也"（《抱朴子·对俗》）。儒、释、道三家各有擅长，互相补充，长期以来对传统社会广泛渗透，对中国古代历史产生深刻影响。南宋孝宗在《原道辨》中曾说，中国文化是以佛治心，以道治身，以儒治世。这句话恰当地指出了三支文化力量在中国传统文化中所占有的位置。这种"道并行而不相悖"的发展格局使得中华道德文明始终充满着一种吐故纳新、革故鼎新的发展活力，故既能保持自己的伦理文化传统又能促使这种传统不断向前发展。

儒家在建构自己核心价值的同时还充满着对多元价值或文化的包容与尊重，倡导"万物并育而不相害，道并行而不相悖"（《中庸》），并通过"理一分殊"、"和而不同"的价值理念不断吸收其他文化中有益的东西。先秦儒家对于墨、道、法的学说有着在批判中吸收消化的一面，特别是孟子和荀子的思想更有着博采众家之长的特点。道家老子有"圣人常善救人，故无弃人；常善救物，故无弃物"（《老子·二十七章》）和"善者吾善之，不善者吾亦善之"，"信者吾信之，不信者吾亦信之"（《老子·四十九章》）等论述，并认为"善人者，不善人之师；不善人者，善人之资"（《老子·二十七章》），只有既善待善者也善待不善者才能真正达到德化的神妙境界。宋明新儒学正是融会佛道思想成果才建构起精致思辨的伦理思想体系，将儒家伦理思想推进到一个新的阶段。现代新儒学以"返本开新"的伦理立场彪炳于世，主张吸收西方伦理思想的合理因素来实现儒家伦理的第三期发展。可以说"阐旧邦以辅新命"，"继绝学以造新知"是儒家共同的价值立场和自觉的价值共识。正是因为这样，才使得儒家学说在吸收其他学派或文化优秀成果的基础上而实现自身的创造性发展。

中华伦理文明自伏羲、黄帝肇造以来，"继继绳绳，不失旧物"，充溢着一种“至诚无息”的价值追求和体天恤道精神，承前启后、继往开来成为其流荡关注的精神血脉。亦如《中庸》所指出的，“不息则久，久则征，征则悠远，悠远则博厚，博厚则高明。博厚所以载物也，高明所以覆物也，悠久所以成物也。博厚配地，高明配天，悠久无疆”。中华伦理文明从传统到当代的历史演变与发展，既一脉相承又与时俱进，始终能够在继承的基础上开拓创新，充满着“旧邦新命”的伦理特质，这也是中华伦理文明能够自古及今一脉相传而又革故鼎新的内在因由。儒家既“祖述尧舜，宪章文武”，又主张“苟日新，日日新，又日新”，既主张“为往圣继绝学”，又崇尚“为万世开太平”，“旧学商量加邃密，新知培养转深沉”，不仅建构起了一种既重承前继往又重启后开来的代际伦理，而且发展起了一种“立乎其大”、“显察于微”而又“着眼于远”的伦理价值观。正是这种“变而不失其常”，“常在变中”的传承创新性，确保了中华伦理文明在传承中发展、在发展中传承的一脉相承性，开创了世界史上连续性文明的成功范例。我们有理由相信，置身于当代全球化、信息化和科技革命情境下的当代中国人，应该也一定能够更好地担当起五千年伦理文明传承发展的神圣使命，在共圆中国梦的伟大征程中，抒写“为万世开太平”的新的宏伟篇章！

国家治理的伦理维度

中国共产党执政道德先进性的内核

中国共产党执政道德是中国特色社会主义的新型执政道德。随着党的执政条件、任务和环境的变化，作为领导者、组织者和示范者的执政主体必须具有比社会公德和其他道德更高的执政道德标准，必须确保中国共产党执政道德的先进性。党的十八大报告首次提出，“要倡导富强、民主、文明、和谐，倡导自由、平等、公正、法治，倡导爱国、敬业、诚信、友善，在全社会积极培育和践行社会主义核心价值观”①。“三个倡导”是国家、社会、个人层面的价值取向，从不同角度体现了中国共产党执政道德的先进性。社会主义核心价值观以马克思主义为指导，根植于中国特殊的国情，是具有深厚的中华民族传统核心价值观的基因，也是对西方核心价值观批判性基础上的借鉴吸收，具有先进性、包容性和时代性特点的核心价值观。在社会价值观日益多样化的环境下，应让全体人民对社会主义核心价值观产生认知认同，做到知行统一，是当前培育和践行社会主义核心价值观的关键。

一　中国共产党执政道德先进性是中国共产党先进性的重要表现

中国共产党的执政道德是中国共产党在治国理政过程中所形成的道德规范的总和，是执政党组织及其执政干部在履行执政职能、行使执政权力、提供执政服务的实践活动中应当具备的政治道德、职业道德、个人品

① 胡锦涛：《坚定不移沿着中国特色社会主义道路前进　为全面建成小康社会而奋斗》，《人民日报》2012年11月9日。

德等一系列观念、制度、行为规范的总称。[①] 邓小平指出，加强执政道德建设关系到执政党在人民群众中的形象，关系到党的基本路线的贯彻执行，是社会主义现代化建设的重要目标和重要保证。中国共产党执政道德具有以下基本特征：1. 具有一定的强制性。道德本身具有非强制性的特点，但中国共产党的执政道德具有党纪党规的部分属性，因而具有一定的强制性。2. 具有鲜明的政治性。执政道德作为社会主流意识形态，体现和反映着统治阶级的利益和意志。中国共产党的执政道德是中国共产党在决策和实施过程中的道德现象和道德要求，必然体现党和国家的意志，具有很强的政治性。3. 具有明显的先进性。中国共产党是无产阶级的先锋队，共产党员和干部由无产阶级先进分子组成，其道德水准比其他社会成员更高，能发挥模范先锋作用。4. 具有高度的示范性。孔子强调“政者，正也。子帅以正，孰敢不正?”实践也证明，“上行下效”、“上有克己之风，下有不争之俗”。中国共产党的执政角色和地位决定了执政道德具有高度的示范性。5. 具有层次上的高尚性。中国共产党历来十分重视道德的作用，要求党员干部做“一个高尚的人，一个纯粹的人，一个有道德的人，一个脱离了低级趣味的人，一个有益于人民的人”。[②] 中国共产党的执政道德以无私为动机，以非营利性为目的，与其他道德相比具有无比的高尚性。

中国共产党执政道德先进性是中国共产党先进性的重要表现。党的先进性是马克思主义政党的本质属性，是马克思主义政党的生命所系、力量所在。“党的先进性是历史的、具体的，一个政党过去先进不等于现在先进，现在先进不等于永远先进。马克思主义政党赢得先进性固然不容易，在复杂的国内外环境中和长期执政的条件下保持和发展先进性更不容易”。[③] 20 世纪后半期，世界上一些曾连续执政几十年的大党、老党纷纷失去执政地位，如日本自民党、印度国大党、墨西哥革命制度党、苏共等。无论是资本主义政党，还是社会主义政党，其执政地位丧失的共同原

① 李朝运、李朝辉：《关于中国共产党执政道德的思考》，《理论学习与探索》2006 年第 1 期，第 30 页。

② 《毛泽东选集》（第二卷），人民出版社 1991 年版，第 660 页。

③ 胡锦涛：《在庆祝中国共产党成立 85 周年暨总结保持共产党员先进性教育活动大会上的讲话》，《人民日报》2006 年 7 月 1 日。

因大都是缺乏民主，政治腐败等，究其主要原因是执政道德的丧失。苏共丧失执政地位的教训，使选择了社会主义制度的中国面临着严峻的执政道德建设的问题。党在某种程度上出现了“道德消弱”现象，这严重影响了党的执政道德建设和党的先进性建设。道德是历史性和时代性的统一，体现着时代精神，反映着经济、政治的发展水平和社会的文明程度。中国共产党要保持自身的先进性，必须有效地发挥并实现其先进性，具体到执政道德方面就是要始终保持执政道德的先进性。对于中国共产党来说，要在长期的执政过程中始终保持党的先进性，只靠外部压力是难以实现的，而必须要靠执政道德为其提供基本的、稳定的、持久的内在动力。另一方面，执政道德建设对职业道德、家庭美德、社会公德等具有导向和示范作用，处于社会主义道德建设乃至共产主义道德建设的核心地位。因此，加强执政道德建设，保持其先进性，是始终保持党的先进性的基础性环节。

二 中国共产党执政道德先进性的内核:社会主义核心价值观

党要“加强思想道德和纪律教育，表彰勤政廉政典型，督促各级党员领导干部加强党性修养，常修为政之德，常思贪欲之念，常怀律己之心”。这里的“为政之德”，即党的执政道德建设问题，为始终保持党的道德先进性，要求必须建立完备的执政道德体系。中国共产党执政道德先进性表现在很多方面，社会主义核心价值观处于其先进性表现的核心地位。

（一）符合人类社会发展规律

正如达尔文发现有机界的规律一样，马克思发现了人类社会发展的客观规律，科学解决了社会存在与社会意识的关系问题，创立唯物史观，为人们正确认识人类社会历史及其发展趋势，提供了科学的指导原则。“社会存在决定社会意识，社会意识是社会存在的反映，进步的社会意识促进社会发展，落后的社会意识阻碍社会发展。价值观念属于社会意识形态，它以人们的需要为依据，而人们的需要和利益，归根结底是由生产力和生产关系的发展决定的。"[①] 所以中华民族传统价值观和社会主义核心价值观同样都遵循社会存在决定社会意识、经济基础决定上层建筑这个普遍的历史规律。社会主义核心价值观是马克思主义社会意识形态理论在新的历史条件下的具体运用，是增强国家"软实力"的生命力、凝聚力和感召力的重要保障，只有成功占领人类文明的道德制高点，才能实现中华民族伟大复兴的中国梦和向世界展现中国魅力。改革开放以来，随着社会主义市场经济条件下的经济成分、社会组织结构、生活方式、利益关系和分配方式呈现多样化的特点，与之相对应的社会意识也出现了多样化的特点，因此，能被社会各阶层广泛认同与接受、能够有效凝聚各方面力量的核心价值观就显得尤为重要，而社会主义核心价值观能够推进生产力的发展，这种价值观的生成，指明了社会发展的价值方向，实现了执政党在各项决策与实施过程中创造性发展和创新性发展的统一、先进性和时代性的统一、合规律性与合道德性的统一。

（二）符合最广大人民的价值选择和中国共产党执政的价值追求

人民群众是历史的创造者，是社会物质财富和精神财富的创造者，是推动社会变革的决定力量。实现人的自由全面发展是社会主义核心价值观的终极目标，这体现了马克思主义价值哲学的人本指向。改革实践过程中，社会情况发生着复杂而深刻的变化，人们思想观念和价值取向出现多样化，有些群众甚至党员出现价值观扭曲、道德沦丧等问题，在这种情况下巩固以马列主义、毛泽东思想和邓小平理论为指导的社会主义意识形态，弘扬社会主流价值观，是我党在执政过程中面临的严峻挑战。社会主义核心价值观自觉站在了最广大人民的立场上，把人民群众的利益作为最高价值标准。国家层面倡导的核心价值观——富强、民主、文明、和谐反映了全体中华儿女的共同理想，相对于社会层面和个人层面的核心价值观来说，居于最高层次；社会层面倡导的核心价值观整合了社会意识，凝聚了社会向心力，保证了全体人民在政治上、道德上、精神上保持一致；公民个人层面的核心价值观——爱国、敬业、诚信、友善坚持了贴近群众、

① 习近平：《把培育和弘扬社会主义核心价值观作为凝魂聚气强基固本的基础工程》，http：//www.gov.cn/ ldhd/2014 -02/25/content_ 2621 669.htm。

贴近实际、贴近生活，为每个公民和党员提供了具体的道德要求和价值取向。社会主义核心价值观生成于社会主义市场经济背景下，代表了中国广大人民群众的根本利益，是国家意志和个人意志的统一。中国共产党是中国特色社会主义事业的领导核心，担当着培育和践行社会主义核心价值观的重任，构建了凝聚民族之心和体现中国共产党执政之本的社会主义核心价值观，彰显了中国共产党执政的价值追求。

（三）是对中国传统文化批判性基础上的继承与弘扬

在中共中央政治局第十三次集体学习时，习近平强调："培育和弘扬社会主义核心价值观必须立足中华优秀传统文化，深入挖掘和阐发中华优秀传统文化讲仁爱、重民本、守诚信、崇正义、尚和合、求大同的时代价值，使中华优秀传统文化成为涵养社会主义核心价值观的重要源泉。"①中华文化源远流长、博大精深，蕴含着丰富的德育思想、人文精神等。中国封建社会具有代表性的价值观包括"三纲"、"五常"、"四维"、"八德"等，随着社会的进步，这些观念也在不断衍生新的含义。中国传统核心价值观与社会主义核心价值观有相通之处，社会主义核心价值观既继承了中华优秀传统文化的精髓，又结合时代特点赋予其新的时代内含。首先，社会主义核心价值观的国家层面：富强、民主、文明、和谐，中华传统文化强调："善为国者，必先富民，然后治之"、"主之所以为功者，富强也。故国富兵强，则诸侯服其政，邻敌畏其威"、"仁政"、"民为邦本"等都是中华民族的美好愿望，富强、民主则是对其的继承与发展；中华传统文化强调"仓廪实则知礼节，衣食足则知荣辱"，即物质文明是精神文明的基础，是今天所提倡的物质文明、精神文明、生态文明一起抓的源泉；中华传统文化强调"天人合一"、"和而不同"、"天下大同"，和谐则是对"尚和合"思想的提炼与升华。其次，社会主义核心价值观的社会层面：自由、平等、公正、法治，是对中华传统文化庄子的《逍遥游》等名篇、孔子"不患寡而患不均，不患贫而患不安"、《礼记》"大道之行也，天下为公"、"均贫富"、韩非子"明法制，去私恩，令必行，禁必

① 陈寿灿：《西方社会价值观演进对"我们的价值观"的启示》，《浙江社会科学》2012年第5期，第8页。

止”等的继承与发展。最后，社会主义核心价值观的个人层面：爱国、敬业、诚信、友善，传承和弘扬了中华传统文化中的“位卑未敢忘忧国”、“天下兴亡、匹夫有责”、“业精于勤，荒于嬉；行成于思，毁于随”、“言必信、行必果”、“与人为善、善莫大焉”等。虽然中华传统文化为社会主义核心价值观提供思想渊源，但也要对其进行合理扬弃，去除其腐朽、僵化、封闭、迷信、保守的封建性思想，如愚忠、愚孝、墨守成规、贪图安逸等。社会主义核心价值观正是继承和弘扬了中华民族传统美德和民族精神，为中国共产党执政道德建设提供了思想理论基础。这种与时俱进的价值指向使中国共产党执政道德始终保持先进性，也使其成为实现中华民族伟大复兴中国梦的精神诉求。

（四）是对西方先进文明成果的借鉴、吸收和升华

当今世界各个国家和地区正在积极构建符合逻辑规律、民族特征和文化品格的核心价值观。与中国传统价值观立足于血缘关系、重情义、把孝道视为第一要义不同，西方的价值观凸显了理性主义在价值观中的地位，把个人的美德延伸到社会国民的伦理、公德，强调超越血缘关系的友谊，强调社会的公正秩序。[①] 社会主义核心价值观在批判性地继承和发展中华传统文化的同时，也坚持“兼收并蓄”、“求同存异”，吸收和借鉴了西方先进文明成果。西方文明得益于其得天独厚的地理位置，使其更加向往自由与独立。18 世纪资产阶级革命时期，资产阶级以“自由、平等、博爱”为口号和旗帜来动员人民推翻封建主义制度，20 世纪下半叶以来，发达资本主义国家以“民主、自由、人权”的价值理念赢得了世界范围内的话语权。与西方先进文明成果相比，我们的“自由”已远不局限于我国古代的自由，而主要发展于西方自由，如近代思想家严复将“自由”引入中国，为实现民族振兴奠定基石；我们的“公正”还停留在感性的水平，远没有达到理性高度；我们的“法治”已并非韩非子所主张的“法制”，而是对西方法治的合理借鉴。西方价值观中蕴含的自由、民主、法制以及科学理性等很多时代因子，都是现代化社会发展的必然要求。西方

① 孙兰英、陈嘉楠：《浅析社会主义核心价值观对中西方传统价值观的发展》，《学校党建与思想教育》2013 年第 20 期，第 18 页。

价值观在推动人类文明进步方面起到了至关重大的作用，但是资本主义价值观也存在许多弊端和局限性，如过分追求个人主义和自由主义，则演变成了利己主义和拜金主义等。因此，应适当吸收西方文化中有关“个体利益”、“民主权利”与“法治意识”等理念的合理成分。如社会主义核心价值观将实现“人的自由而全面的发展”作为主要价值目标，还坚持个人利益与集体利益的统一，体现了科学性与先进性。在吸收和借鉴西方先进文明成果的过程中，我们提防西方利用其价值观“西化”、“分化”中国的图谋。社会主义核心价值观结合当前世情、国情、党情进行合理扬弃的创新发展，超越了以往价值观，重构了我国的价值道德领域，明确了中国共产党执政道德取向。

三　培育和践行社会主义核心价值观，保持中国共产党执政道德的先进性

中华人民共和国自成立以来，一直重视和加强执政道德建设，培养了无数的道德先进性模范，营造了良好的道德风尚。但是眼下社会上道德滑坡现象日渐加重，甚至党内在某种程度上出现了道德丧失问题，这严重影响了党的执政道德建设的合规律性和与时俱进性。因此须大力培育与践行社会主义核心价值观，以确保中国共产党执政道德的先进性。

（一）认知认同社会主义核心价值观

社会主义核心价值观被广大人民接受、认知并得到他们的认同，是培育和践行社会主义核心价值观的基础工程。为此，要加强主流意识形态的宣传，增强社会主义核心价值观的理论认知和情感认同。“价值认同是指个体或社会共同体（民族、国家等），通过相互交往而在观念上对某一或某类价值的认可和共享，或以某种共同的理想、信念、尺度、原则为追求目标，实现自身在社会生活中的价值定位与定向，并形成共同的价值观”。[①] 要增强人们对社会主义核心价值观的自信，将其内化为全体人民

---

① 赵馥洁：《价值的历程：中国传统价值观的历史演变研究》，清华大学出版社 2010 年版，第 183 页。

的自觉和认同。针对普及对象的不同层次，制订不同的普及计划。任何一个思想观念，要在全社会树立起来并长期发挥作用，就要从少年儿童抓起，让他们把社会主义核心价值观的基本内容熟记熟背，让它们融化在心灵里、铭刻在脑子中。① 对于中学生和大学生来说，不仅要让他们通过掌握理论知识，认清社会主义核心价值观对国家和社会发展的重大意义，还要让他们认识到社会主义核心价值观中蕴含的中华优秀传统文化情感，增强情感认同。而对于普通老百姓，就要采取通俗易懂、喜闻乐见和接地气的方式来获得他们的认同，如通过典型报道、传承和创新中国传统节日文化、民生新闻等来传播社会主义核心价值观，使他们能够觉得党的政策走进了他们的心坎里。广大党员和领导干部则要认真学习和掌握马克思主义理论，坚定理想信念和明确政治方向，发挥榜样作用，时刻向人民群众传递正能量。如果社会主义核心价值观得不到广大人民的认知和认同，谈何去培育和自觉践行社会主义核心价值观呢？

（二）创新培育社会主义核心价值观

在社会主义核心价值观得到广大人民的认同后，人们才会自愿并自觉去接受社会主义核心价值观的培养和教育。与中国古代传统价值观的培育方法和形式相比，社会主义核心价值观的培育方法和形式在继承的基础上必须更加注重丰富多样和开拓创新。一是，社会主义核心价值观要进教材、进课堂、进学生头脑，发挥学校教育的主阵地优势。学校教育是人类文明薪火相传的基本途径，学校教育不仅通过传授知识和技能维系人的生存，而且通过传播价值观培育人的心性。② 思想政治教育是统治阶级灌输和强化社会主流意识形态的重要手段，可以充分发挥学校教育的优势，将社会主义核心价值观教育贯穿到各阶段学校思想教育过程中，突破传统价值观的“填鸭式”、“灌输式”的培育方式，发挥当代社会新媒体的作用，利用校园文化、校园网络将理想信念教育、历史使命教育、三观教育、四德教育等融入到社会主义核心价值观的课堂教学的社团实践中，增强其吸

① 习近平：《让社会主义核心价值观的种子在少年儿童心中生根发芽》，《基础教育论坛》2014 年第 18 期，第 1 页。

② 郭建宁：《社会主义核心价值观基本内容释义》，人民出版社 2014 年版，第 120 页。

引力和感染力。二是，以典型示范倡导社会主义核心价值观。榜样的力量是无穷的。按照社会主义和谐的目标和要求，积极寻找生活中的榜样，公开榜样评选、审定和表彰程序，通过报道先进人物、道德先锋、英雄人物来感动、启迪并带动广大民众进行正确价值认知、价值判断和价值选择，以期提高民众的精神境界和道德情怀。三是，搞好中国优秀传统文化活动，发挥文化载体功能。传承和创新中国传统文化能够增强人们的文化自信和价值观自信。在学校传统文化教育中开设《弟子规》、《论语》、《道德经》等经典书籍的学习课程；利用纪念馆、博物馆、爱国教育基地等进行文化熏陶教育；创新百家讲坛、文化讲堂等品牌节目；又例如，利用传统节日举办民俗活动。传统节日如春节、元宵节、端午节、中秋节、清明节、重阳节等都蕴含着丰富的伦理道德、民族精神、价值观念，能够重构人们的道德美，能够使国家从民族文化中汲取执政理念，有利于营造培育社会主义核心价值观的生活情景和社会氛围。四是，依靠法律法规推动社会主义核心价值观建设。要把社会主义核心价值观的要求贯穿到依法治国和以德治国相结合的实践中，不仅将其作为道德要求，还要将其上升为规范和约束人们的法律法规和制度规范，健全各行各业规章制度，坚决打击同社会主义核心价值观相违背的行为，发挥法律法规的权威作用。

（三）自觉践行社会主义核心价值观

纸上得来终觉浅，绝知此事要躬行。社会主义核心价值观的构建需要内化和外化，内化是外化的基础，外化是内化的最终目的。习近平强调，要切实把社会主义核心价值观贯穿于社会生活的方方面面。总书记在中央政治局集体学习时还指出：一种价值观要真正发挥作用，必须融入社会生活，让人们在实践中感知它、领悟它，在落细、落小、落实上下功夫。[①] 这段话表明，我们要在社会日常生活中进行实践，做到人人参与、人人落实。志愿服务活动是最能将社会主义核心价值观落实到行动中的方法。志愿服务活动既能帮助到需要者，又能让人感觉自己被需要，实现个人价值和社会价值的统一。大力弘扬雷锋精神，针对留守儿童、空巢老人、残疾

① 习近平：《把培育和弘扬社会主义核心价值观作为凝魂聚气强基固本的基础工程》，http：//www. gov. cn/ ldhd/2014 -02/25/content_ 2621 669. htm。

人、贫困户等群体，开展慈善公益、爱心互助、扶贫救弱的志愿服务活动，发挥志愿者的特长，充分利用其资源和能力。另外，每个人可以根据自身实际情况选择适合自己的践行社会主义核心价值观的方式，如义务献血、文明旅行、文明上网；商人要讲诚信，杜绝假冒伪劣产品；学生要遵守学校规章，考试不作弊；医生要讲医德，以救死扶伤为己任；官员要讲官德，贪污腐败绝不能做等。坚持“勿以恶小而为之，勿以善小而不为”，坚持“慎独”、“慎行”，可以使人们在不知不觉中习惯于践行社会主义核心价值观。

2014 年 5 月 4 日，习近平总书记在北京大学师生座谈会上的讲话中指出：“核心价值观，其实就是一种德，既是个人的德，也是一种大德，就是国家的德、社会的德。国无德不兴，人无德不立。”社会主义核心价值观是个人的德、社会的德、民族的德、国家的德，社会主义核心价值观的价值目标体现了中国共产党执政道德的先进性，是与中国共产党的执政理念和政治实践相一致的。为巩固实现中国梦的价值支撑，我们必须做到社会主义核心价值观的知行统一。

构建超越西方模式的先进社会发展模式

第二次世界大战结束后，源自文艺复兴时期的现代西方社会发展道路或发展模式（简称西方模式）进入了它的鼎盛时期，并流布到全世界，深刻影响着世界发展的进程，导致整个人类生活日益一体化和趋同化。在这种严重态势面前，许多非西方国家的思想家和政治家对西方价值观扩张和渗透可能产生的消极的、甚至灾难性的后果深感忧虑，力图寻求非西方的社会发展道路，并在实践上作出了尝试。然而，迄今为止，非西方国家尚未真正找到一条成功的非西方社会发展道路。苏联东欧社会主义模式失败了；中国特色社会主义道路正处于积极探索之中；其他一些国家也寻求过或者还在寻求不同于西方的发展道路，但尚未见有真正取得成功的。难道人类的未来发展只有一种“西方模式”吗？或者说，人类能否建构一种优越于西方模式的先进模式呢？我们认为，“西方模式”存在着一些不可克服的根本缺陷和弊端，西方发展道路假如世界化也许是加速人类毁灭之路。为此，整个人类特别是非西方国家必须努力寻求非西方的人类发展之路，从根本上改变今天“西方模式”日渐全球化的世界格局。

一　西方模式的形成、优势和问题

西方模式的形成可追溯到西方商业革命时期意大利地中海沿岸市场经济的兴起。从那时到20世纪50年代达到成熟形态，历时约600年。这是一个漫长的“血与火”的艰难历程，中间经历了文艺复兴、宗教改革、启蒙运动、政治革命、产业革命、经济学革命、哲学革命、科学技术革命，乃至世界大战、世界性经济危机等一系列革命运动和历史事件。西方模式就是在这一系列伟大革命运动和重大历史事件中主要由思想家和政治家构建起来的，它是人类历史上第一个人类自觉构建的社会发展模式和主流文化体系。

在整个西方模式形成的过程中，西方社会形成了关于社会发展的各种不同流派和思想体系，其中最有影响的是自由主义、共和主义和社会主义。在这三派主要观点争论交锋的过程中，自由主义最终成为西方社会主流价值观和意识形态。自由主义就是西方模式理论形态和思想体系。自由主义内容极其丰富，概括说来，它是以个人幸福为终极价值目标，以利益、市场、科技、环保、责任、自由、平等、公正、民主、法治等为核心价值理念，以个体至上、利己乃人的天性、天赋人权、私有财产神圣不可侵犯、主权在民、在法律下治理国家、三权分立等为基本价值原则的价值体系。"个人自由居于自由主义的核心位置，它包括思想自由、宗教活动自由、结社（不论是公开的、私人的或者隐秘的）自由，还包括择业与经商的权利，以及言论、商讨、出版、文学艺术、迁徙以及旅行的自由。"① 可以说，自由主义是以个人自由权利为根本价值取向的观念价值体系。

依据这种理论构建起来的西方模式的基本要素是市场经济、现代科技、民主政治、法律统治。这四种基本要素在 20 世纪以前已经基本具备，但直到 20 世纪才逐步达到完善。

西方的市场经济肇始于 14 世纪西欧发生的商业革命，经过了约 500 年的曲折发展，到 20 世纪 30 年代后走向完善，其标志是基于凯恩斯主义的国家干预主义。在这个过程中，西方市场经济发生了以斯密革命、"边际革命"和凯恩斯革命三次经济学革命为其标志的重大革命性变革。这三次经济学理论的革命，为西方市场经济发展扫清了主要障碍，使西方市场经济在经济学理论的指导下不仅成为西方社会占绝对统治地位的经济形式，甚至是唯一的经济形式，而且在第二次世界大战后迅速走向繁荣，为西方现代文明的繁荣奠定了坚实的物质基础。

西方现代科技直接源于近代早期弗朗西斯·培根确立的"知识就是力量"的观念，启蒙运动以后的西方哲学对理性的高度推崇为现代科技奠定了坚实基础。西方现代科学的发达也是通过科学革命实现的。与西方

① ［美］马塞多：《自由主义美德》，马万利译，译林出版社 2010 年版，第 10 页。

的市场经济以经济学理论为先导一样，西方现代技术以现代科学为先导。科技革命不仅极大地推动了社会生产力的发展，提供了劳动生产率，促进了社会经济结构和生活结构的变化，推动了国际经济格局的调整，更重要的是为市场经济提供了强有力的支持和动力，它们相互作用锻造了现代西方的物质文明。市场经济插上了科学技术的翅膀获得了迅猛的进步，而科学技术在市场经济利益最大化动机的驱使下得到了飞速的发展。如果说市场经济是现代西方文明的根本动力，那么现代科技是现代文明发展的主要手段。

市场经济是一种主体多元化的经济，也是一种主体自主化的经济，与这种经济相适应的政治只能是以社会成员个体（包括个人、企业及其他社会组织）自由、平等为基础的民主政治。西方各国在市场经济经过了差不多三个世纪后逐渐开始建立民主政治制度。这种民主政治不同于古希腊的直接民主，它是以近代形成的自由主义政治理论为依据、通过资产阶级革命建立起来的代议制民主，即间接民主。经过近 300 年的反复、斗争的复杂过程，到第二次世界大战结束，以希特勒政权垮台和墨索里尼上绞刑架为标志，民主制度不仅在西方取得全面胜利，而且开始走向健全和完善。

西方近代思想家特别是自由主义思想家在提出代议制民主理论的过程中，几乎一致强调必须确立法律在国家治理和社会生活中的最高权威地位，必须将一切政治权力置于法律之下，以法律确保公民的自由权利。在他们看来，个人的自由权利的最大危险是政治权力，而且不受制约的权力必然腐败，因此权力必须受制。权力不仅要用权力制约，更要用法律制约，确立法律的至上权威。与传统法治观念只是将法律作为政治权力治理国家的手段不同，现代法治观念将政治权力作为实现国家法律治理的手段，法律不仅高于权力，而且权力只能在法律的范围内并依据法律实行社会管理，即所谓“法无授权不可为”。另外，法律又最大限度地保护社会成员个体的自由权利，为了个体的自由权最大限度地得以普遍实现，法律禁止一切伤害其他社会成员的自由权利的行为，这即是所谓“法无禁止即可为”。这就是西方的现代法治观念。显然，这种法治观念是与民主观念、人权观念相辅相成的。它们一起构成了近现代西方的“宪政”观念。

西方模式深刻改变了西方社会并通过西方社会深刻影响了整个人类社

会的进程，使人类社会从贫穷落后的传统文明走向繁荣昌盛的现代文明。毫无疑问，这种模式有其旺盛的生命力和强大影响力，而根源则在于它的巨大优越性。“这种优越性主要表现在，它致力于把人从各种束缚中解放出来，努力扩大人的独立自主性，刺激和鼓励人向内挖掘潜能，向外征服世界，这不仅使人获得了自由，使我们的世界日益成为自由的世界、民主的世界，而且使人的能量最大限度地发挥了出来，使我们的世界日益成为富裕的世界、文明的世界。”① 我们应该承认西方模式的基本合理性，也应该承认其巨大历史功绩。但是，我们更应该看到，西方模式虽然看起来是个体主义、自由主义的，但其根本性质是资本主义的。或者更确切地说，它的出发点和目的是个人解放、自由和幸福，但这种价值体系在使人获得解放和自由的过程中却发生了异化，最终走向了以资本增值为轴心，资本渗透它的整个结构和功能，资本控制一切。其结果，个人虽然从专制之下获得了解放，也获得了自由，但根据这种价值体系构建的社会整个地被资本所控制，个人也因此成为新的奴役力量即资本所奴役，而没有真正获得解放、自由和幸福。由此看来，西方模式实质上是一种资本主义社会发展道路，是一种异化了的社会发展模式。

二　寻求非西方发展之路的现实紧迫性和历史必然性

20 世纪以来，异化了的西方模式日益暴露出它的一些突出的问题，其中特别突出的有以下三个方面：第一，贫富两极分化严重。整个资本主义文明是完全建立在市场经济基础之上的，而市场经济是一种以市场主体利益最大化为驱动力、以凭实力自由竞争的经济。这种竞争的结果必然会导致社会成员的贫富两极分化，最严重的情况就是有一部分社会成员陷入马克思所说的“绝对贫困化”，即缺乏最低的生活保障。20 世纪西方实行高福利政策以后，基本解决了社会最弱者最低生活保障问题，但并没有因此解决社会的贫富两极分化问题。第二，周期性经济危机频发。自 1825 年英国第一次发生普遍的生产过剩的经济危机以来，西方资本主义世界差不多每隔十年左右就要发生一次这样的经济危机。1929—1933 年又爆发

① 江畅：《幸福与和谐》，人民出版社 2005 年版，第 417 页。

了规模更大的、影响更深刻的世界性经济危机，原来以为实行了国家干预政策之后，能够克服周期性的经济危机，然而，情形并非如此。自 1933 年以后，差不多每隔七八年就发生一次危机，更爆发了 2008 年开始的世界性的金融危机。这一系列事实表明，经济危机是以市场经济为基础的西方资本主义模式的痼疾。第三，恐怖主义盛行。西方国家为了本国或西方世界的利益而对外的经济、政治、军事、文化的扩张和渗透，以及由此导致的战争和恐怖主义。自“9·11”事件发生以来，恐怖主义已经成为困扰西方乃至全人类的恶魔，生活在今天世界的人类，特别是西方人，很难预测什么时候、什么地方会发生恐怖活动，自己在什么时候、什么地方会成为恐怖活动的牺牲品。这样一种全人类性的人人自危状况是人类前所未有的。导致恐怖主义滋生的原因十分复杂，但可以肯定的是，恐怖主义的猖獗与西方现代化过程中的对外扩张，特别是与发达资本主义国家对其他国家经济上的掠夺、政治和军事上的干预、文化上的渗透有着密切的关联。

西方模式的这些显性问题的深刻根源在于以市场经济为基础的现代化。这种现代化有三个最为突出且难以克服的痼疾：一是“原子化”问题。所谓“原子化”问题，就是近代以来自西方扩散至全球的现代化以孤立的个体为社会的实体，一切以个人的权利、个人的利益为轴心，不考虑共同体或社群，更不考虑全人类。这就是所谓的“人人为自己，上帝为大家”的问题。二是资本化问题。市场经济原本是一种经济形态，其机制和原则只适用于经济领域。然而，在现代化的过程中，经济领域的市场化逐渐渗透到了整个社会生活。不受制约的资本逻辑和力量足以使整个社会和人的心灵彻底物化和奴化。资本不仅已经渗透整个西方世界，而且借助经济实力渗透到世界大多数国家。用桑德尔的话说，现代社会使得我们从“拥有一种市场经济”最终滑入了“成为一个市场社会”。[①] 三是极权化问题。西方社会成功地实现了对大众心理意识的操纵和控制。人们内心批判向度的丧失，导致各个领域的一体化。正是因为实现了对内心的操控，所以当代资本主义社会的极权主义状态在广度和深度方面都超过了以

---

① ［美］桑德尔：《金钱不能买什么——金钱与公正的正面交锋》，邓正来译，中信出版社 2012 年版，引言第 XVIII 页。

往的极权主义社会。这三个问题并不是彼此孤立的，而是相互缠绕、相互支撑。正是针对这些问题，法兰克福学派思想家霍克海默和阿道尔诺指出，现代西方文明至少存在以下三大弊端：一是人性堕落，个人贬值；二是精神消亡，文化消解；三是幸福的因素变成了不幸的源泉。①

所有这些难以克服的问题及其严重后果表明，西方模式虽然可以带来人类的繁荣，但这是以人类不可再生资源迅速消耗、人类生存环境日益恶化、人类身体生物学结构加速变异为沉重代价的。西方模式的巨大物化力量，正在摧毁一切与之抗衡的异己力量，消除扩散途中的障碍和阻力，使这种模式迅速世界化。西方模式是一种加速人类毁灭的社会发展模式，伴随着西方模式世界化进程的加快，其负面作用还会进一步增大。在西方模式的弊端及其后果日益显现的今天，非西方国家再也不能简单地照搬西方模式，更不能搞所谓全盘西化，而是要采取强有力措施抵制西方模式的扩张和渗透。什么样的措施是强有力的？当然不是把国门关起来，在信息化时代，一个国家的国门也不可能完全关闭。真正强有力的措施，是在学习借鉴西方模式的基础上超越这种模式，构建比西方模式更适应人类可持续发展的、使人类真正幸福安宁地生活的更先进的社会发展模式。寻求超越西方模式的更先进发展模式，是从根本上克服西方模式给世界已经带来的和可能带来的问题和灾难的唯一出路。

20世纪以来，非西方国家不少思想家和政治家一直在探寻非西方的社会发展之路，但到目前为止，尚未取得真正的成功。的确，他们的失败在一定程度上更强化了西方模式的优越感和竞争力。但是，过去不成功并不意味着将来不成功，更不意味着永远不成功。虽然西方模式在目前情况下拥有强大的竞争力和影响力，甚至由于它强有力地刺激和满足人性中某些本能或原始需要而具有特殊的诱惑力，但它的根本性问题及其所导致的现实后果应该足以使非西方人乃至整个人类警醒。西方社会由于马尔库塞所说的“极权主义”的影响已经基本上丧失了自我批判和自我变革的能力和力量。② 在这种情况下，如果非西方国家不抵制西方模式的扩张和影响，任由整个世界西方模式

---

① ［德］霍克海默、阿道尔诺：《启蒙辩证法：哲学片断》，渠敬东、曹卫东译，世纪出版集团/上海人民出版社2006年版，前言第3—4页。

② ［美］马尔库塞：《单向度的人：发达工业社会意识形态研究》，刘继译，世纪出版集团/上海译文出版社2008年版，第16页。

化，整个人类也将会丧失自我批判和自我变革的能力和力量，成为“极权主义”的人类。果真如此，人类不久（也许50年或100年以后）就会面临灭顶之灾。阿伦特深怀忧虑地指出：“极权主义企图征服和统治全世界，这是一条在一切绝境中最具毁灭性的道路。它的胜利就是人类的毁灭；无论在哪里实行统治，它都开始摧毁人的本质。然而若想躲避本世纪的各种毁灭性的力量，又几乎是徒劳无功的。”① 人类西方模式化就是极权主义化。在全人类这种极权主义化日益深重的情况下，非西方国家要清醒地意识到，寻求更先进的非西方发展模式不只是非西方国家可持续发展的需要，而且对于人类的未来发展也是一项十分紧迫的任务。

寻求非西方发展之路不仅具有现实的紧迫性，而且具有历史的必然性。到今天为止的整个人类的历史是从分散的人群走向一体的世界的历史，是人类世界化的过程。人类世界化的整个过程是一个人类从小群体逐渐走向更大群体直至走向一体化的过程，而推动这一过程的内在动力在于，人类追求生活得更好的本性以及这种本性本身所包含的实现这种本性的根本手段即理性。这种一体化的趋势不是外在地强加于各国的，而是在各国自愿作用和参与下促成的。全球的一体化并不意味着世界会成为一个世界性极权主义式的国家。历史经验已经表明，集权式、专制式的社会管理模式压制个性发展、阻碍社会进步。因此，世界的一体化只能是分权式的、民主式的，是多元主体的。作为世界主体的国家即使在各个方面都与世界接轨，也仍然能够拥有自己的价值体系、自己的独特生活方式和自己的民族特色；仍然能够拥有独立性、自主性和完整性。人们把作为世界主体的国家比作一体世界中的“极”，这是十分恰当的。多元主体的世界就是一种多极的世界。只有世界的多极化，才会有世界的多样化，而世界越是多样化，世界的交流和合作就越是必要、越是有意义，各国的相互需要也会增强，各国的联系会越紧密，世界就越会结合成为一个整体。各民族找到自己的发展之路，可以实现本民族乃至人类的更好发展，也可以为西方模式突破自身不可克服问题的解决提供借鉴，从而实现整个人类价值体系、发展模式和生存方式的多元化、多样化。如此，整个世界就会更绚丽多彩，更充满生机和活力。“一个丰富多彩的世界比一个一

① ［美］阿伦特：《极权主义的起源》，林骧华译，生活·读书·新知三联书店2008年版，第3页。

统的世界更美好，更能满足人类幸福的需要。”①

当然，寻求非西方发展之路并非只意味着各国寻求独具特色的发展模式；非西方的发展之路也可以是区域性，如亚洲发展之路、非洲发展之路、拉丁美洲发展之路等；也可以是整个非西方国家共同的发展之路。西方发展之路就并非只是西方某个国家的发展之路，而是西方各国共同的发展之路，而且同中有异。问题的关键在于西方模式本身存在着致命的缺陷，非西方国家不可再采用这种模式，而必须找到更先进的同时也更适合本国本地区的发展之路。

三　寻求非西方发展之路的艰难历程和问题之反思

提出寻求非西方的发展之路这一问题，是以到目前为止人类尚未找到一条已经得到证明的成功的非西方发展之路为前提的。应当承认，约 200 年来非西方的一些国家一直在寻求非西方模式的社会发展模式，但是迄今尚未有这样的成功模式。因此，有必要对非西方国家寻求不同于西方模式的发展模式的历史及其问题进行反思。这种反思有助于我们总结经验教训，为寻求超越西方模式的先进模式提供借鉴。

今天世界格局的形成是近代人类国家化过程的结果。在近代以前，世界一些地区已经有了国家，但这些国家不仅不是近现代意义的国家，而且有些国家还是不完全的国家，如西欧的一些国家还正在从罗马天主教皇的控制下摆脱出来，还未成为完全独立的国家。西方近代的殖民扩张和一系列社会革命，一方面大大加速了罗马教廷控制力的衰落和西欧国家化的进程；另一方面也大大促进了殖民地国家意识的觉醒和独立国家的形成，与此同时也在促使各个国家先后步入国家现代化轨道，实现从传统国家向现代国家的转换。殖民扩张对殖民地的经济掠夺和政治控制，导致了殖民地国家意识的觉醒和国家独立的要求，引发了殖民地的普遍反抗和争取国家独立的斗争运动。这种反抗和斗争最有意义的后果就是使民族国家逐渐获得独立。近代以来非西方国家的独立大多是通过摆脱西欧殖民主义统治实现的，因而这些国家对西方的文化和社会发展模式持敌视和抵制态度，力

---

① 江畅：《理论伦理学》，湖北人民出版社 2000 年版，第 371 页。

图找到非西方的本国发展道路。

非西方国家寻求非西方的发展之路的历程，最早也许可以追溯至18世纪初拉丁美洲爆发的民族解放运动，到20世纪达到高潮，直至今天还在延续。非西方国家的仁人志士很早就意识到了西方模式的问题，并致力于寻求非西方之路。20世纪以来，许多国家的政治家和思想家意识到了西方模式的诸多弊端甚至根本缺陷。然而，我们不难发现，到目前为止，非西方国家尚未找到一种真正不同于西方模式的模式，它们要么流产或失败了，要么名义上是非西方的而实质上是西方的，要么由于构建非西方模式的失败而陷入动乱或战乱。其中最有影响的有：俄国十月革命及以后形成的社会主义阵营，这一长达70多年的非西方的社会主义模式的理论和实践探索，最终以柏林墙倒塌为标志宣告失败；拉美国家从19世纪上半叶走上独立自主的民族发展之路，并不断致力于构建自己的发展模式，但令人遗憾的是，200年后的今天，拉美模式并没有最终形成，更谈不上超越西方，倒是走上了“边缘化的依附性道路”；[①] 印度圣雄甘地领导的印度民主主义运动虽然取得了胜利，赢得了印度的独立，但也没有真正为印度找到一条成功的非西方发展之路；中国自鸦片战争之后，一直致力于救亡图存，以孙中山、毛泽东、邓小平等为代表的一代又一代的仁人志士都力图找到非西方的发展之后，今天中国终于走上了中国特色社会主义道路，虽然发展态势良好，但是我们尚不能说这条发展道路已经成功，已经超越了西方模式。总之，到目前为止，非西方国家尚未找到一条已经得到证明的成功的非西方的发展之路。

为什么会这样呢？原因十分复杂。从非西方国家外部的原因看，西方国家为了自身的利益对寻求与西方模式对立的发展模式的努力进行扼制、打压、甚至武装干预。例如，苏俄在寻求不同于西方资本主义模式的社会主义模式的过程中，长期受到西方国家的敌视和限制，最终在世界上形成了所谓的“两个阵营”，出现了近半个多世纪的“冷战时期”，直到社会主义阵营解体。同时，西方模式及其价值观和文化对非西方的强势影响，伴随着西方的先进物质文明的强大实力，使非西方国家自己的发展模式因不能与西方模式相抗衡而很难生长起来。

---

① 尹朝安：《拉美发展模式的制度分析》，《拉丁美洲研究》2005年第3期。

从非西方国家内部看，首先，这些国家没有经过像西方国家那么长时期的现代化洗礼和从传统社会到现代社会的深刻社会变革，在这样一种落后的社会环境中，不可能形成超越相对而言先进的西方模式的更先进的模式。这里值得注意的是，超越西方模式的成功模式的形成，一般不可能在已经现代化的非西方国家形成，而只可能在非西方国家现代化的过程中形成。这种模式的形成是与一个国家的现代化同步的。当一个国家实现了不同于西方现代化的真正现代化，那就意味着它已经形成了自己的发展模式；而说一个国家形成了自己的先进发展模式，那就意味着这个国家已经现代化了，即这种模式被实践证明是成功的。

其次，由于没有经过现代化洗礼，这些国家要么处于前现代化的专制社会，要么受西方影响不充分或本土文化与西方文化严重冲突而使社会陷入混乱，在这样的社会环境中不可能产生像西方启蒙时期那样的一大批思想自由的思想家。没有思想家，或有思想家而没有自由，决无可能产生超越西方思想体系的思想体系。纵观 19 世纪以来非西方国家的历史，未见有真正影响世界历史进程的思想家，更谈不上有这样的思想家群体。没有这样的思想家群体提供非西方的思想体系，仅靠政治家的谋略和变革，当然不可能构建起超越西方的先进社会发展模式。

最后，就方法论而言，非西方国家在构建自己的发展模式的过程中，往往走入两个极端：一是照抄照搬西方模式。这样做也有成功的，如日本，但大多数国家因西方模式与本国国情不能有机结合而陷入社会混乱。二是对西方模式采取抵制态度。这又有不同的情形，有的把国门关闭起来，不让其进入，如我国改革开放前，以及当前的朝鲜；有的虽然打开了国门，但强调只吸收其先进科技或管理经验，而抵制其核心价值观，如我们近代流行的“中学为体，西学为用”的说法。

剖析 200 年来非西方国家寻求自己的非西方发展模式不成功的原因，可以给我们诸多的启示。其中有一点是特别值得我们注意的，那就是：要构建不同于西方模式的成功发展模式，我们既不能搞全盘西化，也不能对西方模式盲目抵制，而必须在学习、借鉴的基础上超越。搞全盘西化，即使成功（如日本），那就进入了西方世界的阵营，这样就很难突破西方模式的局限。前面已经说过，西方模式有强大的优势和影响力，甚至还很有诱惑力。在全球一体化的今天，如果没有超过它的更先进模式，是不可能阻挡住它的扩张和渗透的，盲目抵制的结果只会使本国的价值和文化陷入混乱。西方模式存在着致命性的问题，因而非西方国家必须超越它。而要超越它就必须学习、吸收和借鉴它。

西方模式是西方资产阶级经过几百年的艰苦探索和奋斗构建起来并使之现实化的。它不仅是人类历史上第一个自觉构建的最完整系统发展模式，而且至少在近代它也是人类最先进的发展模式。西方近代几百年来通过理论和实践不懈探索形成的这种模式，其中有不少内容值得我们非西方国家批判地学习和借鉴。而且，这种模式为构建超越它的更先进的模式奠定了良好的基础，其中的自由、平等、民主、法治、公正、负责等价值理念都可以被继承和发扬光大。非西方国家只有通过学习借鉴吸收西方模式的一切有价值的东西，以及西方构建其模式的经验教训，才有可能建立更先进的发展模式，以与它抗衡、竞争，乃至最后超越它。

四 亚洲肩负着寻求非西方发展之路的特殊使命

寻求非西方发展之路不太可能依靠西方。在 20 世纪甚至更早以前，西方许多学者已经深刻意识到了西方模式的问题，但他们生活在西方世界，缺乏非西方的文化背景和社会实践，因而很难给人类提供非西方的发展模式。寻求非西方的模式需要非西方国家的思想家根据本国或本地区的历史文化和社会实践来构建，而就地区而言，可能性最大的是亚洲。在非西方世界中，亚洲具有诸多建构超越西方模式的先进社会发展模式的独特优势。亚洲除了是人口最多地区，其明显优势至少体现于以下四个方面：

首先，亚洲有悠久的历史文化传统和丰富的历史文化资源。按亨廷顿的看法，人类历史上至少存在过 12 种文明，其中有 5 种文明仍然存在。在这 5 种仍然存在的文明中，除西方文明之外，其余 4 种文明都属于亚洲。它们是中国文明、日本文明、印度文明和伊斯兰文明。如果加上现存的东正教文明、拉丁美洲文明、非洲文明，现存的主要世界文明共有 8 种。在这 8 种现存的主要文明中，有 4 种属于亚洲。[①] 亚洲的这四种文明

① ［美］塞缪尔·亨廷顿：《文明的冲突与世界秩序的重建》，月琪等译，新华出版社 2002 年版，第 29 页。

不仅历史悠久，有自己独特的价值观和文化，更重要的是，除日本文明之外，其他文明没有完全被西方文明吞噬，对西方文明仍然保持着强大的张力，可以说是目前世界上尚存的抵御西方模式的力量。

其次，亚洲人都是土生土长的本地居民，他们祖祖辈辈生活在这里，这里是他们的家园，因而亚洲人有强烈的民族认同感和独特的民族性格，很难全盘西化。即便是日本，虽然经过了明治维新时期的“全盘西化”和第二次世界大战后的“西进运动”，但日本的本土文化以及中国的儒家文化仍然对今天的日本社会和人民产生着深刻而广泛的影响，并且形成了与西方思想相融合的具有日本特色的儒学。

再次，近代以来，亚洲思想家和政治家对构建具有本民族特色的发展模式作出了艰难的探索，积累了丰富的思想理论和实践经验。自近代“西学东渐”和列强入侵以来，亚洲国家的仁人志士就开始了一代又一代的对适合本国发展道路的艰难探索。其中最为典型的是中国，维新变法、孙中山领导的辛亥革命、中国共产党领导的新民主主义革命和社会主义革命、邓小平开创的中国特色社会主义道路，都是寻求不同于西方模式的中国发展模式的重大历史事件和过程。这些政治家和思想家不仅留下了宝贵的思想，也留下了难得的经验教训。这一切为构建超越西方模式的更适合亚洲的先进模式奠定了良好的基础。

最后，亚洲意识正在觉醒，亚洲迅速崛起，亚洲命运共同体正在形成之中。亨廷顿指出，本土化和宗教复兴是全球现象，然而它们在亚洲和伊斯兰世界的文化自我扩张及其文化对西方的挑战中表现得最为明显。亚洲的挑战表现在所有的东方文明“都强调自己与西方的文化差异，有时也强调它们之间的共性，这些共性常常认同于儒教。亚洲人和穆斯林都强调他们的文化优越于西方文化”。[①] 政治家预言，假如说 19 世纪属于大英帝国，20 世纪属于美国，那么 21 世纪就属于亚洲。照目前的趋势看，中国很快将成为世界第一大经济体。再加上日本延续的实力和印度的迅速崛起，使得亚洲成为不可小视的力量，同时也使实力的天平向亚洲大陆的北

① ［美］塞缪尔·亨廷顿：《文明的冲突与世界秩序的重建》，月琪等译，新华出版社 2002 年版，第 102 页。

部和东部倾斜。[①] 今天的亚洲已经拥有世界三分之一的经济总量，是当今世界最具发展活力和潜力的地区之一，在世界战略全局中的地位进一步上升。习近平指出："亚洲国家逐步超越意识形态和社会制度差异，从相互封闭到开放包容，从猜忌隔阂到日益增多的互信认同，越来越成为你中有我、我中有你的命运共同体。"[②]

以上所述表明，亚洲不仅已经形成了对西方文明的挑战，而且具备了超越西方、寻求自己的发展之路的可能性和必要性。亚洲作为具有丰富历史文化底蕴同时又充满生机活力的地区，不仅肩负解决本地区自己发展道路的责任，也肩负着为人类构建超越西方模式的更先进社会发展模式的重大责任。亚洲各国要履行自己的历史使命，需要进一步增强亚洲意识和责任意识；进一步解放思想，营造思想自由的社会环境；进一步学习、借鉴西方模式，并在此基础上致力于超越它，构建超越西方模式的更先进的亚洲模式。

① 新华新闻：《外媒：21世纪属于亚洲》，http://news.xinhuanet.com/world/2011—11/19/c_122305133.htm，2011-11-19。

② 习近平：《迈向命运共同体开创亚洲新未来——在博鳌亚洲论坛2015年年会上的主旨演讲》，《人民日报》海外版2015年3月30日（2）。

价值观变迁对国家治理现代化的诉求

21 世纪以来，“多一些治理，少一些统治”是世界大多数国家政治变革和政治现代化的重要特征。党的十八届三中全会提出“推进国家治理体系和治理能力现代化”的重要命题，并将之作为全面深化改革的总目标，绝非是简单地在字面上将“国家统治”或“国家管理”变为“国家治理”，词语变化的背后反映的是全新政治理念的生成。这一命题正是党对其所领导的改革开放 30 多年来的现代化建设成功经验的科学理论总结，也是党对社会转型时期所面临的各种严峻挑战做出的积极回应。其中一个非常重要且又不得不做出回应的挑战是：伴随经济体制和政治体制的深刻变革而来的价值观变迁。以改革开放为节点，中国社会价值观从改革前到改革后经历的变迁表现出这样的总体镜像，即从一元价值观向多元价值观转变、从整体价值观向个体价值观转变、从神圣价值观向世俗价值观转变以及从精神价值观向物质价值观转变[1]。这些转变是一把双刃剑，一方面它为中国带来了世界经济奇迹、公民意识觉醒、民主政治发展、社会财富积累；另一方面却又使中国出现了严重的贫富差距、人文精神失落、高发的官员腐败、价值与道德危机。虽然这些结果是多因素综合作用形成的，但是从理念层面来讲便要归因于社会价值观变迁。国家治理现代化是为了应对这些挑战而开展的政治变革，在政治理念上就是要进行价值重构，包括对社会的价值目标、价值尺度和价值取向等的重构。所以说，“治理的现代化改革，将是一个价值导向调整优先于治理技术革新的过程”[2]。这意味着国家治理将不再是政府单方面的、封闭的、自上而下的权威统治，而是多元治理主体协同的、民主的、法律的、道德的治理。

一 一元价值观向多元价值观转变与协同治理

价值观变迁不是自发的、孤立的，而是由社会转型的大环境所决定的。新中国成立之初，我国社会的最基本特征是：计划经济、单一公有制、单位制社会结构、高度集中的政治权力以及意识形态的单一化，而在社会价值观上的表现则是一元价值观。这种一元价值观不仅仅是中国社会的主导价值观，而且还是唯一的价值观。在唯一的主导价值观的统领下，社会不可能产生和存在激烈的价值观冲突，也没有人对强有力的、无所不能的集权政治体制表示怀疑和异议，社会秩序和团结稳定与其说归功于完善的国家治理体系，不如说是来自人们对权威统治的服从。这是因为同质的、绝对的价值标准和普遍的、权威的超越意识强烈要求中国社会必须是大一统的一元价值观，其他价值观——如果存在的话——与主导的一元价值观之间也只有“统治与被统治”、“排斥与被排斥”的关系。价值权威、经济权威和政治权威的高度统一需要的便是整个社会对权威统治的服从。

然而，随着从1978年开始的、被称为“中国的第二次革命”的改革开放的不断深化，中国社会的深层结构发生了全方位的、翻天覆地的变革。其中首要的也是最基础的变革当属经济体制的改革与转轨，集中表现在这样三个方面：一是在所有制结构上，中国社会主义的基本经济制度由单一公有制向以公有制为主体、多种所有制经济共同发展的基本经济制度转变；二是在分配制度上，资源分配的平均主义、“大锅饭”向以按劳分配为主体、多种分配方式并存的分配制度转变；三是在经济运行方式上，高度集中的计划经济体制向中国特色社会主义市场经济体制转变。这些转变概括起来就是，从“一”到“多”的转变。多种所有制、多种分配方式、多种市场主体催生了多元的利益诉求，这为多元利益主体的生成提供了根本动力。利益主体的多元化解构了原来占绝对统治地位的国家主体，各种社会主体和个人主体得以解放，主体的多元分化在理念上的表现就是价值观的“铁板一块”的状态开始瓦解，多元价值观逐渐形成和发展。

在改革开放前的一元价值观的社会状态中，价值主体和利益主体是统一的，即国家。社会中的其他一切价值都可以归结为国家的价值，其他一切利益也都必须无条件地服从国家的利益。而改革开放后形成的多元利益主体意味着在国家利益之外，各个利益主体都存在自己的利益诉求，这势必导致价值目标、价值标准和价值取向的多维化和多层次性，最终的结果就是价值观多元化成为一种必然趋势。在国家治理领域，“服从”作为一种核心政治价值的地位开始受到多元价值的动摇，各种利益主体的利益诉求再难以绝对地统一于国家的利益之下，国家治理的实际承担者——政府已很难单靠“指令”来进行权威统治。因此，中国社会改革开放的过程是一元价值观向多元价值观转变的过程，是全能国家向有限政府过渡的过程。或者说，改革开放的过程也是一个将社会力量纳入治理结构和过程之中的治理转型过程，以政府为唯一主体的政治管理正在走向以多主体协同治理为特征的公共治理口。马克思主义通常认为，国家乃是社会发展到一定阶段的产物，在这一阶段社会出现了不可解决的自我矛盾以及不可调和的且又无力摆脱的对立面。国家的目的就在于化解社会的自我矛盾和对立面，因此国家不是外在强加于社会且与社会相异化的力量。但是，在强势的权威统治之下，国家和政府凭借其所垄断的政治权力凌驾于社会之上，国家和社会的关系异化为“统治与被统治”、“命令与服从”的关系。

协同治理是多元利益主体针对其和国家主体的“统治与被统治”、“命令与服从”关系所发出的变革呼声，是利益多元化的必然结果，更深层次来讲是价值观多元化的必然诉求。这意味着在国家之外的其他价值和利益都必须得到应有的肯定和尊重，政府自上而下的、依靠指令的、“孤家寡人”式的统治必须为多元主体的价值诉求和利益表达腾出空间。在国家和社会关系的现实选择上，作为国家治理实际承担者的政府在扮演主导角色的同时，更应该搭建起制度化的协作参与平台，与社会一起来审视和解决社会中出现的那些不可解决的自我矛盾以及不可调和的且又无力摆脱的对立面。用马克思的话来说，这种治理方式实际上就是“社会把国家政权重新收回，把它从统治社会、压制社会的力量变成社会本身的生命力”[4](P95)。也就是说，社会重拾建构和谐与稳定的话语权，同国家和政府一道承担起对社会公共事务的治理权能与职责。国家主体与社会其他利益主体之间是一种“协作”、“平等”的关系，政府在国家治理领域中的“大一统”逐渐让位于多主体的协同治理。在此治理模式下，政府始终保护和尊重社会的主体地位及其自身的运作机制与规律，同时综合运用行政管理、居民自治管理、社会自我调节、法律手段乃至市场机制等多种方式，形成政府主导、社会协同、共建共享的社会治理新格局，从而实现充满活力、和谐有序的社会治理目标[5]。简言之，协同治理模式是社会价值观变迁在国家治理理念上的反映，同时也是对国家治理的核心价值的重构，即用“协作”、“自治”对“服从”、“统治”更换。

二 整体价值观向个体价值观转变与民主治理

从新中国成立到改革开放之前，在我国社会长期占据统治地位的一元价值观是整体主义价值观，后来又称为集体主义价值观。集体主义价值观追根溯源可以归结于中国家国一体的历史文化传统，但其最终形成并在中国价值观领域取得绝对主导地位，则是当它与单一公有制、计划经济和单位社会结合起来之后。在单一公有制的社会中，集体主义通常被当作是最基本的价值取向，维护公有制与集体利益就理所当然地成为了社会最基本的价值目标。同时，计划经济的高度集中也要求以集体主义作为价值基础，因而计划经济时代也常被形象地称为“集体化”时代。再者，党政商学兵合一并肩负着各种政治与社会职能的单位组织更需要“单位精神”——集体主义的价值取向来维系稳定运行。在这种价值取向和价值目标的指引下，中国社会形成了“国家—单位—个人”的社会结构。单位通过成员身份实现对个人的控制，国家则通过控制单位来实现对个人的控制。统治的秩序就是建立在个人服从单位、个人利益服从单位集体利益的基础上，这在政治体制上的表现就是集权政治。因而，在曾经几代人挥之不去的“集体化”时代，“集权”成为了社会政治的核心价值诉求，“治理”就意味着国家对社会的管理和控制，国家对社会成员的管理和控制。国家几乎完全占有国家权力和对社会资源的配置，其他社会主体和个人主体很难成为国家治理的主体。

然而，随着改革开放带来的社会转型的深入，我国的经济体制和社会结构都开始发生重大变革。新中国成立后建立的单位社会逐步解体终结并开始进入后单位社会，原来“国家—单位—个人”的社会结构向“国家—社会（包括社区、各种团体和组织）—个人”的社会结构转变[6]。一方面，连接国家和个人的各种社会组织得到发育和发展，这些组织不同于以往皆具政治、经济、社会职能的单位组织，而是以契约精神为核心价值取向的市场主体。这些市场主体的出现并在国家秩序特别是市场经济秩序中的地位的凸显，使原来自上而下的集权政治渐渐失去了有效治理的社会土壤，社会秩序也开始由单位社会的指令性或行政性建构向基于自由、平等的契约型建构转变；另一方面，个人从严密控制的单位中逐渐解放出来，每一个个体都成为了利益主体。社会个体成员对自身利益的清晰意识——同时也意味着对他人利益的清晰意识——使个体成为价值主体变得可能，这使得中国社会价值观的个体特征在多元化进程中变得越来越明显。在个体主体意识的苏醒中，个体价值观不断挤占集体价值观的思想阵地，集权政治的合法性也开始遭受社会的诘难。因此，改革开放的总设计师邓小平提出，我国经济制度和政治制度改革的总方向就是要发扬和保证党内民主，就是要发扬和保证人民民主，一言以蔽之，“没有民主就没有社会主义，就没有社会主义的现代化”[7](P168)。“民主”是科学社会主义制度本身优越性的体现，同时也是改革开放以来群体主体意识和个体主体意识觉醒的基本价值诉求。

民主，也即人民当家作主或人民主权。就政治文明发展的客观规律而言，民主是公民权利意识和个人主体意识觉醒的必然结果。尤其是在现代社会，对民意的吸纳和公民的参与已经成为政治合法性的最主要源泉，忽视和排斥任何民主政治的呼声都是自取灭亡之道。因此，民主治理意味着政府应避免封闭的、自上而下的权威统治模式，引入民主行政的理念和精神，使多元利益诉求和公民权利在多主体的共同参与和协同治理中得到保障。具体而言，民主行政的核心要素包括：第一，在价值理念上，以“社会公正”为其核心价值；第二，在实现途径上，民主行政的本质就是积极、主动的公民以个体或集体的方式广泛且直接地参与到公共事务管理中[8]。“社会公正”的价值导向不同于权威主义，当然也和曾经在中国价值观领域占据统治地位的“集体主义”迥异。权威主义将对政治权威的崇拜推向了顶峰，集体主义则容易抹杀和忽视个人利益使集体成为“虚幻集体”。依据罗尔斯的解释，公正原则包括这样两个具体原则：“第一个原则：每个人对与其他人所拥有的最广泛的基本自由体系相容的类似自由体系都应有一种平等的权力。第二个原则：社会的和经济的不平等性应这样安排，使它们（1）被合理地期望适合于每一个人的利益；并且（2）依系于地位和职务向所有人开放”[9](P56)。广泛而直接地参与公共事务的管理便正是公民应享有的一种平等权利，凸显了国家治理对个体主体意识与公民权利的尊重和维护，它使国家的社会政策和制度尽可能地适合于每一个人的利益，因此符合公正原则。

在个体主体意识觉醒和个体价值观发展的过程中，又有两种不同但相互联系的价值诉求：一种是用个体价值观的因子对整体价值观进行“建设性”的重构，意图形成全新的集体主义价值取向，使“虚幻的集体”变为“现实的集体”。这种新的集体主体不是要求个人利益无条件地服从集体利益，而是把个人利益看作是集体利益的有机构成部分，集体也只有在保护个人利益的前提下才成为必要的集体。另一种是用个体价值观清除整体价值观，以个人权利、个体尊严从根本上拒斥和反对过去那种“见集体不见个体”的虚幻的集体主义。这两种价值诉求无疑是“人民主权”和“社会公正”在“集权”的高压和夹缝中生长并繁盛的内在动力。因此，民主治理从本质上讲，就是“人民群众把国家政权重新收回，他们组成自己的力量去代替压迫他们的有组织的力量”[4](P95)。而将国家政权重新收回的前提条件便是，人民群众主体意识的觉醒以及其个体价值观的形成与发展。需要指出的是这里的主体意识和个体价值观是建立在个人正当利益之上的意识和价值观，民主治理提倡个体价值观并不是要否定集体主义价值观，而是要避免“虚幻的集体”对正当个人利益的否认或抹杀。集体主义价值观的为他性、服务性可以弥补个体价值观在为己性、谋利性上的不足，从而找到集体利益与个人利益的最佳结合点。因此，民主治理一方面是要主张个体价值，维护个人正当利益；另一方面则是要完善集体，保证集体利益，实现集体利益和个人利益、国家进步与个体发展相和谐。

三　神圣价值观向世俗价值观转变与法律治理

“世俗”与“神圣”相对，而“神圣”总是与宗教联系在一起。中国社会尤其是新中国成立之初的中国社会不存在像西方社会那样的宗教神圣价值观，尽管传统中国社会也视儒教、道教和佛教为宗教——它们确实扮演着宗教的角色，但真正的宗教神圣价值观在主张唯物主义和无神论的中国社会也的的确确没有出现。我们所说的神圣价值观向世俗价值观转变中的神圣价值观，是特指那些“以世俗为神圣”的神圣价值观，也即中国社会被神圣化、宗教化的且具有理想主义色彩的政治伦理价值观，简言之就是一种政治宗教。从新中国成立之初到改革开放之前的神圣价值观主要表现在合作社、“大跃进”、人民公社以及“文化大革命”期间的政治理想主义、革命政治教条理念作用下形成的“理想—神圣”、“革命—神圣”的价值观。“革命”由实践变为人人响应的高调口号，最终成为人们信奉的“理想”，也就是说革命本身成为理想，成为一个人是否具有理想的价值尺度；而理想则被准宗教化和革命化；再加上搞领袖崇拜的造神运动，政治伦理的神圣价值观在“文革”前后成为了我国社会压倒性的价值观。具体表现为：在国家治理的组织设置上，国家通过“城市单位”和“人民公社”的理想掌握着对社会资源的绝对分配权，排斥性地充当了治理的主导力量，权力的触须盘踞着每一个社会角落，全方位地控制着人们的社会生活；在国家治理的指导思想上，长期而持续的群众运动和思想教育使“左”的思想被推到极致，“以阶级斗争为纲”的革命口号被神化为放之四海而皆准的价值标准，人们的思想和行动被钳制和禁锢；在国家治理的过程上，国家通过户籍制度和福利制度，以及被理想化的遣农返乡和上山下乡运动，牢牢控制着社会成员的流动。因此，国家治理就演化为以被神化了的“阶级斗争”、至高无上的国家权力和被革命化、理想化了的群众运动为主要内容的全面的社会控制。

根据通常的现代化理论，现代化进程其实就是世俗化的过程。改革开放开启的世俗化过程首先就是对“文化大革命”时期形成的“唯政治化”或“泛政治化”的神圣价值观进行反思，清理极左政治、斗争政治以及政治挂帅，质疑政治权威，也即进行一次彻底的“政治祛魅”反思运动。于是，曾经那种与人们的现实生活严重脱节的革命化的宏大叙事的理想，在改革开放的市场化潮流的冲击和西方各种文化、思潮、价值观以及生活方式的入侵之下，逐渐变得空洞、失落甚至出现了所谓的“理想危机”，而社会价值观便开始由神圣走向世俗化。世俗化价值观的出现使人们不再沉迷于“神圣的理想”和“革命的理想”，取而代之的是“世俗的理想”和“生活的理想”。随着市场经济的发展而崛起的民众世俗精神和觉醒的个人权利意识，具体表现为：自利的价值观的形成，人们契约观念的增强，社会的财富观的发展，个人能力观的社会认可和人的自由与民主的诉求[10]。从理想和价值被从“天上”带到“人间”来看，世俗化价值观的出现和流行确实是社会价值观的一大进步。治理体制回到“人间”的表现就是社会主义市场经济体制的雏形开始形成，政治体制的民主化正在渐进式地进行。分权政治、平民政治、权力政治在集权政治、权威政治、权力政治的狂澜中萌芽，治理实践对法律治理的诉求变得日趋强烈。

然而，世俗化价值观也容易导致理想主义和英雄主义没落，理想和英雄在社会生活中隐匿又导致了中国社会的人文精神趋于失落以及人们对人生终极价值与意义的淡漠，功利的、世俗的东西被当成了“理想”，被视为是人们追逐和崇拜的终极价值，这在一定程度上消解了改革开放前那种维系社会秩序的既成规则系统的作用力。尽管改革开放所进行的政治体制改革打破了权力的过分集中、家长制、领导干部职务终身制等集权政治的重要构件，但权力政治仍是国家政治的根本特征。此外，虽然党和国家已清醒地认识到法律治理的重要性，认识到“为了保障人民民主，必须加强法制。必须使民主制度化、法律化，使这种制度和法律不因领导人的改变而改变，不因领导人的看法和注意力的改变而改变”[7](P146)。但在许多地方和领域，改革所设想的依法执政和依法行政往往依然流于形式，能人治政、能人政府、能人权威成为治理中的主导性影响力，法治政府建设进程缓慢，法制权威在一些地方式微甚至缺失。

无论是在神圣价值观还是世俗价值观的指导下开展的实践活动，领袖崇拜也好、严重扩大化的反右运动也好、极左思想下的“大跃进”也好、农业学大寨也好、急风暴雨式的群众阶级斗争也好，对极端实用主义的迷信也好，对金钱和权力的崇拜也好……它们有着共同的特点：权力对权利的否定、权威对平民的控制、人治对法治的排挤。神圣的国度需要宗教或者宗教化的理想，世俗的国度需要法治或者制度化的治理。前者依靠人们对“崇高”的信仰和对“理想”的狂热保持一种自发秩序，后者却因人们对“世俗”的沉迷和对“功利”的追逐而必须依赖建制性秩序。从政治现代化演进规律来看，建制性秩序必须基于法律治理才能取得持续的、稳定的合法性并发挥强劲的治理功能。法律治理也可以说是法治。现代法治的核心要义是良法善治[11]。法治的意义在于为国家治理注入良法的核心价值，同时提供实现善治的创新机制。法治的基本价值包括秩序、公正、权利、效率以及和谐。当前我国法治的这些基本价值是对以往神圣价值观泛滥时期的斗争、权威、平均以及革命等价值的替换，也是对世俗价值观成长时期的金钱、权力等功利价值的批判性反思。在这些基本价值中，“秩序”是最核心的价值，其他价值的实现都以“秩序”为前提和基础。对任何国家来说，国家治理最直接的目的、最基本的价值取向便是建立并维护稳定的社会秩序。可以说，秩序是整个人类生存、生活以及生产活动的基石。没有秩序，一切公共活动都将陷入混乱。改革开放前后，中国社会出现的各种错误思想、“革命运动”、社会危机、信仰危机、道德危机，在一定程度上便与社会公共生活秩序、民主政治秩序、意识形态秩序和市场经济秩序的缺失或紊乱脱不了干系。因此，在这个意义上，法治就是要在良法所建构的良序的基础上实现善治。善治的基本特质就是依据良法进行治理，重视和尊重公民权利和人的尊严，使公众能以主体身份参与国家治理并对自身事务实行高度自治。因此，法律治理和协同治理、民主治理、道德治理都不是孤立的，它们相互联系、共同推进国家治理现代化。

四 精神价值观向物质价值观转变与道德治理

精神价值观和物质价值观是针对人们的精神生活、精神世界和物质生活、物质世界而言的，它们是对人们的精神、物质生活领域和生活状态的反映。这两种价值观与神圣价值观和世俗价值观有着紧密的联系：神圣价值观包含于精神价值观，世俗价值观则需要用物质价值观来体现。如前所述，从新中国成立之初到改革开放之前的中国社会将理想主义的、神圣的价值观作为社会主导价值观，人们对崇高精神的信仰远远要高于对物质的追求。在这一时期，精神是高尚的，崇高是圣洁的，物质是卑微的，世俗是污秽的。尤其是在艰苦奋斗的新中国成立创业精神和具有浓厚革命色彩的爱国主义精神的引领下，全社会对崇高精神生活的追求和人的精神世界的发展表现出极大的热情，而对物质生活特别是那种好逸恶劳、贪图享乐的生活则表现出极重的鄙夷之情。因此，即使是物质匮乏、生活贫困、生产力水平低下，中国社会依然保持了公序良俗，党和国家依然能团结与领导人民群众使刚刚成立的新中国表现出强大的、无限的生命力。不可否认，理想的准宗教化、革命的神圣化以及对领袖接近狂热的崇拜是人们流连于精神而忘却了物质的重要原因，但从本因上分析，这是人们对内在崇高和个体德性的自我需要的结果。这种需要虽在“文化大革命”期间被神圣化了的阶级斗争与政治革命所取代，也即被政治化或泛政治化，精神需要演化为政治需要，但其中始终不变的是物质生活、物质价值观依旧少有人推崇，而且道德在国家治理中的作用大有超过法律的态势——尽管二者都曾被淹没于神圣的政治革命中。

毕竟“贫穷不是社会主义”，对物质生活的忽视或者物质生活水平严重滞后都不符合社会主义制度的本质。中国社会价值观由精神价值观向物质价值观的转变符合经济社会发展的必然性，也与党的领导集体对社会价值变化规律的科学认识分不开。邓小平同志曾明确提出，“不重视物质利益，对少数先进分子可以，对广大群众不行，一段时间可以，长期不行。革命精神是非常宝贵的，没有革命精神就没有革命行动。但是，革命是在物质利益基础上产生的，如果只讲牺牲精神，不讲物质利益，那就是唯心论”[7](P146)。因此，自改革开放肇始，物质利益和物质价值获得了前所未有的道德正当性与政治正当性，并成为了中国社会人们普遍追寻的重要对象，物质价值观在中国社会价值观变迁史上空前地成为了一种社会基本价值观。不可否认，物质价值观作为社会基本价值观地位的确立，为社会主义市场经济的发展和人们日益增长的物质、文化生活需要的满足提供了强大动力，在一定程度上夯实了社会主义国家的物质基础，体现了社会主义制度的优越性。因此在这一时期内，国家治理的重心便是经济建设，便是建立社会主义市场经济秩序，后来就自然有了“以经济建设为中心”的发展战略。这一发展战略的象征意义和实际意义都在于：政治、社会、文化、道德、环境等都必须服务于经济建设，服务于人们长期受压抑的人性对“物质”的渴望与追求。

然而，中国社会在追逐“物质”——通俗来讲也就是“向钱看”——的过程中，社会转型、政治变革、精神发展开始变得越发滞后，物质价值观甚至出现了替代曾经崇高的、受热捧的精神价值观的趋势，物质价值和物质价值观在中国几近登上最高价值与最高价值观的宝座。这样一来，社会生活的许多方面渐渐散发出铜臭味，社会空间里随处都充斥着物欲、情欲甚至色欲。在国家治理领域，作为治理主体的政府从公共政策的制定到贯彻、执行，从党员干部的政绩观到权力观，也开始弥漫着

“物”的气息。原本作为手段和工具的“物”被突出、被强调、被崇拜，而本应被当成终极目的之公共福祉却被有意识地忽视。在国家治理实践中，各级政府和官员对物质价值观的推崇，最直接的表现就是对 GDP 的顶礼膜拜，而这种膜拜就是建立在以 GDP 为政绩考核和价值评价标准的以物质为价值导向的政治制度之上。而在社会公众层面，人们对物质价值观的推崇表现为“金钱拜物教”在部分社会成员间的盛行，其恶果就是理想失落、精神颓废、价值迷失、道德滑坡、人情冷漠、幸福感遗失等各种社会问题。总的来说，物质价值观对精神价值观的替代，或者说物质价值观与精神价值观的严重失衡，使中国社会的许多领域滋生并盛行了拜金主义、消费主义、享乐主义以及奢侈之风，在法律治理还尚未建构好秩序的地方，人们的道德高地和自发秩序就开始败退失守。对物质的迷恋与对精神的鄙夷以及物质生活的繁荣与精神生活的空虚形成的鲜明对比，是价值观变迁对国家治理有效性的一种讽刺。这种讽刺无法单一地通过多主体协同治理、民主治理、法律治理来根除，而只能重返“崇高”，激发“理想”，收复失守的道德高地，进行道德治理。

道德治理和法律治理共同构成了国家治理体系，二者之于社会秩序都具有不可或缺的重要价值。道德治理之所以具有如此重要的价值，是因为它“不仅是对社会道德阴暗面及其负能量进行克服和消除的活动和过程，同时又是‘益’，即传播先进价值观念，并以这种价值观念凝聚人心，激励和引导人们求真向善，实现价值观再造的活动和过程”[12]。这里的社会道德阴暗面和负能量最主要的就是在不断膨胀的物质价值观刺激下人们对“金钱”、“权力”、“美色”等物质价值的追逐，以及由此所产生的社会危机、道德危机、价值危机、信任危机等。而用先进的价值观念实现价值观再造，实际上就是要求用科学的、先进的社会主义核心价值观重建人们的信仰和价值：即在国家层面，用“富强、民主、文明、和谐”来规定社会发展目标；在社会层面，用“自由、平等、公正、法治”来规定社会价值导向；在个人行为层面，用“爱国、敬业、诚信、友善”来规定个人发展。在某种意义上，道德治理是要在物质价值观泛滥的地方重新肯定和赋予精神价值观在社会生活中的重要地位。当然，这并不是把精神价值观当成是唯一的、压倒性的价值观，更不是要将“崇高”、“理想”重新宗教化和神圣化，而是要找到物质价值观和精神价值观的平衡点。正如物质生活和精神生活的共同进步是人生存和全面发展的必要条件，物质价值观和精神价值观平衡是社会稳定有序的必要条件。

无疑，国家治理现代化绝非是一种政治改革的口号，它是社会政治经济现代化的必然要求和结果，同时也是政治现代化的重要标志。现代化的国家治理相比传统的治理模式而言，具备这样五个鲜明的指标：一是公共权力运行的制度化和规范化，即通过完善的制度安排和规范的公共秩序来进行国家治理；二是民主化，即国家治理必须保障主权在民和人民当家作主；三是法治，即宪法与法律是国家治理的最高权威；四是效率，即国家治理应有效维护社会秩序并有着高行政效率和高经济效益；五是协调，即国家治理的各种制度安排是一个统一的、相互协调的整体[13]。从这五个方面的指标来看，国家治理技术革新的背后实际上是价值目标、价值标准和价值取向的调整。协同治理体现的是多元价值主体对“协作”、“自治”价值的肯定；民主治理体现的是公民主体意识觉醒对“人民主权”、“社会公正”价值的确认；法律治理体现的是唯政治化、泛政治化的神圣价值观退位后社会对“秩序”、“法治”价值的重视；道德治理则体现的是在世俗的、物质的价值观泛滥后对“崇高”、“德性”价值的憧憬。因此说，国家治理现代化在理念层面是社会价值观变迁的必然要求，它在一定程度上是一种顺应时代潮流的价值观的重构，特别是政治价值观的重构。

[参考文献]

[1] 廖小平：《改革开放以来价值观的变迁及其双重后果》，《科学社会主义》2013 年第 1 期。

[2] 韩冬雪：《衡量国家治理绩效的根本标准》，《人民论坛》2014 年第 4 期。

[3] 何增科：《国家和社会的协同治理——以地方政府创新为视角》，《经济社会体制比较》2013 年第 5 期。

[4]《马克思恩格斯选集》（第 3 卷），人民出版社 1995 年版。

[5] 郁建兴、任泽涛：《当代中国社会建设中的协同治理一个分析框架》，《学术月刊》2012 年第 8 期。

[6] 廖小平：《论改革开放以来中国社会转型的四大表现》，《浙江社会科学》2013 年第 4 期。

[7]《邓小平文选》（第 2 卷），人民出版社 1994 年版。

［8］梁新：《民主治理理念下实现公共利益与平衡多元利益诉求问题析论》，《理论导刊》2014 年第 6 期。

［9］［美］约翰·罗尔斯：《正义论》，何怀宏等译，中国社会科学出版社 1988 年版。

［10］白春雨：《社会进步与“道德滑坡”现象的辩证分析》，《湖湘论坛》2013 年第 4 期。

［11］张文显：《法治与国家治理现代化》，《中国法学》2014 年第 4 期。

［12］龙静云：《道德治理：核心价值观价值实现的重要路径》，《光明日报》2013 年 8 月 10 日（011）。

［13］俞可平：《推进国家治理体系和治理能力现代化》，《前线》2014 年第 1 期。

法治中国建设的现实起点

建设法治中国既是我国经济社会和谐发展的内在需要，同时也受国际发展的历史潮流所趋。面临这样紧迫的境遇，许多人总是侧重于寻求理论上的“最佳法治生成机制”，而不是从现实出发来解决中国当下非常严重的具体问题，这是不得要领的。我们认为，应该立足于自我，寻求适合自身发展的道路。当前，应面对中国法治发展的既成事实，着力解决当下中国有法不依、执法不严等突出的现实问题，在此基础上再通过中西法治文化的融合，积极探索中国特色的法治发展道路，为中华民族的伟大复兴提供坚实的法治保障。

一　法治中国建设首先必须面对当今中国法治生成的既成事实

西方法治理念的源头可追溯到古希腊时期，亚里士多德早就提出过“法律应当统治”的思想，他认为“法治应包含两重含义：已成立的法律秩序获得普遍的服从，而大家所服从的法律又应该本身是制定良好的法律。”[①] 尽管如此，古典的法治主义并不赞同法律真正平等地适用于所有的社会成员，其内部所蕴含的平等理念存在着严重的缺陷。其后，西方的法治理念经历了一个漫长的进化和发展过程，历经古罗马法和欧洲中世纪神权法时代，最后及至近代以来，以欧洲文艺复兴、宗教改革和思想启蒙运动为起点，伏尔泰、洛克、孟德斯鸠、卢梭等一大批启蒙思想家们对其法治进行了深刻的剖析和理论论证，直至今天才最终确立起了一套以民主

① ［古希腊］亚里士多德：《政治学》，吴寿彭译，商务印书馆 1965 年版，第 199 页。

为基本制度支撑的现代法治体系。

西方法治的基本精神表现在这样几个方面：第一，法治源起于自然法学说，奠基于自然法的契约论之上，保护“人与生俱来的诸项权利”是法治的根本使命；第二，法治要求限制政府的权力，即法治不仅以法律统治民众，更以法律约束统治者，从而法治与宪政有着天然的联系；第三，法治当然强调依法治国，依法办事，但更强调所依之法必须“合法”，它包含着正义精神；第四，法治强调法律是被人们能动发现的自然法则，因此法治重视法律的规范性、稳定性和持久性。

而从基本政治制度对法治的总体规制而言，西方法治的历史发展大致经历了一个从前民主式法治向民主式法治的转向，民主式法治强调民主是法治的重要生成基础，法治是民主实现的必要保障。而之所以有这种转向，一个重要的原因就是人们对权力本质认识的不断深入。“对权力统治在建立和操纵社会方面的特征的观察表明，权力在社会关系中代表着能动而易变的原则。在它未受到控制时，可将它比作自由流动、高涨的能量，其效果往往具有破坏性。权力的行使，常常以无情的不可忍受的约束为标志；在它自由统治的地方，它易于造成紧张、摩擦和突变。再者，在权力不受限制的社会制度中，发展趋势往往是社会上的有实力者压迫或剥削弱者。”① 这个认识可以概括为：“权力意味着在一种社会关系里哪怕是遇到反对也能贯彻自己意志的任何机会，不管这种机会是建立在什么基础之上。”② 所以，权力必须受到法的约束，而法的合理性则必须基于民众自身的根本利益，因此必须通过民主的方式生成。

当然，西方法治的既成历史发展逻辑，并不天然就是法治本身的应然发展逻辑，“法治本身”的发展逻辑应当具有更加广普的内在张力，具有因各种差异而有所变化的多样的承载形式。但是，相对于中国传统人治社会，西方法治的确又更多地甚至本质地体现着法治的本质精神，西方法治的发展事实的确只是其特殊历史文化的产物，但其特殊性却从较大程度上反映着某种一般，它虽无法完全直接替代法治本身的普遍性，但却充分体

① ［美］埃德加·博登海默：《法理学、法哲学及其方法》，邓正来译，华夏出版社 1987 年版，第 344 页。

② ［德］马克斯·韦伯：《经济与社会》（上卷），林荣远译，商务印书馆 1998 年版，第 81 页。

现着法治的普遍性。

所以，相对于西方的既成法治道路，我们当然不可能一味照搬，当然要结合中国的具体实际情况来探索自己的法治道路，但我们强调自己的道路、强调国情的特殊性，是为了更好地体现法治的普遍性，而不是让特殊性压制、扭曲、消解这种普遍性，中国的特殊性不是人治的保护伞。所以，学习西方的法治道路，并不是一味照搬其具体现实生成背景，而是要注重学习其精神本质、其普遍要求、其前进方向。

主权在民、立法由民、天赋人权等现代法治观念在我国确属于舶来品。事实上，历史上的王朝国家也确实缺乏西方现代法治赖以生存发展的民主文化土壤。新中国成立以后，我们在社会主义原则和人民民主原则的精神指导下，建立起了我国的宪法和相关法律制度，这些基本制度的建立，体现了中国的国情，也体现了法治精神在中国的纵向发展。但是，由于世界文化的广泛交流，我们的法治是纵向有发展、横向有差距，且随着全球化深入发展，我们纵向发展的历史成果基本上被横向发展的东西差距所淹没，而现实社会法治不力的恶果，则更使法治的地位日益突出。

就我国的民主法制发展路径来看，我们当然不可能像西方现代法治社会所要求的那样——需要待到民主意识、民主制度、民主实质发展到一定程度后才建立相应的法治，我们完全可以在指向民主前进方向下、在走向民主具体进程中努力发展法治。在经济全球化和政治社会生活国际化不断推进的今天，国家间的联系日益密切，国家间的交流日趋频繁，只有及时且相对完备地建立相应的法治保障体系，与世界接轨、与国际接轨，才能保障国家间的正常交往和贸易，才能维护本国的权益，才能在国际交往中居于主导地位；同时，也只有通过建立相应的法治体系，才能保障人民的权益、稳固国家政权、维护社会安定。因此，加快和完善我国法治建设迫在眉睫、刻不容缓。

事实已经证明，法治要真正深入人心，它就必须以民主为生成基础，因为法本身是否为良法，是否体现大多数人的意志，要通过人民群体的检验。当然，这并不是说所有的法治建设过程都必须走与西方一模一样的发展道路，都会像西方法治发展的历史那样有一个充分的民主发展进程的支撑。中国根据自己的国情，完全可以先法治后民主，但后民主不是忘民主、不是怠民主，更不是不民主，中国法治必须以民主为前进方向，必须尽快使现代民主真正登场、确实到位。

结合中国的国情来看，中国的法治建设必须面对中国法治生成发展过程中启蒙不足的已然事实，必须尊重从新中国成立以来几个时期法治发展的历史，也必须尊重中国自身法治发生的内在机制和生成特点，这样才能探索出具有中国特色的社会主义法治发展道路。但要记住，无论中国的具体情况如何特殊，其法治的本质精神是必须拥有和把握的，法治无论怎样特殊，它都是法治而不是人治。

追溯中国的法治发展史，早在先秦时期，诸子百家中就存在着人治论与法治论对立的说法。人们一般认为，法家更加强调“法的统治”，即法治。一如《晏子春秋·谏上九》所记载：“昔者先君桓公之地狭于今，修法治，广政教，以霸诸侯。”① 只不过，古代法家的“法治”思想与现代“法的统治”的确相去甚远。因为其所主张的是君主专制下的依法治国、依法办事，通常把法律看作帝王之具，而且通常落实为严刑酷法。在生成的路径上，与西方特别是现代西方法治“自下而上”的生成形式不同，中国传统法治的生成方式主要是“自上而下”的，首先由统治者制定，然后颁布实施，继而使民众遵循，违者罚。法律的性质主要是规范民众的行为，而不是保障民众的权益，更不是约束统治者的权力。同时，法律的“善恶”性也取决于制定者的德性具备与否与德性程度如何。在秦朝，推行的就是某种“法治”，但是由于君主的专政和暴敛无道，所制定的都是维护统治者利益的严刑峻法，大众苦不堪言，民不聊生，于是才出现了陈胜吴广起义。即使到了开明的汉唐时期，同样存在很多不合理的恶法和基于这种恶法的冤假错案，这种法治与现代法治当然不能同日而语。

中国自上而下的法治推行虽也在一定程度上促进了社会的发展，但它一定不能适应于人们民主意识有极大提高的当代社会。现代法治的一个重要特点，就是它是促进民主和保障人民权利的一种必要方式，而不仅仅只是为了治理和统治人民。所以，现代中国法治虽然不能照搬西方，但却无法剥离于人类法治发展的历史进程，我们的民主也不一定完全照抄西方，但它一定不是专制，一定得体现“民自为主”的真正精神，一定要实现人民群体真正当家作主的内在要求。时光无法倒回，历史也无法更改，我

① 《百子全书》（上、下），浙江古籍出版社 1998 年版，第 437 页。

们的法治建设既不能因为缺乏充分的民主发展的历史积淀而徘徊不前、自怨自艾，也不能因自身的特殊性而完全与世界历史发展的必然进程脱节，我们不可能独来独往，尊重国情、学习西方、体现普遍是我们唯一的出路。

如前所述，我国历史上的法治虽自成体系、不断发展，但其自上而下的推行方式，往往体现的主要是统治阶级的意志。但随着新中国的成立，这时人民成为了国家的主人，国家的法制体系应由人民决定，通过人民代表大会的形式得以实现，虽然不能说这种方式一定代表所有民众的意志，但在当时总体要求上应当说是代表了大多数民众的意志。所以，相对于自身历史而言，中国的法律制度其实也是有一定民众基础的，只不过其形式有别于西方，发展空间当然更有待进一步扩大。所以，今天中国法治的民主登场到位，并不是说我们根本没有民主，而是说我们的民主还有待改进完善、还有待发扬光大。

对于“法治建设必须在中国共产党领导下进行”，我觉得对这个问题可以这样来理解：

第一，这是针对现实的一种相对理性的选择，法治建设不可能基于无政府主义吧？那现实中国，除了中国共产党外恐怕还尚无一个大党能来担当此任。

第二，中国共产党的领导地位最初是被宪法确定了的，而宪法是各国可以根据自己制度选择等方面的特殊性而制定的，因此中国在当时既然选择社会主义制度也就必然确立了中国共产党的领导地位，二者无论在理论逻辑上还是事实必然性上都是一脉相承的。

第三，当时确立中国共产党的领导地位时，中国共产党确实也代表着广大人民的利益和意志，如果当时进行全民选举，领导权也一定非共产党莫属。

第四，当下，党要管党、从严治党处于正在进行时，壮士断腕式的反腐败事实真实地摆在国人面前，党的先进性可能空间也许正在不断开掘。所以，从现实性上着眼，当今坚持共产党领导下的法治建设也就顺理成章。

但是，更深层次的问题并没有因此而消失：从理论本身来讲，某个时期宪法所确定的东西是否可以一劳永逸？宪法也可以根据情况变化而有所修改。宪法确定某个原则时，这个原则在当时也许具有其合理性内含，但随着历史的发展，若这个原则的合理性内含演变了或丢失了，这个原则也就会成为缺乏内在根据的原则，而若要保持这个原则，就得“寻回”或重建其合理性根据。但是，“寻回”特别是重建合理性根据时，情况又与先前有了很大的不同：人们的认识水平提高了，其民主法治意识增强了，世界其他民族国家的先进文化、治理经验也共享了，这种情况下若仍然用原来唯我独大的人治方式自上而下强行治理，恐怕会事与愿违。

结合现实来看，如今的党要管党、从严治党，在当下是有必要甚至是必须的，但它仍然在制度设计上存有漏洞——因为医生治病易、自我断腕难。所以我们仍然只能把党要管党、从严治党看作是一种及时的必须的积极治理，但它最终还得向法制治理转变、并继而向民主治理转变。党要管党、从严治党可能只是当下治党的必要模式，但它一定不是最终的治理模式，其发展可能要经历一个从党要管党、从严治党到“依法治党”再到“民要管党”的发展过程，只有最后通过民主制度实现“民要管党”，党才可能在根本上真正紧贴民众，所谓群众路线也就不再只是一个外在的对党员的教育过程，而是一个水到渠成的内在规定动作了。

针对以上情况怎么办？我们认为一个基本的态度，就是应然与实然的恰当结合。刚才所述理论问题大都是应然的问题，它的解决虽然美好，但毕竟不是实然、不是现实，应然如果没有从实然出发，就往往只是一个美丽的泡影；但同时，实然的存在也不是天然合理的，从现实出发并不意味就得永远完全顺从现实——而是要改变现实，实然应当向应然发展——从而生成为更具应然要求的实然，因为历史发展是合规律与合目的的统一，且是人民群众自己创造的历史。因此，只维护部分人既得利益的、离开人民大众根本利益的实然发展，终将被一种具有应然性的更加体现民众意志的实然发展所代替，而这种替代最恰当、最得力的环节就是法治民主建设，它既是中国共产党获得持续执政合法性的基本前提，也是广大人民群体的根本要求所在，党和人民的根本利益都在这里且只在这里交汇，它浩浩荡荡、谁也无法阻挡。

总之，从理论与实际、应然与实然的角度来讲，中国共产党领导下的法治建设可以用两个词语来理解：

首先得坚持。谁要是在当下直接否定中国共产党领导下的法治建设，谁就是没有脚踏实地地“望天行路”，谁就不是真正对中华民族负责，谁就可能成为中华民族的罪人。

其次必改善。中国共产党要想领导就得先进，要想先进，就得法治、就得民主，中国共产党只有通过法治民主方式不断学习、不断改进自己进而改进中国，才能保持其先进，只有保持先进，才会拥有领导资格。具体来讲，当下中国推进法治建设其实只是走向民主道路的最坚实一步，因为坚持法治朝向就必然坚持民主朝向，它既是社会发展的内在要求，也是中国共产党不断努力获得其执政合法性的论证过程本身。因为面对几千年的封建人治传统，通过法治社会走向民主社会，通过法治方式推进民主制度建设，是中国社会现代化发展最必然、最现实、最迫切、最正确的选择，中国共产党的合法性，首先主要体现在中华人民共和国的成立中，然后主要体现在中国经济的快速发展中，今天则主要体现在推进法治民主建设的政治改革中。今天的合法性，如果不是基于完全民主选举结果的合法性，那一定是通过推进国家不断走向法治民主过程中的合法性，走向理想的过程中的合法性，比结果的合法性更现实、更关键、更根本、更重要！

坚定不移地走向民主，是中国社会发展的必然要求。民主不仅对法治的合理性构成非常重要，而且对整个中国的发展都非常重要，一定意义上可以说，推进现代民主制度建设是继中国资产阶级革命、无产阶级革命、改革开放之后的又一次重大社会变革，此次变革成功与否，直接关系到中国社会的长治久安与否、关系到中华民族的伟大复兴与否，只有此次变革成功，中国社会今后的发展才可能一马平川、长驱直入。

二　法治中国建设必须面对法治实践中凸显的种种现实问题

中国法治当下的第一要务是什么？主要是通过西式民主方法来检视我国的法律制度的一些不足？还是将已有的相对完善的法律制度落到实处？如果硬要只选其一的话，显然是后者，因为当下中国的非法行为太多太滥太普遍，重症需用猛药。

当然，将已有的法律制度实施好，并不意味着在随之而来的今后阶段也不考虑法治背后的一些原则问题：比如法治生成如何更加合理、法如何更加完善、更加真正有效，因为解决当下的一些现实的具体问题，有的虽然是标本兼治，而有的却只是治标而不治本，治标必须快速、勇猛、坚毅，但它本身不是目的，它只是为治本赢得时间、创造条件。所以，当前着力解决权力腐败问题、着力解决有法不依、执法不严问题，只是基于治国治世必须有个轻重缓急的考虑，因为千里之行必始于足下。

当今，将已制定的法律制度贯彻好、实施好，既维护了法律的权威性，同时也发挥了法律的真正作用——保障民众权益，维护社会秩序，可谓一举多得。因为法律的意义不仅要通过理想的理论来论证什么方式制定它才是合理的，更要在实践中探索如何将制定好的法律贯彻实施，来发挥它具体的规范作用，以保障广大民众的合法权益，因此，在具体的法治实践中逐步实现法治理想是当今中国社会发展最现实、最理性、最迫切的不二选择。但同时，我们也应当着手修正和完善法治体系的一些不足，着手法治建构的基本程序问题，以便让良好法治环境为民主社会的到来奠基。

法治中国当前面临着两个突出问题：一是国民的利益过分驱动而导致的违法泛滥问题，二是党和政府的严重腐败问题，这些都必须首先通过法治的方式坚决地加以解决。面对此类问题，一些人总是强调道德教育，这形式上虽是关涉了时病，但却用药不精、不准、不猛。道德教育虽然重要，但是它必须在法治的基础上才会真实有效，无法治基础的道德如水中浮萍，根本无立身之地。所以就整个社会治理而言，法治是基础，道德只是补充、完善，当然也是一个必要的方向引领。

国民的利益过分驱动问题则随着我国市场经济的“曲折”发展而日益显现，许多人为了实现自身的利益不惜通过违法手段来实现，弄虚作假、坑蒙拐骗等行为比比皆是，甚至层出不穷。而这些都必须首先通过法治加以解决。市场经济是以自利为前提的，但允许自利并不意味着害他、而是要强调合理合法。违法行为当然内含着背离道德的内在因素，但更现实性的根本原因是违法行为没有得到依法惩处。有些人将违法归结于人的自利心理作祟，老是想通过道德教育让别人不想自利，这种认识是非常错误的，其结果也必然是缘木求鱼。人的违法不是由于自利而是由于“无法无天”的自利过度，正如胃病不是因为饮食而是因为过度饮食一样。人不饮食不行，但人不过度饮食却是完全可以的，人不自利是不可能的，但止于过度自利却是完全可能的。因此，市场经济条件下，不是要主体不自利，而是要主体合法自利，也就是自利意识要受到法治的规约，因此当下社会，规范人们谋利行为的最基本的意识应当是法治意识而不是道德意识，即使要强调必要的道德意识，也应当是有法治意识奠基的道德意识。由于无自利便无市场，无自利便无财富，所以我们必须认识和强调：市场经济活动过程中，合法自利必须褒扬，合法自利者就是好公民、就是伟大的社会主义建设者。

法治当然是针对所有“官”与“民”的全面的法治，但从具体操作来讲，全面法治的“开场”应当是自上而下的方式，它或许更加有效，这不仅因为上者犯罪率更高，更因为中国具有上行下效的思维传统。根据重庆大学法学教授陈忠林的研究，从1999—2003年最高检察院与最高法院的报告等相关数据可以推算出，中国普通民众犯罪率为1/400；国家机关人员犯罪率为1/200；司法机关人员犯罪率为1.5/100①。就近年来被拉下马的高官的数量来看，国家机关人员的犯罪率更高，许多中共高级官员的严重腐败也是前所未有的。党要成为法治建设的领导者，就必须率先守法，否则，不仅无法领导法治建设，更可能成为引导民众违法的“楷模”，导致民众对法律的贱视与践踏，不仅使法治深陷泥潭，而且可能导致整个中国社会的“节节败退”。

法治建设之所以重要，不仅因为当下社会存在着突出而广泛的违法行为，也因为法治是人们行为合理的最低底线。在经济管理学中，将人假设为“经济人”来说明人是通过利益来驱动的，人们为了追求利益会采取各种手段，正如最擅长经商的犹太人认为，钱并没有善恶之分，只要想办法将钱赚进自己的口袋就是属于自己的。虽然我们不能将人完全规定为“经济人”，但是我们也无法将“经济人”完全排除在人的规定之外，更无法将人完全等同于“道德人”，人是具有多样式、多层次追求的复杂的存在物。但就一般民众而言，利益（包括精神利益）是人的第一追求，是驱动人们采取行动的首要动因。

通常来讲，一般人的行为动机的排序，首先是是否得利，其次是是否合法，最后才是是否合德。所以，在日常生活中，人们首先是“利益人”，然后才是“法律人”，最后才是“道德人”。所以，面对现实，不能

① 草水：《犯罪比率》，《当代工人》（C版）2013年第6期。

时时刻刻老是把“第三线”的东西拿到第一线来用。利益有生存利益和发展利益之分，生存利益就是要满足人们生理等基本需求的利益，生存利益是生命的自然本能要求，在不能保障生存的情况下，法律与道德的制约力量都非常苍白无力。只有在能够生存下来的前提下，人们才会考虑到自身行为是否合法、是否合德。因此，努力发展生产力以保障人们的基本生存利益是任何时代社会稳定的首要条件。当然，现实生活中，即使基本生活有保障，许多人也会为了自身的某些利益而铤而走险，如偷盗、贩毒、抢劫等，其根本原因，就是利益欲望的“恶性膨胀”与“恶性驱动”，它既要道德引导规范，更要法律惩治规范。

综上所述，由于利益动机的如此排序，在市场经济——特别是不太规范的市场经济条件下，道德往往很难成为人们普遍行为动机的首选，更无法规范利欲熏心的人。因此，我们不应该仅用一种理想的“道德人”来理解和规范市场中人们的逐利行为，不应当让“道德要求”成为约束人的行为的最前沿、最基础的规范，因为，如果道德首先具备这种最基本的约束力和管控力，那么后续法律约束也就没有存在的必要了。退一步来讲，即使存在完全出于道德价值追求的主体行为现象，那也只是发生在少数人身上，并不具有普遍约束的意义，我们不应当将个别的特殊性准则任性地“扩充”为一般的普遍准则，不能完全用君子之心度小人之腹。

依法治国要从现实出发，然而有许多人，他们却并不太关注当下中国业已面临的严重的法治问题，而总是想一夜之间解决法律制度生成的所谓最佳民主机制，第一不着力解决既成问题，而是着力理想的、完美的框架设计，就像对待一个因车祸而大出血的肝炎病人，首先不是输血看病，而是教他如何加强锻炼，这其实是不得要领的。事实上，这些人所说的最佳机制，也不过是对西方现代民主式法治方式的生搬硬套，其问题在于：

第一，这是一种将别人的几百年民主发展结果作为我们发展开头的方式，形式上表现为所谓“后发超越”，实质上是抽掉了历史、抽掉了必要的文化积淀；第二，西方那样的既成机制是基于其独特的历史文化基础而形成的已然事实，它也许具有（或暗合了）普遍性，可以为他国所借鉴，但不一定在时间顺序上必然地完全地套用于此时此地此情下的现实中国；第三，一国或多国既成的事实性发展机制也不能直接等同于一般原则的理想性的最佳机制，因为人类社会的任何事实并不直接就是一般、就是理想、更不一定代表未来；第四，就算它具有普遍性、代表人类社会发展方向，但在具体实现方式上各国也必然是各有差异的。

所以我们认为，解决中国的问题，首先要从中国的现实出发来解决，法治的合理化生成并不只是在理论的想象中完成，而是更要在法治实践中实现。所以，中国当前问题的关键在于如何将已有的相对完善的法律体系宣传好、贯彻好、实施好，然后再逐步解决所谓法制生成框架性、总体性问题中的一些不足，也就是要法治优先、民主随后。当然，对于一般理论或普遍理念的追思并不是不重要，而是当前的国情和现实不允许我们仅仅停留在这样抽象的理论追思上，而是需要通过对现实本质的认识，选取切实可行的应对办法，实实在在地解决具体的现实问题，如此，才能为今后所谓最真实、最完美的民主—法治的良性互动赢得时间、创造条件。当然，话又得讲回来，如果当前依法治乱、依法反腐，仅仅只是出于政权稳定——而没有瞄准从根本制度上——特别是基于民主—法治制度上解决具体问题，那必然就是“刚开头就煞了尾”，因为它斩草未除根。比如把反腐的根本和重心只是放在对党员干部的“群众路线教育”上，那其实和以德治国、以德代法“异曲同工”，因为“群众路线教育”时下虽然必要，但保证群众路线的根本是民主法治制度，而不是党员干部的“思想政治觉悟”。

事实上，中国的法律体系尽管在一些方面还有未完善的地方，但本质上仍是良法，它的生成也并不是个别领导独断妄想的结果，而是经过了许多专家的反复讨论、经过了相应的民主程序。因此，在坚持努力改进完善法律体系的同时，如何真正贯彻实施好当前已有的法律体系是解决当前突出现实问题的首要任务，只有确保当前法治的有效实施，法律的地位和权威才会得到彰显，社会存在的问题才会得到缓解，民众所关心的问题才会得到及时解决，民众的权益才会得到有效的保护，社会的安定才会得到很好的维护，如此，法治意识也才能随此而深入人心。而一旦法治意识深入人心并生成法治素质，依法治国就不只是党和政府的主张，而是民众的自觉选择，如此，法治下的社会有序就为民主的更加深入的发展开辟了广阔而“有序”的道路，法治的“民主式”完善就水到渠成，民主与法治相互支持的生动局面就会生成。

三 法治中国建设必须体现当今中国的发展特点

何为中国特点？

首先，中国的特点必然体现中国的历史，中国具有五千年的文明史，在这漫长的历史长河中汇集了中国独特的历史发展底蕴，形成了中国独特的历史发展逻辑，生成了中国丰厚的历史发展积淀。中国的历史，既为中国社会继往开来发展的历史源泉，也是理解中国法治发展进程、建设当下法治中国的历史归因与既成条件，因为不知何以而来，就不知何以而去。

其次，中国的特点必须体现中国的现实，立足中国的现实、中国的国情，充分地了解当前存在的问题和亟须解决的矛盾，这是我们构建法治社会的首要任务。一切从实际出发，真正了解社会和民众所需、所求，处理好中国的当下现实问题是当务之急。仅仅乐于理论设计、不切实际、好高骛远、急于求成，往往成事不足、败事有余。

再次，中国的特点必须体现中国的未来。中国的未来必须是有生命力的未来，这就要求我们必须尊重人类历史发展的必然规律，必须把握人类文明前进的正确方向，否则中国的未来就不可能前途光明。马克思将人的发展分为三个阶段：第一个阶段是人的依赖关系占统治地位的阶段；第二个阶段是以物的依赖关系为基础的人的独立性的阶段；第三个阶段是人的自由和全面发展的阶段——即共产主义阶段。今天中国正处于从第二阶段向第三阶段转移的进程之中，因此，如何自觉促进人的自由全面发展、如何实现人的自由、平等、如何建构保障自由平等实现的法治民主社会，就是历史规律对于我们的必然要求，我们若顺应之则前途一片光明，若悖逆之则前途一片黑暗，因此我们只能顺应、不能违背。

最后，中国特点必然通过中国文化特质表现出来。人们可以从天人合一、和合相生、崇仁尚义、尊贤重礼等方面概述中国传统文化的特质，这里我最想强调的，却是中国文化的开放发展特质，即中国文化的兼容并包特质。有人将中国文化的生命力概括为同化力、融合力、延续力、凝聚力四个方面，我认为，在这四个方面中，中国文化的融合力才是最重要甚至最本质的东西，它是同化力、延续力、凝聚力的内在基础。所谓融合力，是指中国文化并非单纯的汉民族文化或黄河流域文化，而是在汉民族文化的基础上有机地吸纳了中国境内各民族及不同地域的文化——如楚文化、吴文化、巴蜀文化、西域文化等，形成了具有丰富内含的中华文化。中华各民族文化，例如历史上的匈奴、鲜卑、契丹、女真、羯、氐、羌等民族的文化，都融汇于中国文化的血脉之中，没有这种融合，也就没有中国文化的博大精深，而各地域、各民族文化的融合，既包含有“同化重构”的意义、也包含“宽容差异”的意义。当今，国人时常谈到中国气派，但中国气派来自何处则思之甚少。气派是指中国作为一个大国，尤其是一个拥有浩瀚文化和悠久历史的文明大国所不可或缺的气质和特点。其实中国文化的气派本质上基于中国文化的融合力，因为“海纳百川，有容乃大”，没有开放与学习，就不会自身强大，没有自身强大，何来中国气派？

以上的中国特点贯通于法治，即法治中国必须尊重中国的历史、正视中国的现实、体现中国的未来，表现中国的文化特质。其实中国法治的文化特点都只是中国法治的外层表现形式，而内质的问题是这些形式所包含的内容是否能够解决中国的现实问题，是否能够维护中国社会有序运转，是否能够推动中国经济的高效发展，是否能够保证中国向着正确的人类文明方向前进。

所以，外层的文化形式并不直接构成中国法治最本质的中国特点，也并不对中国法治产生指导意义。只有能够解决现实问题、促进现实法治中国建设、推动当下中国经济社会快速发展、规定中国发展符合人类文明前进规律的“中国内容”，才是中国法治要求的最本质的中国特点。其内在逻辑是，我们之所以要强调法治的中国特点，并不是因为它形式上是中国的，而是因为这种中国形式包含着富有力量的实际内容，即包含着合理解决中国现实问题、促进中国科学合理发展的方法或力量。所以，中国内容比中国形式更加重要、更加根本。中国内容不仅能够转生出合理解决中国问题、引领中国正确前进的伟大力量，而且只有它充分融入到当今中国的法治建设中，它才更容易被现实地吸收，其普遍精神的本土性实现更强，更容易得到民众的认可和支持，如此，中国的形式也才会更加辉煌和灿烂。而前文所述的中国文化的融合力之所以成为其同化力、延续力、凝聚力的内在基础，本质也在于只有开放融合的文化才能合理面对多样变化的现实，才具有解决现实问题的充足能量，才能辨明正确的前进方向。

但是，在全球化发展不断推进的今天，我们必须进一步清楚地认识到，中国特点所包含的中国内容又一定只是解决中国问题的一个重要方面——而不是所有方面。当下世界是普遍联系日益密切、各种问题层出不穷的世界，因此，人类的知识更加需要共用共享，我们要学会向全人类借鉴有利于解决中国问题的所有的思想文化资源。

所以，传统的中国特点要成为真正体现当下世界现实要求的中国特点，它就必须升华为一种具有更加开放、更加普遍、更加多样诉求的“中国”特点，除本身必须具有必要的文化实力外，它一定还得能够开放地吸纳人类文明的一切积极成果，从而使“中国特殊”升华为“中国一般”，即要使开放多元成为中国新的、时代化、扩展化了的文化传统，不仅向国内民族开放，更要向世界民族开放，不仅要向过去开放，更要向现在和未来开放，只有开放并融的传统才是最强大的传统，才是最有生命力的传统，才是真正能够不断“传统”下去的传统。

其实，西方法治历史的发展逻辑虽然是基于其特殊的文化传统，但全球化条件下，人类文明的共通性并不能完全被民族差异所阻隔，因此，它对于其他民族的法治建设仍然具有重要的借鉴价值。所以，中国的法治应该是一个广泛吸纳一切人类法治文明成果的开放系统，这个系统中涵盖了多元的文化，充分地容纳和吸收了世界各国各种各样的先进法治思想，且能将其内化为一种为我所用的思想源泉。充分地了解西方的法治发展历程，借鉴其合理资源，我们可以少走弯路少犯错误。结合中国现实，将其合理有效现成的法治文化成果吸收消化，融入到中国法治建设中，转化为处理中国当前问题的重要方法，是我们解决当下中国法治问题的内在要求。

当然，对外开放的中国不仅应该开眼看世界，更应该让世界开眼看我们，将中国的大门打开，将我们浩瀚的文化和具有中国特色的合理内容展现给世界，将我们独特的文化包括当今社会主义法治文化精神传播到世界的各个角落，既是炎黄子孙的职责，也是炎黄子孙的荣耀，同时还是人类文明发展的内在要求。当今中国法治建设与西方一些发达国家相比仍存在较大差距，但中国也有中国的一些成就与特色，这些成就与特色，不是中国延续和掩护人治的堡垒，而是中国与其他发达国家共同走向人类文明理想境地的前进步伐，且随着中国社会、经济、文化开放发展战略的不断推进、随着中国尊重普遍规律前提下对自己发展道路的不断探索和不断完善，在不久的将来总体上赶上甚至超越西方国家的法治水平，应当说还是大有希望的。

总而言之，中国法治既要根植于中国土壤，适合中国的国情，展现中国的特色，将带有中国特点的法治文化内容转化为解决当前中国法治建设问题的有效资源，同时又要将一切人类文明的优秀法治成果吸纳进来为我所用，作为解决当下中国问题的必要借鉴、作为引领未来中国社会正确发展的指南。中国法治的中国特点不只是直接外观形式上的，更且是由内而外渗透出来的，体现着法的本质、体现着文明之精神、体现着人类发展方向的东西，其因文化融合而变得无比宽厚和广大。这种由内而外的中国特点，既是中国文化的特点，也是开放文化的一般特点，它必然因代表人类文明的开放发展方向而表现为一种“特殊的普遍性”，从而表现出无比的生机与活力。

国家治理的伦理意蕴

国家治理是国家治理者借助于一定的理念、机构、规范、人员等对国家的运行进行综合整治的活动。它是一个政治问题，也是一个伦理问题。目前，我国正处于从现代化大国迈向现代化强国的关键时期，全面深化改革的总目标是要完善和发展中国特色社会主义制度，推进国家治理体系和治理能力的现代化。在此时代背景下，从政治伦理的视域对国家治理问题展开深入系统的探究，具有理论意义和现实价值。政治伦理是政治伦理学的研究对象，它是由支配人类政治生活或政治活动的伦理思想、伦理规范、伦理精神和伦理行为整合而成的伦理价值体系，其核心是强调政治向善、求善和行善的内在善性，要求政治通过促进国家发展、社会进步和国民福祉的方式，彰显崇高的合伦理性。从政治伦理的角度来审视、探察和解析国家治理问题，不仅能够凸显国家治理的伦理意蕴或道德价值，而且能够对我国当前推进国家治理体系和治理能力现代化的历史实践提供有益启示。

一　国家治理的核心伦理问题

国家治理是具有深厚伦理意蕴的理论与实践问题，其伦理意蕴的最重要维度是通过道德对国家公共权力运行的制约作用来体现的。笔者认为，国家治理必须保证国家公共权力的运行合乎伦理要求；或者说，国家治理的核心伦理问题，是必须保证国家公共权力在人类道德价值观念允许的范围内运行。对此，我们需要借助于唯物史观这一理论武器加以学理阐释。

在唯物史观视域中，公共权力的设立是国家的根本标志，同时表征国家的本质特征。国家从原始氏族组织中脱胎而出，与后者既有关联，也有区别。恩格斯将它们之间的区别归结为两个主要方面。一方面，原始氏族组织把氏族成员牢固地束缚在很有限的氏族部落范围内，而国家是按照居住地来划分它的国民的。“这种按照居住地组织国民的办法是一切国家共同的。”① 另一方面，原始氏族组织只存在人类自发组织的武装力量，而国家设立了公共权力。“这种公共权力在每一个国家里都存在。”② 人类进入国家状态，会受到国家公共权力的强力制约。公共权力的设立导致了官僚机构和官员的产生。在国家里，官僚机构中的官员掌握着公共权力。国家公共权力的强大是任何原始氏族组织都不能与之相提并论的，因此，恩格斯指出：“文明国家的一个最微不足道的警察，都拥有比氏族社会的全部机构加在一起还要大的‘权威’。”③ 另外，原始氏族组织的权威是通过氏族部落酋长在氏族内部获得的尊敬来体现的，它不是通过强迫手段确立的，而国家的权威是通过官僚机构和官员所掌握的公共权力来体现的。国家公共权力不仅是一种处于社会之外和社会之上的权力，而且是一种通过强迫手段确立起来的权力。

公共权力的出现与国家的诞生一样具有历史必然性。在原始社会末期分裂成阶级之后，人与人之间的利益矛盾日益尖锐化，氏族部落依靠自发的武装组织维持社会秩序的可能性已经荡然无存，国家公共权力的设立就成为历史的必然。④ 另外，公共权力一经产生，就意味着它不是私人物品或私有财产，也不是任何组织或个人可以随意取消或废止的东西，它的公共性指向只能是国家。不过，国家并不是一种抽象物，而是由具体的人、社会机构等要素构成的。国家存在的一个基本事实在于，一部分国民必须作为国家的治理者而存在。他们的职责是代表国家行使国家公共权力。在现代社会，这种人被称为国家公职人员。

笔者认为，公共性是国家公共权力的基本特征，也是国家公共权力的善性之源。国家公共权力本身无所谓善恶，可一旦被具体的阶级或人所掌握和使用，就会打上善恶的烙印。在阶级社会，公共权力的善恶性质从根本上来说是由它自身的阶级性决定的。唯物史观认为，国家有低级和高级

① 《马克思恩格斯文集》第4卷，人民出版社2009年版，第190页。

② 同上。

③ 《马克思恩格斯文集》第4卷，第191页。

④ 同上书，第190页。

之分。在国家发展的低级阶段，公共权力由哪个阶级掌握，这是由财产状况决定的。由于统治阶级手中掌握的私有财产占绝对优势，它掌控的公共权力也具有压倒性优势；相反，由于被统治阶级手中掌握的私有财产占绝对劣势，它掌控的公共权力也处于绝对的劣势状态。奴隶制国家、封建制国家和资本主义国家都属于低级国家的范畴。在这种低级国家里，占人口少数的奴隶主、封建贵族和资产阶级是公共权力的实际掌控者和使用者，公共权力的善恶性质也完全取决于这些阶级操控和使用它的价值目标和方式。由于奴隶主、封建贵族和资产阶级居于统治地位，他们对公共权力的操控和使用必然以最大限度地维护其统治阶级利益为根本目的，而占人口多数的广大奴隶、农民和无产阶级能够得到公共权力的保护却是非常有限的。低级国家的公共权力总是与阶级的利益诉求紧密联系在一起，它的掌控和使用不可避免地会映照出政治伦理意义上的善恶性质。

在笔者看来，国家治理的核心任务是必须保全国家公共权力的内在善性。国家治理者捍卫国家公共权力的公共性即保全它的内在善性。他们能够在多大程度上捍卫国家公共权力的公共性，国家公共权力的内在善性就能够得到多大程度的保全。从理论上来说，由于在本质上是公共的，国家公共权力的适用范围和社会功能都是确定的。一方面，它只能用于处理国家公共事务，不能用于处理国家公职人员的私人事务；另一方面，它的主要社会功能是维护国家公共利益，不是维护国家公职人员的私人利益。公权公用，并且仅仅在维护和增进国家公共利益方面发挥作用，这是国家公共权力具有内在善性的根源所在，也是国家公共权力的内在善性能够得到保全的唯一途径。

要保全国家公共权力的内在善性，关键是要杜绝政治腐败。政治腐败是国家公共权力的敌人。所谓政治腐败，就是国家治理者利用国家公共权力谋取个人私利的行为。以权谋私、结党营私、假公济私、损公肥私等行为，生动地反映了政治腐败的邪恶本质，即它以公权私用的表现形式严重侵害了国家公共利益。由于在根本上与国家公共权力的公共性本质和内在善性相背离，无论政治腐败是以何种形式表现出来，都不具有道德合理性基础。

公权私用的一种特殊表现形式是“为官不为”现象。国家公职人员掌握着一定的国家公共权力，但并没有尽职尽责地运用手中的公共权力处理公共事务和履行维护国家公共利益的职责，致使国家公共权力被闲置、空转和浪费。“为官不为”之所以是公权私用的一种特殊表现形式，是因为它实质上反映了国家治理者将国家公共权力当作私有物品来随意对待和处置的事实。国家公共权力只有在用于处理公共事务和维护国家公共利益时，才能证明它存在的本质和价值。如果被不合理地闲置或浪费，它实质上蜕变成了一种缺乏公共性的私人物品或私有财产。

国家治理者既不应该贪污腐败，也不应该“为官不为”。贪腐的官员应该受到道德上的谴责，并受到应有的违纪违法惩处；“为官不为”的官员同样应该受到道德谴责，并承担相应的违纪违法责任。“清廉”是国家治理者的首要美德，但它必须与“奉公”的美德相结合才具有实实在在的伦理意义。“奉公”也不能流于“空谈”，必须通过“勤政”才能得到体现。廉洁才能奉公，奉公才能勤政，勤政才能有为，有为才能促进国家发展和社会进步。不在其位，可以不谋其政；在其位，就必须谋其政。笔者认为，廉洁奉公和勤政有为是每一个国家治理者都应该信守的两个基本政治道德价值观念，也是每一个国家治理者都应该具备的两种基本政治美德。

国家公共权力是一柄双刃剑。用之正当，它是将国家治理纳入合伦理轨道的利器；用之不当，它就是导致国家治理背离伦理的凶器。一个国家的治理者掌控和使用国家公共权力的方式不同，他们进行国家治理所达到的目的会彰显截然不同的伦理性质。一个治理良好的国家是那种能够将国家公共权力的掌控和使用引向目的善的国家。公权公用，并且增进了国家公共利益，则国家公共权力是一种能够造福于国家、社会和国民的社会正能量；公权私用，并且损害了国家公共利益，则国家公共权力是一种有害于国家、社会和国民的社会负能量。国家公共权力的合伦理性是通过它本身的公共性或内在善性来支撑和保障的。保全国家公共权力的内在善性，是一个国家推进国家治理工作的关键，也是它与政治腐败进行斗争必须坚守的道德主阵地。

二　国家治理的伦理价值目标

国家治理的伦理意蕴还表现在它自身蕴含伦理价值目标的事实中。现实中的国家治理无论以何种形式出现，都具有一定的伦理价值取向和导向，这就是国家治理的伦理价值目标。伦理价值目标越明确，国家治理的目的性和方向感越强；反之，伦理价值目标越模糊，国家治理的目的性和方向感越弱。没有伦理价值目标引领的国家治理活动是盲目的，必定缺乏道德合理性支撑。确立伦理价值目标是国家治理不可或缺的重要内容，更是将国家治理引上合伦理轨道无法绕过的重要环节，因此，关心国家治理问题的思想家和有智慧的国家治理者，都特别注重建构和确立国家治理的伦理价值目标。

国家治理者应该如何建构和确立国家治理的伦理价值目标？该问题不仅涉及“国家”这一概念的界定，而且涉及国家与国民之间的伦理关系。黑格尔认为：“国家是实现了的伦理理念与伦理精神，即它是现实中的伦理概念与其定在的统一。”[①] 其意为，国家是真正意义上的伦理领域，人类只有在国家之中才能实现个人独立性和普遍性、外在自由和内在自由、自律和他律的统一。一旦进入国家状态，人类就与国家结成了非常紧密的伦理关系。国家可以对国民提出道德义务要求，并赋予他们相应的道德权利。生活于国家中，人类所拥有的道德义务和道德权利是统一的，因为“人对国家所负的义务同时就是国家给予人的权利，权利的内容与义务的内容是完全相同的，这是人们实现自由的原则”。[②] 这意味着，国家既是能够对国民提出义务要求的伦理实体，也是必须维护国民权利的伦理实体；国家与国民的真实关系是一种双向的伦理关系：国家有权要求国民承担和履行它提出的正当义务要求，国民也有权要求国家尊重和维护他们的正当权利诉求。

需要指出的是，古代人往往将“国家”界定为一种绝对高于个人的政治共同体，并且将国家生活视为个人参与社会生活的最高目的，而将作为国民存在的个人视为必须服务于国家的手段。他们不仅将个人视为国家治理的被动对象，而且更多地强调个人对国家的义务。当代美国学者迦纳对此所作的描述是：“个人的生活是受国家管理的，个人的活动是为国家所规定的，好像个人是为国家而生存，国家不是为个人而设立。”[③] 忽略

① 黑格尔：《法哲学原理》，杨东柱等译，北京出版社2007年版，第113页。

② 同上书，第116页。

③ 迦纳：《政治科学与政府·绪论国家论》，孙寒冰译，东方出版社2014年版，第90页。

国民基本权利是古代国家治理观的根本特征，这是它遭到现代政治哲学家强烈反对和猛烈抨击的致命伤。这是因为，“国家只是为要达到某种目的的一种制度或手段，其本身并不是一种目的”。[①] 将国家视为维护国民基本权利的制度性手段，是国家治理走向现代化的最重要标志。

国民的基本权利是指人类以国民身份参与国家生活必不可少的各种资格或权限。康德曾经说过：“可以理解权利为全部条件，根据这些条件，任何人的有意识的行为，按照一条普遍的自由法则，确实能够和其他人的有意识的行为相协调。”[②] 其意指，权利实质上是依据普遍有效的自由法则对人的行为进行的条件性规定或限制。基于这种认识，笔者将国民的基本权利进一步作出这样的界定：它是指国民平等地拥有正当国家生活的基本自由，这种自由是基于每一个国民的意志自由能够不相冲突地同时并存的基础上得到确立的，包括国民在国家状态下正当占有物质财富、思想观念、发展机会、幸福等社会资源的自由。在国家状态中，国民拥有基本权利，是通过他们拥有各种有条件限制的自由来体现的。

一个国家的国民能否充分享受基本权利的事实，折射的是它的分配正义状况。广义的分配正义概念就是基于国民的基本权利得到界定的，它指物质财富、思想观念、发展机会、幸福等社会资源，在国民中间得到合理分配所体现的公正性。人类的国家生活方式实质上表现为国民以适当的方式占有各种社会资源的过程；或者说，国民在国家中适当占有各种社会资源的过程，实际上就是享受应有基本权利的过程。不过，国民在国家中对社会资源的占有并不是绝对自由的，而是必须通过国家分配的途径来实现。国家对物质财富、思想观念、发展机会、幸福等社会资源的分配均有严格的制度规定，而国民只能按照国家的制度规定来获取所需要的社会资源。这既是人类国家生活的重要内容，也是人类国家生活的显著特征。

维护国民的基本权利即维护分配正义。一个分配正义得到充分实现的国家，就是一个能够保证物质财富、思想观念、发展机会、幸福等社会资

① 迦纳：《政治科学与政府·绪论国家论》，孙寒冰译，东方出版社 2014 年版，第 90—91 页。

② 康德：《法的形而上学原理——权利的科学》，沈叔平译，商务印书馆 2005 年版，第 40 页。

源在国民中间得到公正分配的国家，就是国民的基本权利能够得到充分维护的国家。公正比星辰更加光辉，[①] 它是人类生活于国家中最珍视的一种社会价值，因此，罗尔斯强调："每个人都有基于正义基础上的不可侵犯性，这种不可侵犯性甚至以社会整体利益之名也不能僭越。"[②] 在国家中，国民的分配正义诉求与基本权利诉求是高度一致的。"在一个公正社会里，公民平等地享有自由是确定无疑的；由公正保障的公民权利不应该受到政治上的讨价还价或社会利益算计的影响。"[③] 国民的基本权利与分配正义是相互贯通、相辅相成的。

国家治理者应该深刻认识国民的基本权利与分配正义之间的相通性和互补性。在国家治理的现实中，治理者既应该看到国民为国家尽义务的必要性，也应该看到国民享受基本权利的重要性。由于国家治理工作必须通过具体的治理者来完成，正确认识、理解和处理国家和国民的伦理关系，就是国家治理者不可推卸的道德责任。在现实中，由于对国家与国民的伦理关系缺乏深刻认识，有些国家治理者倾向于片面强调国民对国家的义务，而不注重维护国民的基本权利，有时甚至打着维护国家利益的幌子肆意侵害国民权利，以至于造成分配正义遭到践踏和国民怨声载道的后果。善待国民是国家治理者应该培养的道德品质。生活于国家中的国民都将国家的善待视为至高无上的道德关怀。正因为如此，古代中国人总是对"仁政"表现出殷切的期望。孔子指出："民之于仁也，甚于水火。"（《论语·卫灵公》）其意为，老百姓对仁政的渴望超过对水火的需要。孟子更是旗帜鲜明地用"仁政"来说明以德治国的精义。他认为"民为贵，社稷次之，君为轻"（《孟子·尽心下》），并且强调"国君好仁，天下无敌焉"（《孟子·尽心下》）。所谓"仁政"，就是以仁义之德治理国家的模式，它要求国家治理者（国君）避免居高临下的官僚主义作风，想民之所想，乐民之所乐，忧民之所忧。古代中国哲学家的"仁政"伦理思想，包含着要求国家治理者尊重国民基本权利和弘扬分配正义的伦理价值取向，是值得后世国家治理者借鉴和学习的地方。

---

① 苗力田编：《亚里士多德选集·伦理学卷》，中国人民大学出版社 1999 年版，第 103 页。

② John Rawls, *A Theory of Justice*, Cambridge, Massachusets: The Belknap Pres of Harvard University Press. 1971. p. 3.

③ Ibid., p. 4.

维护国民的基本权利是国家治理者必须肩负的道德责任。人类进入国家状态的根本目的，无疑是要过上幸福生活。在国家状态中，不同的人对幸福的认识、理解和解释是不同的，但这并不影响他们将幸福作为共同生活理想的选择。亚里士多德指出，无论我们是将荣誉、快乐、德性还是别的东西作为幸福来看待，都是“为幸福而选择它们，通过它们我们得到幸福”。[①] 亚里士多德并没有把“幸福”界定为个人只能通过“孤独”生活才能获得的一种东西，而是将它理解为个人必须通过参与国家生活才能得到的“自足感”。他说：“我们所说的自足并不是就单一的自身而言，并不是孤独地生活，而是既有父母，也有妻子，并且和朋友们、同邦人生活在一起，因为，人在本性上是政治的。”[②] 虽然亚里士多德所说的国家是指古希腊的城邦制国家，并不是现代意义上的国家，但是他用国家生活来解释国民幸福的观点无疑是值得肯定的。它至少告诉我们这样一个真理：每一个国家的国民都以幸福作为共同生活的目标，但这一生活目标必须通过参与国家生活的方式才能得到实现；国民能否受到国家的良好保护，事关他们的幸福追求。

事实上，“幸福”也是一种可以分配的社会资源。与物质财富、思想观念、发展机会等社会资源一样，它也可以通过国家分配的方式为国民所拥有。当我们生活于其中的国家能够公正地对待我们的时候，我们必定能够获得一种强烈的幸福感。我们作为“国民”所能拥有的幸福是多种多样的，但其中最大的幸福莫过于一个“好国家”善待我们所带来的幸福。苏格拉底就明确地将这样的“好国家”称为“幸福国家”，[③] 并且将它描述为一种能够给所有人带来幸福的国家形态。在他看来，一个能够给所有人带来幸福的国家“一定是智慧的、勇敢的、节制的和正义的”，[④] 但这种国家只能由有智慧的哲学家来治理，因为只有他们有能力“给个人给公众以幸福”。[⑤] 柏拉图在《理想国》一书中将他的老师苏格拉底追求的“幸福国家”称为“理想国”。德国近代哲学家康德将他心目中的“好国家”称为“目的王国”。他说：“每一个理性存在者对自己和所有其他人，

① 苗力田编：《亚里士多德选集·伦理学卷》，第 14 页。

② 同上。

③ 柏拉图：《理想国》，郭斌和、张竹明译，商务印书馆 1986 年版，第 135 页。

④ 同上书，第 146 页。

⑤ 同上书，第 216 页。

从不应该只当作手段，而应该在任何情况下，也当作其自身即是目的，这是一个可被称作‘目的王国’的王国（当然只是一个理想的王国）。”康德意在强调，一个“好国家”是那种能够赋予它的所有国民人格尊严的国家，而要达到这一目标，唯一行之有效的途径是将所有国民都当成“目的”来对待，而不是将他们仅仅当成可以利用的工具来看待。当代美国哲学家约翰·罗尔斯则将“好国家”解读为一个分配正义得到充分实现的“良序社会”。[①] 毫无疑问，每个国民都希望生活于其中的国家，是能够给他带来人生幸福的“好国家”。

真正有伦理智慧的国家治理者必定会深切关心、高度重视和着力维护国民追求个人幸福的权利。习近平总书记在号召当代中华儿女努力实现以中华民族伟大复兴为核心内容的中国梦时强调，中国梦有三个维度，即“国家富强、民族振兴、人民幸福”。[②] 这意味着，中国梦既是当代中华民族的强国之梦和民族振兴之梦，也是他们的个人幸福之梦。一方面，它以国家富强和民族振兴作为中华民族实现伟大复兴的前提、根基和重要内容，强调“国家好，民族好，大家才会好”；[③] 另一方面，它以个人幸福作为中华民族实现伟大复兴的根本目的和落脚点，强调“中国梦归根结底是人民的梦，必须紧紧依靠人民来实现，必须不断为人民造福”，认为每一个中国人都应该“共同享有人生出彩的机会，共同享有梦想成真的机会，共同享有同祖国和时代一起成长与进步的机会”。[④] 笔者认为，肯定和凸显个人幸福的重要性，是中国梦能够在当今中国社会接地气、接人气的重要原因。

“公正是为政的准绳，因为实施公正可以确定是非曲直，而这就是一个政治共同体秩序的基础。”[⑤] 国家治理的最重要伦理价值目标是维护分配正义。维护分配正义即维护国民的基本权利，即维护国家最根本、最重要的公共利益。在国家状态中，分配正义、国民基本权利和国家公共利益在本质上具有内在一致性。发展固然是一个国家的第一要务，但如果国家

① John Rawls, *A Theory of Justice*, p. 14.

② 习近平：《习近平谈治国理政》，外文出版社 2014 年版，第 56 页。

③ 同上书，第 36 页。

④ 同上书，第 40 页。

⑤ 亚里士多德：《政治学》，颜一、秦典华译，中国人民大学出版社 2003 年版，第 5 页。

发展所带来的丰硕成果不能在国民中间得到公正分配，发展所造就的国家只能是贫富悬殊、官僚主义严重、发展机会欠均等和社会保障制度不健全的国家。这样的国家缺乏存在的道德合理性基础，更称不上理想的国家。正因为如此，习近平总书记强调社会主义中国必须坚持共享发展的理念："坚持共享发展，必须坚持发展为了人民、发展依靠人民、发展成果由人民共享，作出更有效的制度安排，使全体人民在共建共享发展中有更多获得感，增强发展动力，增进人民团结，朝着共同富裕方向稳步前进。"①党中央倡导的共享发展理念，就是以强调分配正义为核心内容的中国特色社会主义发展理念，它说明党中央具有维护国民基本权利的坚定道德信念。

三 国家治理手段的伦理选择

国家治理必须保证国家公共权力的掌控和使用，有利于维护国家公共利益、国民基本权利或分配正义。要实现这种目的善，国家治理者除了应该坚持以国家治理活动向善、求善和行善的基本政治伦理理念之外，还应该诉诸合理、有效的国家治理手段或方略。具体地说，他们应该借助于一定的手段善或工具善，来实现国家治理追求的目的善。

纵观人类社会发展史，人类治理国家的手段或方略主要有两种：一是德治；二是法治。德治即以德治国，它是借助于道德规范来整治国家的方略。法治即依法治国，它是借助于以法律制度为主要内容的社会制度来整治国家的方略。这两种方略的根本区别在于：德治所依靠的道德规范是非强制性的，它告诉人们什么是善和什么是恶，并告知人们应该做什么和不应该做什么，但并不强制性地命令人们只能做什么和不能做什么，因此，它对人类行为的约束或规约是软性的、有弹性的；相比之下，法治所依靠的社会制度具有强制性，它告诉人们什么是合乎制度的行为和什么是违背制度的行为，并要求人们严格按照制度规定为人处世，而不是非强制性地告诉人们应该做什么和不应该做什么，因此，它对人类行为的约束或规约

① 《中国共产党第十八届中央委员会第五次全体会议公报》，人民出版社2015年版，第14页。

是硬性的、非弹性的。一般来说，德治方略的运用旨在将人们的行为控制在一个富有弹性的基础层面，它允许人们的个人道德修养存在人际差异性，并且将遵守底线道德和服从最高道德要求的人都视为有道德修养的人；法治方略的运用旨在将人们的行为控制在一个没有任何弹性的严格层面，它要求所有人在同一个水准上严格遵守社会制度的规定，不允许任何人在服从社会制度规定方面讨价还价。笔者认为，在道德规范面前，人与人之间是难以平等的；但在社会制度面前，人与人之间是必须平等的。

德治是国家治理不能不依靠的一种最基本手段。在国家状态中，绝大多数人自觉接受道德规范的制约，并且能够自觉地按照道德规范的要求处理彼此之间的关系以及个人与社会之间的关系，这是一个国家能够拥有正常社会秩序的基本保证；相比之下，在任何一个国家里突破社会制度底线的人往往占据少数。这说明，虽然道德规范对人们的约束是非强制性的，但是它的约束力在人类社会是普遍有效的。正因为如此，道德实在论者强调："道德是人类生活中一种实实在在的力量"，[①] 它"对我们有发言权，能够命令、强迫、鼓励或引导我们行动；或者至少可以说，当我们求助于它的时候，我们对彼此的行为有发言权"。[②] 道德规范是非成文的非强制性社会规范，但它可以作为人类的内心信念来影响他们的行为，也可以借助于社会舆论、风俗习惯、礼节礼仪等形式来对他们提出行为要求，因此，它对人类行为的约束几乎达到无时不在、无处不在的程度。尤其重要的是，道德约束是通过树立人们的荣辱感来发挥作用的，或荣或辱对每一个人来说都是极其重要的事情，甚至事关人生事业的成败得失，因此，绝大多数人宁愿做光荣的道德人，不愿意做被钉在耻辱柱上的人。道德规范对人类行为的约束力不容忽视，这是国家治理者青睐德治方略的现实原因。

在国家治理领域，德治方略针对的对象应该主要是国家治理者。在中国传统社会，国家治理者主要是指帝王和官吏；在当今中国，国家治理者主要是指国家领袖和领导干部群体。由于掌握着国家公共权力，国家治理

---

① Christine M. Korsgaard, *The Sources of Normativity*, Cambridge: Cambridge University Press, 1996, p. 13.

② Ibid., p. 8.

者的所思所想和所作所为直接决定着国家公共权力的运行状况。他们能否以合乎道德要求的方式使用手中掌握的国家公共权力，这一方面取决于国家制度的设计和安排状况；另一方面在很大程度上取决于他们的个人道德修养状况。正因为如此，实施德治方略必须将国家道德建设的重点放在官德建设上。官德昌明，则国家公共权力能够在阳光下运行；官德暗淡，则国家公共权力很容易在暗箱操作中运行。官德建设的关键，是必须推动国家治理者形成公私分明的伦理思想境界，树立严以用权、用权为公的道德价值观念。

"道德禁令是国家基本强制权力所拥有的全部合法性之根源。"① 德治的有效实施，能够给国家治理者掌控和使用国家公共权力设置第一道防线。以个人道德信念、社会舆论等方式存在的道德，能够对国家治理者掌控和使用国家公共权力的观念和行为起到一定的规范或制约作用。如果国家治理者具有良好的个人道德修养，他们就比较容易表现出合理掌控和使用国家公共权力的道德行为，以用权为公为荣，而以用权谋私为耻。不过，作为一种非成文的非强制性社会规范，道德对国家治理者的约束力毕竟是有限的。国家治理毕竟是充满五花八门利益诱惑的政治生活领域，很容易将那些道德修养不到位的国家治理者引上离德、弃德、背德的轨道。一个国家治理者一旦突破道德防线，就很容易踏上以权谋私的邪恶道路。因此，道德对国家治理者的国家治理行为不可能形成绝对有效的控制。这暴露了德治方略的局限性，但为法治方略的出场提供了道德合理性。

法治是国家治理必不可少的第二道防线。与德治不同，法治方略强制性地要求国家治理者必须在社会制度允许的范围内掌控和使用国家公共权力。一方面，它会划定国家治理者掌控和使用国家公共权力的合理性边界；另一方面，它会对那些不按照社会制度规定掌控和使用国家公共权力的国家治理者进行严厉的惩罚。也就是说，社会制度通过两种方式来约束国家治理者掌控和使用国家公共权力的行为："有时它禁止人们从事某种活动；有时则界定在什么样的条件下某些人可以被允许从事某种活动。"②

① 罗伯特·诺奇克：《无政府、国家和乌托邦》，姚大志译，中国社会科学出版社 2008 年版，第 6 页。

② 道格拉斯·C. 诺思：《制度、制度变迁与经济绩效》，杭行译，上海人民出版社 2008 年版，第 4 页。

更进一步说，社会制度仅仅保护严格遵守它的国家治理者，而对那些突破其防线的国家治理者予以严厉惩罚。用习近平总书记的话来说，法治能够“把权力关进制度的笼子里，形成不敢腐的惩戒机制、不能腐的防范机制、不易腐的保障机制”。[①] 法治方略的成功实施，能够弥补德治方略缺乏强制性的不足，能够将国家治理者治理国家的行为纳入制度化的轨道，能够极大地减少国家治理者以权谋私的机会。

德治和法治是国家治理的两种主要手段，但不同时代的人在运用这两种手段治理国家时会有所侧重。以德治为主、法治为辅的国家治理模式主要适用于奴隶社会和封建社会。在奴隶社会和封建社会，国民经济以自给自足的农业经济为主，工商业和商品经济不够发达，人与人之间的经济交往和契约关系很有限，家庭掌握着国家的经济权力。与这种经济基础相适应的是政治上的等级制度。等级森严是奴隶制度和封建制度的共同特征，它使等级划分不仅具有不容忽视的政治意义，而且具有至关重要的伦理意义。奴隶社会和封建社会的社会关系主要是靠人与人之间的等级伦理关系来定义的。因此，孔子说：“君君，臣臣，父父，子子。”（《论语·颜渊》）其意为，为政之道在于明确人与人之间的等级伦理关系，这是治理好一个国家的根本方法。

进入资本主义社会后，由于资本主义市场经济、政治和文化的不断发展，人与人之间的利益矛盾变得非常复杂，特别是资产阶级和无产阶级之间的阶级利益矛盾日趋尖锐化，如何借助于强制性社会制度来治理国家的方略受到了资产阶级的高度重视。在经济生活领域，他们普遍实行市场经济体制，并推行严格的生产资料私有制度、市场准入制度、金融税收制度等；在政治生活领域，他们普遍实行三权分立的政治制度模式，使立法机关、行政机关和司法机关分别掌握国家的立法权、行政权和司法权，从而使国家公共权力的使用处于相互制衡的状态；在文化生活领域，他们普遍实行自由主义文化体制，鼓励人们进行文化创新，从而使资本主义文化呈现出众声喧哗的态势。总体来看，资本主义国家普遍更多地重视社会制度的国家治理功能。正是基于这种认识，当代英国哲学家布莱恩·巴利指

① 习近平：《习近平谈治国理政》，第 388 页。

出："制度是实现社会正义的关键。"①

我国是在没有经历资本主义社会的历史条件下转入社会主义社会的，这一特殊社会背景为长久坚持以德治为主、法治为辅的国家治理模式提供了理由，也极大地抑制了我国的法治建设进程。与西方资本主义国家相比，我国在法治方面一直处于明显的落后状态，这可以通过目前法治建设中尚存在诸多令人不满意的现状得到证明。对此，习近平总书记明确指出，我国在法治建设方面目前仍然存在许多与党和国家事业发展的要求、广大人民群众的期待以及我国推进国家治理体系和治理能力现代化的目标不适应、不符合的问题，其主要表现是："有的法律法规未能全面反映客观规律和人民意愿，针对性、可操作性不强，立法工作中部门化倾向、争权诿责现象较为突出；有法不依、执法不严、违法不究现象比较严重，执法体制权责脱节、多头执法、选择性执法现象仍然存在，执法司法不规范、不严格、不透明、不文明现象较为突出，群众对执法司法不公和腐败问题反映强烈；部分社会成员遵法信法守法用法、依法维权意识不强，一些国家工作人员特别是领导干部依法办事观念不强、能力不足，知法犯法、以言代法、以权压法、徇私枉法现象依然存在。"②

党的十八届三中全会将完善和发展中国特色社会主义制度、推进国家治理体系和治理能力现代化确定为我国当前全面深化改革的总目标。什么是国家治理体系的现代化？笔者认为，就是从以德治为主、法治为辅的国家治理模式转向德治和法治相结合的国家治理模式。

"工欲善其事，必先利其器。"虽然适当的国家治理手段仅仅是国家治理者实现"好国家"理想的手段善，但是它毕竟是"好国家"得以产生的必要条件，因而也是国家治理者不能不高度重视的手段善。正是由于非强制性的道德规范不能单独承担治理国家的重任，强制性的社会制度也不能单独承担治理国家的重任，当今中国确立德治和法治相结合的治国理政之道，既有历史依据，也有现实基础。这说明当代中国对国家治理手段的认识、理解和把握，达到了应有的水平、境界和高度。

---

① 布莱恩·巴利：《社会正义论》，曹海军译，江苏人民出版社 2007 年版，第 21 页。

② 《中共中央关于全面推进依法治国若干重大问题的决定》，人民出版社 2014 年版，第 3 页。

笔者认为，实行德治和法治相结合的国家治理方略的伦理意义主要在于：它能够同时借助于国家治理者的个人道德修养和以法律为主要内容的社会制度，对国家公共权力的运行进行“双保险”式的管控，从而使德治和法治方略真正成为有助于国家治理的手段善或工具善。“国家和社会治理需要法律和道德共同发挥作用。”① 要治理好一个国家，必须走德治和法治并举的道路。德治和法治都是国家治理必不可少的手段或方略，各有所长，也各有所短，彼此之间具有很强的互补性。德治的有效实施，有助于培育和滋养人们的法治思维、法治意识、法治思想和法治精神；法治的成功推进，也有助于建构和提升人们的德治思维、德治意识、德治思想和德治精神。一个治理得好的国家，必定是德治和法治方略相互结合、相辅相成、相得益彰的产物。

四　国家治理的伦理空间

伦理需要有具体的空间才能发挥作用。国家治理的伦理意蕴也需要借助于一定的伦理空间来彰显。国家治理者的国际伦理视野，也是国家治理之伦理意蕴的重要来源。这是由国家治理的适用范围决定的。笔者认为，国家治理的适用范围有多大，它的伦理空间也就有多大。

现实中的国家治理不仅涉及国内事务的处理，而且涉及国际事务的处理。前者体现国家的对内主权，后者反映国家的对外主权。国家的对内主权实质上是国家公共权力与国民私人权利之间的关系。由于“人就是人的世界，就是国家，社会”，② 国家利益和个人利益之间必定具有内在相通性和一致性，国家公共权力与国民私人权利之间的关系不可能完全是对立冲突的关系，国家与国民之间的关系也不可能完全是相互否定的关系。国家的对外主权也一样。在笔者看来，虽然国与国之间的关系不可避免地具有一定的相互排斥性和相互否定性，但是彼此之间的相互依赖性和相互肯定性也很强。

国家公共权力的运行并不仅仅局限于国家的疆界，它会因为国际交往

① 《中共中央关于全面推进依法治国若干重大问题的决定》，第7页。

② 《马克思恩格斯文集》第1卷，人民出版社2009年版，第3页。

或外交的实际需要而延伸至国际关系领域。在经济全球化的今天，国与国之间的交往和交流更是越来越频繁，国家公共权力进入国际关系领域的机会也越来越多。显而易见，国家公共权力不是一种仅仅适用于处理国内公共事务的权力，它也能够在处理国际公共事务方面发挥重要作用。在解决国际领土争端、维护本国企业跨国投资的正当权利以及应对生态危机、贫困等全球性问题方面，国家公共权力的作用都是不容低估的。在国际交往和交流的舞台上，一个国家的主体性总是必须借助于它的公共权力来彰显。

国家治理的伦理空间可以区分为国内伦理空间和国际伦理空间。当一个国家的公共权力延伸至国际关系领域时，它运行的伦理空间就会发生根本性变化，国家治理的伦理空间也会相应地从国内延伸至国际。除了应该继续受到本国或本民族的伦理要求限制之外，它还必须接受国际伦理的制约。什么是国际伦理？它是由支配国际关系的伦理思想、伦理规范、伦理精神和伦理实践统一而成的伦理体系，其要义是通过“国际正义”这一伦理概念来表达的。国际伦理是因为这样一个现实难题产生的：国家治理者在借助于本国公共权力进行国际交往和交流时，要经常性地面对如何在国家利益和国际正义之间进行取舍的问题。它往往表现为一个道德上的两难选择——国家治理者通常会陷入顾此失彼的尴尬境地。

黑格尔坚信，国家是最高的伦理实体或伦理领域的最高阶段，认为国家能够保证个人实现独立性和普遍性的统一，但他将国与国之间的关系仅仅归结为一种契约关系，并且认为它只能依靠国际法来维护。在黑格尔看来，国际法产生于国际关系中，但它不是一种伦理精神，仅仅是一种不会被世界各国严格遵守的“世界精神”。[①] 正是基于这种认识，他将国与国之间的关系完全归结为一种相互排斥、相互否定、相互冲突的利益关系。他说：“国家作为一个独立性的实体，它与其他国家发生的关系是一种否定的关系，并且这种否定关系通过各种形式的摩擦而表现出来。”[②] 黑格尔意在强调，所有国家都必须通过国际关系来彰显其独立性，但国与国之间只有利益的算计和竞争，甚至一个国家试图以不合乎道德的方式征服和

---

① 黑格尔：《法哲学原理》，第 152 页。

② 同上书，第 149 页。

消灭另外一个国家的事情在任何时代都有可能发生。不难看出，黑格尔表面上是在宣扬一种“国际无伦理”的思想，但他实际上是在用许多西方哲学家宣扬的人性自私论来界定民族的本质属性，并以此为基础建构了一种狭隘的民族利己主义国际伦理观。

黑格尔的国际伦理观之所以是狭隘的，是因为它错误地将国与国之间的关系完全归结为相互对立、相互排斥、相互否定的利益关系，这不仅从根本上否定了国与国之间的相互依赖和相互肯定的现实可能性，而且从根本上否定了国与国之间和平相处的伦理可能性。纵观人类社会发展史，虽然国际矛盾和冲突从来就没有真正停止过，但是国与国之间和平相处的事态也并不少见。正因为如此，康德曾经设想国与国之间可以通过缔结杜绝战争的和平条约实现“永久和平”。① 当代美国哲学家罗尔斯在继承了康德追求“永久和平”思想的基础上，提出了借助于“万民法”维护国际正义和世界和平的观点。② 他认为，不同民族之间应该“有相互援助的条款，以便可以共同应对饥荒和干旱；而且如果可行的话，也应该包括一些条款去确保所有已获得合理发展的自由社会里人们的基本需求得到满足”。③ 显然在罗尔斯看来，国际关系总是存在相互依赖、相互肯定和相互合作的一面，特别是在应对饥荒、干旱等灾难时，国与国之间承担相互援助的责任是应该的，也是可能的。

在错综复杂的国际关系格局中，国家治理者无疑具有用国家公共权力捍卫本国利益的道德责任。特别是当国家治理涉及国家核心利益——即涉及国家生死存亡的利益时，他们更是应该义无反顾地捍卫这种利益，否则，就会成为国家的罪人。“民族国家是以一种主权和领土为基础的组织”，④ 维护领土主权的完整是所有国家的核心利益，如果一个国家的治

① 参见康德：《永久和平论》，何兆武译，上海人民出版社2005年版。

② “万民法”是罗尔斯在其晚年著作《万民法》中使用的一个概念，其要义是将他在《正义论》和《政治自由主义》等著作中以社会制度保障的社会正义观延伸至国际关系领域，以推动国际社会形成尊重人权、文化差异性以及维护国际和平的国际正义秩序。罗尔斯的“万民法”是一种国际正义观念。参见罗尔斯：《万民法》，陈肖生译，吉林出版集团有限责任公司2013年版，第4页。

③ 罗尔斯：《万民法》，第18页。

④ 郭忠华编：《全球时代的民族国家：吉登斯讲演录》，江苏人民出版社2012年版，第13页。

理者不能确保国家领土主权的完整，就没有尽到国家治理者的基本道德责任，他们治理国家的能力就是令人怀疑的。在近代，西方资本主义列强凭借坚船利炮打开了中国的大门，强迫软弱无能的晚清政府签订了一系列丧权辱国的条约，中国沦为半殖民地半封建社会，就是历史明证。

维护本国利益是国家治理者不可推卸的道德责任，但这并不意味着他们可以成为民族利己主义者。民族利己主义者总是狭隘地将自己的国家视为世界的中心，并且片面地强调本国利益，而将其他国家仅仅当成可以利用的工具来对待，有时甚至为了本国的一己私利而不惜破坏应有的国际秩序。我们不难想象，如果每一个国家的国家治理者都是民族利己主义者，国与国之间就会陷入永久的战争，国际秩序就无从谈起，遑论人类的整体现代化发展与历史进步。

在笔者看来，国家治理的伦理空间与国际治理的伦理空间之间存在重叠、交织的地方。要克服狭隘的民族利己主义，国家治理者需要具备尊重国情差异性和世界文明多样性、积极促进世界和平与发展的国际伦理观。这种积极的国际伦理观反对国家治理者将国与国之间的关系归结为纯粹利益关系，尤其反对为了一国私利粗暴地干涉他国内政，推行霸权主义、强权政治；主张尊重和维护世界各国享有和平发展的平等权利；强调相互包容、和平相处、同生共荣、互利互惠和协同共享的道德合理性。这种积极的国际伦理观是以维护国际正义为核心伦理价值取向的，它可以在国家治理和国际治理重叠、交织的伦理空间中得到体现。

国际正义是人类维护国际秩序的伦理基础，它通过国际分配正义、国际矫正正义、国际环境正义等多种形式表现出来。国际分配正义要求世界各国在分配物质财富、政治权利、发展机会等社会资源方面最大限度地体现公正性，这是世界各国和平相处和共同发展的伦理前提；国际矫正正义要求对社会资源的国际分配不公进行有效的矫正，这是世界各国减少对立冲突的必要伦理途径；国际环境正义则要求世界各国在自然资源的开发利用问题上充分体现环境权利和环境义务的对等性，这是推进人类社会实现可持续发展的生态伦理保证。与国内正义一样，国际正义不可能是绝对的，但它需要借助于一定的国际机构（如联合国）、国际惯例和国际法得到某种程度的维护和实现，否则当今世界的发展与未来是无法想象的。同时，维护国际正义必须与国际秩序的改革完善相匹配，否则同样难以彻底保障国家治理实践成果的巩固。

维护国际正义是所有国家治理者的共同道德使命。世界是所有国家的世界。国与国之间的竞争在所难免，但合作的空间也非常广阔。正因为如此，维护国际正义需要国家治理者防止推崇民族利己主义的错误，倡导“己所不欲，勿施于人”和“己欲立而立人，己欲达而达人”的仁爱原则，既注重捍卫本国的发展权利和利益，也能够充分尊重其他国家的发展权利和利益。当今中国的国家治理者坚持走和平发展、同生共荣、互利共赢、协同共享的民族复兴道路，正如习近平总书记所说：“实现中国梦，必须坚持和平发展。我们将始终不渝走和平发展道路，始终不渝奉行互利共赢的开放战略，不仅致力于中国自身发展，也强调对世界的责任和贡献；不仅造福中国人民，而且造福世界人民。”①

余　论

国家治理与人类的道德诉求紧密相关。一方面，国家治理者总是依据一定的道德价值观念进行国家治理活动。秉持“天下为公”、“自私利己”或其他的道德价值观念治国理政，对国家治理的成败得失会产生不同的深刻影响；另一方面，人类社会约定俗成的道德原则和规范，能够对国家治理形成强有力的规范性制约。国家治理不能不遵循人类普遍认可和接受的道德原则和规范，否则，就不具有道德合理性基础，更不可能得到人们的广泛道德认同。

“国无德不兴，人无德不立。”② 国家治理无疑兼有政治性和伦理性双重维度。政治性是国家治理的事实维度，其要旨在于将人类治理国家的活动纳入由政治利益诉求、政治机构、政治制度等构成的政治体制框架内。伦理性是国家治理的价值维度，其要旨是通过对国家治理的政治体制进行道德价值认识、道德价值判断、道德价值定位和道德价值选择的方式，在国家治理的整体框架内建构强有力的伦理制约机制。笔者坚信，国家治理的伦理性高于它的政治性，因为后者的价值边界或道德合理性边界是由前

① 习近平：《习近平谈治国理政》，第 57 页。

② 同上书，第 168 页。

者划定的。伦理的强有力规约是国家治理者能够将国家治理活动引向向善、求善和行善方向的根本原因。国家治理重在彰显它的伦理性维度。

我国目前仍然处于推进现代化的进程中。要全面实现现代化，关键是必须实现国家治理体系和治理能力的现代化。推进国家治理体系和治理能力现代化的核心内容，是要充分凸显国家治理的伦理维度，或者说，是要将国家治理真正引向合乎伦理的方向。现代化的国家治理模式要求彻底改变奴隶制国家、封建制国家等传统国家形态的统治式国家管理模式，要求通过倡导现代意义上的自由、平等、民主、公正、共享等理念推动国家朝着越来越好的方向发展，要求通过维护国民基本权利的方式彰显以人为本的伦理精神，要求通过采取德治和法治并举的国家治理方略将国家治理的手段善最大化，要求通过维护国际正义的方式展现必要的国际伦理视野。充分发挥伦理在国家治理中的规约作用，使国家治理合乎伦理要求，应该成为我国推进国家治理体系和治理能力现代化的总体奋斗目标。

国家治理的道德记忆基础

国家治理既是一个政治学问题，也是一个伦理学问题。一方面，国家治理总是在一定的政治框架内发生，并会通过具体的政治动机、政治制度、政治机构、政治后果等要素表现出来；另一方面，国家治理又总是在一定的伦理框架内发生，并通过具体的伦理动机、伦理原则、伦理机制、伦理后果等要素表现出来。于是，国家治理活动同时表现为政治和伦理两个维度。

国家治理的政治维度和伦理维度是由人类的政治本性和道德本性决定的。这意味着，人类不仅必须依靠国家和社会的政治权力过政治生活，而且必须依靠自身的道德修养过道德生活。作为政治动物和道德动物，我们对政治权力和道德规范的依赖具有代际传承性。因此，人类社会形成了源远流长的政治生活史和道德生活史，并在此基础上形成了丰富多彩的道德记忆。

道德记忆是关于人类道德生活经历或道德生活史的记忆，是人类记忆思维的一种特殊表现形式，也是道德在人类社会能够保持强大生命力的一个重要原因。由于人类道德生活经历是通过明辨善恶和趋善避恶的历史事实来标示的，因而道德记忆实质上就是关于善恶的历史记忆。

人类的道德生活史和道德记忆可以追溯到原始社会。恩格斯指出，在国家出现之后，“旧氏族时代的道德影响、因袭的观点和思想方式，还保存很久，只是逐渐才消亡下去”。这一方面说明原始社会存在氏族道德规范；另一方面说明氏族道德规范对人类进入国家状态之后的社会生活产生了久远影响。尽管原始社会的消逝是历史的必然，但走出原始社会进入阶级国家历史进程之后，国家的各种活动一直都受到人类道德记忆的深刻影响。可见，在国家状态下的人类生活，从一开始就与一定的道德记忆密切相关。

国家治理是人类进入受国家体制支配的社会状态之后遭遇的一个重大现实问题。原始社会仅仅存在氏族部落管理问题，人类以血缘关系为纽带联结在一起，以氏族部落的方式过着简朴的群居生活。每一个氏族部落都按照原始氏族制度管理，血缘关系的联结力和氏族酋长的权威在部落管理中发挥着举足轻重的作用，总体上管理工作比较简单、容易。进入国家状态之后，人类不再受限于氏族部落的狭窄空间，社会生活与个体生活的交融性、流动性和公共性不断加强，人与人之间的利益矛盾日益复杂和尖锐，国家治理也因此而成为紧迫的现实需要。

与氏族部落管理不同，国家不再单纯依靠人与人之间的血缘关系和部落酋长的权威来约束人们的思想和行为，而是采取公共治理的方式来整治社会秩序。具体地说，国家治理必须依靠专门的公职人员和公共机构才能进行，对社会秩序的整治具有专门化、公共化、综合化、系统化、规范化等特征，所要达到的规模、水平等都与原始社会的氏族部落管理模式有着根本区别。

国家治理与人类的道德诉求紧密相关。第一，国家治理本质上具有向善的伦理特征。人类进行国家治理的根本目的是要将其自身受国家这一政治体制支配的社会生活纳入井然有序的状态，并使其自身过上人之为人应有的幸福生活，因此，国家治理反映着人类普遍价值诉求，在本质上是向善的。第二，国家治理者总是依据一定的道德价值观念进行国家治理活动，不同的道德价值观念对国家治理的成败得失会产生不同影响。治理者或以天下为公、大公无私的道德价值观念治国理政，或以公私不分、损公肥私的道德价值观念治国理政。第三，人类社会约定俗成的道德原则和规范能够对国家治理形成强有力的规范性制约。例如，任何时代的国家治理都必须在一定程度上符合或体现仁爱、公正等被人类普遍认可和接受的道德原则和规范，否则其就不具有道德合理性基础，不可能得到人们的广泛认同。第四，前人治理国家的成功经验和失败教训，会通过道德记忆的方式给后人的国家治理活动提供历史参照和道德上的善恶警示。

在国家治理领域，道德记忆是以人类追求善治、避免恶治的历史实践作为主要内容的。善治是充分彰显善性或道德合理性的国家治理模式。实现国家公共利益和国民幸福的最大化，是国家治理的理想境界，也是善治之善得到充分张扬的现实表现。善的国家治理模式合乎人类对国家治理活动的普遍道德价值认识、判断、定位和选择，是人类向善、求善和行善的道德价值观念和道德实践能力在国家治理活动中达到高度统一的现实化表现。恶治是充分暴露恶性或不具有道德合理性的国家治理模式。导致国家公共利益和国民幸福最小化，是国家治理的糟糕境界，也是恶治之恶的现实表现。善治和恶治都是在人类治理国家实践的历史长河中积淀而成的历史性概念。

道德记忆是当代人类推进国家治理必不可少的历史合理性和合法性资源。前人治理国家留下的善治经验和恶治教训，需要通过人类的道德记忆来传承，并为当代国家治理的实践创新提供有益启示。在人类治理国家所形成的传统中，有糟粕，也有精华。对于当代中国的国家治理者来说，承载善治经验和恶治教训的道德记忆是推进国家治理体系和治理能力现代化必不可少的历史依据，也是立足现在和开创未来的必要条件。向人类过去的道德生活经历学习，向人类既往的道德生活史学习，向人类积累的优秀道德文化传统学习，是每一个国家治理者都应该注重培养的一种重要道德品质。

分配正义的两个基本原则

世界是差异性与同一性的统一，人及其分配正义也是如此。历史上出现的各种分配正义原则，大都可以归约为差异性正义与同一性正义这两大基本原则。差异性与同一性是相互依存、交互竞长、相互规约地存在和发展的，相应地，差异性正义原则与同一性正义原则之间也存在着相互依存、交互竞秀、互相制约的张力关系。正是两种正义原则之间的张力，成为推动人类文明不断发展进步的“内在”动力。

一　差异性原则与同一性原则的提出

所谓差异性原则或差异性分配正义原则，关注的是不同的人因某些被认可的差异而得到不同的对待；所谓同一性原则或同一性分配正义原则，则关注人们因某些被认可的同一而得到相同的对待。尽管差异性原则与同一性原则的差异很大，前者据于人及其活动的差异性，后者据于人及其活动的同一性，但是作为分配正义的两大基本原则，二者又是相互渗透、相互依存的。所以，当我们进行某种差等对待时，其实内含着对某些同一的认同，而当我们进行某种同等对待时，又不得不关注甚至尊重某些差异的实存。

差异性原则与同一性原则的划分，是基于人是差异性与同一性之现实的自觉的统一体。差异性与同一性的并存是世界与人的存在状态，对这种存在状态的认识与觉解，必然会影响人与人之间各种关系（包括分配关系）的调节。反过来，作为合理调节人际利益分配关系的分配正义，必然要深入反映人的这种现实存在状态，即分配合理性的生成与实现既要体现差异性（原则），又要体现同一性（原则）。

历史地看，人们对分配正义的认识大都涉及差异性原则与同一性原则，只是尚未清晰地认识到：这两个原则是分配正义的基本原则，二者相互依存、相互限制，对各种社会分配现象发挥着内在的不同支配作用。但是，囿于不同的历史环境、制度体系、社会发展进程和思想观念形态，这两个原则能否合理地贯彻到分配过程之中以实现公平正义，便呈现出鲜明的时代性特征。

人及其活动的差异性与同一性，是正义理论无法回避的两个重要方面。综观人类思想史中的各种正义理论，大都可以从差异性正义原则与同一性正义原则两个方面进行归纳和理解。

当代英国哲学家布莱恩·巴里认为，诸正义理论可以归结为两种最主要的正义理论，一是作为互利的正义；二是作为公平的正义。前者以利己作为行为正当的动机，结果是按商谈实力分配；后者以遵守原则为行为正当的动机，结果是均等分配。[①] 若以差异性和同一性原则来分析之，"作为互利的正义"虽涉及两原则，但更多地是指向差异性正义原则；"作为公平的正义"也涉及两原则，但更多地是指向同一性正义原则。所谓互利，是强调效益和个人利益的重要性，它必然关注个体之间的差异。同时，由于利益的获求是相互支持的，这又要以某种同一作为合作基础。所谓公平，本身就直接建立在人的类同一性基础之上，它又派生出对待标准的同一性、实现过程的对等性等原则，而对这些原则的遵从，既可能造成结果的平等也可能造成结果的差等。[②]

将正义进行"互利的"与"公平的"两种划分，其中更大的问题在于划分标准的不统一，这势必造成内容交叉。因为互利可以有公平的互利与不公平的互利，公平也可以有互利的公平与不互利的公平。

罗尔斯与诺齐克关于正义理论的争论，其实质也大致可归结为偏重于同一性正义与偏重于差异性正义之间的较量。罗尔斯从"作为公平的正义"出发，认为那种使社会中最穷者的福利最大化收入的财富分配才是正义的。诺齐克则立足于极端自由主义立场，举起"持有正义"的大旗

① 布莱恩·巴里：《正义诸理论》，孙晓春等译，吉林人民出版社2004年版，第8页。

② 参见易小明：《对等：正义的内在生成原则》，《社会科学》2006年第11期。

直接对抗罗尔斯的分配正义论，认为任何分配正义都是持有正义，持有只要求合理而不要求平等。虽然罗尔斯与诺齐克都持自由主义立场，但他们的分配正义理论的差异是鲜明的：罗尔斯关注到了人的差异性，但更倾向于强调人的同一性在正义考量中的地位，强调基本资源分配应当平等；诺齐克也体察到了人的同一性，却更倾向于强调人的差异性在正义考量中的地位，强调只要根据正当的获取原则而获得的结果，无论差异多大，政府都没有资格来“随意”抹平。

学界一般认为，罗尔斯与诺齐克的较量是平等与自由的较量，但我们认为，用差异性原则与同一性原则的较量来概括则更为贴切。

平等与同一性原则的对应性是显而易见的。平等就是基于人类之类同一性的存在以及人们对这种存在的认知与践行。在某种意义上说，人类文明进步的历史，就是人类平等不断生成与发展的历史，而人类平等生成与发展的历史，也就是人类之类同一性不断显现、不断认同和不断扩展的历史。

自由与差异性原则的对应性虽不如平等与同一性原则的对应性那样明显，但其内在联系也非常紧密：第一，自由内含着活动主体的差异性前提。每个自由活动主体是独特的个体，是与他人有差异的个体。第二，认同自由意志也必然要认同差异意愿。自由是个体的自由，个体意味着具有区别于他人的意志，对个体意志自由的认同就意味着对个体区别于他人的差异意愿的认同。第三，认同自由表现，就必须认同差异结果。由于各种差异的先在，主体的自由可使这些差异不断衍化发展，继而生成差异结果。在这里，自由已成为主体差异得以不断显现扩展的必要条件。

但是，作为对活动结果差异的恰当调适，分配正义所关注的主要是人们的分配结果——是平等或不平等，而非自由本身，因此自由不能直接构成分配结果的一个方面——差等。如果没有先在差异，自由本身不可能直接导致分配结果的差异，而能导致结果差异的只能是人及其活动的差异，自由不过是实现这种先在差异向分配结果差异转导的条件。因此，在分配正义中，自由根本不具备与平等直接对抗的“资格”，二者不在同一层面。相反，正如能与同一对抗的只能是差异一样，能与平等对抗的只有差等。平等的前提也许是强制，差等的前提也许是自由，但平等与差等的对立无法直接转化为平等与差等的前提——自由的对立，正如差等与平等的对立不能直接转化为差等与平等的前提——强制的对立一样。

分配的平等或差等，必然涉及人及其活动差异的合理性存在问题。在某种意义上，分配的结果差异往往是主体天赋差异与努力程度差异的对象化。个体努力应当与分配结果相对应，这争议不大。可是，人的天赋差异是否应当与其分配结果对应？在多大程度的对应才是合理的？这却值得深究。

罗尔斯对天赋资质的规定，既包括个人的天生才智及能力，也包括影响天赋资质发展的家庭教育环境等。他认为，人的天赋资质应当是社会的，因此按个人天赋来分配是自然的、偶然的、不平等的，国家和社会应在分配中发挥更重要的作用。针对罗尔斯的观点，诺齐克则坚持认为国家和社会的主要任务在于保证个体能力的自由发挥，而不是关注这种自由发挥结果的差异有多大。在我们看来，二者都存在问题。罗尔斯的失误在于，为了平等而在一定程度上过度消弭个体差异，进而将个体与社会共同拥有的天赋说成本质上是属于社会的，这显然是一种偏于平等愿望的理论设计。另外，即使天赋应归于社会，天赋造成的财富差异由社会来统一分配，那也不一定就得平等分配。[①] 而诺齐克的失误在于，为了放任自由而将人的差异合理性任意放大，既无视各种不当的先在差异对人的持有与转让行为的影响，又将作为个体与社会共同生成的资质，看作本质上只是个体化的。其实，无论是持有的正义还是转让的正义都必须在社会环境中完成，离开社会合作的支持，人们既无法合理地持有，也无法合理地转让。

我们认为，人是差异性与同一性的统一体，人的差异性与同一性都应在分配正义中得到合理体现；同时，对人的差异性或同一性的强调都要基于一定条件，且要随着条件的变化而变化。所以，现实的正义并不是只讲平等或只讲差等，并不是平等永恒地优先或自由永恒地优先，一个社会某个时期应实行公平的正义还是自由的正义，要视具体情况而定。脱离现实条件抽象地强调某一原则优先，必将失去其规导现实的合理基础。

对于各种社会正义的分析，弗兰克纳认为："不同的思想家已经提出的一些标准是：(1)正义是根据人们的德行和价值来对待他们；(2)在公

① 罗尔斯其实用了两个原则，当强调社会为何应当分配差异财富时，是贡献原则或差异性原则，因社会对个人天赋形成财富差异时作出了贡献；而当强调这部分财富要分给穷人时，则是根据同情弱者的同一性原则。

平地分配善恶的意义上，把人们作为相同者来对待（也许要排除惩罚的情况）；(3)根据人们的需要、能力或两者的结合来对待他们。”① 从差异性与同一性正义原则的角度，我们完全可对弗兰克纳的分析作如下总结：第一、第三个标准主要体现差异性正义原则；第二个标准主要体现同一性正义原则。费因伯格则将社会正义归结为五种准则：“(1)完全平等原则；(2)需要原则；(3)德才和成绩原则；(4)贡献原则；(5)努力原则。”② 在差异性与同一性正义原则的视域中，这五个原则也可作如下归纳：第一个准则基于同一性原则；第二个准则是两个原则的混用；第三、第四、第五个准则主要体现差异性原则。

人的长期的差异性与同一性的现实表现，促使人们形成相应的“求异”或“求同”的心理意识，继而形成一种根据同一性或差异性标准来合理分配社会资源的心理倾向。于是，人的差异性与同一性的现实表现便可能归化于主体的这种正义价值追求之中，即差异性正义原则与同一性正义原则及其关系，可通过不同情境下人们的差异性或同一性表现而实现出来：一般而言，当人的同一性得到社会普遍强调和张扬时，人们便会产生出一种趋向于认同同一性正义原则的力量，而当这种同一性被过分地强调和张扬时，又会促使同一性正义向其反面——差异性正义的方向发展；同样地，当人的差异性得到社会普遍强调和张扬时，人们会产生出一种趋向于认同差异性正义的力量，到了这种差异性被极度强调和张扬时，又会促使差异性正义向其反面——同一性正义的方向发展。由于人是差异性与同一性的现实统一，因此，这两种趋势、两种力量都是社会所需要的，它们促使两种正义原则在不同历史发展过程中表现出相互竞争又相互协同、相互规约又相互促进的关系。

在什么样的分配才是正义的问题上，人们之所以给出两种不同的、甚至在某些方面是完全对立的回答，如“不平等的分配是现实的，但它不是正义的；平等的分配是正义的，但它是不可能的”③，这既与表达者钟

---

① 威廉·K. 弗兰克纳：《伦理学》，关键译，生活·读书·新知三联书店 1987 年版，第 103 页。

② Joel Feinberg, *Social Philosophy*, Upper Saddle River, NJ: Prentice Hall, Inc., 1973, p. 109.

③ 姚大志：《分配正义：从弱势群体的观点看》，《哲学研究》2011 年第 3 期。

情于其中的一种原则有关，又与“两种含义不同的‘正义的’概念”的相互纠缠有关。[①] 究其根本，是差异性原则与同一性原则本身在正义分配过程中存在着内在矛盾。其实，不平等的分配不一定是不正义的，而平等的分配也不一定是正义的，关键在于合理把握这种平等与不平等的范围和程度，这既离不开一定历史条件下差异性正义原则与同一性正义原则的内在作用机制，也离不开当时人们的文化观念与价值期待心理。

二 两种正义原则的自然—文化生成机理

差异性与同一性是世界存在的两种状态属性。存在物特别是生物不仅表现差异性与同一性，而且为差异性表现原则与同一性表现原则所支配。只是到了人类社会，这两种表现原则才涉及其合理与否，才上升到正义的高度。由于人类历史既是自然发展的历史，也是社会文化发展的历史，因此，差异性正义原则与同一性正义原则的生成，也就必然是自然发展原则与社会文化发展原则共同作用的结果。

现代科学证明，生命的产生与人的产生一样经历了从同一到差异、从简单到复杂、从低级到高级的发展过程，这不仅使生命种类繁多而且使生命个体多样。生命存在与发展的这种差异性，决定了它们生存需求的差异性，进而决定了其生存资源配置的差异性。

无论是植物界的适者生存还是动物界的弱肉强食，都是自然存在秩序的一种表达，而其表现原则是以差异性原则为主的，即差异的物种享用差异的资源，强者占有较多资源，弱者占有较少资源，甚至强者占有弱者。只不过，这种差异性表现原则通过人类文化积淀而“转入”人类社会以后，便发展成差异性正义原则——也就是差异性的对等表现原则，即差异者与差异化占有之间要符合某种原则或比例，差异化占有要受到某种同一性原则的指导与“关照”才行。可见，差异性正义是具有自然的差异表现之根柢，所谓正义不过是对这种“先在”差异表现的文化“修饰”，这也就是人类社会中的差异性正义为什么总是与残酷、竞争、发展、效率相

① 段忠桥：《关于分配正义的三个问题——与姚大志教授商榷》，《中国人民大学学报》2012年第1期。

关的重要原因。然而，当我们用人类社会的差异性正义原则反观自然的原生态差异性表现，在指责其野性与野蛮、发现自己在何种意义上有所超越与进步时，也会不由自主地感叹这种差异性表现的直接、赤裸与高效。从“强”到“食”、从“弱”到“肉”，无疑是自然界中的一种“对应”秩序；而从“勤”到“富”、从“能”到“贵”，则是人类社会中的一种“对等”秩序。从对应到对等，从一种秩序到另一种秩序，追求秩序的内在本质没有改变，但秩序本身的内含以及追求秩序的方式却大为变迁：“自然对应”是一种无文化原则干扰的差异的直接表白，“社会对等”则是有文化干扰的差异的含蓄表现。所以，从这个角度来讲，人类文明的差异性正义原则只不过是通过人类文化而被合理化、精细化了的自然的差异性表现原则而已。

其实，不同物种对自然资源的差异性享用乃基于自然本身的发展，它有其内在的合理性。作为自然界长期发展的产物，各物种的生成及其差异是自然资源差异性配置的天然前提。从生态正义的视角来看，这种资源的差异性配置因其效用突出而产生了对整个生态秩序的有力维护，因而在某种意义上大致体现了自然之差异表现的“粗放的正义”精神。① 在自然物种生存的资源配置中，其基本原则是根据物种的自然需求差异而配置，这些物种既是阳光、空气、水分等自然资源的共同享有者，又可在它们之间形成享用与被享用的关系。各种生物的生存需求依自身在生物链中的不同位置而确定，而不同生物之间的数量协调和死亡压力则与其生存环境和整个生态系统的要求密切相关。因此，生物界中资源差异性配置的合理性，正是在于自然资源得到了充分有效的利用，维护了自身存在与整个生态系统的平衡。鉴于生物的需求有其自然限度，这种按需求差异“实行”的资源配置方式，便直接体现为自然资源的高效利用与有限“消费”相和谐的原则。

从物种间的自然安排转进到同一物种的不同个体层面时，生存资源差异性配置面对生存竞争压力，其实际效用则主要取决于不同个体的差异化

---

① 这一原则是否具有准“正义性”？或后来人类正义之根是否延伸到此？从正义维护整体生存秩序的角度来看则可以如此认为，毕竟正义在本质上要基于对人类整体生存秩序的自觉维护。在秩序维护上，人类正义特别是差异性正义与自然界按需求差异进行资源配置之间，必然具有内在的连接通道。

生存能力，而个体间的生存竞争在提升个体生存能力的同时，又有利于该物种的延续。可见，生物资源差异性配置最重要的功能是对效率的维护，所指向的是资源使用效益的最大化，而它反过来又规定了物种进化得以在这一效益最大化过程中实现。不难发现，这一配置过程是效益原则与进化原则相统一的过程，而促成其统一的中介正是竞争。生存竞争既是不同物种之间的竞争，也是同一物种不同群体、不同个体之间的竞争，不同物种生存资源的差异性配置和生存竞争，促进了生态系统的不断进化；同一物种不同个体生存资源的差异性配置和生存竞争，促进了个体和整个物种的不断发展。可见，自然资源的差异性配置既促成了自然资源的高效利用，又促成了生物的不断进化。这个“二而一”的发展过程，既是整个自然的发展过程，又是物种自己的发展过程，同时是物种中个体不断努力生存的过程。

从植物到动物，再从动物到人，生物“主体”的能动性是不断增强的，当发展到人类社会时这种能动性就通过文化而打开了新的空间，成为一个超越自然规定边界的无限可能的自由世界。人成为能够制造和使用工具的存在物，进而在不断的生存实践中使其能力急速增强，人不仅在整个自然中以类能力凸显的方式征服他类，也在同类中以个体能力凸显的方式征服他者。

然而自阶级社会以来，不仅人类“过分陶醉于……对自然界的胜利。对于每一次这样的胜利，自然界都对我们进行报复”，[①] 而且社会发展过程中形成的两极分化总是与阶级斗争紧密相连——哪里有压迫哪里就有反抗。我们认为，这正是事物存在的类同一性在内部自发地发挥着规导或引领作用，差异不可能离开同一而独立存在。

事物的类存在、类同一性是事物同一性表现的内在基础，它具有不同的层次。某一事物某一层次的同一，既是其内各具体差异得以统一的平台，又是更高层次同一的一个差异据点。可见，差异与同一是内在地联系在一起的，以某种方式共同构筑着事物的存在状态。因此，人与自然的差异、人从自然中的脱颖而出，并不能使人完全脱离其自然生态、生命同一的规约；人与人之间的差异、个体的卓越与超群，也不能完全脱离其间类

① 《马克思恩格斯文集》第 9 卷，人民出版社 2009 年版，第 559—560 页。

同一性的规约。由于人类既是一种自然的规定物又是一种社会文化的规定物，因此人的类同一性既包括自然类同一性又包括社会文化类同一性，这两种类同一性共同地、内在地规定着人的差异性的任性表现，只不过，相对于自然类同一性规定，社会文化类同一性的规定可能更加能动、更加合理也更加自觉。

正因为自然与社会文化的双重规定，因此人常常用社会文化性来修饰其自然性，又用自然性来支撑其社会文化性，并力图打开二者的连接通道。按自然的差异性原则配置资源，有其“自然”合理性，但无法直接转换为人类社会的、人们经过文化认同的社会合理性。也就是说，人类社会要对自然的差异性原则进行属人的文化的合理改造才能通行。这种改造包括两个方面：一是继承；二是发展。差异性表现对应其相应结果的分配原则，是人类有阶级社会以来一直都实现着的原则，其本质就是差异表现与差异收获的大致对接。但差异性表现原则要成为正义原则，就必须受到人类相应文化的限制，而限制这种差异性表现的一个主要力量正是同一性及其表现原则的生成与发展。我们认为，同一性及其表现原则对差异性表现的限制主要体现在两个方面：一是生成可以与差异性表现原则分庭抗礼的同一性表现原则；二是在差异性表现过程中渗入同一性原则，以使差异表现规范化、标准化、合理化，差异表现与差异收获之间形成某种应然对等。正是在这个意义上，正义必须产生于同一性被意识到、被提及、被认同、被观念化的地方。没有同一性表现的崛起，没有同一性表现的观念化、合理化、文化化，就没有正义的真正入场。可见，正义在生成伊始是作为对任性差异的反抗，作为基于认同某种同一性的平等而提出的，于是人们常常将正义理解为平等便不足为奇了。

然而，平等并不是正义的全部内容，而只是正义的一个方面，即它只是同一性正义的一个内在要求。由于人与人之间有某种同一性，当然也就有据于这种同一性的平等要求，这是平等的“显性”价值。平等还有其“隐性”价值，即它是构成差异性正义的一个生成要件，差异性表现原则只有经过平等过程、根据某种平等原则，才能成为差异性正义原则。比如，认为过大的收入差距是不正义的，是因为它有悖于平等，这是基于“显性”的平等原则；而在差异的表现过程——亦即差异结果的生成过程中，人们是否实现了机会均等和平等地参与竞争，就是基于“隐性”的平等原则。特别是要把自然的差异表现与差异收获的粗放对应，转化为社会文化的差异表现与差异收获的精致对等，就必须是有根据、有标准、有规则、有法度地实现转化，而这里的所谓根据、标准、规则、法度，本质上都是基于人的某种共同要求而产生的某种原则。只要是原则就必然包含着同一性的内在要求，即所有的人都同等地按某种原则行事，不得因其他差异而有例外。

总之，同一性表现的实践凸显与观念生成，不仅使同一性原则本身成为正义的一个方面，也使差异性表现因同一性原则的渗入而转化为差异性正义原则，其中当然包括人类文化认同与价值选择因素（这里不再展开）。所以，从正义生成的角度来讲，同一性的作用主要有两个方面：第一，创生同一性分配原则，通过同一性原则来对极端差异化分配进行总体调控。第二，用同一性原则对差异性原则进行渗透与改造，使差异之因与差异之果通过文化认可而对接。如按劳分配或按生产要素分配便是如此。这样的改造，就使得自然界中自然显性的差异性资源配置原则转生出社会文化显性的差异性配置与同一性配置两个原则，由自然的优胜劣汰原则转生出人类社会的“奖优且顾弱”原则。这一转变不仅是从一到二的形式之变，更是从自然到文化，从只彰显差异、强调效率到彰显同一、兼顾平等，进而实现了从强力统治到正义治理的重大变化。

从差异性与同一性存在到差异性与同一性表现，从差异性与同一性表现到差异性与同一性表现原则的生成，从差异性与同一性表现原则的生成到差异性与同一性正义原则的生成，这一过程是自然过程和文化过程的统一。它既是生物能动性不断发展的过程，也是人类能动性不断超越的过程；既是生物自发表现其个体差异性与类同一性的过程，也是人类自觉表现其个体差异性与类同一性的过程。

虽然自然界是差异与同一的统一，人类社会也是差异与同一的统一，但它们表现差异与同一的方式却差异甚大。自然界主要是按自然差异形成的秩序差异进行分配——即不同种群之间的差异性资源配置原则与同一种群不同个体之间的差异性资源配置。个体之间的同一性资源配置——比如所有个体的狼都能吃野兔，只是不同种群在其差异性资源配置环境中产生的“同种同配”的客观作用。也就是说，个体之间的同一性资源配置的生成环境，必须是发生在不同种群之间，而不是同一种群的不同个体之间。并且，在不同种群之间产生的差异性配置中，同一种群个体形成的同一性配置要绝对受到同一种群中不同个体之间的差异性配置作用的现实规定与影响，即受不同个体生存能力差异的影响。因此，就自然界里同种个体中的弱者而言，种际差异性资源配置中所产生的同种同一性资源配置就常常只是一张空头支票。可见，自然界中的同一性资源配置原则能否真正发挥作用，并不由种的“同一性”说了算，而往往是由个体的“差异性”能力说了算。这是动物种群生存过程中个体差异性表现相对较强类同一性表现相对较弱，从而使差异性表现原则而不是同一性表现原则居于主导地位的根本原因。

然而在人类社会中，个体的生存状态不仅个体差异性说了算，而且个体的类同一性说了也算。比照自然界中同一性资源配置原则对于弱小动物个体常常只是空头支票，在人类社会中这一原则却可以真实兑现，即同一性资源配置得到了人类文化制度的认同——特别是在人权观念的产生和影响下，保障人的必要的基本生活就是以人的同一性存在或同一性表现原则为根基的。如此，自然界中的弱肉强食，在人类社会中就变成了不仅强者有食，而且弱者也有食。作为一种正义诉求，这是人类扬弃自然“丛林法则”、发现和认同人的类本质，进而形成类观念、类文化、类制度、类关怀的结果。

在“生存权”的意义上，自然界通行的原则是“优胜劣汰”，而不断文明化的人类社会的原则却是“优胜劣不汰”，可见人类文明的原则既不是全盘继承也不是全盘否定自然原则，而是批判地继承，是扬弃。当然，仅从效率的层级角度看，“优胜劣不汰”方式比“优胜劣汰”方式要低，而“优不胜劣不汰”方式则更低。优胜劣汰是只有效率的自然原则，优不胜劣不汰则是只有平等的“理想”原则，而优胜劣不汰则是效率与平等两相兼顾的社会原则，它基于自然与文化的协同。不过，即使兼顾效率与平等的人类社会，也有着不同的组合方式：可以效率优先兼顾平等，可以平等优先兼顾效率，也可以平等与效率并重。但无论以何种方式来组织人类社会生活，最终都会集中体现在人如何提升其生存质量、如何和谐生存上，而平等与效率的高度协同则是实现和谐生存的基本前提。

至此，必须回答一个问题：与自然界主要表现为一种差异化发展相比，为什么人类社会一经产生，客观上就要实行一种限制差异任意发展甚至反差异化（本质是某种反自然）发展的原则？这似乎可以从事物自我否定的矛盾运动中得到说明，即差异的“灭亡”是差异自身不断发展的必然结果。然而，自然本身的发展理应是差异化与同一化发展的统一，但从历史表现来看，它却是更加偏重于表现差异化发展原则，同一化发展仿佛只是差异化发展的一个“手段性”条件。世界确实是充分显现着差异性的，自然从无到有、从简单到复杂的发展生动体现了差异化发展的精神，而作为万物之灵长，人的产生更是自然差异化发展的确证，是自然差异化发展的标志性成果。但是，自然世界的差异化发展并不否定同一性的客观存在，多样的世界也是同一的世界，既有种的同一，也有类的同一，还有属的同一。正是同一的客观存在，才为后来人类社会的平等提供某种内在根据。而平等一旦产生，又反过来为更多、更新的同一提供更加广阔的发展空间。于是，同一性所展现出的历史作用，便依靠人类不断进步的文明化之杖而顽强崛起、日益壮大。可见，人类社会的形成并不单纯遵循自然发展原则，而是对自然发展原则有所创新：自然主要以差异性原则为主，而人类社会却不断凸显同一性原则，人类文明的脚步只有坚实地踏上以同一性原则改造差异性原则的道路，才能实现人、社会、自然之间的和谐发展。

人之所以能够发现、认同、发展同一性，之所以能够不断生成和培育同一性文化，是因为人类在漫长的历史发展过程中形成了穿越事物现象和差异、把握事物本质与同一的普遍性能力，这既是一种能够“按照任何一个种的尺度来进行生产”[①] 的类生产能力，也是一种能够超越其物种自然规定而获得自身自由发展的类生活能力。[②] 这种能力的生成基于这样两个条件：首先，人能够进行观念化的抽象思维。“人把自身当做现有的、有生命的类来对待，因为人把自身当做普遍的因而也是自由的存在物来对待”，[③] 这种对待是要以抽象思维能力为前提的。正是由于人能够从具体上升到抽象，因而能够超越自身种属的特殊规定，从而获得观念意识的“跨越性”自由。其次，人能够根据观念的要求进行现实化、感性化的活

① 《马克思恩格斯文集》第 1 卷，人民出版社 2009 年版，第 163 页。

② 在某种意义上，自由不过是动物能动性超越其自然物种规定的状态或结果。

③ 《马克思恩格斯文集》第 1 卷，第 161 页。

动，即人能够自由实践。实践的本质既在于其本身构成之“实”，也在于如何用观念去化“实”；既在于现实的物质力量，也在于“非现实”的观念力量。所以，我们认为，观念的物质活动性与物质活动的观念性，是合理理解人的实践本质的两个重要向度，离开观念引导的物质活动是盲动，离开物质活动支持的观念是空想。因此，马克思深刻地指出：物质“生产是人的能动的类生活”,[①] “自由的有意识的活动恰恰就是人的类特性”。[②] “动物只是按照它所属的那个种的尺度和需要来构造，而人却懂得按照任何一个种的尺度来进行生产，并且懂得处处都把固有的尺度运用于对象”。[③] 总之，人的生存本质是实践，而实践的能动性、普遍性、全面性和自由性都基于人的有意识性，基于人能够进行抽象的观念的活动。这样来看，无论是对象性活动、劳动还是自由自觉的活动，它们都是以人的类意识为前提的，没有类意识的参与，这些感性的活动就无法使人成为真正的类存在物、真正的自由存在物。正是“通过实践创造对象世界，改造无机界，人证明自己是有意识的类存在物，就是说是这样一种存在物，它把类看作自己的本质，或者说把自身看作类存在物”。[④]

由于自然原则主要体现差异性原则，社会文化原则主要且愈发体现同一性原则，因此，实现差异性正义与同一性正义的统一，本质上是自然原则与文化原则、物质原则与精神原则的统一——这也是对“完成了的自然主义，等于人道主义，而作为完成了的人道主义，等于自然主义”[⑤] 的一种正义原则的阐释。

自然与社会文化的差异化、同一化发展，使人表现出两大生存价值取向：追求差异与效率和追求同一与平等。在实践中，对这两种价值追求进行有效协同很有必要。有学者认为：“在公平与效率之间，毕竟还有一个谁主谁从的问题……从根本的意义上说，社会主义的公平具有目的的意义，而效率只具有手段的意义。”[⑥] 对此我们认为，作为一种价值追求，

① 《马克思恩格斯文集》第 1 卷，第 163 页。

② 同上书，第 162 页。

③ 同上书，第 163 页。

④ 同上书，第 162 页。

⑤ 同上书，第 185 页。

⑥ 焦国成：《关于公平与效率关系问题的伦理思考》，《江苏社会科学》2000 年第 5 期。

社会主义的平等必然体现着社会主义的某种本质要求，但它必须在平等与效率相协同统一这一人类社会更高原则指导下才能合理实现。平等与效率的高度统一是人类社会发展的理想状态，在一般意义上我们很难也不必区分谁是目的、谁是手段，正如差异必须有度一样，平等也必须有度，无度的差异或平等都无法实现公平与效率的高度统一，必将带来严重的社会问题。作为对资本主义的真正扬弃，社会主义只有实现平等与效率的高度协同统一，才能真正具有内在的强大生命力，因为这种协同统一代表着人类社会的理想发展方向。

三　两种正义原则的发展特征

在人类历史发展过程中，作为分配正义的两个基本原则，差异性正义原则与同一性正义原则明显地表现出这样三个特征：从相互竞替到协同并存、从混然综合到相对分工、从自在运动到意识参与。

（一）从相互竞替到协同并存

历史地看，同一性正义原则与差异性正义原则曾表现出随时代推移而相互替代的特征。在封建时代，地主阶级维护的社会两极分化与农民战争追求的均贫富之间的历史交替就是证明；而马克思主义对于整个人类社会发展的理解，从无阶级的原始社会到阶级社会再到消灭阶级的共产主义社会，同样体现着差异性正义原则与同一性正义原则的相互替代特征。其实，差异性正义原则与同一性正义原则的交替实现，是由人既追求差异又追求同一这两种生命本质诉求，从而也是两种社会实践活动的不平衡发展造成的，差异化的人的自由活动必然不断生成积累社会差异，而当追求平等的心理期待无法承受巨大的社会差异时，旨在消灭这种差异的平等运动便悄然而至。从发展趋势来讲，人作为差异性与同一性的统一体，其两种生命本质诉求是同时内具的，它们都得实现出来，于是，随着社会发展条件的不断成熟，人类社会发展的总体方向必然是从一种生命本质诉求向另一种生命本质诉求的替代式发展，转向两种生命本质诉求相互并存、相互渗透的协同式发展。基于这两重生命本质诉求，两种正义原则也必然是由交互竞替到协同并存。

差异性和同一性是相互对立统一的概念。“所谓对立面一般就是在自身内即包含有此方与其彼方，自身与其反面之物。”① 因此，同一性中内含差异性，没有差异就没有同一；同样，差异性中也内含同一性，没有同一就没有差异。同一是差异基础上抽象化的结果，差异是同一基础上具体化的结果。

任何事物都是同一性与差异性的统一体，人也一样。人的同一性主要是指人与人之间或自身内部相同或统一的方面，其中包括类同一性、群体同一性、个体同一性以及自我同一性等。人的差异性主要指人与人之间或自身内部具有不同或不相统一的方面，相应地，它也包括类差异性、群体差异性、个体差异性以及自我差异性等。由于人是有能动意识的存在物，于是这些同一性或差异性，既可成为人们认识的客观对象，又可成为人们追求的价值目标。这样，追求某种同一性或差异性的实现就成为人的社会实践的内在要求。人的同一性和差异性及其相应的价值追求，现实地统一于人的存在过程之中，人的求同或求异的社会实践活动，都成为了推进自身与人类社会不断运动、发展的内在动力。在逻辑上，人的同一性和差异性内在统一于并全面包含于人的存在过程之中，它是一个内含无限丰富的可能世界。但在现实性上，随着人类社会历史发展水平及状况的不同，人的同一性和差异性则不同侧重、不同程度地敞开和显现自身，虽然这是对无限可能世界的有限实现，但正是通过从简单到复杂、从单一到杂多、从低级到高级的方向推进，这种不断的有限的实践创造过程延展出了一条总体无限的发展道路，从而不断提高了人类的认识水平和实践能力。

从人的三重存在样态（类、群体、个体）总体历史展现的角度来看，最先显现的是人的自发的类同一性，继而是建立在人类群体意识觉醒基础上群体差异性和群体同一性的显现，然后是人类个体意识基础上个体之间的同一性和差异性以及个体内部的自我同一性和自我差异性的显现，最后才是在人类自觉反思意识下形成的内含人类全面的同一性和全面的差异性（类、群体、个体同一与类、群体、个体差异）的共同显现。相应地，基于人的同一性的同一性正义原则和基于人的差异性的差异性正义原则，也大致遵循和符合这一历史发展逻辑。通过不断自觉反思和能动调适，人类

① 黑格尔：《小逻辑》，贺麟译，商务印书馆2009年版，第260页。

有力地推进了同一性正义和差异性正义原则在原有发展基础上的完善，并在新的历史阶段不同程度地实现着差异与同一的相互渗透包容，这是一个不断发展的螺旋上升过程。

在人的同一性和差异性律动发展的基础上，同一性正义和差异性正义实现着在人类社会中的联动发展。对于人而言，遵循这一社会规律是一个从实践暗合到理论认同的发展过程。首先，正义本身的发展是随着人的实践能力的发展而发展的。当人类实践能力没能达到实现正义的全面性——即差异性正义与同一性正义的统一时，正义只能片面地向人敞开和显现，人类正义原则只能在当时社会历史发展水平和状况的前提下片面地发展，但这是内含着全面性且为了实现全面性的片面发展。在这个过程中，人类实践自发地、被动地暗合着同一性正义和差异性正义交互竞替发展的运动规律，不过，这种被动的适应往往要付出巨大的历史发展代价，其根本就在于差异性正义没有得到同一性正义共时地合理节制。其次，人的理论理性能力决定了同一性正义和差异性正义的发展，不可能是一方不断取代另一方的简单的历史循环过程，而是要依靠理论理性向正义的存在真理迈进——即生成两种正义应相互渗透并存协同发展的认识。尽管在现实性上这种协同发展可能有所侧重，但这种侧重也是基于当时的社会总体状况而作出的，是经过人类理论理性审视过后的内含正义之本然性、全面性、真理性和现实性观照的侧重发展。事实上，同一性正义与差异性正义的现实协同，并不是也不可能是二者势均力敌的静止状态，而是处在“有所偏斜”的动态平衡中。在这一理论认识条件下，人类通过正确把握两种正义的发展规律，就能自觉地促成二者的内在相互协同与外在侧重转换，能动地调适未来社会的发展，从而避免因差异性或同一性表现幅度过大而造成社会的巨大震荡。

通过以上分析我们认识到：差异性正义倾向于实现人的差异性存在本质要求，同一性正义倾向于实现人的同一性存在本质要求，两种正义正是通过相互竞替发展，才不断发挥人的内在动力而推动人类文明进步。必须指出的是，二者之所以总是盲目地博弈竞替，除自身内在的矛盾性之外，人类认识实践能力的不足是重要原因。人不仅是差异性和同一性的统一体，并且是内含理性认识能力与和谐生存诉求的统一体，人的发展必定由或差异或同一的片面发展走向两者统一协调的发展。相应地，差异性正义和同一性正义的发展也必定由片面的相互竞替的发展走向全面的相互协调的发展。因此，我们应自觉地缩小两种正义之间“自然”转换的巨大历史跨度，使其归复于整个社会肌体运动的内在要求，形成恰当的协同步伐，并通过掌握和运用其发展变化规律来自觉地实现对社会发展的调整——特别是在制度设计安排上要充分发挥差异性正义与同一性正义的协调发展作用，为实现人之和谐生存提供正义制度的保证。

（二）从浑然综合到相对分工

我们同样要注意的是，差异性和同一性是人的存在本质的不同方面，二者不是随时随地都平衡地显现出来。相应地，作为合理调节人的差异性与同一性表现的重要方式，差异性正义与同一性正义原则在人类社会生活中的作用并非必然平衡地显现出来。面对各种差异条件，由于它们发生作用的侧重点和强弱程度各有不同，这就决定了人们对差异性正义与同一性正义原则的选择，既要根据不同历史条件的不同要求而变化，又要根据现实社会不同生活方面的不同要求而变化。

一般地说，当涉及相对抽象、相对普遍的问题时，往往凸显的是人的同一性，需要同一性正义原则发挥作用，如人格、人权、尊严等人之为人的基本权利和义务，显现的是人与人之间的类同一性，这就必须按同一性原则来对待人格、人权和人的尊严，以实现人的平等。当涉及随着时间、地点、条件变化而不断变化的相对具体问题时，主要凸显的是人的差异性，需要差异性正义原则发挥作用，如个体身心状况、活动能力、文化水平、努力程度等人的各种殊异特质，充分显现了人的差异性，这就必须按符合某种比例的差等原则来对待。宏观来讲，在政治领域运用同一性正义原则的情况较多，在经济领域则运用差异性正义原则的情况较多。微观来讲，作为过程中的正义价值选择，要视事物发展变化的阶段性情况而定，只有恰当作出差异性正义与同一性正义原则的时间“前后”分工，才能适应社会生活不同阶段对不同正义原则的实际需要。

当然，两种正义原则在适用范围上的分工总是相对的，也就是说，分工是统一基础上的分工，是为了更好地发挥二者的协同作用。从现实的角度来讲，分工的相对性生成必须基于某些生活方面本身同时内含差异性正义与同一性正义的双重要求，既有差异性正义与同一性正义平等并列发挥作用，也有差异性正义为主、同一性正义为辅或同一性正义为主、差异性正义为辅的相互协作。因此，完全机械地规制某一正义原则只能适用某一生活范围是不合理的。从理论的角度来讲，两种正义原则分工只能具有相对性的根本原因在于，差异性正义与同一性正义本身就是内在地相互依存的，我们只是在针对具体事象时，通过求同或求异的思维方式把它们人为剥离开来。于是，人们基于某种观念、原则或理想，求同、求平等往往以抽象化为基本思维方式，基于事物多元、差异与变化，求异、求差等则往往以具体化为基本思维方式。但无论求同还是求异，我们都是根据自己的价值选择和思维指向来切割对象世界，而对象世界本身的差异与同一的相互依存关系并没有在这种切割中消失。因此，差异与同一、差异性正义与同一性正义两原则的分工协作矛盾，虽然可以从思维与存在、主体与客体、理想与现实的矛盾运动中得到一种主体化的理解，但也可以从对象“本身”存在的角度进行一种“纯粹”客体化的理解。

尽管两种正义原则的适用范围具有相对性，但是对两种正义原则不同适用域的错位规划与选择却会带来严重后果。一方面，以差异性正义原则来差等地对待主要涉及同一性正义范围内的问题，将会造成社会中人格不平等、人权无保障、尊严有贵贱、法律被践踏等，从而陷入人对人的奴役和迫害、社会公平尽失的极度悲惨的世界；另一方面，以同一性正义原则来同等地对待主要涉及差异性正义范围内的问题，则会导致无视个人生理状况、活动能力、努力程度、贡献大小的差别，从而人为抹平人与人之间的客观差异，造成社会分配的绝对平均主义，社会发展必因丧失效率而迟滞不前。

无论具有何种理论丰富性，正义的价值表达都要在根本上以文化是人的超越性本质存在为指向前提。这就决定了正义原则除了体现在正义理念、基本制度安排和具体政策制定等层面，更要对社会文化变迁产生深刻的影响，如此方能保证正义诸原则具有持久的整合力。在现代社会中，对差异与同一的双向正义追求，有助于真正意义上的差异—同一互补文化的形成。在这种文化样态中，某些方面追求差异，某些方面追求同一，二者的结合旨在推进社会生活各方面的有机互补。由于差异是相对具体的、同一是相对抽象的，因此差异—同一互补文化的内在要求，就是通过抽象同一与具体差异的协同互补，使文化进化的历史指向真正具有正义性，使人真正占有自己的生存本质。历史地看，任何民族都拥有一定意义上的差异—同一互补文化，但其内在结构有所不同，如中国封建传统文化大致形成了一种人格差异—经济平等的互补文化，而当今西方文化则是一种经济差异—人格平等的互补文化。东西方不同民族间多元化的互补文化，呈现了这两种正义原则的实现程度和历史形态的差异。我们认为，一种文化只有符合差异—同一关系的内在特质，才可能推动经济社会的快速发展。中国传统文化中政治上追求特权、经济上追求平均的畸形互补特征，背离了差异—同一关系的内在要求，也背离了当今时代发展的现实要求。在社会主义市场经济条件下，我们必须按照差异—同一关系的本质要求，着力推进国家政治上的民主与平等、经济上的竞争与繁荣，同时要根据差异性正义与同一性正义相结合的原则，不断推进国家治理体系和治理能力现代化，实现中华传统文化的创造性转化、创新性发展：一方面要以法治方式创新两种正义原则的制度安排，以实现两种正义原则的协同发展；另一方面要通过构建充分反映中国特色、代表人类发展方向的差异—同一互补文化价值体系，为全面深化改革、切实维护和实现社会公平、妥善协调社会各方面利益关系提供强有力的文化支撑。

基于此，在整体的社会生活和个体的生活层面，只有根据正义自身发展规律和不同正义原则的作用域进行慎重地综合选择，真正实现差异性正义与同一性正义从历史形态中的浑然综合走向社会主义条件下的有序分工与和谐发展，才能有效回应中国现代化进步的新要求与人民对美好生活的新期待。

（三）从自在运动到意识参与

差异与同一的矛盾运动有其自在性，一旦与人的主体活动相结合，上升为正义的原则与规范，就必然具有人的主体意识特征。因此，在差异性正义与同一性正义的历史生成、相互渗透和协同发展中，主体意识的能动参与是关键原因，它生动地体现为差异与同一关系在自然运动基础上的有意识的文化延展。

如上所述，差异性正义根源于人之差异性存在及其求异倾向的合理性。人之差异性存在及其求异倾向是有其自然之根的，因为自然不仅表现为一种差异性存在，也表现为一种“求异”的差异化的发展。“从空间的角度来讲，这种差异化发展，表现为存在的多样性，表现为各存在者属性的丰富和本质的多样；从时间的角度来讲，这种差异化发展，表现为生物优胜劣汰的进化和其他存在物的历史演进。”① 按照进化论的观点，自然发展是一个不断从低级到高级、从简单到复杂的差异化发展过程，自然就是在不断丰富和发展差异的基础上取得自身的延续和发展的。作为一种自然生物，人是自然不断差异化发展的结果，是自然界发展的最高级产物，因此，人的差异首先是自然差异的一种人的体现与延续，或者说人的差异基质上仍然是一种自然差异的延续，然后才是有意识参与的社会文化差异的展开。在两种差异的相互渗透、相互支撑中，人的差异表现既成为一个自然历史过程，又成为一个有意识参与的能动的发展过程。

自然差异延续到人类社会，便在人的精神整饰之下形成一种求异意识，继而在现实生活中形成求异原则，即社会生活中人的差异性要求需要得到必要的彰显与合理的对待，这促使了差异性正义的产生。如前所述，差异性正义原则虽然是人之社会性不断发展的结果，但它的某些根基仍然在于人的自然性，据此我们才可根据人的某些天赋差异来进行相应的差等分配。然而，这种分配虽不完全出于人类社会意识的要求，但却无法完全离开社会意识的规导，因为它是自然发展与社会文化规范共同作用的结果。可见，差异性正义本质上是自然差异化发展原则在人身上的一种“人化”体现，是人们通过特有的意识反思能力，努力认识这种差异化发展原则，并将其自觉地规范地应用于现实生活的结果。在这个意义上，差异性正义可以理解为自然的差异性原则在人类社会的文化性延续，其中既有认同也有否定，既有形式修葺也有内容创新。

从某种意义上讲，自然的差异化发展产生了人类，也产生了人类意识。正是人类意识的发展使人具备了理性反思能力，不断深入认识自身和对象世界，成为人类文明的开端。同时，正是人类意识发展的高阶产品，即人的抽象思维能力的生成，使自然世界的另一面即世界的同一性存在得以在人类认识中不断去蔽和展现，对自然同一性的不断认识以及对某些社会同一性的不断认同和追求，构成了人类文明进步的重要标志。从某种程

① 易小明、聂文军：《人类文明的求同性及其自然差异限度》，《自然辩证法研究》2007 年第 5 期。

度上说，人类文明进步的历史，就是人的同一性得到不断认同、人的平等要求得到不断张扬、人的平等地位得到不断提升的历史。这种追求人类平等的求同倾向，不仅根源于同一性自身的客观存在，而且根源于人的意识能力、人对自身类同一性的认识、认同与自觉反思，以及基于权利与义务同等分配所产生的同情感，它们共同促使了同一性正义原则的产生。正是这种普遍的求同倾向，使人的活动在展开于自然的基础上实现了对自然的超越，一定程度上推动了人类文明通过对自然的偏向、背离、扬弃而不断获得发展；而相对于自然，这种普遍化的方式又构成了人类特有的文化方式。由此可见，同一性正义的根基既在于人自身内部存在的同一性，也基于人类对自身同一性的自觉和反思；既是人类文明发展的重要成果，更是自然同一性在人类实践中的文化实现。

基于求异意识与求同意识的分析，我们不难发现，人成为差异性与同一性的现实自觉的统一体，既是自然差异化发展的成果，体现着差异性在人身上的自然延续；又是社会同一性表现的结果，体现着同一性在人身上的意识化、自觉化、人文化延续。概括起来，人就是差异与同一关系的自然与文化共同作用延续的结果。

进一步考察差异性正义原则和同一性正义原则，我们同样会发现，二者在现实生活中是历史地走向相互渗透、相互制约、相互包容的。其内在原因在于：差异性在人类社会中的自然—意识、文化延续过程和同一性在人类社会中的意识、文化—自然延续过程，逐渐由相互分离、相互排斥走向相互渗透、相互融合，这不仅是自然自发发展的结果，也是人类意识自觉能动参与的结果。正是由于人类意识的自觉能动参与并不以背离自然为目的，所以人才能以人的方式不断揭示和遵从自然的真理，从而达至同一性正义与差异性正义的共谋。

人既遵从自然又超越自然，这取决于人具有意识和理性。一方面，自然差异原则是自然不断进化发展的高效原则，人类社会要获得高效发展就必须遵从自然法则，而且要将自然意义上的差异化发展原则“转构”为社会意义上的差异性正义原则；另一方面，凸显同一是人类基于抽象思维、基于意识发展的结果，是对自然界一味“求异”的主体性纠正，这在本质意义上奠定了同一性正义原则的平等价值基础。在一定意义上，人违抗某些自然发展原则是人性的表现，是人异于自然的证明。于是，人类据此便拥有了对抗自然任性差异发展的同一性正义原则，并根据这一原则去追求人类大同和社会平等。但同时，人又不可能由此而完全背离自然，因为求同虽有“求”的主体意识能动性，但“同”也并非人的彻底杜撰，它有其自然之根——况且，从人统一于整个自然的发展来讲，我们也可以将人类求同姑且理解为自然在以人的方式来显现自身同一，于是，自然的自在运动与人的意识能动参与便在更高的自然发展层面统一起来。总之，一方面，人类文明对同一性的追求成为其超越自然的方式；另一方面，自然的差异性表现又必然成为求同性无法完全超度的内在限制。更为重要的是，无论人类意识是求同还是求异，是追求差异性正义还是同一性正义，都无法根本刨除其同或其异的自然之根。

从人与自然、意识与对象的相对分异来讲，两种正义在现实生活中的相互渗透，是差异与同一关系在人类社会中的自然—文化延续的统一。只遵循自然求异原则而没有人为求同原则的参与，人类社会就变成了动物世界；只遵循人为求同原则而没有自然差异原则的参与，人类社会就会低效而停滞不前。只有把人为原则与自然原则、同一原则与差异原则协同起来，和谐美好的社会才可能应运而生。

“人离开狭义的动物愈远，就愈是有意识地自己创造自己的历史，不能预见的作用、不能控制的力量对这一历史的影响就愈小，历史的结果和预定的目的就愈加符合。”① 我们的研究不在于为人们提供一种具体的正义分配方法，而是为具体分配正义方法的生成与实施，提供必要的理论背景和分析框架，也就是说，不管具体是什么样的分配正义方法，都必须考虑到人的差异与同一这两个维度，只有弄清二者的内在关系，并自觉地贯通于具体分配正义的方法，才能不断推动社会的和谐和人的自由全面可持续发展。

“人是一种未完成的存在物，他不会停留于某种已经变成的东西上；人并没有一种绝对标准的所谓人的存在状况和绝对标准的所谓人的规定性。人的未完成，蕴含着可塑性和创造性，因而他总是处在不断的自我塑造和自我创造之中。”② 人如此，因人而生的正义又何尝不是如此？

① 《马克思恩格斯全集》第 20 卷，人民出版社 1971 年版，第 374 页。

② 夏甄陶：《人是什么》，商务印书馆 2000 年版，第 9 页。

企业道德管理

企业道德管理是企业管理系统或管理文化的一个部分，在企业的发展进程中，道德管理总是发挥着独特的不可替代的作用，它是企业不可或缺的管理手段。道德管理不仅能调动企业上下的劳动积极性，而且能解决和弥补企业管理中的问题和缺陷，甚至能提升企业管理系统的科学性和有效性。

一　企业道德管理的内容及其意义

企业道德管理是指企业在经营和发展过程中以人为本、以责任为依据的和谐发展式管理，它在企业发展进程中具有十分重要的作用。

1. *把人的发展放在首位*。企业要尊重员工的价值和尊严，“把人看成是发展中的人、平等的人、独立发展的人。被管理者同管理者一样，都有自己的作为人的价值、人格和权利”，因此，企业要时刻重视人的物质和精神层面的需要和利益。[①] 同时，企业经营不仅是为了获利和赚钱，更重要的是培养员工的道德素养，影响和完善利益相关者的综合素质。事实上，企业把人的发展放在首位，企业发展就有希望。一方面，促进企业生产力水平的提升不能不关注人的发展。“没有人的作为‘主观生产力’及其观念导向，生产力将是‘死的生产力’，不能成为‘劳动的社会生产力’。”[②] 同时，没有人的道德理念和道德举动，生产力的先进性与高效率就难以充分体现。所以，作为“主观生产力”的人是衡量生产力水平的

---

① 参见唐凯麟、龚天平：《管理伦理学纲要》，湖南人民出版社 2004 年版，第 96 页。

② 王小锡：《再谈“道德是动力生产力”》，《江苏社会科学》1998 年第 5 期。

重要依据；另一方面，完善企业生产、销售等各个环节，靠的是人。人的价值和尊严被重视，在增强了归属感、安全感、获得感的基础上，企业员工的劳动积极性和劳动智慧就能充分发挥，高质量的产品和高水平的服务将会不断引来更多的回头客，将促使企业产品的市场占有率不断增加。在这个过程中，企业及其员工的道德素质乃至综合素质也将随之而不断提升。

2. 协调各种人际利益关系。企业管理和发展的根本性举措是均衡利益相关者的各种利益，坚持公正分配，合理奖惩，充分调动企业内外的员工或合作者的积极性，形成互助互赢的企业合作团队。人们工作、交往、合作等，在很大程度上就是为了利益，[①] 而各种各样利益的获得，需要内外部利益相关者的真诚的合作，更需要企业协调好各种各样的利益关系，因为合作好的前提是企业的利益关系和利益链处在理性状态。事实上，企业在管理过程中，时刻关注利益的获得和利益的合理分配，在一定意义上是企业生存的关键之所在。大凡一个不把利益尤其是利益相关者的利益放在首位的企业，它终将失去企业发展的机会和动力。

3. 道德和道德责任要素渗透进企业经营的各个环节、各个层面和各个领域。企业道德管理的目的是要将道德要素贯彻到企业经营的方方面面。要制定道德化制度，建造道德性环境，制造道德产品，坚持道德销售，实行道德领导等。企业竞争和发展的一个直接因素是企业产品的质量和销售速度，以及企业管理的理性程度。然而，就产品质量而言，企业应该坚持在产品设计、生产和销售等各个环节关注用户的人性需求和社会需求，并由此不断提升产品的质量、社会声誉和产品附加值；就产品销售而言，企业应该换位思考，真正将卖产品变成卖文化，传递真诚和信誉，让消费者放心、舒心，不断增强顾客对产品质量和销售服务的信心；就管理方法和路径而言，企业应该在各领域各层面考虑，以科学的制度、合理的运行机制、和谐的环境，不断提升企业员工的生产和生活质量，并进而不断增强企业发展的活力。

① 这里的“利益”，一方面包括企业利益和利益相关者的利益；另一方面包括物质利益和精神利益。具体来说，这里的利益包括企业发展，即企业的物质和精神效益、职工的工资、福利、保障、人格尊严、尊重、安全感、归属感、发展感、获得感等。

4. 承担企业社会道德责任。任何企业都有着不可推卸的社会道德责任，而履行社会道德责任，不仅能提升企业的社会知名度和认可度，而且能够加强企业员工的荣誉感和责任感，并因此将自己的技能、智力等各种能力自觉奉献给企业和社会。企业是社会的一分子，企业的发展和进步离不开社会的认同和支持，在一定意义上，社会滋养着企业的生存和发展。因此，企业的发展，其本身就内含有应尽的社会责任，否则就不是正常意义上的企业。所以，一方面，在企业内部，企业应该清洁生产、安全生产、绿色生产、不做假账，关注产品的社会评价，关心企业员工的需求及其实现等；另一方面，在企业外部，企业应该遵纪守法，维护国家和社会利益，保护生态环境，按章纳税，参与捐赠、救灾、救助等活动。

二　企业道德管理的现状

随着社会主义市场经济的深入发展，当前我国企业的道德管理水平也在不断提升，但是，就整体情况来看，企业道德管理水平和质量滞后于经济发展对企业管理的客观要求，这在一定意义上影响企业的整体发展速度和效益，唯有在加强企业道德建设的基础上，着力增强企业道德管理意识和道德管理效果，并由此提升企业整体管理水平，才能加速企业乃至整个经济的发展速度。

（一）企业道德管理的良好态势

1. 人本关怀已逐步成为企业经营的核心理念。① 人本关怀已经成为增强企业内部的凝聚力和企业外部的利益相关者的合作度的重要依据和条件。而且，许多将人本关怀作为经营的核心理念的企业，已经在市场份额的占有上取得明显成效。江苏大娘水饺餐饮有限公司的发展史，在一定意义上是我国企业坚持人本关怀理念和行动的缩影。该公司对内，以让员工有尊严、有乐趣的工作凝聚力量；对外，以各种不同的价格满足不同的消费群体，以清洁、高雅、舒适的环境和热情、快速、周到的服务吸引顾客，最终赢得了快速的发展。1996 年创业时只有 30 平方米

① 参见王小锡：《经济伦理学》，人民出版社 2015 年版，第 296—297 页。

的店铺，仅有员工 6 人，现在已经发展成为国内直营连锁店最多、跨地域最广、规模最大的水饺汤食快餐连锁企业，拥有覆盖全国 40 多个大中城市的 200 多家连锁店，5000 多名员工，并已经在国外开设连锁店，经营规模还在不断扩大，数年前就已经跨入十大“中国快餐连锁著名品牌企业”的行列。

2. 诚信已经成为企业管理要旨。[①] 诚信已经成为树立企业形象的根本路径，并且已经作为在市场竞争中实现发展的核心竞争力。对外，在与利益相关者实现公平交易、互利互赢的同时，注重诚信于顾客。一些企业在产品设计和生产过程中能够真诚地面对用户，最大限度地满足人性化需求，满足用户生活和生产的最佳要求。在销售和服务过程中始终兑现承诺，做到诚信销售和诚信服务，在赢得顾客信任的同时不断扩大了市场占有率。海尔集团为了充分体现本企业产品生产中对顾客的真诚，坚持了“六个西格玛”的管理方法。[②] 即要求百万次操作只能有三四次失误，即使有失误也只能由企业自身受过。换句话说，对于顾客来说，企业卖出的产品是百分之百的合格。对于企业来说，有缺陷的产品就等于“废品”，有缺陷的产品是创名牌的“天敌”。当年海尔总裁张瑞敏果断决定由事故责任人当着全厂职工的面，砸毁 76 台不合格冰箱，并主动承担责任，扣了自己当月的工资，这无疑是企业表示诚信于顾客的行动，当然，这也无疑会使企业产品的市场占有率大幅度提高。同时，诚信于员工。在给员工创制有尊严的工作和生活的同时，重点关注员工的精神需求和公平获利。同样在海尔，员工的工资不是上司或领导说了算，也没有固定不变的数字，而是与其工作的诚信度和质量有关系，既要看工作绩效，也要看市场有无索赔情节。这就是所谓的“市场链”。因此，在海尔，利益分配既是诚信标志，也是内外诚信链条。张瑞敏的股东、用户和员工的“三位一体”的主张，即主张通过企业创造价值实现股东的股价要高、用户的产品要质优价廉、员工的收入更高的希望，这应该是企业内部诚信的最好体现。

---

① 参见王小锡：《道德资本与经济伦理》，人民出版社 2009 年版，第 324—328 页。

② 迈克尔·D. 波顿：《我眼中的中国第一首席执行官——挖掘张瑞敏的管理圣经》，文岗译，民主与建设出版社 2002 年版，第 391 页。

3. 企业员工的道德觉悟在明显提升。企业道德管理首要且最终目标是要不断提高全体员工的道德觉悟，这在我国相当一部分企业管理的实践中已初见成效。有些企业已经自觉地将企业道德作为企业经营资本内含列入企业发展战略和规划，以至于有的企业在经营中把道德建设作为头等大事来抓，企业员工也已经充分认识到道德的经营作用。在我们对江苏、河南、重庆等地的企业道德建设情况的调查中，被问卷调查的10家企业中，大多数企业的员工认为企业发展需要道德支撑。在回答“您认为，从根本上说，企业在经营管理过程中，是讲道德重要，还是盈利重要”的问题上，有33.38%的员工认为“当然是讲道德重要，没有道德的企业遭人唾弃，最终也赚不了钱”，有28.93%认为“两者都重要，但讲道德更重要”，这两点加起来达到62.31%。这足以说明，企业员工已经意识到道德也是企业重要的生产性资源。

（二）企业道德管理存在的问题及其原因

我国企业道德管理尽管已越来越被各类企业认识和重视，但是，道德管理的理念和手段还明显地落后于企业乃至经济的发展要求。

1. 道德管理与企业经营的关系含糊不清。为数不少的企业对在经济运行中有没有道德内含是含糊不清的，总认为经济活动就是投入、产出、效益等，与道德和道德管理无关。在理念上认识不到经济活动一定有道德内含以及道德管理在一定意义上是企业管理的根本，更不懂得如何践行道德管理。这其中主要原因是企业文化和精神文明建设没有完整、完善地规划，导致企业文化建设的理念偏颇，有的甚至基本上忽视了企业文化建设，以至于一些企业缺乏基本的道德认知水平，难以把企业道德和道德管理作为企业生产性资源来充分利用。更有甚者，对道德与企业发展的逻辑关系认识不清，在企业出现“苏丹红”、“有色馒头”、“毒奶粉”、“问题胶囊”等缺德赚钱行为，并把自己逐步推向不归路的过程中竟还全然不知。

2. 诚信缺失，增加企业经营风险。一些企业企图利用社会主义市场经济发展进程中存在的诚信机制漏洞或“短板”缺德赚钱。一段时期，有的“企业受到多种失信行为的困扰，主要包括拖欠款、违约、侵权、虚假信息、假冒伪劣产品、质量欺诈等。据有关部门前几年的相关统计，在企业遇到的失信现象中，被拖欠款所困扰的企业占被调查的企业总数的80%，违约的占71%，侵权的占47%，虚假信息的占31%，假冒伪劣产品的占28%，质量欺诈的占13%。我国企业每年因为信用缺失而导致的直接和间接的经济损失将近6000亿元”，“由于合同欺诈造成的损失约55亿元，由于产品质量低劣或制假售假造成的各种损失达2000亿元”。[①] 其实，这样的企业害人又害己。其主要原因是，企业管理者不懂得企业管理尤其是道德管理的一个重要理念，是在企业内部和外部建造诚信机制和诚信体系，导致缺乏一套诚信监督和约束等管理体系，一旦诚信链出了问题，就会出现诚信的连锁问题，再加上信用风险没有被充分认识和预防，许多企业是在遇到企业生存危险甚至即将倒闭或已经倒闭时才能醒悟过来，往往是后悔莫及。

3. *雇用关系明显，缺乏人格尊重和利益平等*。“企业内部存在着复杂的效率与公平的关系，除非企业能够保障公平对待员工，否则就会出现人心涣散的局面。就形成内部凝聚力的目标来说，除非企业做到公平，否则就难以达到。”[②] 而一些企业在管理过程中，认为员工就是为钱而来，坚持干多少活给多少钱，有时甚至克扣员工应得的各种经济利益，至于精神、心理等方面的要求和问题基本不予考虑，以至于出现员工频繁跳槽、矛盾不断激化，甚至跳楼自杀现象也时有发生。其主要原因是企业领导者唯利是图，把人当作生产机器来管理，置员工的人格尊严和正当利益要求于不顾，缺乏道德管理理念和完善企业发展的境界。

4. *企业管理者缺乏道德领导理念*。如上所说，一些企业的管理者没有把道德管理作为重要的领导方略，因此，往往对员工关怀不够，以至于员工的收入和福利等很不合理，更有甚者，缺乏对员工的人格尊重，严重挫伤了员工的积极性，甚至也损害了企业的社会声誉，在一定程度上也会影响企业的经济效益。同时，不懂得道德是生产性资源，也不懂得道德是可以渗透到企业生产各个环节、各个层面的工作中去，以至于企业其他资产发生作用过程中不能产生应有的效益。管理者缺乏道德和道德管理意

---

① 张彦宁、陈兰通主编：《2007 中国企业社会责任发展报告》，中国电力出版社 2008 年版，第 38—39 页。

② 陈少峰：《企业文化与企业伦理》，复旦大学出版社 2009 年版，第 56 页。

识，也就没有感召力，其自身也必然不具有道德分析力、道德组织力，更不会懂得道德在经济运作过程中的渗透机制。这样，就必然形成企业发展"短板"，并产生"短板效应"。

三 企业道德管理的缘由和策略

企业道德管理是企业发展的重要环节和内容，它将会产生独特的不可替代的作用。

1. 关注和重视人的生存和发展。人的生活、生产积极性来自于对自身所处工作环境的安全存在感、成就感、幸福感等的感受。一个有尊严感、归属感的企业，是留住员工并充分发挥其生活、生产积极性的重要条件。一个人人把企业当成家的企业，是不会缺乏活力和积极性的。大凡经营不善、效益不好的企业，往往只是把人当作完成工作任务的雇员，更有甚者，把员工当成获取利润的工具。员工在没有尊严、没有安全感、没有成就感的企业工作，也就只能是被动应付，甚至时刻想着有可能就跳槽。为此，企业要坚持以人为本，充分尊重员工，维护员工的尊严，保障员工的民主权利，落实好员工的参与权、知情权、监督权，尤其要关注员工的发展权，让员工在看到人生希望的前提下，最大地发挥劳动积极性。

2. 实现利益相关者的利益最佳协调。任何企业都有诸如员工、投资者、顾客、合作企业等内外部的利益相关者，并且，企业的发展需要利益相关者的合作与互助。而利益相关者的行为动机和目的就是获取各种利益，[①] 要使合作成功，效益不断提升，企业管理者就必须平衡和协调各种利益关系和利益链，让利益能够合理、均衡和公平地获得。唯此才能充分调动企业员工的积极性。收益不明，利益分配不公，这是不道德的管理方法，最终将会影响甚至葬送企业的发展前途。因此，企业要定期不定期地公开企业发展状况和效益，并要尽可能地关照到利益相关者的应得利益，唯此才能实现最好的合作和双赢或多赢。

3. 不断改善企业的工作环境。企业工作环境既体现在对员工的身心

① 这里的"利益"，既有私利，也有公利；既有物质之利，也有精神之利；既有长远之利，也有近期之利；等等。

健康的尊重，也体现在对本企业自身文化品位和文化发展的重视。大凡发展态势良好的企业，其企业文化建设都比较完美，尤其重视最能体现企业文化水准的企业环境建设。这是企业道德管理的重要理念和目标。一个不重视环境建设的企业，也将不会考虑到企业其他道德责任和道德要求，也容易忽视对人性要求的关注。当然，企业环境建设包括硬环境建设和软环境建设，诸如企业生产和安全设施配备，生活环境的实用、舒适和美化等是硬环境建设内容，而人性化的管理制度、合理的分配制度等是软环境建设内容，说到底，环境建设就是道德环境建设。为此，企业环境建设应该列入企业发展规划和目标，并在物质和精神层面展开协调一致的建设工作。

4. *团队协同一致的管理*。不管企业是国营、民营还是个体经营性质，企业的道德管理应该是协同一致的管理，这是企业不断获取发展动力的源泉。这里的一个很重要的管理理念是，企业团队协同一致就意味着管理是全员管理，即管理过程中充分汲取和集中全企业员工的意见，并成为企业管理和发展的决策依据和发展举措。国内外一些个体老板经营的企业很成功，其中一个共同的管理理念是，员工是企业的一个不可分割的元素，是各类员工组成企业发展的共同体，赢得员工的认同、关注和支持，企业发展将凸显比老板一人说了算更大的优越性。任何企业，如果忽视甚至不尊重企业员工的意见和建议，就是不尊重员工及其基本利益，最终将影响员工的积极性，损害企业的整体利益。一些企业经营效益不好甚至最终走向倒闭，其中不乏企业老板独断专行所造成的恶果。因此，按照系统论、伦理关系论和道德管理论等理论和方法，组建成网络结构的协调一致的企业员工团队，是增强企业发展力的根本性举措。

5. *企业管理者要以身作则，言传身教*。企业管理是由企业主或企业领导集体来操作的，管理者自身的素质尤其是道德素质及其形象是企业管理成败的关键。一个企业，可能它的资金、技术、产品和销售等都有优势甚至在业界是处于领先地位的，但是，如果管理者自身素质不好，不能以身作则，那将影响、带坏整个企业的风气，使得企业效益受损，甚至导致企业的倒闭。这样的例子已经不在少数。而高素质的企业管理者，哪怕是个体企业主，能严格自己的一言一行，为企业员工做出榜样，企业员工从中就能看到希望，就会尽可能发挥自己的劳动能量。近代日本企业家松下幸之助，是私企松下公司总裁，他十分注重自己的榜样作用，在一天早上上班时，松下因客观原因迟到5分钟，而后他在一次企业员工集会上向大家作了检讨，他的诸如此类以身作则行为赢得了员工的尊重和学习。松下公司在激烈的商业竞争中总能赢得商机，与松下的以身作则的管理品格是分不开的。

6. 坚持企业战略决策的道德性。企业经营必然会有企业发展的战略决策和战术决策，而战略决策和战术决策需要有科学的价值取向来引导，否则，企业一旦决策偏向甚或失误，将给企业带来不可逆转的损失。不道德的战略决策所造成的危害，比一般业务经营战略决策的失误和危害要严重得多。首先，战略决策构成了战术决策的价值前提，一个不道德的战略决策往往会引起一系列不道德战术决策。其次，由于战略决策一般是由高层人员作出的，不道德的战略决策等于向员工表明，不道德的工商活动是被允许的，这会导致员工的大量不道德行为的出现，最终将损害企业的发展速度和效益。① 为此，有抱负的企业，一定要在企业发展战略决策和战术决策的制定过程中，以科学的价值观为引导，充分体现企业发展战略决策和战术决策的道德性。

7. 道德教育和道德建设成为企业经营常态。企业管理的道德性并不是自然形成的，它需要通过道德教育和道德建设来实现。一是“一切人性，都是后天现实社会关系的产物，因此，人既不是天生就是利己的，也不是天生就是利他的，人利己的道德行为和利他的道德行为一样，都是后天社会关系、包括后天的道德关系的反映”，② 因此，企业员工需要通过道德教育和引导，在利己和利他问题上作出正确的辩证的选择，为提升企业道德水平实现根本性的转变。二是企业要让全体员工真正弄清楚企业道德是什么、企业道德与企业发展的关系是什么、企业管理者和企业员工的道德境界与企业产品的质量和企业效益的逻辑关联如何把握、企业道德水准与企业的业务往来的冷和热有何联系等问题，只有通过经常不断的道德教育和道德建设，才能比较好地解决，让企业员工与企业经营发展融为一体。三是道德教育和道德建设要成为企业日常工作的计划和考量内容，成

---

① 徐大建：《企业伦理学》，北京大学出版社2009年版，第246页。

② 夏伟东：《变幻世界中的道德建设》，河南人民出版社2005年版，第122页。

为产品设计和生产的精神文化内容，更应该形成企业运营过程不可或缺的精神支柱。当然，企业还需要结合本企业内含和社会背景等，凝练符合本企业特点的道德精神和道德行为规范。四是企业应该全面规划道德环境建设，并以此不断推进企业道德氛围的改善，让企业员工在强烈的道德氛围中不断增进身心健康，快乐地参与企业劳动和生活，幸福地实现企业发展之梦。

8. 建立企业道德委员会。① 为防止企业道德管理的“短板”缺陷的形成，以完善的道德管理机制促进现代企业管理制度的变革和发展，企业需要建立道德委员会。企业道德委员会应该承担以下主要任务：一是帮助企业不断研讨和完善本企业德性的内含和表征，弄清楚如何不断改变和提升企业形象尤其是道德形象，如何将本企业与生产经营相一致独特的道德精神渗透在生产经营的各个环节，即如何将生产经营道德理念转化成行动方案和操作手段。二是帮助企业处理和协调企业内部各类经济问题和道德矛盾，以情感人，以理服人，将矛盾和危机化解到最小甚至消失，并以此培育浓郁的道德情感。同时要研究企业外部利益相关者的利益诉求和道德情感，处理和协调各种不和谐因素，化解利益相关者可能或已经出现的疑虑甚或怨气，促进合作理念的增强，努力实现双赢或多赢。三是研究本企业软环境和硬环境建设的内容和举措，营造良好的道德环境。特别是要明确企业经营宗旨、价值取向、道德责任和道德制度等，并展开全方位的宣传和教育，形成强烈的舆论氛围。

---

① 参见王小锡：《道德资本研究》，译林出版社 2014 年版，第 286—287 页。

国德系乎国运兴衰

国运能否福祚绵长，国家能否兴旺发达，从某种意义上说取决于国德是否坚挺向上。良好的国德是民德的汇聚和集中体现，是文明精神和伦理理性的价值内化和历史积淀，构成一个国家精神文化软实力和道德力的力量机制，常常以催人奋进、励人敦厚、使人不倦、叫人创新的面目表现出来，使一个国家在处顺境时能够居安思危，忧勤惕厉；在处逆境时能够发奋抗争，顽强自卫。孟子说："三代之得天下也以仁，其失天下也以不仁。国之所以废兴存亡者亦然。"（《孟子·离娄上》）断语除却历史的尘埃以外，实在是把握了国德系乎国运兴衰的道理，可谓振聋发聩的至理名言。综观古今中外治乱兴衰的经验教训，我们可以发现，道德确实是社会治理和政权维系的重要力量，没有不重视道德而江山永葆的朝廷或国度。因为道德是人心和民意的集结，是文明盛衰的晴雨表，表征着正义的力量和价值的导向，是秩序得以建立的精神内核，是活力得到彰显的价值基质。

一　道德是一个国家最可宝贵的财富

道德是由经济基础决定的上层建筑和意识形态，何以是一种财富？而且是一种最可宝贵的财富？理由何在？这是就其特殊价值和社会效用而言的，是在同一般财富的比较中形成的判断或结论。道德之为财富，常常是从精神财富的角度而言的，这种精神财富既可以衍生、催化物质财富，更可以范导、规约物质财富，使其发挥正面的价值，造福于社会的良善有序和人生的发展完善，它是一种无法用物质财富来评价、衡量的精神财富，也是一种高于并优于物质财富的精神财富。中国人自古有"有价之宝"

和“无价之宝”的论述，道德既可在“有价之宝”的视域中来认识，也可从“无价之宝”的角度来认识。道德之为“无价之宝”，是说它的作用是无法用一般等价物来加以衡量和评价的，它是无价的，是对有形价值的无限超越。如同康德在《道德形而上学原理》一书中所言，善良意志“自为地就是无比高贵。任何为了满足一种爱好而产生的东西，甚至所有爱好的总和，都不能望其项背。如果由于生不逢时，或者由于无情自然地苛待，这样的意志完全丧失了实现其意图的能力。如果他竭尽自己最大的力量，仍然还是一无所得，所剩下的只是善良意志，它仍然如一颗宝石一样，自身就发射着耀目的光芒，自身之内就具有价值”[①]。作为“无价之宝”的道德自身就具有无上价值的目的价值和内在价值，尽管道德也具有手段价值和外在价值。但是比较而言，道德的目的价值和内在价值始终是人类所最为需要而又最值得追求、挺立和护卫的。一旦道德失却其目的价值和内在价值，仅仅只具有手段价值和外在价值，那既是道德的悲哀，更是人类的不幸。所以彰显并善于追求和护卫道德的目的价值和内在价值，实质是在强化和凸显人自身的内在价值和目的价值，是把人当人看的人道主义或人文主义的深刻呼唤。因为诚如康德所言，人是目的而不仅仅是手段。人是目的而不仅仅是手段，是关于人的价值特别是人的尊严和人格的最强烈、最持久、最深沉的确证或表征，也是人类道德生活最壮丽的日出。

国家或社会本质上是人的理性集结的产物，人之所以需要结成社会，组建国家，完全是为了使人更好地成为人并享受人之社会化带来的种种利便或好处。因此，以人为本，以人为目的，服务于人并促进人的发展和完善，是社会和国家所应具有的伦理精神和价值理性，也是社会道德和国家道德的题中应有之义。社会道德和国家道德是社会和国家具有价值合理性的内在根据。无论是从国家的治理、政权的稳固，还是从政治秩序的清明和社会整体的发展与文明等方面来讲，都需要道德并必须彰显道德的价值，舍此就谈不上真正的社会治理和政权巩固。

道德是最可宝贵的精神财富，是一切财富之上的财富，是一个国家的人们特别是统治者理应始终看重并不断予以追求、实践和护卫的目的价值

① ［德］康德：《道德形而上学原理》，苗力田译，上海人民出版社 1985 年版，第 43 页。

和至上价值。《周易·系辞下传》有言:“天地之大德曰生,圣人之大宝曰位,何以守位曰仁,何以聚人曰财,理财正辞、禁民为非曰义。”可以看出,《周易》把仁义道德视为维持国家宝位的根本。道德不仅是人之所以为人的内在本质和人应当追求的价值目标,也是人实现自身的全面发展、拥有幸福美好人生的根本保障和手段。《周易》曰:“积善之家,必有余庆;积不善之家,必有余殃。”民间也有“善不积不足以成名,恶不积不足以毁身”的格言。刘向的《说苑·贵德》指出:“山致其高,云雨起焉;水致其深,蛟龙生焉;君子致其道德而福禄归焉。”儒家向有“以仁为富”的思想倾向,实质是把道德当作人生幸福的根本。《大学》把道义作为真正的财富,指出只有以义求利才能求到真正的利益,“此谓国不以利为利,以义为利也”。《大学》还强调指出:“德者本也,才者末也。外本内末,争民施夺。是故财聚则民散,财散则民聚。”以道德作为财富是生财的大道,也是治国安邦的要义。宋代司马光谈道:“为人祖者,莫不思利其后世。然果能利之者,鲜也。”什么原因妨碍了祖父辈想利其后世而不能利其后世呢?原因就在于他们替后代所谋的不过是土地、房屋、金银财宝之类的东西,而这些东西是不可能真正有利于子孙后代的。他以一位曾做过大官的士大夫只知省吃俭用为子孙积累财富但最终却被争夺财产的子孙气死的人物为例,说明不以德教子的恶果,并评论说:“使其子孙果贤耶,岂蔬粝布褐不能自营,至死于道路乎?若其不贤耶,虽积玉满堂,奚益哉?多藏以遗子孙,吾见其愚之甚也。”在关于究竟应该给子孙留下什么财产的问题上,司马光理直气壮地主张留精神和道德财富,认为“圣人遗子孙以德以礼,贤人遗子孙以廉以俭”(《家范》卷二《祖》)。司马光本人特别注重对子女廉俭观念的教育,在《训俭示康》一文中,他语重心长地指出:“俭,德之共也;侈,恶之大也。共,同也,言有德者皆由俭来也。夫俭则寡欲,君子寡欲则不役于物,可以直道而行;小人寡欲则能谨身节用,远罪丰家。故曰:‘俭,德之共也。’侈则多欲。君子多欲则贪慕富贵,枉道速祸;小人多欲则多求妄用,败家丧身;是以居官必贿,居乡必盗。故曰:‘侈,恶之大也。’”在司马光看来,节俭和奢侈绝不是生活小节,而是关系到人生的祸害与幸福以及兴家与败家的大是大非问题。节俭是人们所共同认可的美德,拥有节俭的美德就可以使人们珍惜物质财富而不为物质财富所役使,就可以使人们远离各种贪欲之祸。

奢侈是人们所认为的最大的恶德。人们一旦喜欢上奢侈，就肯定要大肆敛财，进而做出各种伤天害理的事来，最后必然因奢侈而亡家丧身。应该说，司马光的这一看法充满着历史的理性和伦理的智慧，是对道德作用的深刻认识和辩证发挥。

汉代刘向的《说苑·贵德》谈道："魏武侯浮西河而下，中流顾谓吴起曰：'美哉乎！河山之固也，此魏国之宝也。'吴起对曰：'在德不在险。昔三苗氏左洞庭，右彭蠡，德义不修，而禹灭之；夏桀之居，左河济，右太华，伊阙在其南，羊肠在其北，修政不仁，汤放之；殷纣之国，左孟门而右太行，常山在其北，太河经其南，修政不德，武王伐之。由此观之，在德不在险。若君不修德，船中之人尽敌国也。'武侯曰：'善！'"国家最可宝贵的财富是道德而不是山川土地。山川土地诚然重要，但比之道德显然要次要一些。历史上拥有江山社稷的三苗、夏桀、殷纣，由于轻视道德，不讲道德，最后引起民愤，都被推翻了，所以一个国家最可宝贵的财富"在德不在险"。没有道德，有了山川土地，也会丢失；有了道德，没有山川土地，也可以在拥有人心的基础上收回山川土地。"须知海岳归明主，未必乾坤陷吉人。道德几时曾去世，舟车何处不通津！"（冯道，《偶作》）英国 19 世纪著名的道德学家斯迈尔斯在《品格的力量》一书中援引马丁·路德·金的话说："一个国家的前途，不取决于它的国库之殷实，不取决于它的城堡之坚固，也不取决于它的公共设施之华丽，而在于它的公民的文明素养，即在于人们所受的教育、人们的远见卓识和品格的高下。"① 如果一个国家的国民不再崇尚正义和仁爱，没有勤俭勇敢的美德，那么这个国家的合理性便会荡然无存，其国民必然会集体陷于沉沦，结局是可想而知的。不管多么完美的政治制度，在维持一个民族品格水准中的作用总是微乎其微的，决定一个民族的道德和使一个民族保持稳定的是个人和激励他们的精神。制度的稳固必须以稳固的品格为基础。任何堕落的个体的联合都不能形成一个伟大的民族或整体。缺乏正直诚实的个人品格，这个民族或整体就不会有任何真正的力量。从长远来看，政治的统治通常不会比人们的道德自律更有作用。理由是哪里的民族具有良好

① ［英］塞缪尔·斯迈尔斯：《品格的力量》，刘曙光译，北京图书馆出版社 1999 年版，第 1 页。

的良知、道德和习惯，这个民族的治理就会是诚实和高尚的；哪里的人们道德败坏、自私自利而且心地虚伪，那么，他们就既不能靠真理也不能靠法律联合起来，无赖和幕后操纵者的统治也就不可避免。防止对公众的意见实行专制独裁的唯一真正有效的屏障，是个人自由的进步和个人品格的纯洁。没有这个屏障，就不会有生机勃勃的精神风貌，也就不会有政治生活的真正的治理和平安。① 应该说，斯迈尔斯的这些论述可谓洞穿底蕴的真知灼见，具有深刻的政治智慧和哲学价值。确实，建立在忽视或鄙视乃至藐视道德和良知基础上的政治统治是不可能长久的。一个国家和民族的前途不取决于它的外在条件如何优良，而取决于其内在资质是否纯美善良，取决于其民族精神和道德的高尚。

二　道德是国家有无前途的制约因素

国家需要道德如同人需要道德一样，没有道德的国家是没有生命力、凝聚力和战斗力的，没有道德的国家在世界上很难真正赢得人心，配享道义并能长久矗立。从西方政治伦理思想史的角度考察，早在古罗马时代人们即已开始了对道德的存废、风气的盛衰与国家的兴亡之间关系的探讨。李维在《罗马史》一书中研究了古罗马帝国盛衰的原因，他认为古罗马帝国的兴盛与道德风气上的为国尽忠和无私奉献密切相关，而其衰败也与道德风气上的醉生梦死和贪图享乐的腐败行为密切相关。早期罗马所展现的道德进步使罗马共和国的声名远播，“没有一个共和国比罗马更强盛，有过更纯洁的道德或更多的范例”②。但是随着古罗马统治者在道德教育和道德修养上松懈情绪的不断蔓延和扩展，古罗马帝国的腐败现象像瘟疫一般地传染，结果“无限制地享乐使人们耽于纵欲，毁灭了他们自己和其他的一切”③。18 世纪法国启蒙思想家孟德斯鸠在《罗马盛衰原因论》一书中认为，道德风气是一个国家的基础和根本，支配全世界的并不是命

---

① ［英］塞缪尔·斯迈尔斯：《品格的力量》，刘曙光译，北京图书馆出版社 1999 年版，第 25 页。

② 杨俊明：《社会道德的兴衰与罗马帝国的灭亡》，《湘潭大学学报》（社会科学版）2006 年第 1 期。

③ 同上。

运，而是人民特别是统治阶级的道德状况。“这些原因在每一个王国里都发生作用，它们使这个王国兴起，保持住它，或者是使它覆灭。”[①] 罗马的兴盛正是由于统治者贤明而富有道德，公民忠于国家而富有责任心；罗马的衰亡则是由于统治者道德堕落而导致民风败坏。“既然丰裕是在于善良的风俗，而不是在于豪富，所以罗马人的那种无限多的财富就引起了一种空前的奢华和浪费。”[②] 于是，“当军队本身都开始腐化的时候，他们自身就成了一切民族的瓜分对象了”[③]。孟德斯鸠指出，支配一个国家盛衰命运的最一般的原因是道德。道德风气是一个国家的基础和根本。一旦风气败坏，国家就会遭遇毁灭性的打击乃至摧折。罗马帝国的兴亡充分说明了道德的力量，正可谓道德兴国家兴，道德亡国家亡。

在我国先秦时代，孟子总结夏商周三代兴亡的经验教训，指出：“三代之得天下也以仁，其失天下也以不仁。”（《孟子·离娄上》）夏商周三代之所以能够得天下，根本原因在于其统治者在兴起之初能够讲求道德，敬德保民，与百姓同忧乐。后来之所以失天下，根本原因在于统治阶级丧失了道德，走上了荒淫无耻、醉生梦死的非道德和反道德道路，结果导致民怨沸腾，官逼民反。唐太宗李世民鉴于隋炀帝腐败丧国的沉痛教训，即位后十分注意以德治国和兴德崇教，并认为治国如同栽树，只有根深蒂固，枝叶才会茂盛。魏徵说：“求木之长者，必固其根本；欲流之远者，必浚其泉源；思国之安者，必积其德义。”“不念居安思危，戒奢以俭，德不处其厚，情不胜其欲，斯亦伐根以求木茂，塞源而欲流长者也。”（《贞观政要·论君道》）贞观时期，君臣们追思往古治乱之道，探讨历代兴亡规律，多以敬德崇道、公忠体国和注重道德教化为要义，并身体力行，率先垂范，故开创了中国治道史上的政治清明、风俗良善的局面。

现代政治缺乏的不是法律和制度，而是美德和素质。如何使政治活动和政治制度伦理化，如何提高政府官员和国家公务员的道德素质，本质上决定着现代政治的命运和前途，决定着反腐败的质量和水平。维新派思想家严复、梁启超等人均十分强调中国积贫积弱、官场腐败与道德的废弛密

---

① ［法］孟德斯鸠：《罗马盛衰原因论》，婉玲译，商务印书馆1962年版，第102页。

② 同上书，第54页。

③ 同上书，第102页。

切相关，于是竞相提出“开民智、兴民德”的理论。梁启超在《清议报》上宣传“新民说”，并以培植国民爱国心作为改造国民道德性的主要内容，认为“我国民所最缺者，公德其一端也”[①]。针对官、士、商各阶层的腐败和道德沦亡，梁启超把“广求同志，开倡风气”视为振衰救弊的“第一义”。他决心把“真理灌输于国民头脑中，利害明揭于国民心目中”[②]，为启蒙国民的道德觉悟作不懈的努力。

道德防线的溃散必然诱发腐败。春秋时期鲁国大夫臧哀伯在向鲁桓公的进谏中指出：“君人者，将昭德塞违，以临照百官，尤惧或失之，故昭令德以示子孙……百官于是乎戒惧而不敢易纪律。”意即做国君的必须崇尚道德而闭塞一切邪恶行为，以此来统治其臣属，使之有所戒惧而不敢违犯纪律。在臧哀伯看来，“国家之败，由官邪也，官之失德，宠赂章也”（《左传·桓公二年》）。官吏之邪恶必然导致国家之败亡。当代美国一些专门从事惩治腐败对策研究的学者认为，道德防线的溃散或突破往往就是腐败的开始，因此加强和改善道德教育是惩治腐败对策中最为基本也更带根本性的东西。保罗·道格拉斯写道：“我认为比改进机构更为重要的是需要建立一套更为深刻的道德价值观……我们看到的政府的失误常常是我们自己的道德失误的反映。所有这些都在提醒我们，我们不仅要帮助改革政府，而且还要帮助改革我们自己。”[③] 塞缪尔·亨廷顿在对发展中国家腐败的论述中，强调了道德教育的重要性。在对腐败产生的原因或成因的研究中，大多数西方学者都认为，拜金主义的伦理价值观和必要的道德责任感的缺乏无疑是其主要原因。如果一个社会过分突出商业的地位和价值，就会使商业交易的原则在社会公共领域中弥漫，政府官员的道德就会深受其害。帕特里克·多贝尔在《一个国家的腐败》一文中指出：道德关切的私人化以及随之而来的公民忠诚与美德的衰败，是造成一个国家腐败的主要原因[④]。因此加强道德教育，强化公民的忠诚观念，无疑是根治

① 梁启超：《新民说·论公德》，《梁启超文选》，上海远东出版社 2011 年版，第 47 页。

② 梁启超：《爱国论》，《饮冰室合集："文集"之三》，中华书局 1988 年版。

③ 刘明波：《廉政思想与理论——中外名家论廉政与反腐败》，人民出版社 1994 年版，第 221—222 页。

④ 王沪宁：《腐败与反腐败：当代国外腐败问题研究》，上海人民出版社 1990 年版，第 149 页。

腐败的有效对策。

道德的缺失导致江山易姓。早在西周初年，以周公为代表的西周统治阶级在总结夏商两代兴亡更替的过程中就明确地把“不敬厥德”当作其“早坠厥命”的根本原因，并认为只有“敬德保民”与“直方而不毁，廉洁而不戾，强立而无私”才能够保持国祚绵长。《尚书·召诰》指出：“王敬作，所不可不敬德。我不可不鉴于有夏，亦不可不鉴于有殷。我不敢知曰：有夏服天命，惟有历年；我不敢知曰 ：不其延。惟不敬厥德，乃早坠厥命。我不敢知曰：有殷受天命，惟有历年；我不敢知曰：不其延。惟不敬厥德，乃早坠厥命。今王嗣受厥命，我亦惟兹二国命，嗣若功……其惟王勿以小民淫用非彝，亦敢殄戮用义民，若有功。其惟王位在德元，小民乃惟刑用于天下，越王显。上下勤恤，其曰我受天命，丕若有夏历年，式勿替有殷历年。欲王以小民受天永命。”召公对成王说的这一段话充满历史的兴亡意识和治政智慧，可谓鞭辟入里，意味深长。大意是说，国君要使天下治理有方，不可不认真履行道德。我们不可不鉴戒夏代，也不能不以殷商为鉴戒。我们不敢说夏代接受天命有多长时间，我们不敢说夏代的国运不会延长。我们只知道夏代的统治者不认真力行道德，才过早地失去了他们的福命。我们也不敢说殷商的国运该有多长时间，也不知道他们的统治会不会延续，我们只知道殷商的统治者不认真力行道德，所以才过早地失去了他们的福命。而今大王您继承了治理天下的大命，我们希望您能思考这两个朝代衰亡的原因，继承他们的功业……愿大王您不要使臣民胡作非为，也不要用杀戮来治理臣民，只有这样才会获得成功。愿大王您树立德行的表率，让老百姓效法施行于天下，发扬君王的美德。君臣上下勤勉忧虑，才能使我们接受的天命比夏商两代更久远，愿君王和臣民共同接受上天的永久大命。这一段话总结了夏商两代兴亡的经验教训，褒贬分明，忧患之情溢于言表。在周公看来，讲道德是保有天下和福命的根本条件；不讲道德只会演绎出国破家亡的历史悲剧。

汉初陆贾为高祖探寻“秦之所以失天下”、高祖之所以得天下及古往今来国家兴衰成败的道理，著有《新语》一书，认为治国不能单靠刑罚暴力即“武”的一手，还必须靠“行仁义”，即德治教化“文”的一手。而且，刑罚的作用仅仅在于“诛恶”，“非所以劝善”，要使天下安治，当以“仁义为巢”，教化为务。总之，“仁者以治亲，义者以利尊。万世不乱，仁义之所治也”。贾谊著《过秦论》，指出秦亡的主要原因是“仁义不施”和贪暴腐败。在贾谊看来，能否“守国”的关键在于“民危”还是“民安”。而要使“民安”，就应以教化为本，对人民施以道德教育和“仁义恩厚”。

唐代探讨道德兴废与天下兴亡的文章和诗歌甚多，杜牧的《阿房宫赋》、李山甫的《题石头城》、李商隐的《咏史》等可谓脍炙人口，竞相道出了“成由勤俭败由奢”的道理。唐朝诗人李山甫《上元寺怀古》一诗借总结南朝兴亡抒发历史的感慨：“南朝天子爱风流，尽守江山不到头。总是战争收拾得，却因歌舞破除休。尧将道德终无敌，秦把金汤可自由。试问繁华何处在？雨花烟草石城秋！”全诗寓意深刻，催人警醒，凸显了道德兴废在江山易姓、政权更迭中的作用，可谓语重心长，幽深警策，启人心智。

宋代欧阳修、司马光等人精研历史，发现历史充满着精湛的道理，此即是“忧劳可以兴国，逸豫可以亡身”，竞相盛赞勤俭的道德价值。《伶官传》记载后唐庄宗李存勖宠幸的伶官敬新磨、景进、史彦琼、郭从谦，特别是后三人败政乱国的史实，欧阳修在《伶官传序》中充满哀惘亦不无深刻地指出：“盛衰之理，虽曰天命，岂非人事哉！原庄宗之所以得天下，与其所以失之者，可以知之矣。”庄宗继位后牢记父亲的遗嘱，将父亲赐给的三支箭藏在祖庙中，每次出兵打仗，到祖庙中去取出箭，把它装入锦袋里，让人背着箭走在队伍的前面以激励士气，不忘国仇家恨。等到凯旋归来，再把箭放回庙中。那是庄王一段多么威武雄壮、意气昂扬的时期。可是等到消灭了仇敌，天下已经平定，庄王及其统治者迅速地腐化堕落，在宫中大肆宠幸伶官，演绎出了一幕幕荒诞无稽的闹剧。一次看伶官演戏，庄宗四顾而呼：“李天下何在？”一伶人跑上去打了他一巴掌，众人惊骇，那伶人却说：“李（理）天下只有一个，还呼唤谁呢？”于是庄宗大喜，还厚赏伶人。庄宗不但与伶人在宫中娱乐胡闹，还委任他们以要职，使伶官、宦官成为他的心腹耳目，弄得众叛亲离。最后郭从谦统率的亲兵发生哗变，庄宗被流矢射死。欧阳修感叹道：“《书》曰：‘满招损，谦得益。’忧劳可以兴国，逸豫可以亡身，自然之理也。故方其盛也，举天下之豪杰莫能与之争；及其衰也，数十伶人困之而身死国灭，为天下笑。夫祸患常积于忽微，而智勇多困于所溺，岂独伶人也哉!”[①] 国家的盛衰并不取决于天意，而是取决于人事特别是统治阶级的道德意识和修为。

近代曾国藩对国家兴衰之道也多有研究，他说：“历览有国有家之兴，皆由克勤克俭所致；其衰也，则反是。处乱世尤以戒奢侈为要义。”[②] 在曾国藩看来，只有“崇俭朴”、“崇俭约”才能“以养廉”，只有“崇廉让”才能“以奉公”，也才能保持政风清明，国家强盛。针对当时中国积贫积弱、官场腐败、世风日下等症状，曾国藩提出弘扬八德（勤、俭、刚、明、孝、信、谦、浑）以矫世风之偏，以济腐败之弊，并认为腐败由道德的堕落肇其始，也必将因道德的光大弘扬终其寝。当今之世，国家危亡，民族危机，千头万绪，当以“兴民德”为要务。

三　执政能力建设关键是培育执政伦理

马克思主义认为，道德是人类实践精神把握世界的独特方式，是人们认识世界和改造世界的同时认识自我和改造自我的重要力量。诚然，马克思主义在探讨道德的本质时肯定经济关系对道德的决定作用，但马克思主义丝毫不否认道德的作用。恩格斯曾经提出警告，要防止以“经济唯物主义”使道德庸俗化，并强调指出道德对经济关系具有能动的反作用。在马克思主义看来，诸如“勇敢、自尊、自豪感和独立感”这样一些道德品质乃是革命无产阶级的特征，“道德力量”乃是革命改造事业的重要标志。陈独秀在《吾人最后之觉悟》一文中写道：“伦理思想影响于政治，各国皆然，吾华尤甚。”[③] 若人们在道德上不能觉悟，一切的政治改革、经济振兴都是靠不住的。所以“伦理的觉悟，为吾人最后觉悟之最后觉悟”[④]。要挽救中国的民族危机就必须启发人们的伦理觉悟，变化民质。青年毛泽东曾在《致黎锦熙信》（1917 年 8 月 23 日）中畅言改造中

① 欧阳修：《伶官传序》，《唐宋八大家文章精华》，湖北人民出版社 1987 年版，第 416—417 页。

② 曾国藩：《同治九年六月初四日——致诸儿遗嘱》，《曾国藩家书》，钟叔河评点，中央编译出版社 2011 年版。

③ 陈独秀：《吾人最后之觉悟》，《陈独秀文选》，上海远东出版社 1994 年版，第 33 页。

④ 同上。

国当从哲学、伦理学入手，“根本上变换全国之思想，如此大纛一张，万夫走集，雷电一震，阴噎皆开，则沛乎不可御矣”①。成熟时期的毛泽东在领导中国人民谋求自由和解放的过程中，一刻也不曾忘记用共产主义的理想和道德来教导人民，他使为人民服务的观念深入到每一个党员干部和革命军人的内心深处，并凝聚成一种伟大的革命力量。从井冈山精神到长征精神，到延安精神、西柏坡精神，再到铁人精神、雷锋精神、焦裕禄精神、“两弹一星”精神，再到新时期的抗震精神、航天精神，中国共产党人培育出了一种又一种与时俱进的优良道德品质和伦理精神，奏响了一曲又一曲感天地泣鬼神的道德之歌。这是中国共产党之所以能够由小到大、由弱到强、由革命党到执政党的伦理优势，也是以中国共产党为领导力量的中华人民共和国最大的精神资本和价值底本。

进入改革开放时期以来，面临新形势新任务新挑战，以邓小平、江泽民、胡锦涛为代表的中国共产党人十分注重社会主义精神文明和道德建设，注重执政党和全体公民的道德建设，并形成和发展起了有中国特色的社会主义伦理文化。邓小平以战略家的远见卓识和思想家的深刻智慧既大力主张发展社会主义市场经济，又主张加强社会主义条件下的道德建设，形成并发展起了“两个文明一起抓”的战略思想和义利统一思想。他说：“没有共产主义思想，没有共产主义道德，怎么能建设社会主义？党和政府愈是实行各项经济改革和对外开放的政策，党员尤其是党的负责干部，就愈要高度重视、身体力行共产主义思想和共产主义道德。”②“要教育全党同志发扬大公无私、服从大局、艰苦奋斗、廉洁奉公的精神，坚持共产主义思想和共产主义道德。”③在邓小平看来，社会主义物质文明建设需要伦理道德的支持和引导，共产主义思想和道德是我们建设社会主义物质文明的精神基础和价值保障。我们必须在大力发展生产力和改变贫穷落后面貌的同时大力加强社会主义精神文明和道德建设。只有两个文明都搞好，才是有中国特色社会主义的完整内含。

江泽民同志提出的“三个代表”重要思想着眼于政治伦理，凸显了

① 毛泽东：《毛泽东早期文稿》，湖南出版社1990年版，第86页。

② 邓小平：《邓小平文选》第2卷，人民出版社1994年版，第367页。

③ 同上。

执政党道德建设的极端重要性。他从苏联解体、东欧剧变论及加强党的执政伦理建设，强调指出："九十年代以来，一些执政几十年的政党先后下台，有的已经衰亡，其中的根本原因是党的内部出了问题，认真分析这些政党的兴衰，加以借鉴，对我们加强党的建设很有意义。历史和现实都表明，一个政权也好，一个政党也好，其前途与命运最终取决于人心向背，不能赢得广大群众的支持，就必然垮台。"① 从这一立论出发，江泽民特别强调加强执政党的思想道德建设，主张把思想道德建设放在党的建设的重要位置上，通过思想道德教育使广大党员干部牢固地构筑拒腐防变的思想长城，讲学习、讲政治、讲正气，自重、自省、自警、自励，树立正确的世界观、人生观、价值观，坚决抵制拜金主义、享乐主义、极端个人主义等腐朽思想文化的影响。在江泽民看来，道德教育解决的是领导干部人生观、价值观和干部道德品质及人格的养成问题，是政治文明的价值目标和价值导向问题，也是整个社会精神文明建设的根本性问题。常言道："物必自腐而后虫生"，"清者自清，浊者自浊"。一个人腐化堕落往往是从思想道德上的蜕化变质开始的，是错误的世界观、人生观、价值观所导致的结果。想不想或多大程度上想搞腐败，起决定作用的还是人自己，是主体自我。毕竟权力靠人行使，监督制约靠人接受，私欲靠人自我调节，自我是内因，内因是变化的根据，而外因只是变化的条件。解决内因问题主要应靠思想道德教育和个体的自我意识、自我修养。

十六大以来，以胡锦涛同志为核心的党中央领导集体十分关心党的执政能力建设，十六届四中全会通过了《中共中央关于加强党的执政能力建设的决定》，强调加强党的执政能力建设是时代和人民的要求，执政能力建设是党执政后的一项根本建设。执政能力建设必然要求加强执政道德建设，因为执政道德是执政能力中最为根本也是最为核心的要素。没有先进的执政道德，是谈不上真正的执政能力的。道德是化解人生风险、使人生活得有意义和有价值的重要手段，也是关乎党的执政能力建设的重要内容。按照中共中央关于加强党的执政能力建设所确定的总体目标，我们完全可以说这是把加强执政道德建设放在加强党的执政能力建设的重要地位来部署的，因为使党成为立党为公、执政为民的执政党，成为科学执政、

① 江泽民：《江泽民论"三个代表"》，中央文献出版社2002年版，第72页。

民主执政、依法执政的执政党，成为求真务实、开拓创新、勤政高效、清正廉洁的执政党，无不是在强调党的执政道德建设，解决一个党向什么方向发展、为谁执政、靠谁执政、怎样执政的问题，根本上是一个执政道德价值观问题。党的执政道德要求保持党同人民群众的血肉联系，牢记全心全意为人民服务的根本宗旨，坚持权为民所用、情为民所系、利为民所谋，实现好、维护好、发展好最广大人民群众的根本利益。只有立党为公，执政为民，才能得到人民群众发自内心的真正拥护，也才能为人民执好政。须知，人民群众的拥护和支持是检验党的执政能力的试金石，也是我们党的力量源泉和胜利之本。因此，党必须而且应当成为先进道德的倡导者和践行者，党的道德建设关乎党的前途和命运，关乎国家的长治久安。

人民是道德生活、道德建设和道德评价的真正主体，民心向背历来是判断“得道”还是“失道”的标准。“得民心者得天下”是伦理文化史的一条颠扑不破的公理。在当代，“得民心”的方法和根本路径就在于贯彻以人为本，尊重民意，维护民权，改善民生，与民同乐，发展好、实现好人民群众的根本利益，这是当代国德的根本要义，也是加强党的执政道德建设的内在要求，事关社会主义现代化建设的兴衰成败和中国共产党的生死存亡，既是中国共产党的庄严承诺，也是中国人民的殷切期盼。我们有理由相信，已经具有优良道德传统并深刻感受和体悟到与人民群众同呼吸共命运所带来的种种好处，意识到脱离人民群众是最大的执政风险的中国共产党人，一定能够在十八大精神的指引下，铸优国德和党德，谱写国家长治久安的执政篇章，为实现中华民族的伟大复兴奠定坚固的道德基础。

道德:在规则与德性之间

一 道德规范与自由意志

道德关涉到人际间最基本的行为规范。这种规范被划分为内在的（即品德、德性）和外在的（即规则、原则）两类。不论在哪个时代和哪种社会，这两类行为规范都是不可或缺的。但是，从人类道德发展史来看，从以品德、德性为特征的协调着近距离人际关系的内在规范，向以规则、原则为特征的调节陌生人社会人际关系的外在规范的发展，并且后者获得了越来越大的重要性这一点，已经成为一种势头强劲的趋势。这也可以看成是启蒙和现代化运动的一项硕果：人们用理性补充了本能与情感，自主地建构起了一种以对利益的维护为根基的、具有普遍约束效力的行为规范，这种行为规范可以得到理性的论证和检验，其内容可以得到清晰的表述并随时准备着服务于国家法律的塑造。这样一种现代性的道德意识，已经成为我们时代最正常的自我理解的一部分。

前述的用理性充实情感，意味着人类道德观念的一大进步。这当然并不是说情感可以被完全否定，而是说仅仅依赖情感无法适应和满足人类不断扩展了的行为外延对于那种可以清晰界定的规范的需求。从这个意义上讲，理性是人类维护并提升其生命质量的最基本的方式：也就是说，只有在理性思考的基础上，人们才有可能对其行为做出正确的引导，从而最大限度地满足其生存的需求。① 这就好比一群遇险者如果失去了理性，他们

---

① Vgl. Julian Nida - Ruemelin: “Humanismus”, in Detlev Ganten/Volker Gerhardt/Jan - Christoph Heilinger/Julian Nida - Ruemelin (Hg.): *Was ist der Mensch*?, Berlin, 2008, S. 14.

就有可能性命难保，他们的拒绝思考就有可能导致生命的终结。总之，在生存需求面前，理性能够引导人们做出正确的决定，在这正确的决定中，就包括对道德行为的抉择。道德作为人类建构的产物，一定是由理性所支撑的：合乎道德的行为，一定是经过理性的论证、权衡、检验，为大家所认同并且被证明是具有普遍效力的行为。一句话，道德思考的过程，一定是独立的个体运用其理性来权衡理由并被正确的理由所引导的过程。道德行为，一定是基于理性的行为，而非取决于个别人的主观好恶。对道德问题的正确回答，一定是理性的砝码所在的那一边的回答。理性告诉当事人，人类生活的持存必须靠一定的利己行为，对自己利益的追逐与维护是无法改变的人的本性。这一点不仅适用于自己，而且也适用于所以其他的人。当一个人宣称自己有权获得个人利益时，他必须同时也得承认别人同样也有这种权利。正是由于这种“利益同一性”，才促使了道德规范的产生，它要求当事人为了满足自己的利益就必须不伤害并公正对待他人的利益。正是维护己利的终极要求决定了对道德规范的恪守。追逐己利的冲动必须同时包含着对他人需要的认知。只有关照他人的利益，才能使自己的利益最终得以实现。从这个意义上讲，如果说人的生命只有靠理性才能得以维护，那么人的利益，也就只有依靠道德才能得到保障。于是，道德的就是理性的，道德的要求便是理性的要求。由于理性构成了人类生存的基本方式，故违背道德便是十分愚蠢的事，因为违背道德便是违背理性，而违背理性则直接导致生存活动的阻滞。就此而言，道德有其自身的生存逻辑与延续法则。基于“自利的需求决定了理性的行为，而理性则要求有对道德规则的遵守”这一内在必然性，我们就可以说，理性以及建立在理性基础之上的道德，对于人的生存至关重要。一方面，对于当事人个体而言，不论他自己对道德的态度如何，都改变不了拒斥道德便是否定理性因而无法维持正常生存这一现实。对道德的基本需求，不是来自于外界，而是来自于他自己的守德可以帮助维护其生存利益这一事实。因为道德行为者才是该行为的首要受益者。一个人按照道德要求为了长远的利益而放弃短暂的益处，这不是一种牺牲，而是一项投资；[①] 另一方面，道德具有普遍性，它不仅要求这位当事人这样做，而且也要求所有的人都这样做。

① Vgl. Kurt Bayertz：*Warum ueberhaupt moralisch sein*?，Muenchen，2004，S. 41.

而践行道德规范的结果便是所有的人都从中受益，人们的关系可以因此而得到改善，生活质量可以因此而得到大幅度的提高，故一种道德上的合作对于整个社会都具有重大的价值。

如上所述，生存的客观需求决定了人不可能拒绝理性思维，而理性又必然导致对道德能力的拥有。人们不仅实现了把道德正确界定为以对人的利益的保障为目的的人际间的行为规范，而且也设计出道德实践的具体方法，即道德不仅体现为支配行为者动机的内在品德品性，而且更体现为掌控行动者外在行为的规范系统。在一个自由原则支配一切的时代，在一个无法使公民的价值追求与终极信仰达成统一一致的历史背景下，人们可以理解与认可的道德，只能是一种内容界定清晰、适用范围明确、对人际和谐相处和社会基本运转足以应用的底线伦理，这就体现为三个最低限度的道德规范或原则，即不伤害、公正与仁爱。现代社会的一项基本的文明共识在于，所有的人都拥有平等的权利，这种权利要求他人、集体或国家对之负有不去侵害的义务。故道德首先表现为不伤害的义务或规范。从具体内容上讲，"不伤害"又可细分为如下规则：你不应杀人；你不应给任何人施加痛苦；你不应剥夺任何人的自由或机会；你不应剥夺任何人的快乐；你不应作假或欺骗；你不可偷窃；你不可在他人面前食言或违约；你不得侮辱和贬损他人。除了不伤害之外，能够为所有的人认同并乐于遵守的另一道德规范，就是公平正义。公正作为一个重要的伦理概念有其独特的意涵和所指，即免除任意、得所应得、不偏不倚；恪守公正就意味着以一种适宜、均衡的态度来处事或受到对待。公正作为一种道德规范，根基于对一种人际关系的基础性的对称的认可，符合人们正常的道德直觉和心理期待。根据公正这一道德规范的要求，每一位个体的地位和利益都同等重要，因而决不允许无理地区别对待。在公正之后，重要的道德规范是仁爱。由于仁爱需要行为主体的主动付出，故其适用效力一般而言容易辐射于熟人世界，而在陌生人社会里，仁爱的理念仅靠倡导与呼吁是难以奏效的，其一些特殊的内容维度与精神（如危机场合中的紧急救援或阻止恶行）往往是要靠渗透于制度法规之中，作为结构伦理而得以存蕴和体现的，如一些国家有关见死必救的法律规定。从根本上讲，这三项道德规范来自于作为理性契约动物的人类的能动建构，其终极目标在于维护人类的利益，避免自由的滥用。这三种道德规范或原则，在伦理学中介于宏大的伦理学理论与拒斥规范的情境伦理学立场之间，它们既展示了最初级的道德底线，也体现了最基本的道德概念；既代表了人的内在的品德素质要求，也构成了人际间最核心的外在的行为约束与规范。作为一种社会整体性的契约，这三种道德原则对于人类社会的持存是一个不可或缺的精神基础，对于个体幸福的实现也构成了一个重要的前提条件。但两者相比，道德的重要性还是体现在社会整体上，它要阻止灾祸与不幸，维护人际和谐与稳定。至于提高个体的幸福度，则并不是要务，因为幸福不是一个可以普遍度量的东西。

与地方性的习俗、传统性的训导等不同，这三项道德规范都属于理性的规范与原则，它们自身唯有经受住严格的审视与批判性的检验以及必要的论证和辩护，才能成为判定所有行为是否恰适的基础性标准，并且为人们所自觉遵守与奉行。按照康德的立场，这种检验的方法就体现在，要看这三种道德规范是否可以普遍化、是否是以人为目的、是否是自我立的法。而且是否具有普遍的约束效力则构成了最主要的验证指标。

如果依照是否具有普遍约束效力的标准来检验这三项最基本的道德规范或原则，我们就可以发现，不伤害与公正属于同一量级，它们都算作是完全的义务，即义务履行者在任何时空环境下、针对任何熟人或陌生人，包括遥远的未来人以及眼前的敌人，都必须自觉严格地遵守这两项行为规范或原则。而是否做到了这一点，是完全可以精确界定和清晰度量的，如果违规，也是完全可以依情形的严重程度予以公平惩处的。仁爱这一规范或原则复杂一些。这里可以分成两种情况。当仁爱作为紧急救援（阻止恶行）这样一种特定的狭窄含义理解的时候，它就是一种完全义务，在许多国家甚至成为一项必须严格遵循的法律规定。因为此时作为紧急救援这样一种狭窄意义的仁爱，其作用对象是人的宝贵生命，故这种特殊含义的仁爱便构成了一种必须强制施行的责任，而且行为对象应是涵盖所有的人类个体。如果行为主体拒绝施援，则就可以在确定过失大小之后对其予以相应的处罚。更多的情形则关涉到仁爱的最一般、最广泛的含义，即泛泛地同情、关护和帮助他人，增进其福祉。这样一种得到理解的仁爱是一项不完全的义务，它的内容并不精确，它的执行力也没有强制性。比起陌生人世界，它在熟人环境里更容易得到实施与践行。仁爱以情感为强大基础，我们不可能强迫行为主体对他人付出某种情感，同时我们也无法指望当事人一视同仁地关爱所有的人，包括遥远的陌生人或眼前的罪犯。故宽泛意义上的仁爱（增进福祉）作为一种道德规范，在适用范围和着力强度方面都是有局限性的。基督教有关“你应当爱邻人如爱自己”的戒律，仅仅是体现了一种良好的愿望与期待。而且在某些特定情况下，仁爱与公正甚至有可能发生矛盾与冲突。当仁爱过度，如把自己的财产赠送给他人，且因此所得的好处无法抵消遭到的损失之时，仁爱就走向了不公正。总之，宽泛意义上的仁爱（增进福祉）主要是针对近亲与友朋的，对于宏大的陌生人社会，不伤害与公正发挥着更为重要的作用。这反映了从传统社会以人的品性、情感为中心，到现代社会以人的行为规范为中心的价值主轴的重大变迁。由于从不伤害与公正到宽泛意义上的仁爱（增进福祉），是一种着力强度递减的过程，故有关正当与善何者为优先的问题，在这里就有了清楚的答案。

以上我们谈到，道德选择体现了人类自身的一种理性需求，同时，不伤害、公正、仁爱构成了人们在社会交往中最基本的道德规范与原则。尽管如此，行为者是否真的做出道德的抉择，是否真的遵循这三项底线的道德规范行事，则最终取决于当事人的自由意志。我们说过，理性是人类生存的基础。但理性的运用离不开每一位当事人自身的独立思考。理性是要靠思考者自己来真正实现的。思考是一件亲力亲为之事，没有人可以替代另一人进行思考。没有人能够不通过自己的独立思考就可以得出理性的结论。尽管我们都知道，道德的合理性并不能担保道德的现实性，人应当理性与道德，并不意味着人们肯定会理性与道德，换言之，尽管独立思考不一定能带来正确的决定，但它本身却构成了人的一项不容剥夺的权利，它体现为当事人依据自己的判断、为了自己的目标、凭借自愿的非强迫的选择来生活和行动的自由，这甚至是人的尊严的一种呈现。一个人经过独立思考而做出了错误的决定，他还有机会自行纠正，但如果他放弃了独立思考并盲目听从别人的指令，则就摧毁了自己分辨正误的能力。现代社会正自觉建构一种具有普遍约束力的伦理规范系统作为人们行为的标准与指南，但道德行为的最终落实还是要取决于每位当事人自己的个体抉择、自由裁定。问题的关键在于，人只有对自己做出的选择才需要承担道德责任，人只有对自己确立的道德法则才会自觉地服从并自愿接受其约束。道德是奠立在自由的基础之上的，美德与规范最终取决于当事人自主的意愿。从18世纪早期开始，以康德伦理学为标志，一种自主的道德的观念已经逐渐成为现代社会普遍的自觉意识，它也构成了当代文明的一项基本法则与价值符号。总而言之，尽管不伤害、公正、仁爱被视为人们最基本、最核心的道德规范与原则，但它们能否真的得到贯彻落实，还要取决于人的自由选择这一终极基点。离开了意志自由，就没有道德选择；离开了独立思考，任何事物对于当事人就都不具备价值。基于这一考量，不伤害、公正、仁爱这三项道德规范在社会与个体层面，就拥有着不同的存在与表现方式。在社会层面，人们应当依据民主的程序建构起法律规章，使造成伤害的情形、公正的立场、特殊情境下的驰援要求得到清晰的界定，并以强制性的制裁措施使规范的落实得以保障。在个体层面，让每位当事人自己对不伤害、公正、仁爱的道德规范进行批判性的审视、理性的思考，在此基础上做出接受与否的自主决断，最终为自己的行为赢得赞赏或承担责任。① 任何人都有权利在不损及他人的大前提下自我决定过一种自己认可的值得过的生活。

二　私人领域与公共领域

我们前面已经讲过，在现代世界里，道德的重要性主要是体现在社会整体的行为规范上，不伤害、公正、仁爱作为最基本的道德规范或原则，其最重要的功能在于维护最大范围内人际间交往的顺利进行。然而人类的社会生活是复杂的、多维度的，至少可以分成公共生活与私人生活两大层面。在以陌生人为主体的公共生活领域，当然应践行外在的道德规范与原则；但在以熟人乃至亲人为主体的私人生活领域，就不能只讲原则与规范，而必须更多地诉诸内在的道德品德和丰富细腻的道德情感。如果在私人圈子里也处处时时只谈原则、坚守公平，丝毫不考虑友爱的眷注和善意的偏心，则这个世界就会显得有些冷漠乃至无情。正是从这一考量出发，近年来德性论者、女性主义者、后现代论者，均纷纷谴责这个现代世界的

---

① Vgl. Ada Neschke - Hentschke: “Tradition und Europas. Die Menschenrechte und der Rechtsstaat als Frucht des antiken und christlichen Denkens”, in Hans - Helmuth Gander (Hg.): *Menschenrechte. Philosophie und juristische Po. sitionen*, Freiburg/Muenchen, 2009, S. 33.

过于原则化的倾向。他们认为，只讲对人的外在行为的规约是不够的，还应更多地关注到怎样做一个好人的问题，要注重人的品德素质对行为动机的激发与培育，强调在家人与朋友之间更深刻的情感联系以及仁爱关护的优先性，只有通过这样一种内在品德与情感的对外在原则和规范的补救，这个道德世界才能达到全整，伦理学也才可能趋于完善。一个经常被提及的例子是，一个人到医院看望病人，如果宣称自己只是出于道德原则与责任行事，则病人就会感受不到爱意而失望。病人更在意的是看望者对自己的特质的肯定与关注，而绝非仅仅是出于对抽象原则的坚守。谁也不愿意生活在一个仅仅是基于原则、规范、责任或“能够正确地行动”的共同体之中，只强调坚守普遍惯常的规范原则以及理性的行为标准，而全然不顾卓越的品德、热忱的情感、慈爱的纽带以及内在的良心对行为的驱动，则就无法为道德生活提供令人满意的描绘与说明。总之，德性论对品格的重视、共同体主义对传统的尊崇、女性主义对情感的觉察、后现代主义对良知的强调，都体现了他们对现代社会由规范与原则支配的道德世界之单一性的警觉与不适。

问题在于，德性论者、女性主义者、后现代论者对公共领域与私人领域的严格划分并不感兴趣。换言之，他们并不认为在公共领域应重视道德规范与原则的建构与践行，而在私人领域则应更多地强调美德、品格、良心、情感、亲情、友善、仁爱等的作用。在他们看来，人们的道德生活是一种完整的结构，不仅存在着规范与原则，而且也有品德、情感、体验、信仰、生活理想、终极关怀、最高境界占据的地位。所有这些因素结为一体，缺一不可，否则就无法涵盖和包揽人类生活的全部领域。他们的使命，就在于向社会整体的各个层面推行德性的观念和仁爱的情感。

就德性的观念而言，他们认定道德在于善良品德的培育，而非对规则的恪守和对好的结果的预测；在于道德动机与意向的形成，而非仅仅是合道德的行动；在于造就有德之人，而非是守则的机械运行。他们认为，道德的载体不是规范与制度，而是活生生的个人。他们不是从外部行为规范框架，而是从人的内心灵魂来探究道德的本质与发展，在他们看来，这样才能为道德奠立最为坚实和稳定的根基。他们认为，美德既有利于个人幸福度的提升，也有益于社会增加价值的总量，使之成为一个道德富有的世界。于是，即便出现法治崩溃、理性泯灭的极端状况，德性或许也仍然能够成为一种唯一发挥作用的道德因素，因为在发生损害他人的行动之时，不可能所有的当事人都可以轻易摆脱良心的折磨。即便是我们承认道德规范对社会的运行十分重要，我们也无法漠视人格素质能够成为一种守法的力量，无法否认稳定的内在品性可以使得外在的道德行为达到持之以恒。

就仁爱的情感而言，德性论者、女性主义者、后现代论者均极力倡导在全社会宣扬仁爱的理念，从而使人际间充满人性的温暖。如前所述，仁爱作为道德规范其适用效能是分层级的，即作为紧急救援的完全的义务与作为泛泛的关爱的情感与举措的不完全的义务；宽泛意义上的仁爱无论在适用范围还是在着力强度方面都是有着局限性的。但德性论者、女性主义者、后现代论者并不重视和强调这种分层，他们认为，不能对仁爱的美德采取戏谑的态度，而是应赋予仁爱以更高的价值，视其为行为者内心最重要的道德驱动力量。如果人际间缺乏全面的同情与关爱的理念，则整个社会就会变得极为冷酷。在他们看来，仁爱是发现行为对象身上独特性质的一种情感反应，行为主体会因此而对他人的处境予以敏感性的关怀，对他人的需求做出直接的回应，进而把他人利益视为自己利益的一部分，并尽其所能给他人以及时的援助。这种仁爱的基础并非是互利或对回报的期待（不论该回报是今生的还是来世的），而是对他人境遇的感同身受。仁爱的力量是巨大的，对于受惠者，可以提升其价值感，让当事人享有受尊重的直觉。对于施惠者，可以极大的幅度强化其自身的存在地位。反之，对仁爱情感的抗拒，则是对自己尊严的贬低与轻率。对于社会，仁爱可以提供温暖人际氛围的精神能量。当每一个人时时刻刻都注重自身仁爱德性与情感的培养，常常在意、顾及和力所能及地帮助他人，并使之成为一种生活的习俗与态度，则即便是一个陌生人的社会，也会洋溢着一种友爱、善意和信任的如春气氛。这种道德关切是一种软约束，一种内心恒常的有关"被他人需要就是自己存在的价值"的默默提醒。这种道德关切平等地适用于所有的陌生人，而又无须行为主体付出多大的代价或损失，可以说是一种举手之劳的善心善为。而这种点点滴滴的善举累积在一起，就可以提升行动者自己精神生命的体温，既温暖着陌生人的社会，也幸福着自己的人生。故仁爱决不是可有可无之物，而应成为社会的一种普遍的伦理气质与价值存在。

总之，德性论者、女性主义者、后现代论者强调，即便是在一个宏大广博的陌生人社会里，也丝毫不能减弱对行为者个体善良品性的培育和对宽泛意义的仁爱情感的倡导，一句话，在包括公共领域在内的人类所有生活层面，都不应只讲外在坚硬僵化的道德规范约束，而应更重视人际间内在柔性的道德情感纽带。应当说，这种努力是令人感佩和赞叹的。但是，对于这种尝试是否能够成功，我们却无法抱有太多的希望。原因在于，德性论者、女性主义者、后现代论者，在批判近代以来道德原则主义犯下的把适用于公共领域的道德规范投置到私人领域之错误的同时，自己也犯了性质相同但方向相反的错误，即把适用于私人领域的美德与情感全然推移到广博的公共领域，他们在与原则主义者争夺伦理学的解释权的过程中，从一个所谓理性的极端倒向了另一个所谓非理性的极端。这或许正是问题的关键之所在。不论是他们倡导的德性的观念还是仁爱的情感，在一个广博宏大的陌生人社会里，其得到理解和施行都不是一件易事。就德性观念而言，谁都知道，个体善良品性的养成无疑有益于优化社会的道德风貌，但是，对德性的呼吁和对品德的召唤的最大问题，或许是在于呼吁和召唤者对时代变迁及语境差异的漠视。我们这个社会最大的特点，表现在这是一个现代化的、民主的、权利意识高涨的、宏大的陌生人的社会。在这样一种社会里，道德水准的高低从根本上讲取决于制度的完善与法规的健全。缺乏完备合理的制度架构，或者一些人能够把谎言作为生存的手段，这样一种氛围里再多地对德性的呼吁也都是徒劳枉然之举。就仁爱的情感而言，的确，每个人的成长，都是道德情感先于道德认知。我们对亲人的关切构成了最初的道德启蒙。因而对道德规范与原则的恪守，离不开情感这一始源作为基点。但是，只要是诉诸情感，行为主体自然而然就会把行为对象划分成熟人与陌生人来区别对待。因为情感的能量是有限的，仁爱不论是作为亲情、爱情、友情，都要被置入行为主体的价值等级体系之中，当事人需要依据行为对象所处的价值层级与地位来采取相应的行动。对于近亲，当事人甚至可以将亲人的幸福与安康置于自身的之上，比如为了援救落水的亲人，他完全可以牺牲自己的性命，因为他难以承受过一种失去亲人的生活。但对于一般的陌生人的援助，当事人只能参照自己的目标与价值的全景来决定时间、精力、金钱的花费。我们前面已经说过，仁爱分为紧急救援这样一种特定狭窄含义的完全义务和仁爱情感这样一种宽泛含义的不完全义务。在关切到人的性命这样的紧急情境下，所有的行为者都应该也必须伸出援手。但仁爱的情感并不构成必须恪守的行为规范，我们不可能把所有的人类痛苦都视为危急的情况，也不可能竭尽毕生的精力去援助所有的需要救助者，把他们从贫困、无知、疾病中都拯救出来，并视这种救援为自己终生唯一的任务。尽管仁爱的情感是我们幸福生活的核心内容之一，满足适度的仁爱冲动构成了幸福最重要的一种源泉，但我们却难以如同基督教所宣扬的上帝那样向所有的人都惠施仁爱。毕竟像骗子、罪犯、忘恩负义者等就很难博得他人的仁爱之情。尽管呼吁做人要有道德的血液，召唤每位公民都应拥有仁慈之心，已经成为社会最具震撼力和持久性的流行语，但仁爱的情感是因行为主体与行为对象的不同而有所差异的，个体良心是宏大的陌生人社会所无法掌控的，即便是家人与朋友也未必完全可以指望它的终极作用。总之，仁爱之情感无法普遍化，它不是道德本身的一种严肃性的标志，它无法作为理性行为的依据，故不可能提供一种明确的行为指令。由于它无法成为对每位陌生人都具有约束力的导向与指南，故并不可能构成道德的核心要素。

这样，就使得我们不得不又回到了德性论者、女性主义者、后现代论者所忽视的公共领域与私人领域之间清晰的区分，并且我们需要重申，在公共领域，应坚守不伤害、公正以及作为完全义务的被窄化理解的仁爱——紧急救援的行为规范或原则。而在私人领域，则应强调个体德性的培育以及对近亲、友人的仁爱情感的投射。在宏大广博的陌生人社会里，个体德性与仁爱情感固然也构成了道德生活的不容忽视的要素，但总的来说，这种要素的重大局限性就在于其内容的不确定、功能的不可靠。一种公共领域只能界定人们的行为，却难以明了该行为背后的动机，只能掌控调节人们外在行为的规范与原则，而无法把握行为者的内在素质。人类任何一种形式的社会活动与交往行为都受制于一定的道德规范与原则的约束，这也正是整个社会生活得以正常运行的基本前提，也是人类社会文明程度的标志所在。与仅重视道德情感会对道德的客观性形成挑战相比，强调道德规范与原则的好处就在于，人们可以基于理性的理由对道德行为规范进行审视、商讨、辩护与论证，依据契约的精神把道德共识固化为不受时空环境限制并适用于所有的人的普遍的行为准则，从而保障了道德规范与原则在公共生活中所具有的内容的可确定性、功能的稳定性以及效果的持久性。道德规范是人设定建构的，当然会对人们有好处。人的一生在任何情况下都遵守和顾及道德要求，这会使得他获得优势与收益。然而世事充满了复杂与变数。尽管一般而言道德行为有益于当事人，但并非每一位当事人都必然会选择道德。尽管理性者都会守德，但并非所有的人都是理性者。这一矛盾导致了，一定的道德原则与规范，最终还是需要上升为具有强制性约束力和制裁措施的法律规范，从而震慑、限制和惩处那些敢于滥用自由的作恶者。法律把道德变成了可以通过公共奖惩措施强制实施的刚性的规则或制度，为社会成员确定了公认的、可视的、透明的、合乎道德的行为方式。故一个广博宏大的陌生人社会的顺利运行，最终离不开完备严密的法律法规的建构与调节。①

道德规范为人类社会生活的正常持续所必需，其内容有着恒常的稳定性与适用性。然而社会的发展与变迁，却又为我们以不同于以往的新颖方式，对道德规范与原则的理解、表述和应用创造了条件。高科技时代的特点在于，不仅人类的活动范围越来越广阔，而且其现实的或潜在的影响也越来越深远。这就造成了我们的行为与其后果之间的一种时空上前所未有的巨大鸿沟，它甚至已经超越了我们现有的预知与估量的能力。这同时也就构成了人类道德哲学从未遇过的现实挑战。诚然，当今的伦理学仍然需要一如既往地关切每一位个体的品性、素质、情感及举动，但其研究视野或许应更多地放射到人类的组织性、机制性、整体性的行为。我们每一个人都是一种巨大的社会活动的参与者，个体行为的后果是不确定的，责任与影响力也是有限的，没有哪样一种角色能够体现“整体自我”的本质。个体对社会的损害一般而言比一种群体性、结构性的行为对世界的威胁要小得多。预防大规模种族灭绝乃至防止未来人类的不可逆的巨大灾难的紧迫性，要大大高于对个体美德与良好素质的培育上的要求。这就决定了我们这个时代伦理与道德的更多的制度化、结构化、机制化的特点。当然，道德规范是适用于全社会的，既是针对每一位社会成员，也是关涉到群体、国家及共同体。但个体行为是最难控制的，再严密的法律也阻止不了夜深人静时行恶的罪犯。而一个社会的秩序的道德性却是大体上可以掌控的，人们可以通过研究、讨论、协商而在公共领域建构起一种合乎道德要

① Vgl. Habermas：Faktizitaet und Geltung，vgl. Detlef Horster（Hg.）：*Texte zur Ethik*，Stuttgart，2012，S. 94.

求的制度框架，从而对社会整体形成一种规模广博、结构牢固、作用稳定的约束性力量。面对未来核战争、人造疫情、超级智能、纳米技术所造成的可能的全球性威胁，个体美德的培育当然不可或缺，但依靠最基本的道德规范与原则以及渗透着这些规范之道德要求的整体性的制度架构，来组织、协调和校正人类集体性、未来性的宏观行为，从而迎应我们所遭遇到的前所未有的巨大挑战并避免最大的恶的发生，或许是摆在我们面前更为现实、紧迫和更具有优先性的行动选项。

后　记

当今中国道德状况呈现出不容忽视的复杂性，但总体向好的态势是清晰可见的。在全面深化改革和进入建设小康社会决胜阶段的新形势下，我国经济社会所发生的深刻变化都会对我国当前的道德状况产生巨大影响，并通过人们的道德认知、道德情感、道德意志、道德信念、道德行为等表现出来。作为湖南省2011协同创新中心——中国特色社会主义道德文化协同创新中心下设的一个分中心，中国道德状况测评中心推出的《中国道德状况报告》(2016年)，将对当今中国的道德状况进行更多、更深刻的反映。

《中国道德状况报告》(2016年)由以下几个内容构成：(1)社会调查报告；(2)道德文化建设纪实；(3)伦理问题案例及其伦理反思；(4)学术论文。这种谋篇布局兼有实践性和理论性。之所以以这种方式谋篇布局，不仅是为了丰富《报告》的内容，而且是为了增强它的可读性。

《报告》是中国特色社会主义道德文化协同创新中心调动中心各方面力量完成的成果。具体地说，它是本协同创新中心的主要协同单位、研究员、研究生等共同贡献的成果，凝聚着中心的集体智慧和力量。我们对为《报告》做出贡献的人员作如下说明：

1.《道德何以兴国立人?》作者：万俊人，清华大学人文学院院长，教授，博士生导师，中国伦理学会会长，中国特色社会主义道德文化协同创新中心学术委员会主任。

2.《插柳村村民对社会主义核心价值观认知状况的调查报告》作者：李民，湖南师范大学党委书记，教育部人文社会科学重点研究基地湖南师范大学道德文化研究中心主任，湖南省中国特色社会主义道德文化协同创新中心主任，教授，博士生导师；向玉乔，教育部人文社会科学重点研究基地湖南师范大学道德文化研究中心副主任，湖南省中国特色社会主义道德文化协同创新中心首席专家，教授，博士生导师；黄泰轲，湖南师范大学道德文化研究院博士研究生。

3.《长株潭地区居民的绿色素养状况调查报告》作者：廖小平，中南林业科技大学教授，博士生导师，中国特色社会主义道德文化协同创新中心首席专家；孙欢，中南林业科技大学旅游学院讲师；陆利军，中南林业科技大学旅游学院博士研究生；熊敏，中南林业科技大学旅游学院硕士研究生。

4.《中山市用社会主义核心价值观引领全民修身行动纪实》作者：中共中山市委宣传部唐颖、徐剑、彭晓新、郝立新、元维社、吉昌华、黄振辉、汪小峰、张霄、匡和平、刘明、雷志松、刘忠友等。中山市委宣传部是中国特色社会主义道德文化协同创新中心主要协同单位之一。

5.《中山市坚持以德治市和依法治市相结合的社会治理模式纪实》作者：中共中山市委宣传部、中山市社科联。中山市委宣传部是中国特色社会主义道德文化协同创新中心主要协同单位之一。

6.《湖南省东安县推进师德师风建设纪实》为未发表文稿。作者：唐德光，湖南省东安县教育局党委书记、局长。湖南省东安县教育局是中国特色社会主义道德文化协同创新中心重要协同单位之一。

7.《家庭生活案例及其伦理反思》作者：周四丁，湖南师范人学道德文化研究中心博士研究生；余露，教育部人文社会科学重点研究基地湖南师范大学道德文化研究中心、湖南省中国特色社会主义道德文化协同创新中心讲师。

8.《食品安全问题案例及其伦理反思》作者：朱平，湖南师范大学道德文化研究中心博士研究生；刘永春，教育部人文社会科学重点研究基地湖南师范大学道德文化研究中心、湖南省中国特色社会主义道德文化协同创新中心讲师。

9.《诚信问题案例及其伦理反思》作者：刘飞，湖南师范大学道德文化研究中心博士研究生；刘永春，教育部人文社会科学重点研究基地湖南师范大学道德文化研究中心、湖南省中国特色社会主义道德文化协同创新中心讲师。

10.《城市生活案例及其伦理反思》作者：黄泰轲，湖南师范大学道德文化研究中心博士研究生；余露，教育部人文社会科学重点研究基地湖南师范大学道德文化研究中心、湖南省中国特色社会主义道德文化协同创新中心讲师。

11.《传统文化与社会主义核心价值观的关系》作者：唐凯麟，教育部人文社会科学重点研究基地湖南师范大学道德文化研究中心、湖南省中国特色社会主义道德文化协同创新中心首席专家，教授，博士生导师。

12.《联合国的核心价值建构及其对我国核心价值观建设的启示》作者：杨通进，广西大学公共管理学院教授，博士生导师，中国特色社会主义道德文化协同创新中心首席专家。

13.《社会主义核心价值观生活化的理论必然与实现路径》作者：李桂梅，教育部人文社会科学重点研究基地湖南师范大学道德文化研究中心、湖南省中国特色社会主义道德文化协同创新中心首席专家，教授，博士生导师；郑自立，湖南省社会科学院湖南文化创意产业研究中心助理研究员。

14.《社会主义核心价值观的政策化》作者：江畅，教育部长江学者特聘教授，湖北大学高等人文研究院、哲学学院教授，博士生导师，湖南省中国特色社会主义道德文化协同创新中心首席专家；陈山，湖北大学哲学学院博士生。

15.《光大中华文化　弘扬爱国主义》原载于《湖南日报》。作者：王泽应，教育部人文社会科学重点研究基地湖南师范大学道德文化研究中心、湖南省中国特色社会主义道德文化协同创新中心首席专家，教授，博士生导师。

16.《夯实美丽中国建设的爱国主义基础》作者：向玉乔，教育部人文社会科学重点研究基地湖南师范大学道德文化研究中心副主任，湖南省中国特色社会主义道德文化协同创新中心副主任，教授，博士生导师。

17.《对外传播当代中国价值观念的爱国主义意蕴》作者：蒋洪新，湖南师范大学校长，湖南省中外文化传播研究基地主任，教授，博士生导师，湖南省中国特色社会主义道德文化协同创新中心首席专家。

18.《努力使创新成为国家和人民的优良品质》作者：江畅，教育部长江学者特聘教授，湖北大学高等人文研究院、哲学学院教授，博士生导师，湖南省中国特色社会主义道德文化协同创新中心首席专家；张卿，湖北大学哲学学院博士研究生。

19.《协调发展的伦理意蕴》原载于《伦理学研究》。作者：王小锡，南京师范大学公共管理学院教授，博士生导师，中国特色社会主义道德文化协同创新中心首席专家。

20.《绿色发展的伦理导向与环境保护道德机制的建构》作者：李培超，教育部人文社会科学重点研究基地湖南师范大学道德文化研究中心、湖南省中国特色社会主义道德文化协同创新中心首席专家，教授，博士生导师；郑楠，湖南师范大学公共管理学院研究生。

21.《开放：当代中国人的胸怀与气派》作者：肖群忠，中国人民大学哲学院教授，哲学博士，博士生导师，中国特色社会主义道德文化协同创新中心首席专家。

22.《共享发展理念的伦理基础》作者：向玉乔，教育部人文社会科学重点研究基地湖南师范大学道德文化研究中心副主任，湖南省中国特色社会主义道德文化协同创新中心副主任，教授，博士生导师。

23.《关于合理传承中华优秀传统文化的思考》作者：万俊人，清华大学人文学院院长，教授，博士生导师，中国伦理学会会长，湖南省中国特色社会主义道德文化协同创新中心学术委员会主任。

24.《道家的尊严观》作者：龚群，中国人民大学哲学院教授，博士生导师，湖南省中国特色社会主义道德文化协同创新中心首席专家。

25.《宋代士大夫“以天下为己任”》作者：王泽应，教育部人文社会科学重点研究基地湖南师范大学道德文化研究中心、湖南省中国特色社会主义道德文化协同创新中心首席专家，教授，博士生导师。

26.《中国传统服饰流变中的伦理权变》作者：张怀承，教育部人文社会科学重点研究基地湖南师范大学道德文化研究中心、湖南省中国特色社会主义道德文化协同创新中心首席专家，教授，博士生导师；蒋建辉，湖南师范大学公共管理学院博士研究生。

27.《重视文化生态学研究，增强民族文化自信》作者：唐凯麟，教育部人文社会科学重点研究基地湖南师范大学道德文化研究中心、湖南省中国特色社会主义道德文化协同创新中心首席专家，教授，博士生导师。

28.《文化自信的内在意蕴》作者：易小明，吉首大学哲学研究所教授，博士生导师、中国特色社会主义道德文化协同创新中心首席专家。

29.《全球化时代的道德教育与文化自信》作者：孙春晨，中国社会科学院哲学研究所研究员，博士生导师，中国特色社会主义道德文化协同创新中心首席专家。

30.《中华伦理文明绵延发展原因》作者：王泽应，教育部人文社会科学重点研究基地湖南师范大学道德文化研究中心、湖南省中国特色社会主义道德文化协同创新中心首席专家，教授，博士生导师。

31.《中国共产党执政道德先进性的内核》作者：唐凯麟，教育部人文社会科学重点研究基地湖南师范大学道德文化研究中心、湖南省中国特色社会主义道德文化协同创新中心首席专家，教授，博士生导师；谭文翰，湖南师范大学道德文化研究院博士研究生。

32.《构建超越西方模式的先进社会发展模式》作者：江畅，教育部长江学者特聘教授，湖北大学高等人文研究院、哲学学院教授，博士生导师，湖南省中国特色社会主义道德文化协同创新中心首席专家；张媛媛，湖北大学哲学学院博士研究生。

33.《价值观变迁对国家治理现代化的诉求》作者：廖小平，中南林业科技大学教授，博士生导师，湖南省中国特色社会主义道德文化协同创新中心首席专家；孙欢，中南林业科技大学旅游学院副教授，哲学博士。

34.《法治中国建设的现实起点》作者：易小明，吉首大学哲学研究所教授，博士生导师，湖南省中国特色社会主义道德文化协同创新中心首席专家；李亚莉，吉首大学哲学研究所研究员。

35.《国家治理的伦理意蕴》作者：向玉乔，教育部人文社会科学重点研究基地湖南师范大学道德文化研究中心副主任，湖南省中国特色社会主义道德文化协同创新中心副主任，教授，博士生导师。

36.《国家治理的道德记忆基础》作者：向玉乔，教育部人文社会科学重点研究基地湖南师范大学道德文化研究中心副主任，湖南省中国特色社会主义道德文化协同创新中心副主任，教授，博士生导师。

37.《分配正义的两个基本原则》作者：易小明，吉首大学哲学研究所教授，博士生导师，湖南省中国特色社会主义道德文化协同创新中心首席专家；李亚莉，吉首大学哲学研究所研究员。

38.《企业道德管理》作者：王小锡，南京师范大学公共管理学院教授，博士生导师，湖南省中国特色社会主义道德文化协同创新中心首席专家。

39.《国德系乎国运兴衰》作者：王泽应，教育部人文社会科学重点研究基地湖南师范大学道德文化研究中心、湖南省中国特色社会主义道德文化协同创新中心首席专家，教授，博士生导师。

40.《道德：在规则与德性之间》作者：甘绍平，中国社会科学院哲学所伦理学研究室研究员、博士生导师，湖南省中国特色社会主义道德文化协同创新中心首席专家。

湖南省中国特色社会主义道德文化协同创新中心
2016 年 11 月 26 日